パーフェクト・カクテル

わが妻ジェニファーと息子たち、
そしてブッカー・アンド・ダックスのスタッフに、
本書を捧げる。

パーフェクト・カクテル
ニューヨーク最先端バーのスーパーテクニック

デイヴ・アーノルド

[日本語版監修] 岸 久
[訳] 二階堂行彦

楽工社

日本語版監修者序文

「目的のための手段」。本書から読み取り感じるべき、デイヴ・アーノルド氏の姿勢である。彼は科学・化学を駆使しながらカクテルを合理的に作っている。

アイデアとテクニックのいくつかは日本のバーテンダーからシェアしているものもあるが、ホット・カクテルのポーカーや、リンゴの話は特に興味深い。

「好奇心」。本書から伝わってくる温かみの源泉である。アーノルド氏は少年のような好奇心を、それこそ少年の頃から持ち続け、自分の気に入った飲み物を美味しく飲むためにどうすればよいのかを探究し、それを知性と行動力で実現してきた。その過程と結果に、驚きと尊敬、そして親しみを覚える。

本書は画期的な内容と構成だが、特長はそれだけではない。注目すべきは「妥協」を示していることだ。

「興味がなければ次に進め」「このマシンが無ければこれで代用」「この材料が高価ならば安い方を使え」。この妥協案こそ、最も見失いがちな「手段」である。

きっとデイヴ・アーノルド氏のような人間によって、文明が発達し生活が豊かになってきたのだろう。美味しく楽しいカクテルと共に。

次代を担うバーテンダー諸氏には必携の書と言える。本書からインスピレーションを得て、自分の気に入る飲み物を創ろうではないか。

岸 久（一般社団法人日本バーテンダー協会会長）

本書に寄せられた推薦の言葉

「モダン・カクテルと同じように、カクテルを取り上げる最近の本のほとんどは、これまであったものに手を加えただけの焼き直しにすぎない。そこにようやく登場したのが、デイヴ・アーノルドの本書だ。これを読めば、彼が自分のバー、ブッカー・アンド・ダックスで革新的なカクテルを創造するために10年以上にわたって蓄積してきた先駆的研究の成果を、楽しみながら学ぶことができる。今後カクテルにたずさわるわたしたち全員にとって、必読の書だ」　　　　　　　　　　　　　　　　　　　　　──ジム・ミーハン
("世界のベスト・バー50" 2011年度 ランキング第1位獲得バーテンダー。
"The PDT Cocktail Book"の著者)

「わたしが知る限り、飲食業界でデイヴ・アーノルドほど頭の切れる者はほかにいない。彼は、あくなき探究心で未知のものを解明し、新しい技術を求めて改良を加え、そして何よりも美味しさを追求する。彼の話はとても歯切れがよく、ユーモアのセンスも冴えている。長年、彼の多くのファンは、短期講習や公開実験やブログ記事で満足するしかなかった。ようやく本書が出たおかげで、わたしたちはデイヴ・アーノルドからじっくり手ほどきを受け、カクテルに関する真実と嘘、彼の独自の工夫と創造、そして、ドリンクをより美味しくする方法を学ぶことができるようになった。その内容は、ただの泡立つ水や氷に至るまで、実に詳細にわたっている。カクテルのファンとプロのバーテンダー、どちらの立場から見ても、本書には、深い知見と独創的アイデアがふんだんに盛り込まれている」　　　　　　　　　　　　　　　　　　　　　　　　　　　　　──ハロルド・マギー
(調理科学の第一人者。ハーバード大学客員講師。
『キッチン・サイエンス──食材から食卓まで』の著者)

「デイヴのカクテルへの取り組み方は、彼がブッカー・アンド・ダックスの研究室で行っているすべてのプロジェクトへの取り組み方と同じだ。問題を明確にし、科学的方法を使って、解決法(ソリューション)を見つけ出す。わたしたちの誰もがデイヴ・アーノルドと同じ意識を持つことはできないが、本書を読めば、彼の創造的方法を垣間見ることはできる。もし彼の指示通りにできれば、これまでにないカクテルと味の新しい可能性について、イメージを一新する手がかりになるだろう」　　　──デビッド・チャン
(モモフク・レストラン・グループの創業者)

「デイヴ・アーノルドはつねにカクテル界の最先端を走ってきた。その彼が、本書を通して、わたしたちに最新の情報を提供してくれる」　　　　　　　──ワイリー・デュフレーヌ
(レストランwd〜50 and Alderのオーナー・シェフ)

マンハッタン

目次
contents

日本語版監修者　序文　4
本書に寄せられた推薦の言葉　5
はじめに　13

第1部　準備編　16

第1章　計量・単位・道具　18
第2章　材料　50

第2部　トラディショナル・カクテル　64

第3章　氷と氷を入れた酒と基本法則　67
氷とは　67
氷を酒に入れる　76
冷却と希釈　82
トラディショナル・カクテルの基本法則　85

第4章　シェイクとステア、ビルドとブレンド　93
シェイク・ドリンク：ダイキリ　93
ステア・ドリンク：マンハッタン vs ネグローニ　103
ビルド・ドリンク：オールドファッションド　109
ブレンド・ドリンクとかき氷ドリンク：マルガリータ　116

第5章　カクテル計算法：レシピの内部構造　123

第3部　新しいテクニックとアイデア　144

第6章　カクテルの新しい冷やし方　146
第7章　ニトロマドリングとブレンダーマドリング　171
第8章　レッドホット・ポーカー　182
第9章　急速インフュージョンと圧力シフト　195
エスプーマと亜酸化窒素による急速インフュージョン　196
急速インフュージョンした酒とカクテル　204
急速ビターズと急速チンキ　216
固形物の真空インフュージョン：ガーニッシュ・マジック　224

第10章 清澄化   241
    定義と歴史とテクニック   241
    清澄化のテクニック：基本的技法のフローチャート   255
    遠心分離機で酒を清澄化する：フスティーノ   264

第11章 ウォッシング   271
    ブーズ・ウォッシング   273
    ミルク・ウォッシング：故きをたずねて新しきを知る   275
    エッグ・ウォッシング   280
    キトサンとゼラチンのウォッシング   286
    ファット・ウォッシングに関する簡単な説明   291

第12章 炭酸化   296

第4部 カクテルの明日を求める3つの旅   340

第13章 リンゴ   342

第14章 コーヒー   359

第15章 ジン・トニック   369

    レシピ・リスト   386
    謝辞   400
    補足解説   401
    索引   403

※ 発行時に日本で販売されていない機材・薬剤等については、()でくくり、原語を残しました。
※ 巻末（401〜402ページ）の補足解説は、日本語版独自のものです。

パーフェクト・カクテル
ニューヨーク最先端バーのスーパーテクニック

シャルトルース

はじめに

　カクテルは、解決策(ソリューション)を必要とする問題です。どうすれば、特別な味やテクスチャーや見映えを実現することができるか。どうすれば、自分の目の前にあるカクテルをもっと美味しくすることができるか。その答えが溶液(ソリューション)です。カクテルに真剣に取り組むということは、すべての価値ある探求と同様に、生涯をかけて旅をするようなものです。知れば知るほど、疑問がわいてきます。経験を積めば積むほど、自分の技量のつたなさを痛感させられます。完璧にできるようになることが目標ですが、幸いなことに、完璧というものは達成不可能です。わたしは、7年の歳月と何千ドルものお金をかけて、完璧なジン・トニックを求めてきました。でも、いまだに達成できません。もし達成してしまったら——満足してしまったら——さぞかし退屈なことでしょう。学び、研究し、実践し、そして友人たちと飲み交わすこと、それが本書のテーマです。前提：どんなにささいなことであっても、カクテルにはつまらないものなどない。学ぶ価値のないものなど何もない。

　少しでも科学を知っていれば、役に立ちます。科学者のように考えれば、ドリンクは美味しくなります。科学者になる必要はありませんし、科学についてくわしく知る必要も、科学的方法を利用する必要もありません。変数を制御して、結果を観察し、テストする。それで十分なのです。本書では、どうすればいつも同じ味のドリンクを作ることができるか、どうすればドリンクをもっと美味しくすることができるか、そして、どうすればむだな試行錯誤をくり返さずに美味しい新レシピを開発することができるか、そうした方法をご紹介していきます。

ときおり探求の旅の途中で、特定のフレーバーやアイデアを追求することに熱中するあまり、不合理な方法や、ほとんどの読者が入手できない道具を使うこともあります。これは、アイデアをとことんまで突き詰めるためです。同時に、わたしは読者のみなさんには楽しんでもらいたいと思っています。わたしは、読者がこうした手の込んだドリンクに取り組むことを期待しているわけではありませんが、ぜひやってみたいという方のために、実際に試すことができるように十分な情報を提供しています。わたしは何事も隠したり、出し惜しみしたりはしません。だから、成功例と同じ数だけの失敗例もあげていきます（わたしとにとって失敗はしばしば最高のアイデアの生みの親です）。最後に、カクテル・シェーカーと氷さえあれば応用できるさまざまなテクニックやフレーバーや新しいドリンクのアイデアを開示することをお約束します。あなたがどんなドリンクを作るにしても、カクテルに対するあなたの見方を変えてみたいと思っています。

　本書は、分子ミクソロジー（わたしが大嫌いな言葉）を扱ったものではありません。**分子**という言葉には、何の価値もありません。たんなるイメージ作りのキャッチコピーであり、そうしたカクテルは大して美味しくはありませんし、科学の乱用です。わたしのガイドラインはシンプルです。

- 新しいテクニックやテクノロジーは、カクテルの味をよくするためにだけ使う。
- 材料を増やすのではなく、減らすことによって、驚くようなドリンクを作るように努力する。
- 自分が楽しむためにドリンクを作っていることをお客様に理解してもらえると期待しない。
- 成功したかどうかを判断する基準は、お客様がドリンクを「おもしろい」と思うかどうかではなく、お客様がもう一杯注文するかどうか、である。
- 自分の味覚を磨いて、それに従う。

　本書は4つの部で構成されています。第1部は、第2部以降に進むための道を切り開く準備編——道具と材料——です。第2部は、クラシック・カクテルの詳細な研究——シェーカーやミキシング・グラス、氷、酒の基礎——です。第3部では、新しい技法やアイデアを全般的に取り上げ、クラシック・カクテルとどのように関係しているかを見ていきます。最後の第4部では、個別のアイデアについて、レシピを紹介しながらミニ旅行をしてみたいと思います。

わたしがいつも心がけていること

　わたしにとってカクテルは、生涯をかけて（絶えずあらゆる面から）取り組むべき問題のひとつです。しばしばわたしは、既存のカクテルに納得がいかないとき、あるいはアイデアやフレーバーに魅了されたとき、探求の旅を始めます。自分が何をしたいのか、その目標を自分自身に問い、その目的地に到達するためのあらゆる道を歩きつくします。何に可能性があり、自分に何ができるかを知りたいからです。問題と向かい合う最初の段階では、自分のやっていることが間尺(ましゃく)に合うかどうかということはあまり気にしませ

ん。ほんのわずかな改良のためにとてつもなく長い時間がかかったとしても、かまいません。1週間かけて準備してできたカクテルが、5分で作れるカクテルよりほんの少しましなだけだったとしても、わたしは満足です。そのわずかな違いに、わたしは興味があります。そうした違いが、カクテルについて、自分自身について、そして世界について、わたしに教えてくれるのです。大げさに聞こえるかもしれませんが、それがまさにわたしの実感です。

わたしは不満を感じているわけではありませんが、決して満足もしていません。どんな場合にも、もっとよい方法というものがあります。つねに自分に問いかけること——とくに基本理念や実践的技術について疑問を持つこと——が、いっそうの進歩につながります。これは、バーテンダーでも、コックでも、あるいはほかのどんな分野でも、同じことです。わたしは、自分が固く信じていたことがくつがえされるとき、大きな喜びを感じます。それは、わたしが生きていることのあかしであり、自分にはまだまだ学ぶことが残っているのだということを感じさせてくれます。

わたしは、妥協や手抜きが大嫌いですが、やむを得ずそうすることもあります。いかなる場合にも、妥協を嫌悪しつつ、同時に、妥協が必要なときはその影響を極力小さくするすべを知らなければなりません。生の材料からカップに至るまで、質を向上するにはどうすればいちばんよいかということに、絶えず心を注いでください。わたしがしばしばびっくりさせられるのは、ドリンクの材料を作るためにたいへんな労力を費やしながら、最後の一瞬にそうした努力を何もかも水の泡にしてしまう人がいることです。これは覚えておいてほしいのですが、ドリンクを作るときには、作る過程のどの段階であっても、すべてを台なしにしてしまう可能性があります。カクテルを作るときは、完成するまで絶対に気を抜いてはいけません。そして、アルコール飲料を作るバーテンダーは、酔ったお客様を無事に帰宅させることにも気を配ってください。

第1部
準備編

第1章
計量・単位・道具

　わたしにとって、すばらしい道具を使ってきた経験は、道具が**なくても**よい結果をあげる方法を開発するために役立ってきました。この章では、わたしが自宅やわたしの店ブッカー・アンド・ダックスで使っている道具を見ていくことにしましょう。おそらく誰も——資金力のあるプロのバーテンダーであっても——これからあげる道具をすべて必要とする人やほしがる人はいないでしょう。本書のテクニックを基本とした各セクションでは、値の張る希少な道具を使わなくてすむ方法を、できる限り紹介していきます。この章の終わりに、予算と目的に応じてまとめた買い物リストをあげておきます。
　道具の説明を始める前に、まず計量に関して注意すべき問題を取り上げましょう。

ドリンクを計量する理由と方法

　ドリンクは、体積で計量するほうがいいでしょう。わたしは、料理をするときには重さで計量するのが正しいと固く信じていますが、そのわたしも、ドリンクを混ぜるときは体積で計量しますし、みなさんにもそうすることをおすすめします。わずかな量の材料を計量する場合、重さよりも体積で計るほうがずっと簡単です。しかも、カクテルの材料の密度は実にさまざまで、1ミリリットル当たり0.94グラムのストレートの酒もあれば、1ミリリットル当たり1.33グラムのメイプル・シロップもあります。バーテンダーにとって、飲み物ができ上がったときに重要なのは、重量でなく、体積です。完成したドリンクの表面がグラスの縁にどれくらい近いかは、体積によって決まります。この液面の線をウォッシュラインといい、このウォッシュラインを適正に保つことは、バーテンダーに求められる必須の技術です。カクテルを作るときつねにウォッシュラインを一定に保つことができれば、何も問題がないことを目で見て瞬時にチェックすることができます。もしウォッシュラインが適正でなければ、ドリンクに何か問題があるはずです。ウォッシュラインを一定に保つことは、お客様の満足度という点でも重要です。2人のお客様が同じドリンクを注文したとき、グラスの中身の量が違っていたら、どうでしょうか。バーテンダーは、客の好き嫌いで中身の量に差をつけたのでしょうか。それともたんにテクニックが未熟なのでしょうか。
　計量の道具を使わずにドリンクを計量するフリーポアリングを支持する人たちもいます。フリーポアリングとは、たとえば、ガラス製のミキシング・カップの横から液面を見て、注いだ量を計る方法です。こうしたバーテンダーは、標準的なミキシング・カップの中に注ぎ足していった液体の量を、経験的に見極めることができます。また、液体を一定のスピードで注ぐことができるスピードポア・ボトルトップを使うフリーポアリングもあります。

第1章　計量・単位・道具

「ウォッシュライン」とは、わたしが指をさしているところで、ドリンクの液面がグラスに触れている部分のこと。

こうしたボトルトップの愛用者は、注ぐ時間を計って注ぐ量を調節します。こうしたバーテンダーは、長年の実践経験によって、時間を正確に計るテクニックを身につけています。

　フリーポアリングの支持者たちは、どうして計量カップを使おうとしないのでしょうか。こうした人たちは、考え方によっておもに4つのグループに分けられます。わたしはこのグループを、それぞれ手抜き派、敏速派、芸術派、求道派と呼んでいます。手抜き派とは、文字通りの意味で、分量の正確さにこだわらない人たちです。敏速派とは、フリーポアリングでも十分正確だと信じて、カクテルを作る貴重な時間を短縮する人たちです。1杯のカクテルにつき2、3秒短縮するだけでも、店が混雑しているときには、大きく違ってきます。手抜き派と敏速派は、不正確で、つねに同じ味を再現することはできません。フリーポアリングのテクニックは、とくに家庭でカクテルを作るホームバーテンダーには不向きです。一晩に何十杯ものカクテルを作るわけではないので、経験を積むということができませんから、手間を惜しまず1杯ずつ正確に作るほうがいいでしょう。芸術派の人たちは、計量カップを使うと、いかにも未熟で、経験が浅く、ぎこちない感じがする、と思い込んでいます。わたしは、そんなことはないと思います。ジガー（メジャーカップ）を手際よく使いこなす様子は、見る側からすれば、それだけでもちょっとしたパフォーマンスですし、正確を期することは、自分の自由意思を捨てることでありません。フリーポアリングでは、さまざまな条件の下でさまざまなドリンクを作る場合、ジガーを使うやり方と同じように味を一定に保つことは、絶対にできません。フリーポアリングに対する擁護論のなかでもいちばんもおもしろいのは、求道派の人たちの主張でしょう。こうした人たちは、カクテルの味は4分の1オンス単位で量を覚えられるような簡単なレシピに制約されるべきではない、と信じています。4分の1オンスずつ正確に計ったからといって、カクテルの理想的な比率を達成できるはずがない。そう考える求道派の人たちは、感覚的に量を決めて味見をし、客の好みを判断しながら、カクテルを1杯作るたびに直観で正しい比率を決めていきます。

　わたしも、求道派のようにやってみたいとは思いますが、日常的には、記憶できる標準的なレシピを作ってそれに従うほうが、計量の道具を使うことによる制約を気にする

19

よりも、ずっといいのです。決まったレシピを使っても、微妙な違いを生み出すことはできますし、同時に、標準的な計量の道具や用語のメリットが活用できます。ライム・ジュースを8.33オンス（3/4オンスと1オンスの間で3/4オンスより1/3多め）といった量のレシピを覚えることは不可能ですが、「3/4強」だったら簡単に覚えられるでしょう。同じように、3/4オンスと1オンスの間で3/4より2/3多めは、「1オンス弱」と言うこともできます。もっとずっと細かい量を指示するレシピのなかには、もっと微量だけれども覚えやすい単位（バー・スプーンやダッシュやドロップなど）を使っているものもあります。求道派がその大前提として、計量によって完全にバランスのとれたカクテルができるとは限らない、と主張するなら、それに対しては、きちんと計量するバーテンダーは自分が作るすべてのカクテルの味見をする、と回答しましょう。プロのバーテンダーは、ドリンクを作るたびにストローで微量のサンプルをとって味見をし、計量した比率にふさわしい予想通りの味になっているかどうかを確かめます。

ひとつ注意してほしいのは、ここまでの説明でわたしが用いた単位が**オンス**であって、ミリリットルではないことです。アメリカでは、カクテルのレシピにはすべてオンスが使われます。メートル法を用いる友人たちが混乱しないように言いますが、カクテルのレシピにおいて**オンス**という言葉は、実際にはたんなる「分数」の言い換えと考えてもいいでしょう。カクテルのレシピでは、すべてが比率で示されていて、その比率を表すのが分数です。酒2に対して、シロップを1/2とジュースを3/4加える、といった感じです。本書で1という場合は、1オンスと同じであり、これは30ミリリットルに相当します。実際の「オンス」の量は、人によって変わります。現在では使われなくなった世界中のさまざまな**オンス**の定義を別にしても、アメリカだけでも、さまざまな量を示す数えきれないほどのオンスがありますが、それはどれも30ミリリットルに相当する液量オンス〔液体の体積を計測するときに使用するオンス。他に質量を計測するときに使用する常用オンス等がある〕を前後する量です。カクテルを作る場

重要事項：本書で用いる単位

本書では、1オンスはつねに30ミリリットルです。わたしが使っているジガーも30ミリリットルです。もし、あなたが異なる量の「オンス」を基準にしたジガーを使っているとしたら、あなたの計量とわたしの計量の間にはつねに誤差が生じますが、通常それで支障はありません。以下に、わたしが用いる単位を解説します。

- **体積**は（液量）オンス、ミリリットル（ml）またはリットル（l）で計る。ただし、本書では1液量オンスは30ミリリットルとする。本書では、以下のようなバー専用の体積の単位も用いる。

  - 1バースプーン＝4ミリリットル。1/8オンス強。
  - 1ダッシュ＝0.8ミリリットル。36ダッシュ＝1オンス。
  - 1ドロップ＝0.05ミリリットル。20ドロップ＝1ミリリットル。600ドロップ＝1オンス。

- **重量**はつねに**グラム**（g）または**キログラム**（kg）で表し、オンスやポンドは使わない。厳密にいえば、グラムは、オンスと違い、重量の単位ではなく、質量の単位である。重さとは力の測定単位である。力は、質量とは違い、実際に秤で計るものである。ヤード・ポンド単位の質量の単位はスラッグだが、これはめったに使わない。メートル法で重量の単位は、ニュートン（kg×m/s^2）だが——こうした単位を使ってもわからない。

- **圧力**は、基本的に**バール**（1バール＝約1気圧＝約14.5psi）で表す。
- **温度**は**摂氏**（℃）を用いる。
- **エネルギーと熱**は**カロリー**で表す。時間をかけて水を温めたり冷やしたりする場合には、**カロリー**という単位のほうが、直観的にわかりやすい。科学の世界で標準的に用いられるジュールは、こうした場合には適さない（1カロリーは4.2ジュールに相当する）。

第1章 計量・単位・道具

合、1オンスを30ミリリットルと決めておくと、ひじょうに便利です。だから、わたしはカクテルを1杯ずつ作るときには通常オンスを使います。まとめて大量に作るときには、計算機やスプレッドシートを使って、オンスをベースにした自分のレシピを必要に応じて別の単位に換算します。ミリリットルに換算するときは、1オンスを30ミリリットルとして計算します。

覚えておこう！ 本書では、液体の1オンスは30ミリリットルに相当する。

ドリンクを計量するための一般的な道具

カクテルを1杯ずつ作るときには、通常ジガー（メジャー・カップ）で計量します。わたしが愛用しているのは、2つのコーン（円錐形）を組み合わせた形のジガー2個が1組になったセットです。どちらも30ミリリットルを1オンスとするジガーです。2つのうち、1〜2オン

3種類のジガーとメスシリンダー。意外かもしれないが、この3つのジガーはどれも容積が同じである。奥のジガーは、細長いので、ほかのジガーよりもずっと正確に計ることができる。手前のジガーは、縁に近い部分がまっすぐになっているので、左側のジガーよりも正確に計れる。メスシリンダーは正確さについては申し分ない。

スを計るときに使う大きいほうのジガーには、2オンスのコーンの内側に1.5オンス（1と1/2）のところに目盛があり、1オンスのコーンの内側には3/4オンスのところに目盛があります。小さいほうのジガーは、3/4オンスのコーンの内側に1/2オンスの目盛があり、1/2オンスのコーンの内側に1/4オンスの目盛があります。この2つのジガーがあれば、たいていの計量はできます。もしジガーの内側の目盛まで計りたければ、この**線までいっぱいに**注いでください。もしジガーのいちばん上まで計りたければ、上の縁までいっぱいに注いでください。一般的に、ジガーいっぱいの量を計るところを少なめにしか注がない場合が多いようです。アドバイス：大事な酒がこぼれるともったいないですから、注ぐときにはジガーをミキシング用の容器の真上に持って行って注いでくださ

正確に計ることができる背の高いほうのジガーでも、必ず縁までいっぱいに注がなければならない。左側のジガーには60ミリリットル（2オンス）入っている。右側のジガーは中身が3.75ミリリットル（1/8オンス）少ない。

い。

　背が高く細長いジガーと短くてずんぐりした形のジガーの2種類がある場合、わたしは必ず背の高いほうを選びます。背の高いほうがずっと正確に計れるからです。口の広いずんぐりしたジガーで1ミリ高さが違えば、細長いジガーで1ミリ違うよりも、大きな誤差が出ます。同じ原則が、これからわたしがおすすめするメスシリンダーにも当てはまります。

ドリンクを計量するための高級な道具

　メスシリンダーとは、ミリリットル単位の目盛がついた細長いまっすぐな円柱形の計量器具です。メスシリンダーを使えば、わずか10ミリリットルの微量から4リットルというまとまった量まで計ることができます。メスシリンダーはひじょうに精密です。これに比べると、計量カップやビーカーは大雑把です。わたしは、レシピを開発するときや、まとまった量のカクテルを正確に計量して作るときに、メスシリンダーを使います。わたしがいちばん多用する50ミリリットルのシリンダーは、ハイテクレシピに微妙な調整を加えるときや、大量のカクテルに濃縮度の高いフレーバーを加えるときに、ジガーの代用としてたいへん役に立ちます。250ミリリットルのメスシリンダーは、4杯までのカクテルを一度に作るときや、もっと大量のカクテルに入れる比較的少量の材料を計量する場合に、最適です。1リットルのシリンダーは、一度にボトル単位で計量するときに使います。透明なプラスチック製のメスシリンダーは手ごろな値段で手に入りますが、ガラス製のものはプラスチック製よりも高価です。

　マイクロピペットは、ほとんどの人には必要ないかもしれませんが、わたしは本当に重宝しています。マイクロピペットがあれば、微量の液体をひじょうに手早く、しかもひじょうに正確に計ることができます。わたしが使っているマイクロピペットは、1～5ミリリットルまでを0.01ミリリットル単位で計量できるように調節が可能です。マイクロピペットを使えば、ほんの数秒で計量できますし、デジタル重量計と違って、電池もいりません。わたしが経営するバー、ブッカー・アンド・ダックスでは、ジュースの清澄化のために日常的にマイクロピペットを使っています。わたしは、濃リン酸や硫酸キニーネ溶液のような濃縮度の高いフレーバーを使ってレシピをテストするときにも、マイクロピペットを使います。また、適正なレシピを見つけるために、マイクロピペットを使ってごく少量ずつを正確に計って加えていくこともあります。

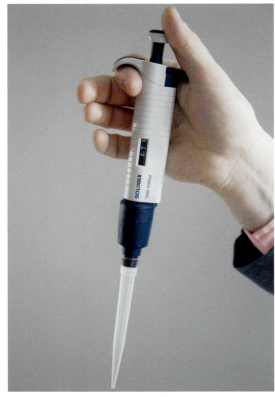

このマイクロピペットは、1.00ミリリットルから5.00ミリリットルまでのどの分量でも計量し、分注することができる。

ドリンク作りの道具

ステア・ドリンク用のミキシング・カップ

　ミキシング・カップ〔ガラス製のミキシング・グラスも金属その他の材質のカップも含めてこう呼んでいる〕は、バーテンダー各人の独自のスタイルを反映するものであり、カクテルの仕上がりにも大きく影響します。ミキシング・カップとしてもっとも古くから使われている標準的なパイント・グラスには、いろいろなメリットがあります。パイント・グラスは安価で、たいへん丈夫ですし、中が透けて見えて、シェイクにも使えます。多くのプロのバーテンダーがパイント・グラスを使うのは、ビールを出すためにすでに持っているからです。パイント・グラスのデメリットと考えられる問題は、おもに3つあります。（1）ガラス製である（くわしいことはこのあとすぐに説明します）。（2）ものすごくセクシーとは言い難い。（3）底がやや狭いので、勢いよくステアすると、倒れやすい。

　（2）と（3）の問題については、いくつもの解決策が考えられます。なかでもいちばん人気の高い方法が2つあります。ビーカーのような形をした日本製のカットグラスクリスタルのミキシング・グラスと、ずんぐりとした特大のワイングラスのような格好のステム付きの大きなミキシング・グラスです。ブッカー・アンド・ダックスのバーテンダーの多くは、カットクリスタルのミキシング・グラスを使っています。このグラスは見た目がおしゃれで、底が広くて安定感があり、便利な注ぎ口がついています。また、このグラスはひじょうに高価ですから、一度くらいうっかり落としたからといってゴミ箱行きにはできません。

　第3のオプションは、科学用品店でビーカーを買ってくることです。ビーカーなら、底が広く、量をかなり正確に計れる目盛がついていますから、どんなものでもミキシング・カップとして十分に使えます。ビーカーの目盛は、家庭でたまにしかカクテルを作らない人にとっては、とても便利です。ホームバーテンダーには、グラスに注いだときの液面の高さで量を自動的に見分けられるような技能は、学ぶ時間もありませんし、その必要もありません。

　高級なミキシング・カップは、けっこう値が張ります。もしお客様の前でドリンクを作るのだったら、りっぱな用具一式はお客様の経験を豊かにし、あなたのバーテンダーとしてのイメージを全体的に高め、その結果お客様の酒を飲むという楽しみをいっそう高めることになります。もしお客様の前でドリンクを作る予定がないなら、わざわざ余分なことにお金を使う必要はないでしょう。

　わたしは、ミキシング容器としては、手ごろな値段で、割れない材質のものをおすすめします。たとえば18オンス〔約540ミリリットル〕の金属製（ほとんどがステンレス製）のシェーカーです。こうしたシェーカーは一般にティンと呼ばれます。わたしが金属製のティンを愛用するのは、ガラスよりもずっと比熱〔79ページ参照〕が小さいからです。冷やすにしても温めるにしても、1グラム当たりでは、ステンレスのほうがガラスよりも使うエネルギーが小さくてすみます。ほとんどのガラス製のミキシング・カップは、18オンスの平均的な金属製のティンよりも分厚く、ずっと重いので、熱質量〔熱を吸収・蓄積する能力〕——ドリンクの温度と希釈に影響する要素——がひじょうに大きいことがわかるでしょう。2杯のドリンクを同時に作り、いっぽうを冷やしたガラス製のミキシング・グラスに入れてステアし、もう一方を室温のガラス製のミキシング・グラスに入れてステアしたとすると、

第 1 部　準備編

2つのドリンクにはきわだった違いが生じます。提供するドリンクがつねに変わらないこと（そしてその一貫性を店としての主要目標の1つとする）ためには、**必ず**冷やしたミキシング・カップを使うか、あらかじめ冷やしたミキシング・カップを**絶対**に使わないか、さもなければ、ミキシング・カップの温度差を自動修正するような特殊な能力を身につけなければなりません。金属製のティンなら、冷やすのも温めるのもわずかなエネルギーしかいりませんから、カクテルへの影響はほとんどありません。

シェイク・ドリンク用のカクテル・シェーカー

わたしはドリンクをステアするとき、金属製のティンを使う。優美なガラスの器は熱質量が大きく、そのため、使うたびに器をあらかじめ冷やしておかないと、せっかく冷やしておいた飲み物もぬるくなってしまう。

　多少なりともカクテルに興味がある人は、カクテル・シェーカーを1セットか2セットはお持ちになるといいでしょう。シェーカーの第1の判断基準：激しくかき混ぜても、酒がこぼれてあなたやお客様にかかったりしないものでなければならない。カクテル・シェーカーには、スリーピースとツーピースという2つの主要なスタイルがあります。3つめのスタイルのパリジャン・シェーカーは、たしかに見た目はしゃれていますが、あまり見かけません。

　スリーピースのコブラー・シェーカーは、ミキシング・カップの役目をするボディーと、ストレーナーと、小さなカップの形をしたトップの3つの部分で構成されています。ボディーでドリンクをステアして、氷を加え、トップで密閉したストレーナーをボディーにかぶせてシェイクし、そのあとトップをはずして、ストレーナーで漉してグラスに注ぎます。こうしたシェーカーには、1杯ずつ作る小型のものから、何リットルもまとめて作るパーティー用の大型のものまで、実にさまざまなサイズのものがあります。ブッカー・アンド・ダックスでは、スリーピースのシェーカーは使いませんし、わたしが知る限りでは、アメリカにはこのタイプのシェーカーを愛用するプロのバーテンダーはあまりいません。スリーピースは、ツーピースのものほど手早く漉せませんし、漉しやすくもありません（この点についてはのちほど説明します）。また、シェイクのあと目詰まりすることがあり、セットが違うと互換性がなく、腹立たしくなるほどです。また、出来の悪い（つまりほとんどの）スリーピース・シェーカーは、中身が漏れ出ることもめずらしくありません。よい点をあげるなら、コブラー・シェーカーは、とくに小さいタイプのものは扱いやすく、手の小さいバーテンダーでも落ち着いて手際よく扱えます。バーの技術を日本の学校で学んだバーテンダーのなかには、コブラー・シェーカーの形状によってシェイクする間にできる氷の結晶構造が良質になると信じている人たちもいます。わたしは、これは眉唾（まゆつば）だと思います。プロ用のスリーピースのシェーカーのほとんどは金属製ですが、例外もあります。わたしが東京でも指折りの有名店に行ったとき、バーテンダーはネオンピンクのプラスチック製のコブラー・シェーカーでカクテルを作ってくれました。その理由は、同じ日本の学校の生徒から聞いた話によると、プラスチックは軟らかいから、金属のシェーカーで作るよりも氷晶（ひょうしょう）が少なく、質も異なる、ということでした。わたしはまだこの仮説をテストして

第1章　計量・単位・道具

シェーカー（左から順に）スリーピースのコブラー・シェーカー。金属のカップにグラスのカップをかぶせるボストン・シェーカー。金属のカップに金属のカップをかぶせるボストン・シェーカー（わたしのおすすめ）。ツー・ピースのパリジャン・シェーカー。

パリジャン・シェーカー
パリジャン・シェーカーは形はいいが、標準的な金属製のシェーカーのセットほど多用途ではなく、安価でもない。上になる小さなほうのカップでドリンクをビルドし、そこに氷を加えて、大きいほうのカップをかぶせる。シェーカーを振っているうちに、カップが冷えて収縮し、密閉される。

コブラー・シェーカー
コブラー・シェーカーは手の小さい人や、おしゃれな形のシェーカーが好きな人向きである。コブラー・シェーカーはあまり多用途ではないし、ストレーナーが組み込まれている点がわたしの好みに合わない。

はめ込んだ2つのティンをはずすには、大きなほうのティンの右側を手のひらでたたく。すると、2つのティンの合わせ目が開く。

いませんが、いまひとつ信じられません。

　ツーピースのボストン・シェーカーは、アメリカのプロのバーテンダーの間ではいちばん人気があります。わたしは、自宅でも店でもツーピースのシェーカーを使います。これは2つのカップがセットになっていて、一方をもう一方の内側にはめ込んで密閉します。初めてボストン・シェーカーを使うときには、本当にちゃんと密閉できるのかどうか——部屋中にカクテルをぶちまけてしまいそうな気がして——不安に感じるかもしれません。でも、安心してください。ツーピースのシェーカーは、確実に密閉できますから、毎日使っても問題ありません。物理的原理はあとで説明します。ツーピースには、大きな28オンス〔840ml〕の金属製のティンとアメリカの標準的なパイント・グラスを組み合わせたタイプがあります。グラスのほうでカクテルを混ぜ、それから金属のティンをかぶせてシェイクします。わたしは、この金属のティンとグラスの組み合わせは、好きではありません。というのは、パイント・グラスは割れるかもしれませんし、グラスは熱質量が大きく、金属とグラスの組み合わせは、オランウータンのように手が大きくなければ片手で振ることはできません。一部の人がこのタイプのミキシング・グラスを好むのは、カクテルに加えた液体の量が見てわかるからです。わたしはカクテルを計量して作るので、この点は重視しません。わたしが好んで使うのは、金属製のティンがセットになったシェーカーで、とくに「セット・オブ・ティン」と呼ばれるツーピースのタイプです。これは、28オンスのティンと18オンスのティンが一組になったシェーカーです。18オンスのティンは、プロの間では「チーター・ティン」と呼ばれ、いざというときには、ストレーナーとしても使えます。このタイプのシェーカーは、割れませんし、熱質量も小さく、ひじょうに扱いやすいうえ、シェイクするときの見映えもよく、音も快適です。セット・オブ・ティンは内部容積が大きく、一度に1杯ずつ作るのが基本ですが、1つのシェーカーで2杯でも、あるいは3杯でも楽に作ることができます。小さいほうのティンでドリンクをビルドして、縁に沿って氷を入れ、大きいほうのティンをかぶせ、たたいて密閉し、シェイクします。シェイクが終わったらティンをはずします。一流のバーテンダーは、見事な手際でティンをはずし、よい音を立てます。わたしは、この音を聞くと、パブロフの犬のようになります。わたしも、ティンをはずすテクニックについてはまだ修行中です。これは、身につけておけば決して後悔しない技能です。

　つい最近まで、2個の金属のティンからなるツーピースのシェーカーは、対になる組み合わせを見つけるのが容易ではありませんでした。キッチン用品やバー用品の店を回って、うまく合う2つのティンを見つけなければなりませんでした。いまでは、ぴったり合って密閉することできて、しかも手際よくはずすことができる適度な堅さのティンを、簡単に見つけることができます。麺のようにやわらかい粗悪なティンは、はずしにくく、評判がよくありません。そうしたティンは、互いの合わせ目の部分がすべってしまうだけです。

ストレーナー

　バーで必要なストレーナーには、ジュレップ、ホーソーン、ティーの3種類があります。

ストレーナー（上から時計回りに）
ティー・ストレーナー、ジュレップ・ストレーナー、ホーソーン・ストレーナー。

第1章　計量・単位・道具

この新しいタイプのホーソーン・ストレーナーは、スプリングの目がひじょうに細かく、標準的なホーソーン・ストレーナーなら通り抜けてしまう小さな氷の結晶もとらえることができる。いったいなぜ網目ではなく、スプリングを使うのか。それは、スプリングなら、どんな形のミキシング・カップでも合わせることができるからだ。

ジュレップ・ストレーナー　ジュレップ・ストレーナーとは、ステアしたドリンクを漉すためのやや大きめの穴のある楕円形のストレーナーです。穴が大きいので手早く漉せるうえ、ストレーナー全体をミキシング・カップの内側にはめ込めるので、ミキシング・カップの注ぎ口のじゃまになりません。

ホーソーン・ストレーナー　縁にスプリングがついていて、金属のシェイク用のティンやいろいろなタイプのミキシング・カップにはめ込むことができます。一般的に、ホーソーン・ストレーナーはこのスプリングによって、ミントのかたまりや小さな氷などの好ましくないものを、ジュレップ・ストレーナーよりもうまく取り除くことができます。しかし、ホーソーン・ストレーナーはほとんどが大きすぎるために、気配りの細かいバーテンダーから見ると、気になるものすべてを取り除くことはできません。そこで多くのバーテンダーは、ホーソーン・ストレーナーを目の細かいティー・ストレーナーといっしょに使います。わたしはそうした問題を解消するために、目の細かいスプリングを使ったカクテル・キングダム（Cocktail Kingdom）〔バー用品の専門メーカー〕のホーソーン・ストレーナーを使っています。

ホーソーン・ストレーナーのなかには、カクテルを注ぐとき流れが2つに分かれるようになっているものがあり、これなら同時に2つのグラスに注ぐことができます。エスプレッソを別々のデミタスカップに注ぐバリスタのような感じです。

ホーソーン・ストレーナーは、カップの外側にかぶせるため、こぼれやすく、ジュレップ・ストレーナーよりも使いにくいでしょうが、熟練すれば、ジュレップ・ストレーナーよりもずっと扱いやすくなります。バーテンダーは、人差し指を使ってストレーナーを上下させ、ホーソーン・ストレーナーとカップの間の隙間の広さを調節します。隙間を狭める

練習しだいで、1つのホーソーン・ストレーナーから2つのグラスに注ぐことができるようになる。役立つスキルというよりも、退屈しのぎの小手先のお遊びだが、お客様を楽しませるちょっとしたサービスになる。

と、氷の結晶がカップに残ります。隙間を大きく開いて注ぐと、より多くの氷の結晶がドリンクの上に浮かぶことになります。わたしは、シェイク・ドリンクにおける氷晶のメリットとデメリットをめぐる白熱した議論に、何度も参加したことがあります。長年の間、氷晶は技術のつたなさを示すもので、絶対に認められないものとされてきました。いまでは情勢が変わり、わたしを含む多くの人たちが、美しく輝くサクサクした氷の層を愛する気持ちを誇らしげに主張するようになりました。氷晶を否定する根拠は、氷はすぐに融けるので、ドリンクの上層が希釈されて味が薄

くなってしまうということです。これに対して言わせてもらうなら、氷が融ける前に飲んでください！　シェイクしたドリンクは、シェイクした直後から劣化します。カクテルは、花の命のようにはかないのです。カクテルは少量ずつ作って、すぐに飲んでしまいましょう。

ティー・ストレーナー　バーで必要な3番目のストレーナーは、ティー・ストレーナーです。これ以外でも、ドリンクから大きな粒を漉しとることができる目の細かい小さなストレーナーなら、どんなものでもかまいません。氷の結晶が嫌われていた時代には、バーテンダーはティー・ストレーナーを使って、氷の粒子が絶対にドリンクに入らないようにしていました。ブッカー・アンド・ダックスでは、ニトロマドリングしたドリンクに大きなハーブの断片が入らないようにするために、ティー・ストレーナーを使います（171ページ〜の『ニトロマドリング』の章を参照してください）。

バー・スプーン

　バー・スプーンとは、柄の部分がらせん状になった細長いスプーンです。わたしは、バー・スプーンについてよく知らないとき、意味のない不必要なスプーンだと思っていました。いまでは、バー・スプーンのおかげでステアが優雅になり、ステアの効果を一定のレベルに保てることを知りました。ステアの手際が悪いと、どうにもぎこちなく見えて仕方がありません。まじめな話、わたしはステアがあまり得意ではありませんし、ステアをするときに熟練者に横で見ていてもらうこともしばしばです。すぐれたステアのテクニックは、見た目にはいともたやすそうで、効率がよく、そして何よりつねに同じようにできなければなりません。適正なステアは、いつでもそっくり同じことができることが求められます。本当にすごい名人になると、同時に2杯のドリンクをステアし、まったく同じ味に仕上げることができます。なかには、同時に4杯のドリンクをステアする忍者並みの離れ

第1章 計量・単位・道具

1) バッド・アス・マドラー（これ以上のものはない）。
2) "Y"ピーラー（やはりこれ以上のものはない——もしこれが気に入らないとしたら、正しく使いこなせていないからだろう）。
3) ビターズ・ボトルのダッシュ用のキャップ
4) スポイト
5) パーリング・ナイフ

業をやってのける名人もいます。この種の高度な芸術的ともいえるステアは、普通のティースプーンではできません。自分のスタイルに合った柄がついた、デザインとバランスのいいバー・スプーンが必要です。バー・スプーンは、ステアだけでなく、計量にも使えます。わたしは、4mlのバー・スプーンを使っています。自分のバー・スプーンの容量を確認してください。

追加のアドバイス：飾り付けのチェリーやオリーブを瓶から取り出そうとしてうまくいかないときは、バー・スプーンを使ってください。指でつまんではいけません！

バー・マット

　バー・マットは、生活を一変させるシンプルなグッズのひとつです。バー・マットは安価だけれど、大変なすぐれものです。高さ1/4インチ（6〜7ミリ）の何千という小さなゴムの突起でできていて、こぼれたものをとらえ、滑り止めにもなります。どんなに腕のいいバーテンダーでも、こぼすことはあります。カウンターの上にこぼしてしまったら、みっともないし、カウンターが滑りやすくなります。バー・マットの上なら、こぼしても何事もなかったかのようです。バー・マットは滑りませんし、何も問題はありません。その夜の営業が終わったら（あるいは大量にこぼしてしまったら）、シンクに放り込んで洗い流せばいいのです。新品のようにきれいになります。また、バー・マットはカップや食器の水切りマットとしても最適です。バー・マットはおすすめです。

その他

　わたしと同じように、バー用品の小物や見かけだけの安物を大量に買い込む人もいるかもしれません。こうしたものはたいてい用途が限られていますが、なかには探し求めるだけの価値のある逸品もあります。

　マドラー：ミキシング・カップの底で材料をつぶせるマドラーを選んでください。ほとんどのマドラーは役に立ちません。食材をつぶせるほどの大きさがなく、つぶそうとしても食材があちこちに動くだけです。ひとつ際立ったすぐれものがあります。カクテル・キングダムのバッド・アス・マドラーです。この大きな円柱形のマドラーは、まさにバッド・アスな（すごくいい）名品です。わたしが2番目に好んで使うマドラーは、まっすぐなただののし棒です。液体窒素を使ってマドリングをするような場合には、安物のプラスチックやゴム引きのマドラーは使わないでください。そうしたマドラーは、液体窒素のせいで破損するおそれがあります（バッド・アス・マドラーはプラスチック製ですが、液体窒素の影響は受けません）。

29

霧吹き：小さな霧吹きがあると、カクテルを注ぐ前にグラスにアロマを吹きつけるようなときに便利です。霧吹きを使うと、従来のリンスよりも正確で、むだがありません。また霧吹きは、カクテルにアロマオイルなどを加えるときにも便利です。わたし自身は霧吹きは使いませんが、友人の多くはこのテクニックを活用しています。

ナイフ：バー用品のひとつとして、ちゃんとしたパーリング・ナイフもほしくなるでしょう。ほかのバー用品といっしょに保管する場合は、刃がなまらないようにナイフガードに入れてください。小さなカッティング・ボードもいっしょに買い求めるといいでしょう。

スポイト：ガラス製の瓶にねじ式の点滴器をつけたものが2、3個あるといいでしょう。わたしは、食塩水やビターズなどあらゆる種類の液体をごく少量だけカクテルに入れるときに使います。もし見た目がおしゃれなものが好きなら、ドロップよりも多く、バー・スプーンより少ないダッシュ単位で加えられるビターズ・ボトルを手に入れてください。注意してほしいのは、このビターズ・ボトルは、キャップが違えば、一振り（1ダッシュ）で出る量も違うということです。わたしの店では、ハーフ・ダッシュ用とフル・ダッシュ用のキャップを使っています。わたしは、自宅ではタバスコやアンゴスチュラの空き瓶のラベルを洗い落として、再利用しています。わたしは倹約家ですから。

氷の貯蔵容器：わたしの店では、アイスウェルに氷を貯蔵しています。アイスウェルとは、排水管つきの大きな断熱容器です。金属製のスコップやシェーカーのティンを使って、氷をすくいます。ご家庭では、アイスバケットとスコップやトングが必要になるでしょう。親しい家族同士ならともかく、お客様が見ている前で氷を素手でつかむのはよくありません。残念なことに、わたしは満足のいくアイスバケットに出会ったことがありません。わたしがほしいのは、冷水器のように水抜き栓があって、氷が融けた水の中に浮いていることがないように、プラスチックのラックがついているようなものです。もちろん、見映えもよいものでなくてはなりません。

キャッパー：瓶詰のドリンクを自作するなら、手動で瓶にふたをするボトルキャッパーが必要です。ボトルキャッパーは安価ですし、自家醸造用品の店で売っています。

計量と検査と材料の下ごしらえのための道具

重量測定器

ドリンクは体積で計量するほうがいいですが、バーのテクニックをいっそうハイレベルなものにするには、いろいろな（実際には2つの）尺度を活用したほうが便利です。たとえば、シンプル・シロップの糖分は重量で計るほうがいいでしょう。親水コロイド〔ゼラチン、寒天など水と親和性の高い粒子が分散した溶液〕やその他の粉末の材料も、やはり重量で計るほうがいいでしょう。どんなものでも、重量をグラム以外の単位で計る理由はまったくありませんから、本書では重さはすべてグラムで示します。水は、体積を重量に簡単に換算できる——1グラム＝1ミリリットル（標準温度）の——液体成分ですから、わたし

はときおり水を重量で計ります（125ページの『希釈度の計算』を参照してください）。デジタル重量計が2つあるといいでしょう。ひとつは、1/10グラム単位で計測できる秤で、もうひとつは1グラム単位で計測できる秤です。小さい単位のほうの秤は、調剤用の秤をお求めになるといいでしょう。たんに1/10グラム単位で計量できる秤がほしいと言うと、例外なく精度が不十分な秤を買わされてしまいます。調剤用の秤がほしいと言えば、あなたが本気で精度の高い秤をほしがっていることが誰にでも伝わります。調剤用の秤はとても安価です。親水コロイドやそのほかの新しい材料を試したり、着色用のハーブなどの計量が必要になったときには、この秤がひじょうに役に立ちます。

　もっと重いものを1グラム単位で計る秤も必要になるでしょう。最低でも5000グラムまで計れる秤にしてください。大きな重量を計ることができて、なおかつ1/10グラム単位で計量できる秤はどうしてだめなのか、と疑問に思う人もいるかもしれません。結論から言えば、そういう秤でもかまいません。ただし、潤沢な資金力と強い忍耐力があれば、の話です。そういう秤は何千ドルもしますし、計量に時間がかかります。大きな重量を計る秤には、大きなプラットフォームがあります。大きなプラットフォームは気流に影響を受けます。キッチン内のわずかな気流でも、プラットフォームが大きな秤では10分の2〜3グラムの誤差が生じます。そのため、2つの秤が必要になるのです。

そのほかの分析機器

　屈折計とは、屈折率を測定する機械です。屈折率とは、光が透明物質の中に入ったときに曲がる比率です。水に溶けている物質の種類や濃度が異なる場合、それに応じて光の曲がる程度も異なるので、屈折計を使えば、水性の溶液の濃度、たとえばシロップやフルーツ・ジュースに含まれる糖分の割合、蒸留酒のアルコール濃度、食塩水の塩分濃度などを知ることができます。屈折計は、家庭ではどうしても必要なものではありません。でも、わたしの店では日常的に屈折計を使っています。つねに一定の味を提供することを重視しているからです。

　屈折計は、技術的には屈折率を計測するものですが、わたしたちにとって重要なのは、屈折率そのものではありません。重要なのは、糖、エタノール、塩、プロピレン・グリコール〔乳化剤〕等々、わたしたちが関心を持つあらゆるものの濃度と屈折率との関係です。そのため、屈折計には、通常そうした溶液として読み取るための目盛がついています。糖用の屈折計や塩分用の屈折計など、成分別のものが売られています。もっとも一般的で、バーで使うのにもっとも便利な尺度は、ブリックスです。これは、ショ糖（砂糖）の含有量を重量で計る尺度です。ブリックス値が50のシンプル・シロップには、サンプル100グラム当たりに50グラムの砂糖が含まれています。この比率は、標準的な1対1のシンプル・シロップです。わたしの店のリッチ・シンプル・シロップは、砂糖と水の割合が2対1ですから、ブリックスは66です。ブリックス屈折計は比較的安価ですし、これを使えば、自分が使うシロップを簡単に標準化することができます。自分のハチミツ・シロップをシンプル・シロップと同じ糖度にしたいです

こうしたコンパクトな屈折計はひじょうに安価である。自分が必要とする計測範囲の屈折計を選ぶこと。

か？　だったら、屈折計を使ってください。フルーツ・ジュースにどれくらいの糖が入っているか知りたいですか。それも屈折計でわかります。

　もし予算があるなら、0〜85ブリックスを計測できる電子屈折計をおすすめします。電子屈折計は、暗いバーのなかでも手早く測定できますし、測定域全体にわたって精度が変わりません。従来のマニュアル屈折計は、低価格ですが、性能は確かです。電子式でない屈折計をうまく使うコツは、測定できるブリックスの範囲が十分であることを確認することです。もっとも一般的な0〜32ブリックスの屈折計は、フルーツ・ジュースならどんなものでも測定できますが、シロップでは役に立ちません。0〜80ブリックスや0〜90ブリックスのマニュアル屈折計を買ってもかまいませんが、数字がなかなか正確に読み取れません。というのは、0〜90の目盛も0〜32の目盛とサイズが同じであるため、精度が0〜32の1/3に落ちるからです。それでも、バーで使うことをおもな目的とするのなら、0〜80のブリックス計を買ってください（くれぐれもブリックス計と間違えてアルコール計を買ったりしないでください）。マニュアルの屈折計のもうひとつの問題は、読み取るのに光源が必要になることです。忙しい営業中のバーで、暗いカウンターの裏で、懐中電灯を当てて屈折計に目をくっつけて見るのは、うんざりします。もし屈折計を買うかどうか迷っているなら、ブリックス屈折計はバー以外でも使い道があるということも考慮してください。たとえば、糖分量のわからないフルーツなどの食材を使うソルベなどのレシピを標準化するときに役立ちます（こうした応用には0〜32のブリックス計が必要になります）。

　注意：屈折計は使い方を間違えやすいので、くれぐれも気をつけてください。ブリックス計は、サンプル中に含まれている物質が糖と水だけであることを前提にしています。フルーツ・ジュースなどのほとんどのドリンクについては、問題はありません。塩やエタノールや、そのほか屈折率に影響する成分は多く含まれていないからです。しかし、糖分とエタノールが混じった液体を計測する場合、屈折計は**役に立ちません**。アルコールの濃度と糖分の濃度は、どちらも屈折率に影響するからです。どちらがどのくらい入っているかを見分ける方法はありません。屈折計で計測する場合は、どんなものであっても、**水とそれ以外のただ1種類の物質**の混合物でなければなりません。

温度計は、本書でのちほどくわしく説明する実験で役に立ちます。摂氏−20度（℃）まで計ることができて、計測時間が比較的短いデジタル温度計なら、どれでもけっこうです。わたしが使っているのは、8チャンネルのデータロギングができるコンピュータ接続可能なおしゃれな熱電対温度計です。普通の家庭用としては高性能すぎるかもしれませんが、大して高価ではありませんし、ひとつお持ちになってもいいでしょう。

pH計は、カクテルを作るときに使うことはめったにありませんが、わたしは同業者からpH計についてよく質問を受けます。pH計を使えば、材料の酸性度を計ることができますが、材料がどれくらい酸っぱい味になるかを前もって知ることはできません。材料の酸性度と酸味の関係についてくわしいことは、第2章（50ページ〜）の『材料』を参照してください。

第1章　計量・単位・道具

ライムやレモンの絞り器

　小さな柑橘類の果汁を絞ることは、わたしにとっては重要です。わたしは冗談で、手早く果汁を絞れない人は尊敬しない、と言いますが、これは必ずしも冗談ではありません。円錐形のレモン絞り器のことは忘れてください。あんなのは最低です。テーブルに

マシンのようにライムの果汁を絞る：本文の説明に従って、ライムを手早くつかめるように、自分の立ち位置を決め、果汁を受ける容器と絞りかすを入れる容器を置く。

写真のように、ライムの切り口を下にして絞り器に入れる。

ライムから勢いよく果汁がほとばしる。

すぐに開いてハンドルを放す。ハンドルが開く勢いで、絞りかすになった皮が飛び出し、容器に入る。同時に、次のライムをつかんで絞り器に入れる。同じ手順を何度も何度もくり返す……

置いてレバーを引いて絞るジューサーは、小さな手動の絞り器に入らないグレープフルーツを絞る場合には適していますが、時間がかかります。小さな柑橘類の果汁を絞る場合にもっとも適しているのは、スイングアウェイ式の手動の絞り器です。

　わたしは何年も前に、サンフランシスコにいるバーテンダー仲間のライアン・フィッツジェラルドから、手動の絞り器の使い方の秘訣を教わりました。彼はわたしなんかよりずっと手際がよく、わたしはそれがしゃくでなりません。まず、柑橘類の果実をすべて洗って切り、カウンターの上のすぐに手の届くところに積み上げておきます。積んだ山の手前に、絞った果汁を入れる口の広いボウルを置きます。果汁を入れるボウルのすぐそばに、果実の絞りかすを入れる容器を置きます。絞り器を開いて、力の弱いほうの手で持ってください。半分に切った果実を強いほうの手で素早くつかみ、**切り口を下にして絞り器のカップに入れます**。強いほうの手で絞り器を閉じて、力をこめて一気に果実をつぶし、果汁をすべてボウルの中に絞り切ります。そして、ハンドルをさっと開いて、弱いほうの手で絞り器のカップを絞りかすのボウルのほうへ向けます。勢いよく開いたハンドルが開き切る瞬間の反動を利用して、**手を触れなくても絞りかすが容器のほうへ飛び出す**ようにします。ここがとても重要です。というのは、もうこのときには強いほうの手を次の果実のほうに伸ばしているからです。これをちゃんとやれば、1分間に300ml以上のペースで果汁を絞ることができます。このテクニックのコツは、正しい絞り器を選ぶことです。カップが深すぎる絞り器はよくありません。カップが深いほうがいい絞り器のように思えますが、実際に手早く果汁を絞るために必要なのは、カップが浅くて、絞りかすをちゃんと排出できる絞り器です。ハンドルがうまく動くことも必須条件です。最後に、絞り器のハンドルは120度くらい開く程度のものがいいでしょう。180度以上も開く絞り器だと、動作と時間にむだができます。

　どうして電気ジューサーを使わないのか、と疑問に思う人もいるかもしれません。わたしは以前、サンキスト社（Sunkist）の電気ジューサーと同じタイプの電気ジューサーを愛用していました。実に速く絞れます。両手を使ってつかんで絞って捨てるという手順で、1分間に800ml以上でも容易に絞れます。絞り汁がわたしの両手から大河のようにジューサーの中を流れ、半分に切ったライムの絞りかすはゴミ箱の中に降るようにどんどんたまっていきます。生産量は、手動の絞り器よりも25パーセント多いくらいです。では、どこに問題が？　電動ジューサーで絞ると、味が落ちるのです。何度か目隠し味見テストを行いましたが、必ずといっていいほど、電気ジューサーのジュースよりも手絞りのジュースのほうが好まれました。おそらく、回転する絞り器が果実の中果皮〔アルベド；白い繊維状の組織。甘皮〕から苦味を絞り出してしまうのでしょう。もしどうしても電気ジューサーを使いたいなら、いいですか、役立たずのストレーナーは取ってしまってください。果汁を3～4リットルも絞ったら、ストレーナーは目詰まりして、掃除が一苦労です。

　もしわたしと違って、限りない資金力とスペースがあるなら、カクテルとジュースの世界で重鎮とされるドン・リーが愛用しているズーメックスの自動ジューサーを使ってもいいでしょう。洗っただけの果実を切らずに1箱分入れるだけで、ジュースが出てきます。わたしは、その様子をまる一日中でも見ていられます。ドンはこのジューサーを使って、ニューオリンズで毎年開催されるカクテル業界の一大イベント「テイルズ・オブ・カクテル」で1日何千杯というライム・ジュースやレモン・ジュースを作ります。

どんな絞り方をするにしても、使う前に目の細かいシノア・ストレーナーやティー・ストレーナーで漉したほうがいいでしょう。カクテル・グラスの側面に大きな果肉のかけらがべったりついているなんて、とても見られたものではありません。

大きな柑橘類を絞るジューサー

オレンジやグレープフルーツのようなもっと大きな柑橘類を絞るには、オレンジXなどの縦置きのレバーを引いて絞るタイプの絞り器を使うのがいちばんいいでしょう。これを使えば、大きな果実を手早く絞ることができます。頑丈なものを選んでください。安物はすぐにこわれてしまいます。このタイプなら、ザクロにも使えます。

その他のフルーツや野菜を絞るジューサー

わたしは、リンゴのような固い果実やニンジンのような野菜を絞るときには、チャンピオン・ジューサーを使います。このジューサーは、強力なパワーで押しつぶし、ジュースを絞りつづける高性能な機械です。わたしは以前、チャンピオン・ジューサーを使って、6ケースのリンゴを休みなく一気に絞ったことがあります。筐体が熱くなって、冷却用の水がお湯になってしまったほどですが、それでもジュースを作りつづけました。ジュースを絞りつづけるために、わたしはジューサーに濡れタオルを何枚もかけました。ジューサーは、わたしのかたわらでせっせと動きつづけ、タオルからは絶えず湯気が立ち上っていました。とうとう安全保護装置の磁石が溶けかけましたが、モーターはさかんに音を立てて動きつづけました。このかわいい機械は、ハマムギやサトウキビ以外のものならほとんど何でも絞ってジュースにできます。このジューサーを使えば、わさびやショウガのようなまさかと思うようなものでも、ちゃんとジュースにすることができるのです。

もしわたしがフレッシュ・ジュースを売り物に商売をするとしたら、ニュートリファスター社のジューサーに投資します。これは1960年代の食玩の宇宙船によく似たかっこうをしています。このジューサーは大変なすぐれものです。果汁を絞るときに人が力を加える必要がまったくないのです（チャンピオン・ジューサーは速く絞るにはけっこう力をこめて押さなくてはなりません）。ただし、値段はチャンピオンの10倍しますし、置き場所には2倍のスペースが必要になります。

ブレンダー

わたしが使っているのは、バイタプレプの高速ブレンダーだけです。操作は一見してわかりやすく、パドル・スイッチが2つとつまみが1つあるだけです。パドル・スイッチが2つとつまみが1つだけというシンプルさは、誰もが歓迎するところです。バイタプレプを買って後悔した人など、聞いたことがありません。バイタミックスは、バイタプレプの家庭用バージョンです。機械としての基本構造は同じですが、バイタプレプよりも保証内容がよく、低価格です。家庭で使うだけなら、バイタミックスを買ったほうがいいでしょう。業務用で使う人は、高くてもバイタプレプを買ってください。業務用で使う場合、バイタミックスの保証書は無効になってしまいます。わたしはバイタプレプが大いに気に入っていますが、それでもすべてに満足しているわけではありません。ピッチャーの下のほうがすぼんでいるため、刃が回転すると、粘度の高いものだと刃からはね上

がって、気泡ができてしまいます。そのため、付属のプランジャーを使わなければならなくなります。レストランやバーでいつも行方不明になるのがどんなものか、想像してみてください。ちっぽけなプランジャーです。わたしは、速度調節つまみは大好きですが、安っぽいポテンショメーターは大嫌いです。何年かすると、ポテンショメーターは正常にはたらかなくなり、ブレンダーの速度は大きく変動するようになります。突然ブレンダーの中身をぶちまけてしまったら、それはもう大騒動です。同社がバーの業務用につくったバーボスは、おすすめしません。これには、本当の意味のスピード調節器はなく、タイマーがついているだけです。スムージーを作りたい人にはそれでいいでしょうが、そうでない人にとっては役に立ちません。

このほかに、市販されている大型ブレンダーとしては、ブレンドテックがありますが、これは、バイタプレップに匹敵するパワーがあり、ピッチャーの形状もよく、プランジャーがいりません（ただし、わたし自身がブレンドテックを使った経験から言うと、ふたがお粗末で、中身がもれてしまいます）。インターネットで、ブレンドテックのいろいろな動画CMを見ることができます。しかし、わたしはこうしたブレンダーはおすすめできません。というのは、この調節器が、考える能力のある人たちにとってはあまり意味がないからです。もしあなたが、なんの気配りもしないでいつも決まったスムージーを作りたいだけのスムージー・ロボットだったら、どうぞブレンドテックを買ってください。わたしは、創意工夫の才のあるコックやバーテンダーのための調節器がついたブレンダーをつくってくれるように、ブレンドテックに掛け合ったことがありますが、むだでした。

もしブレンダーひとつに何百ドルも出したくないというなら、ご心配なく。もっと安価なブレンダーでも十分役に立ちますし、本書で紹介するレシピのほとんどを作ることができます。ただわたしとしては、ピッチャーいっぱいの液体窒素を詰まらせずに吸い上げられるブレンダーや、1ポンドのベーコンをきれいなきめの細かいペーストにできるブレンダーを、ぜひ見つけたいと思っています。

材料を漉すストレーナー

ジュースや浸出液を作るときには、ストレーナーを使って漉す必要があります。わたしが使っているストレーナーは、目の粗いほうから細かいほうに順に言うと、

準備のためのろ過器具：わたしは目の粗いチャイナ・キャップ1）と目の細かいシノア2）を、ときにはその両方を合わせて使う。こうした道具はとても便利だが、必要というわけではない――標準的な調理用漉し器でもかまわない。わたしはコーヒーフィルター3）もよく使うが、必ず目詰まりするので使い勝手はよくない。大量のものを漉すときには、5、6枚交換しなければならないこともよくある。漉し袋4）は調理用漉し器とコーヒーフィルターの中間くらいの目の細かさである。

第1章　計量・単位・道具

チャイナ・キャップ（穴が大きくて、時間がかからない）、シノア・ストレーナー（細かい網目状で、漉すのに時間がかかる）、清潔な綿モスリン（チーズクロスでないもの）、コーヒーフィルターの4種類です。必要以上に目の細かいストレーナーは使わないでください。目の細かいストレーナーは漉すのに余計な時間がかかってしまいます。コーヒーフィルターのようなひじょうに目の細かいストレーナーを使うときには、先に目の粗いストレーナーで漉してからにしてください。そうでないと、すぐに目詰まりしてしまいます。ジュースやシロップを作るとき、わたしは通常、シノアの上にチャイナ・キャップを重ねて、そこにジュースを注ぎ、2段階のろ過を同時に行います。そのあとで、綿モスリンを使う必要があるかどうかを判断します。コーヒーフィルターはひどく時間がかかるので、これはどうしても必要なときの最後の手段です。

とても高品質ですが、ひじょうに高価なスーパーバッグ（superbag）という漉し袋も市販されています。これは、目の細かさがさまざまな段階に分かれていて、ひじょうに細かいものまであります。スーパーバッグは、普通のストレーナーやフィルターの代用品にもなりますし、併用して使うこともできます。

遠心分離機

わたしは数年前から、遠心分離機を買うようにいろいろな人たちにすすめるようになりましたが、そのときはただ笑われただけでした。いまでは、しだいに多くの料理人やバーテンダーが遠心分離機を使うようになってきました。その理由はいたって簡単です。時間と費用が節約できるからです。わたしが使っている遠心分離機は、2.5キロの生のイチゴを、一切加熱しないで、ジャスト20分で純度100パーセントのストロベリージュースに作りかえることができます。遠心分離機には、現状を根本から変える革新的な力があります。遠心分離機は——**まだいまのところ**——本当の意味で家庭使用に向くものではありません。わたしが使っている機種は、やや大型ですし、ちょっと値も張ります。遠心分離機は、遠心力を利用して、密度の違いによって成分を分離します。遠心分離機は、回転の力によって、果肉と果汁を分離し、ナッツ・ミルクと固形分を分離し、ナッツペーストとオイルを分離します。ブレンダーにかけられるものなら、ほぼどんなものからでも、その液体成分を絞り出すことができます。遠心分離機の中心にあるのは、回転するローターです。ほとんどのローターは、2つのタイプに分けられます。固定式ローターとスイング・バケット・ローターです。固定式ローターは、サンプル管をローターにセットすると、ローターとともにサンプル管が回転します。回転するサンプル管の中身は、サンプル管の底部側で固形のペレットになります。もうひとつのスイング・バケット・ローターは、回転するアームの端にスイング・バケットを取り付けます。このスイング・バケットの中身の固形物は、バケットの底部で押しつぶされます。

容量3リットル、回転力4000ｇの卓上型スイング・バケット遠心分離機。

遠心分離機には、性能、価格、サイズによって実にさまざまなものがあります。わたしがブッカー・アンド・ダックスで使っている遠心分離機は、スイング・バケット・ローターの容量3リットルの卓上遠心分離機で、750mlのバケットを4本セットします。これには、バケットの中身を低温に保つ冷蔵機能がついています（ローターが回転すると摩擦熱が発生しますから、冷蔵機能がついていると便利ですが、なくてもかまいません）し、毎分4000回転の速度で重力の4000倍の力を発生させます。店で使っている遠心分離機は、新品なら8000ドルしますが、修理した中古品を3000ドルで買いました。わたしは、自分の実験室では、インターネットのオークションで200ドルで買った同じ型のものを使っていますが、多少の修理が必要でしたし、またいつこわれるかわかりません。3リットルの卓上型は、価格的にも家庭用としては打ってつけでしょう。これより小さい機種になると、性能面から見て遠心分離機としての価値がありません。もっと低速の機種は、忙しい調理場では役に立ちません。もっと大きなものになると、場所を取る上に、高価で、危険性も高く、そのわりにはでき上がりは取り立ててよくもありません。わたしは何年もかけて、4000 g 以下でも十分効果のあるレシピを完成させましたから、みなさんはわざわざ4万8000 g の機種を買う必要はありません。もっとも大型でもっとも高速の遠心分離機は、ひじょうにパワーが大きいので、何か不具合が生じると、爆弾のようにばらばらに吹き飛ぶ可能性があります。

わたしが使っている遠心分離機のバケットは、それぞれ750mlの容量がある。2つのバケットが載っている秤に注目してほしい。遠心分離機のそれぞれ対向するバケットは同じ重量にしなければならない。そうしないと、大変なことになる。

　自分の使用目的がはっきりしないなら、高速や超高速の遠心分離機を中古で買ったりしないでください。こうした機種のローターは、一定の回転数を超えると点検や交換が必要になりますし、使い古したローターの使用法や取り扱い方に関する保証はめったについていません。ほとんどのローターはアルミ製ですし、年がら年中回転し、起動と停止をくり返して疲労します。こうした疲労によって、ローターにひびが入り、何の前触れもなくいきなりばらばらに吹き飛ぶ危険性もあります。わたしは以前、保護カバーなどがないフリースタンディングのソーバル社製超高速遠心分離機SS1を持っていました。2万gのこの機械が作られたのは、実験助手の命が粗末に扱われていた1950年代で、数本の支持部をボルトで留めたモーターの上にアルミ製のローターを取り付けただけの代物でした。50年前のアルミ製ローターは、わたしがこれまでに使ったどんなキッチン用品と比べてもまさに最低の代物で、いろいろなことを教えてくれました。とにかく危なくて仕方がないので、すぐに使うのをやめました。もっと低速の遠心分離機であっても、ローターやバケットにわずかでも破損したり腐食しているところがあったら、絶対に使わないでください。モーターやフレームが古くなっても、遠心分離機としての安全性には問題がありませんが、ローターやバケットが古くなると問題が発生します。ローターの安全性が保証されたものを買うようにしてください。

　中古の遠心分離機の安全性に関する2つ目の問題は、それまで中にどんなものが入

第1章　計量・単位・道具

れられたかがわからないことです。最悪、プリオンやエボラウイルスの可能性もありますし、そのほかどんなものでも考えられます。わたしが買ったスイング・バケット型の遠心分離機のなかには、血液検査をしている実験室から処分されたものも、少なからず含まれています。このタイプの中古の遠心分離機を買ったら、わたしは漂白剤で徹底的に消毒し、それからバケットを家庭用の缶詰機械で加圧滅菌し、さらに全体をもう一度漂白剤で消毒します。

　意欲的なホームバーテンダーにとってはお値打ちの遠心分離機が、いまでは200ドル以下で売られています。この機械では、一度に120ミリリットルまでしか処理できませんし、重力の1300倍の回転力しかありませんが、遠心分離機を使えばどんなことができるかを実感させてくれます。重量はたった5キロ程度で、サイズもトースターくらいで、しかも安全です。

この小さな遠心分離機なら200ドル以下で手に入る。これでも十分役に立つ。大型の遠心分離機を使った場合と同じくらいすばらしいカクテルができるが、ごく少量ずつしか作れない。

液体窒素

　わたしは、液体窒素（LNまたはLN₂）が大いに気に入っています。液体窒素とは、わたしたちが呼吸する空気の4分の3を占める窒素ガスを液化したものです。N₂（窒素分子）にはまったく毒性はありません。化学物質の一種ですが、わたしたちが飲む水も同じように化学物質の一種です――これは、使うときに注意が必要ないという意味ではありません。いついかなるときも従わなければならない安全規則というものがあります。

　−196℃の液体窒素は、扱い方によっては凍傷になる危険性があります。食べたり飲んだりすれば、一大事です。どんなものでも、低温材料の類が入った飲み物などは、絶対にお客様に出したり、出させたりしないでください。液体窒素が気化したもやが立ち上るドリンクを出すというアイデアは、忘れてください。自分のことを棚に上げるようですが、ドライアイスのかたまりが入ったドリンクも、出したりしないでください。寒剤が胃の中に入ったりすれば、一生残る大きな傷を負うことになります。イギリスで若い女性が胃のほとんどを失って、重体に陥ったことがありました。バーテンダーが、液体窒素のもやが舞うドリンクを出したら、さぞかしいけてる（クール）だろうと思ったからです。実際には、それどころではありませんでした。現実問題として、お客様に液体窒素に触れさせないようにすることは難しくありません。いついかなるときも油断しないでください。

　液体窒素が目に入ったりしたら、失明することがあります。液体窒素が人の目に入るかもしれないような状況には絶対ならないように、くれぐれも気をつけてください。たとえば、液体窒素は絶対に人の

液体窒素が手にかかっても、すぐに気化して、断熱効果のある蒸気シールドとなって保護してくれるので、手が凍ることはない。これをライデンフロスト効果という。

頭にかけたりしないでください。液体窒素を扱うときには手袋をするようにすすめる人もいます。でも、わたしはしません。わたしは、たった一度だけ液体窒素で重度の凍傷になったことがありますが、それは、液体窒素に冷やされた手袋がもろくなってひび割れ、液体窒素が手袋の内側に入ってしまったからです。手袋を脱ぐのに手間取り、そのせいで凍傷になってしまったのです。ところが、素手を液体窒素の中につけても、凍傷にならずにすむこともあります。窒素蒸気の膜が瞬時に手のまわりにできて、超低温から一時的に守ってくれるからです。これは、ライデンフロスト効果と呼ばれる現象です。この現象は、床に液体窒素をこぼしたときにも観察することができます。液体窒素は小さな粒状になり、窒素蒸気の薄い膜に守られてほとんど摩擦することなく、床の上を動き回ります。これは、熱いフライパンに水滴を落としたとき、広がって蒸発したりせず、丸い粒状になってフライパンの上を動き回る現象と同じです。ここで覚えておいてほしいのは、ライデンフロスト効果があなたを守ってくれるのは、手と窒素の間に蒸気ができる場合に限られるということです。もし超低温の金属製のカップをつかんだりすれば、一巻の終わりです。

　安全に関する注意事項をもうひとつ：液体窒素に毒性がないからといって、安全に呼吸できるというわけではありません。狭い場所で大量の窒素が気化すると、酸素──人が生きていくために必要な酸素──を押しのけるような格好になってしまいます。あいにくなことに、人間の体は酸素欠乏に対して否定的な反応を示しません。息ができないときにパニックを感じるのは、酸欠が原因ではなく、血液中の二酸化炭素（CO_2）の量が過剰になるからです。純窒素環境で呼吸しようとしても、血液中のCO_2の量は過剰にはならず、気分がよくなって──それどころか、異常に高ぶった状態になってしまいます。広範囲に及ぶ（パイロットが受けるような）訓練を受けない限り、酸欠状態を自己診断するのはかなり困難です。純窒素を呼吸するのは、まったく呼吸しないよりも、ずっと、はるかに悪い事態を引き起こします。人間の肺は、酸素を血液中に取り込むだけの一方通行のシステムにはなっていません。肺が適正に機能するのは、空気中の酸素の量が血液中よりも多いときだけです。純窒素環境では、血液中の酸素量は肺の中の「空気」よりも多くなるため、血液中の酸素は、文字通り外に吸い出されてしまいます。ほんの数呼吸で、人は死んでしまいます。産業界の規則では、窒素環境に人が閉じ込められた場合、救出を試みてはならないことになっています──その人はすでに死んでいるからです。さいわいなことに、コックやバーテンダーが液体窒素のせいで酸欠死したケースは1例も──まだいまのところは──ありません。大量の液体窒素といっしょにエレベータに乗ったりしないでください。絶対に。エレベータは密閉空間ですから、液体窒素の貯蔵容器が破損した場合には、逃げ場がありません。液体窒素を車に載せて運ぶのもやめてください。もし事故に遭って気を失ったりすれば、そのまま気化した窒素を吸って死んでしまうかもしれません。

　安全に関する注意事項をさらにもうひとつ：液体窒素は決して密閉容器に保存しないでください。絶対に。液体窒素は、室温環境で沸騰し、約700倍に膨張します。気化して膨張すると、密閉容器の内部は膨大な圧力──数百気圧──になります。一般に使われている容器は、これほどの圧力には耐えられませんから、破裂してしまいます。2009年にドイツで、単純ミスが原因で起きた液体窒素の膨張による不幸な爆発事故の

第1章　計量・単位・道具

ために、若いコックが瀕死(ひんし)の重傷を負いました。

では、どうして液体窒素を使うのでしょうか。液体窒素は、魅惑的なすばらしい材料だからです。グラスをほとんど一瞬で冷やすことができます。ハーブでも、フルーツでも、ドリンクでも、そのほかどんなものでも、少しも品質を落としたり、希釈したりすることなく、冷やしたり、凍らせることができます。先ほども言ったように、わたしは液体窒素が大いに気に入っていますし、わたしが知る限り、気に入らないのにいやいや使っている人はいません。自分でも心配になるほど、液体窒素が気に入っています。ここでもうひとつ注意事項を追加しましょう。一般に、液体窒素は、ドリンクをひとつずつ冷やす場合には適していません。液体窒素を使うと、ついつい冷やしすぎてしまいます。ドリンクを少し冷やしすぎた程度なら、味がまずくなるくらいですみますが、フローズン酒の場合には、舌をやけどするくらい冷たくなる可能性があります。わたしは、液体窒素で冷やし過ぎた酒のソルベを出されたことがありますが、舌の味蕾(みらい)をやられてしまい、その夜はずっと味がわからなくなってしまいました。

わたしが知っている人はみな、液体窒素を地元の溶接用品店から配達してもらっています〔日本とは流通経路が異なる〕。この液体窒素は、低温流体を最小限のロスで長期間保存するために作られた断熱容器のデュワー瓶で貯蔵します。標準的なデュワー瓶には、5、10、25、35、50、160、180、240リットルのサイズのものがあります。ブッカー・アンド・ダックスには160リットルのデュワー瓶が置いてあり、業者が毎週やってきて補充します。液体窒素は、少しずつ買うよりも、まとまった量を買うほうがずっと経済的です。160リットルのデュワーを満タンにするにはたった120ドルですみますが、35リットルのデュワーを満タンにするには80ドル以上かかります。大きなデュワーは、レンタルする場合にも経済的です。月々のレンタル料はわずかですが、最初にやたらと高額な保証金が必要になるからです。適切に機能すれば、160リットルのデュワーは液体窒素の長期貯蔵が可能で、中身がすべて蒸発してしまうことはめったにありません。多少なりとも溶接用のトーチが使える人は、メーカーが売りつけようとする高額な取り出し口のホースは買わないでください。市販されている手近な銅製品を使って、自分で作ってください。ここでもうひとつ注意：大きな液体窒素の

タンクから液体窒素を注ぐために、業者が売りつけようとする高価な取り出し口のホースを買うことはない。簡単に手に入る銅管や銅製の接続金具を無鉛はんだで溶接すればいい。その先の部分は、焼結されたブロンズのマフラーである。費用は9ドルもかからない。これと同じものに、極低温相分離機という名がつくと、コストは135ドルになる。

デュワーは、低い圧力、通常1.5バール程度で保存してください。このくらいの圧力があれば、デュワーから液体窒素を押し出す力として十分作用します。1.5バールを保つためには、デュワーの安全弁をときどき開いて、過剰圧力を抜きます。このとき、シューという音がします。このシューという音を聞くと、人々はぎょっとします。そういうとき、わたしはお客様を安心させるために、笑顔でこう言います。「このシューという音がするから、わたしたちはみんな吹っ飛ばずにすむんですよ」

わたしの店では、もっと小さい5リットルと10リットルのデュワーも使っています。営業中の店内で、液体窒素を持ち運びするためです。この小さなデュワーはけっこう高額で、1つが200ドルくらいします。店内で実際にドリンクやグラスに液体窒素を注ぐために使っているのは、真空断熱したコーヒーポットやキャンプ用の魔法瓶です。もちろん、密閉はしていません。注ぎ口の周辺にプラスティックを多く使っているポットは、あまり長持ちしないので、使わないでください。

ドライアイス

凝固した二酸化炭素から作るドライアイスも、調理用冷却材として利用されますが、液体窒素ほど便利ではありません。見た目は魅力的です。ドライアイスは、液体窒素よりもかなり温度が高く、-78.5℃ですが、同じ重量当たりの冷却力では、ドライアイスのほうがかなり上です。そのうえ、ドライアイスは液体窒素よりも簡単に買えますし、安全上の注意も多くはありませんが、固体ゆえの欠点があります。食品をドライアイスに浸すことはできません。ドライアイスは、液体に混ぜると、液体窒素ほど早くは消えません。ドライアイスの固まりでは、グラスをうまく冷やすこともできません。しかも、気化した二酸化炭素は水に溶けます。もし注意を怠ると、ドライアイスの固まりで冷やしたドリンクは、炭酸ガスのせいでちょっと泡立つかもしれません。わたしは、おもにイベントなどで大量のドリンクを低温に保つためにドライアイスを使います（146ページの『カクテルの新しい冷やし方』を参照してください）。

iSiエスプーマ

わたしには愛用のエスプーマがあります。エスプーマは、バーではおもに3つの用途があります。泡立てること（わたしはやりませんが）と、亜酸化窒素による急速インフュージョンと、そしていざというときに炭酸ガスを注入することです。わたしがいままで使ったなかでいちばんよかったのは、iSi社製のエスプーマです。もっと安価なエスプーマになると、しばしば液漏れしますし、本当にひどいものになると、iSi社が不可欠なものとしている安全機能もついていません。

基本的には、エスプーマは、ガスを使って液体を加圧する金属製の圧力容器です。ガスは7.5グラムの小さなカートリッジに充填されています。二酸化炭素（CO_2）や亜酸化窒素（N_2O）がカートリッジで売られています。CO_2の泡はスパークリング・ウォーターのような炭酸の味がし、N_2Oの泡はちょっと甘味があって、ピリピリするような感じがまったくありません。N_2Oは別名笑気ガスとも呼ばれ、なかにはドラッグとして利用する人もいますが、その場合のカートリッジはホイペットと呼ばれます。N_2Oは、わたしがバーでもっとも多用するガスです。というのは、インフュージョン（浸漬）で炭酸を残留さ

せないために、N_2Oを用いるからです。

　エスプーマのおもな欠点は、カートリッジのコストが高いことです。1個当たり1ドルもしませんが、わたしは一度に2、3個使うこともよくありますから、コストがかさみます。実際のところ、iSiのような企業はエスプーマでは大して大きな利益は上げていません。メーカーが顧客に買ってほしいのは、カートリッジのほうです。最後にカートリッジに関する注意事項：カートリッジは、圧力容器とみなされるので、飛行機には預かり荷物としても持ち込むことができません。このことを思い出すと、わたしはいつもおかしくなります。飛行機のほとんどのシートの下にはライフジャケットが収納されていますが、これをふくらませるのは――何だと思います？　iSi社製の圧縮ガスのカートリッジなんです。

二酸化炭素ガスと用具一式

　二酸化炭素は、ドリンクを炭酸化するために使うガスです。10年前には、炭酸化の方法としておもに2つの選択肢がありました。ソーダ・サイフォン（あまり効果がない）と商業用の炭酸化装置（バーでソーダをつくる機械）です。2005年ごろ、わたしはリキッド・ブレッド社（Liquid Bread）がカーボネーター・キャップをつくっていることを知りました。リキッド・ブレッドを起業したのは、手作りビールの愛好者たちです。この人たちは、手作りビールのサンプルを品評会に出品するために、炭酸が抜けないようにする方法を求めていました。彼らが開発したプラスチックのキャップは、普通のソーダの瓶に合い、自家醸造用品の店ならどこでも売っている低価格のボールロック・コネクタで簡単にCO_2ラインにつなぐことができます。わたしは、カクテルを炭酸化するためにこのキャップを使うようになって、世界観が変わりました。いまでは、家庭やバーで炭酸化するための実にさまざまな選択肢があり、わたしはいままでその多くを使ってきました。しかし、カーボネーター・キャップに勝るものはありません。ほかの方式は、一見カーボネーター・キャップよりよさそうで、入れ物の見た目もいいのですが、わたしが本当に満足のいくほど泡立ちのいいものはひとつもありませんでした。のちほど、泡立ちについてもっと突っ込んだ説明をしましょう。

　カーボネーター・キャップ方式は、用具一式をそろえてもかなり安価です。必要なものは、キャップとコネクタのほかに、ガスホースとレギュレータ（気圧調節器）と5ポンド〔約2.3キログラム〕または20ポンド〔約9キログラム〕のCO_2ボンベです。5ポンドのボンベは小さいので、簡単に持ち歩くことができますし、技術しだいで、75〜375リットルの液体を炭酸化することができます。20ポンドのボンベは、簡単には持ち歩けませんが、標準的な家庭のアンダーカウンター・キャビネットに入ります。注意事項：鎖やひもで、ボンベが倒れないようにする。CO_2は、溶接工場へ行けば補充できます〔日本とは流通経路が異なる〕。ボンベも地元の溶接工場で買えますが、オンラインで買ったほうが安いこともよくあります。オンラインの場合、ボンベは空の状態で送られてきます。レギュレータを買う場合は、フロー（流量）レギュレータではなく、プレッシャー（圧力）レギュレータであることを確認してください。フローレギュレータでは役に立ちません。また、レギュレータは、最低でも4.3バール、できれば7.1バールの圧力が出せるものにしてください（趣味で飲料の炭酸化を始めるなら圧力が高いほうが扱いやすいでしょう）。圧力の低いビール用レギュレータでは役に立ちません。

氷を扱うための道具

わたしは、シェイクするときには大きな角氷（アイス・キューブ）を使います。1辺5センチくらいの角氷を6個作るシリコンの製氷モールドが市販されています。これくらいのサイズの氷が、シェイクには最適です。こうしたモールドでは、わたしが水割りのドリンクに使うクリスタルのように透き通った氷はできません。透き通った氷を作るには、冷蔵庫に入る長方形のイグルー・クーラーなどの断熱容器が必要になります。わたしは、氷を割るために2種類のアイスピックを使います。先端がいくつもあるピックと先端が1つだけのピックです。どちらもひじょうに高品質なものです。安物のアイスピックは使わないでください。安物は曲がりやすく、使い

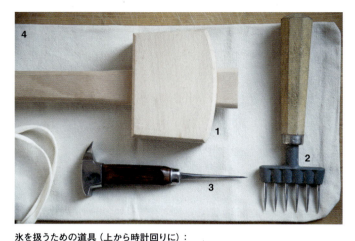

氷を扱うための道具（上から時計回りに）：
1）氷を砕く木槌、2）先端がいくつもあるアイス・チッパー、3）アイスピック、その下に敷いてあるのは4）キャンバスの袋。木槌は、ナイフの背をたたいて大きな氷のブロックを切り分けたり、小さな角氷をキャンバスの袋に入れて砕くときに使う。氷を砕くときには、ビニール袋よりも、キャンバスの袋に入れたほうがよい。キャンバスの袋は水分を吸収するので、さらっとした感じのクラッシュド・アイスができる。布製ナプキンに包んで砕いてもいいが、袋のほうが、氷が部屋中に飛び散ったりしないのでよい。写真の下側のアイスピックと右側のアイス・チッパーは高品質な道具である——品質の落ちるものは使わないほうがよい。

づらくてかないません。わたしは、アイスピックとあわせて、安価な刃の平たいスライスナイフを使って、大きな氷を小さくきれいに切り分けます。クラッシュド・アイス（かち割り）の作り方もいくつか知っておくといいでしょう。手の込んだ方法としては、丈夫なキャンバス地の袋にそのつど必要なだけの氷を入れて、木槌で砕くというやり方があります。融けた水はキャンバスが吸い取るので、砕いた氷はわりとさらっとしています。また、わたしはメトロケイン社の昔ながらのクランク式の砕氷機も使います。この機械を使うと、キャンバスの袋で作る氷よりもやや粒の大きいクラッシュド・アイスができます。

わたしはかき氷を使ったドリンクが大いに気に入っているので、かき氷専用に手回し式の氷かき器のはつゆきを使っています。スワン社も似たような氷かき器をつくっています。プロの方には、この2つのうちのどちらかを買うようにおすすめします。はつゆきの鋳鉄の特有のフォルムは、見ているだけでもうっとりします。耳障りな音はまったくしませんから、カウンターの奥に置いて大切にしています。ドリンクをシェイクする音は、魅力的です。電気機械類のブーンとなる音は、あまり魅惑的とはいえません。こうした氷かき器は、かき氷のテクスチャーを実に微妙に調節することができます。氷かき器でかく氷は、小さな角氷ではなく、ブロック・オブ・アイス（氷の塊）です。氷のブロックを作るいちばん安上がりな方法は、プラスティック製の小さなスープ桶に水をいっぱいに入れて凍らせることです。

予算を気にする人たち向きに、いまでは、ずいぶん安価なプロ仕様の大型の電動氷かき器が市販されています。これは性能も抜群ですが、マニアックな感じがします。家庭でかき氷パーティーをするなら、そういう機械が1台あるといいかもしれませんが、それも使っ

手回しの氷かき器はつゆき。見るからに美しく、耳障りな音も立てない。

た後しまっておく場所があれば、の話です。あまりカウンターに置きたいようなものではありません。とにかく安ければいい、というなら、小型の木工用かんなに似た小さな氷かき器を買ってもいいでしょう。このタイプは、正しく調節するのが難しく、一般に品質もよくありません。わたしの経験では、このタイプでも使えるには使えますが、もどかしくていらいらさせられます。たぶん、わたしはこうしたタイプの氷かき器をうまく使いこなせていないのでしょう。というのは、ロワー・イーストサイド界隈の街角でかき氷を売っている年配の人たちは、同じ機械を何の問題もなく使っていますから。スヌーピーかき氷マシーンや同種の氷かき器だったら、いつでも手に入りますから、本当に辛抱強い人であれば、それでもいいでしょう。

冷蔵庫

わたしはバーで、炭酸飲料や瓶入りのカクテルを冷やすために、ひじょうに精密なランダル（Randell）のFX冷蔵・冷凍庫を使っています。FXを使えば、−20℃から10℃までのどの温度にでも保つことができます〔ランダルFXは日本では販売されていないが、同様の機能を持つ冷蔵庫が販売されている〕。わたしは、自分が作るドリンクの温度には強いこだわりがあります。もしFXがなかったら、あらかじめまとめて作ったドリンクの品質を維持するのに苦労するでしょう。冷蔵庫のうち1台は炭酸飲料用に−8℃に設定し、別の1台はステア・ドリンク・タイプの瓶入りカクテル用に−5.5℃に設定しています。標準的な冷蔵庫は、温度が高すぎて、どちらのタイプのドリンクを冷やすのにも適していませんし、冷凍庫では温度が低すぎます。ドリンクの温度を正確に保つことがバーテンダーとしてどれほど大切な技能か、わたしにはどんな言葉を使っても言い尽くすことができません。

レッドホット・ポーカー

わたしは自分のバーで、ドリンクに突っ込んで温めるためのレッドホット・ポーカーを使っています。その理由とやり方は、182ページ〜の『レッドホット・ポーカー』の章を参照してください。

真空包装機

真空包装機とは、保存や真空調理法のために食品を真空バッグに密閉する機械です。わたしは、果物や野菜にフレーバーをインフュージョンするために、真空包装機を使います。高性能な機器になると、けっこう値が張ります——優に1000ドル以上します——が、もっとずっと安いコストで真空インフュージョンを楽しむことはできます。

ロータリー・エバポレーター

ロータリー・エバポレーター、別名ロタバップは、0気圧の真空によって蒸留する装置です。この機械は、いろいろな意味ですぐれものです。

蒸留とは、いろいろな成分の混合物——通常は水やアルコールやフレーバーや（必ず含まれる）不純物——を沸騰させて、混合物の一部を蒸気に変換することです。液体中の成分のなかで沸騰**できる**ものはすべて蒸気の中にある程度含まれますが、アルコールや芳香族化合物のような沸点の低い物質の濃度は、液体中にあったときよりも

第1部　準備編

ロータリー・エバポレーター：
液体を蒸留フラスコ（赤く着色された部分）に入れる。ここで液体は水槽によって温められるが、この図ではわかりやすくするために、中は空になっている。蒸留フラスコは回転して、蒸留と加熱を促進する。蒸気は蒸留フラスコから凝縮器（青い部分）に送られ、ここで冷却されて、再び液化されるか、または凍結される。凝縮器は液体窒素で冷却される。凝縮後に液のまま残ったものは、すべて受けフラスコ（緑色の部分）の中に滴下する。この装置一式は真空ポンプ（黄色い部分）で真空に保たれるので、このプロセスはすべて低温下で行われる。

蒸気中のほうが高くなります。アルコールやフレーバーが豊富に含まれる蒸気は、凝縮器に送り込まれ、ここで冷却され、凝縮されて液体に戻ります。

　大気圧蒸留では、酸素の存在下で昇温によってこの作用が発生します。真空蒸留では、室温やもっと低い温度でも、沸騰が起きます。気圧が下がると、沸点が下がるからです。そのため、真空蒸留はとても穏やかです。というのは、成分の酸化を防ぐ低温・低酸素環境で行うからです。

　ロタバップのもうひとつのすぐれた特長は、回転する蒸気フラスコです。回転することによって、液体の表面積がひじょうに大きくなり、その結果蒸留が促進され、混合物の加熱にもかかわらず、いっそう穏やかな作用になります。奇妙なことですが、室温で蒸留している場合でも、加熱が必要です。もし加熱しなければ、気化冷却のために蒸留中に液体の温度が低下します。真空度が十分高ければ、この気化冷却によって液体が凍ってしまうこともあるのです。

　なぜロタバップを使うのか：そのメリット：回転蒸発を利用すると、鮮度の高いものを予想以上に新鮮で澄んだ味の蒸留物にすることができます。ロタバップをうまく使え

ば、元の材料のフレーバーをほぼすべて取り出すことができます。大気蒸留器と違って、フレーバーを変質させたり、損失することなく、細片にすることができます。わたしは、混合物の液体を蒸留して、残留物と蒸留物を再び混ぜ合わせ、蒸留していないドリンクと味を利き比べる目隠し味見テストをしたことがあります。被験者の人たちには味の区別はできませんでした。ロータリー・エバポレーターは、いわば外科用のメスのようにフレーバーの成分を切り分けることができます。うまく使いこなせば、ほかのどんな道具でもできないくらい繊細にフレーバーを加工することができます。

ロタバップは、フレーバーに対するわたしの見方を変えてくれました。なかでもとくに助かっているのは、複雑なフレーバーの配合を頭の中で整理する方法を明確にしてくれたことです。赤唐辛子は、死ぬかと思うほど強烈なにおいがしますが、蒸留すると少しも激しい香りや味はしません。というのは、ひりひりするような辛味の原因になるカプサイシンは、蒸留されないからです。カカオの蒸留物は、純粋なチョコレートの味がしますが、無糖チョコレート特有の苦味はありません。これは、苦味成分が蒸留されないからです。わたしは、ハーブを蒸留して、自分の好きなように再結合できるようにフレーバーを何十という成分に分解したことがあります。フレーバーを外科手術のように切り分けたのです。ロタバップのおかげで、本当に助かっています。

ときには、蒸留物ではなく、残留物のほうを利用する場合もあります。まったく加熱しないで濃縮したイチゴ・シロップの新鮮さと鮮烈さを想像してみてください。清澄化した新鮮なイチゴ・ジュースから、ロータリー・エバポレーターを使って水分を取り除くだけでいいのです。とても美味しいです。室温で煮詰めたポートワインリダクションなんて、考えられますか。

欠点：残念ながら、ロタバップにはいくつか問題があって、いますぐには家庭に導入しにくい事情があります。まず第1に、ロタバップは高価です。一式そろえると、優に1万ドル以上します。これより安いものになると、品質はひどく、しょっちゅう漏れたりするので、使い物になりません。第2に、ロタバップは精巧なガラス製品でできているので、とてもこわれやすいのです。もしガラス製品のどれかひとつでもこわれると——十分ありえます——また200〜300ドルの出費になります。第3に、学習曲線は急勾配ですから、じきにうまく使いこなせるようになります。ただし、初心者が、3年間使ってきた人と同じように使いこなすことは不可能です。

未解決の問題：最後に、アメリカでは、バーでアルコールを蒸留することは法律で禁じられています。そのため、ロタバップの多くのユーザーが蒸留を行っているのは、水性の——アルコールを含んでいない——混合物に限られます。ロタバップの標準的な設定では、エタノールがないととても十分な結果は得られません。繊細なアロマを逃さないためには、ロタバップが打ってつけなのですが、水ではエタノールほどしっかりとフレーバーを保持できないので、その大部分が失われてしまいます。わたしは質のいい水性蒸留物を作るために長年努力を重ねてきました。フレーバー化合物のすべてを凍結して逃がさないようにするには、液体窒素を入れた凝縮器を使わなけ

全力稼働中のわたしのロタバップ

ればなりません。蒸留が終わったあと、凍結したフレーバーを度数の高いエタノールに直接溶け込ませます。ひどく骨が折れる作業です。ここまで長々とロタバップについて解説してきました——その価値は十分あったはずです——が、まことに残念なことに、この問題については、諸般の事情によりまだ解決には至っていません。

買い物リスト

　この買い物リストは、数えきれない多種多様なカクテル用の道具から何を選べばいいかを知るための目安になるでしょう。このリストは、自分の希望とニーズに応じて組み合わせてください。炭酸飲料は作りたくないですか。だったら、「炭酸を入れる」のところは飛ばしてください。炭酸化は試してみたいけれど、わたしがリストにあげた道具を買うのはいやですか。だったら、あとで別の選択肢を提案しましょう。どうしても必要なものは、1番目のリストだけです。基本的な道具類をそろえたら、そのほかのリストから自分がほしいと思うものを買い足してください。49ページの写真が、リストにあげた道具の一例です。

　道具のなかには扱いがやっかいなものもありますが、敬遠しないでください。テクニックに関連するところで、それぞれの道具について、手軽に試すことができるかっこいいテクニックを伝授します。

さあ、うまいドリンクを作りたいだけなら
1. シェイクに使うティン2組。
2. 品質のいいジガーのセット。
3. a) ホーソーン・ストレーナー、b) ジュレップ・ストレーナー、c) ティー・ストレーナー
4. マドラー
5. パーリング・ナイフ
6. Y字ピーラー
7. バー・スプーン

手軽にプロ並みのテクニックを試すなら
追加オプションとして：
8. バー・マット
9. 高品質のアイスピック
10. ビターズ・ボトルのダッシュ用のキャップ
11. 刃の平たいスライスナイフ（氷用）（写真なし）
12. アイスバケットとアイススコップ（写真なし）
13. 約5センチ角の製氷モールド
14. 小型の長方形のイグルー・クーラー（写真なし）
15. 点滴器付きのガラス瓶
16. 柑橘類を絞る手動の絞り器
17. キャンバス地の袋またはそのほかの砕

氷機（写真なし）

家庭のキッチンでも重宝するもの
追加オプションとして：
18. バイタプレップのような高速ブレンダー
19. iSi社製エスプーマ
20. もし大量のジュースを作る予定があるなら、チャンピオン・ジューサーやそれに類する機械

正確さを要するなら
追加オプションとして：
21. 調剤用の秤：1/10グラム単位で250グラムまで計れるもの
22. 料理用の秤：1グラム単位で5キロまで計れるもの
23. 品質が確かなデジタル温度計
24. 資金に余裕があるなら、50ml、250ml、1000mlのプラスチック製メスシリンダー

炭酸を入れるなら
追加オプションとして：
25. 5ポンド〔約2.3キロ〕または20ポンド〔約9キロ〕のCO_2ボンベ。

第1章　計量・単位・道具

26. レギュレータ、ホース、ボールロック・コネクタ
27. リキッド・ブレッド社のカーボネーター・キャップ3個

実験したり、正確さを追求するなら追加の優先順位は以下の通り。
28. 屈折計
29. マイクロピペット

わたしの大のお気に入り追加オプションとして：

30. 業務用氷かき器
31. レッドホット・ポーカー

破産しないためには、金のかかるテクニックは、買えたとしても一度に1つずつ買い入れるしかない
追加の優先順位は以下の通り。
32. 液体窒素
33. 真空包装機
34. 遠心分離機（業務用なら、これを最優先に追加する）。
35. ロータリー・エバポレーター

基本的なバー用品一式：この写真に写っている道具が全部そろっていれば、クラシック・カクテルならどんなものでも優雅にかっこよく作ることができる。

あるとよいもの（左から右へ）：バイタプレップ（家庭用はバイタミックス）——予算がある方におすすめできる唯一のブレンダー。1/2リットルのiSi社製エスプーマ。チャンピオン・ジューサー。

プロのようにかっこよくやりたいなら：こぼれて見苦しい水滴などを吸収するバー・マットがあるといい。シェイクに使う大きな氷を作る2インチ（約5センチ）角の製氷モールド。（こうした角氷はロックのドリンクを作るときにも使える）。大きめの氷の固まりを砕くためのアイスピック。自前のビターズの瓶を作るためのダッシュ用の口付きふた。食塩水やチンキを入れる点滴器。柑橘類を絞る手動の絞り器——両手でつぶしたり、フォークでほじくるのはばかげている。

第2章
材料

　カクテルを作る上でいちばん大切な材料は酒ですが、ここでは酒についてあまり時間をかけるのはやめておきます。スピリッツをテーマにした本は、数えきれないほどありますから。スピリッツはいいものを買ってください。高品質のベルモットをいつも手元に置いてください（小さな容器に小分けにして冷蔵庫に保存しておいてください）。アンゴスチュラ・ビターズは絶対に欠かさないでください。それ以外は、ご自由にどうぞ。というのは、わたしは、ほかの類書では十分な吟味が行われていない材料——わたしたちが酒の味を引き立たせるために使う甘味料、酸、塩についてお話ししたいからです。

甘味料

　ほぼすべてのカクテルには、ベルモットやリキュール、ジュース、砂糖などの甘いものが含まれています。こうした材料の甘味は、少数の基本糖類によるものです。なかでももっとも重要なものが、ショ糖（砂糖）、ブドウ糖、果糖です。果糖とブドウ糖は単糖ですが、ショ糖は1個のブドウ糖の分子と1個の果糖の分子が結合したものです〔糖とその種類についての補足解説は巻末401ページを参照〕。果糖はショ糖の1.7倍甘く、ブドウ糖は0.6倍の甘さしかない、と一般によく言われますが、これは過度に単純化された話です。さいわいなことに、ほとんどの甘味料は、ブドウ糖と果糖のどちらかの含有量がより多いということはありません。ハチミツやほとんどのフルーツ・ジュースのように、ほぼ同じ量のブドウ糖と果糖が混合したものは、カクテルに使うときにはショ糖とほとんど甘味が変わらないので、たいていの場合こうした成分は区別なく使うことができます。アガベ・ネクター（アガベ・シロップ）は例外です。アガベ・ネクターの糖類は70パーセント以上が果糖ですから、砂糖の甘味とは全然違います。カクテルやシロップで糖がどのようなはたらきをするかは、これからお話しします。

甘味と温度

　ドリンクは温度が低いほど、甘味を感じにくくなります。そのため、ひじょうに冷たいドリンク——シェイクするカクテル——は、相対的に温度が高いドリンク——ステアするカクテル——よりも、通常は多くの甘味料を加えます……だから、シェイクするドリンクは、ぬるくなると甘味が増したように感じるはずです。誰しも経験があることと思いますが、ドリンクの味を見てちょうどいいと思っても、数分後にもう一度味を見てみると、甘すぎることがあります——これが、カクテルを早く飲まなければならない理由のひとつです。もちろん、ほどほどのペースで、ですが。

果糖

　果糖の甘味は、ショ糖よりも早く、しかも強く感じられますが、消えるのも早い──一気にきて一気に引いていく──ので、アガベ・ネクターをカクテルに混ぜるときには注意が必要になります。しかし、果糖の何より奇妙なことは、冷やしてもその甘味が変わらないことです。冷たい果糖は、冷たいショ糖よりもずっと甘く感じられます。その反対に、果糖は温めると、ショ糖より甘味が弱くなります。結論：アガベ・ネクターで作ったドリンクは室温ではちょうどよくても、冷やすと甘すぎたり、加熱すると甘味が足りなくなるかもしれない。なぜでしょう？　その理由は、果糖はいくつかの異なる状態で存在することができ、その状態によって大きく甘味が違ってくるからです。どの状態がどれくらいの量だけ存在するかは、温度に左右されます。カクテルの温度が低いほうが、甘味の強い形が優勢になります。ホットドリンクでは、甘味の弱い形のほうがより多くなります。

糖と濃度

　問題点：シンプル・シロップやリキュールのように成分を濃縮したものでは、甘味料の味を見ることはひじょうに困難です。わたしたちの糖に対する味覚反応は、20パーセントくらいの濃度までかなり直線的に上昇します。でき上がったドリンクの濃度は通常4〜12パーセントですから、この範囲内に入ります。糖の濃度がひじょうに低い場合や高い場合には、味覚反応は直線的には変化しません。もし糖度を20パーセントに引き上げてしまうと、味覚に狂いが生じはじめ、40パーセントになると、味覚はほとんど役に立たなくなります。シンプル・シロップは50パーセントが糖で、多くのリキュールには1リットル中200〜260グラム（20〜26パーセント）の糖が含まれます。こうした甘味料は、ドリンクを作って飲むときの希釈の程度や温度によって、味を判断しなければなりません。

バーで使う糖

　ほとんどのバーでは、液糖（シロップ）を使います。というのは、グラニュー糖は溶けにくいからです。こうしたシロップは、ジガーで計って注ぎ、カクテルのほかの成分とすみやかに、かつ容易に混ぜ合わせることができるものでなければなりません。シロップは、完全な液体でなければなりませんが、水分があまり多いと腐敗しやすく、ドリンクに入れたとき味が薄くなってしまいます。バーのレシピでは、糖が重さの50パーセントと66パーセントを占めるシロップが、一般的に使われています。50パーセント以下になるとひじょうに腐敗しやすく、カクテルが薄くなってしまいます。66パーセント以上になると、あまり手早く注ぐことができないうえに、冷蔵庫に入れると結晶化することがあります。

シンプル・シロップ　シンプル・シロップは、カクテルでは基本的な甘味料であり、砂糖と水だけで作られるいたってシンプルなものです。このシンプルなシロップにも、1:1（レギュラー・シンプル）と2:1（リッチ・シンプル）の2つの比率があります。レギュラー・シンプル・シロップは、**重量比**で水1に対して砂糖1を混ぜたものです。リッチ・シンプル・シロップは、**重量比**で水1に対して砂糖2を混ぜたものです。おそらく直観的には受け入れにくいことでしょうが、リッチ・シンプルはレギュラー・シンプルの2倍甘いわけではありません。体積を基準にして甘味を感じさせる力を比較すると、リッチ・シロップはレギュラー・シロップの1.5倍に相当します。わたしの店でも本書のレシピでも、わたしはほとんどの場合1:1のレギュラー・シロップしか使いません。

1:1のほうが、2:1よりも注ぎやすく、混ぜやすいからです。また、レギュラー・シロップのほうが、リッチ・シロップよりも計量の誤差の影響を受けにくいということもあります。

レギュラー・シンプル・シロップは簡単に作れます。同じ重さの砂糖と水をブレンダーに入れて、砂糖が溶けるまでかき混ぜます。もし時間があるなら、数分間そのまま置いて、気泡がなくなるのを待つといいでしょう。リッチまたはレギュラーのシンプル・シロップを、ブレンダーを使わないで作るなら、材料をコンロにかけて、シロップが透明になる（完全に溶けたことを示す）まで加熱し、そのあとシロップを冷まします。コンロでシロップを作る場合の問題は、(1) でき立てのシロップは熱すぎてすぐには使えないことと、(2) 水分が一部蒸発するのでレシピ通りにいかないことです。ブレンダーも、コンロも、秤も時間もないときには、上白糖を使ってください。上白糖の結晶は小さいので、ブレンダーなしでも溶けます。たとえば1袋500グラムの砂糖なら、それにそのまま500ミリリットルの水を加え、ふた付きの容器に入れて1分ほど振れば、重さを計らなくても手早くシロップを作れます。

バーテンダーのなかには砂糖を体積で計っている人がかなりいますが、これはやめたほうがいいでしょう。グラニュー糖と水は同じ密度ではありません。たとえば、ドミノ社のグラニュー糖は、袋から出したそのままの状態で、密度が1ミリリットル当たり0.84グラムです。室温の水の密度は、1ミリリットル当たり1グラムですから、16パーセントの違いがあります。もし計量カップで何度もたたいて砂糖を押し固めれば、水にひじょうに近い密度にすることができますが、わざわざこうした手間をかける人はほとんどいませんし、重さを計るよりも手間がかかります。

レギュラーでもリッチでも、シンプル・シロップは、一度に数時間くらいなら冷蔵庫から出したままにしてもかまいませんが、やがてかびくさい浮遊物ができますから、やはり冷蔵庫にしまってください。

ブラウン・シュガー、デメララ・シュガー、サトウキビ・シロップ

ブラウン・シュガーは、精製した白砂糖に糖液を加えて作られます。デメララ・シュガーは、一度も白砂糖に精製されていない粗目です。サトウキビ・シロップは、濃縮されているけれど結晶化はしていない未精製の砂糖です。こうした甘味料はいずれも、濃密な糖液の香気を大なり小なり含んでいます。ブラウン・シュガーやデメララ・シュガーを使うときは、1:1のシロップにしてください。サトウキビ・シロップの甘さは一定していませんが、ほとんどの場合1:1のシロップよりも甘くなります。

ハチミツ：ハチミツの味は、授粉期にミツバチが訪れる花の種類によって大きく左右されます。さまざまな種類を試してみるのは楽しいことですが、ほとんどのバーテンダーは、クローバーなどのいたって無難なハチミツに落ち着きます。わたしはこれまで何度も、黒々として素朴な味のソバのハチミツで美味しいカクテルを作ろうと試みましたが、いまだにうまく行きません。

ハチミツはおよそ82パーセントが糖ですから、ずいぶん強い粘り気があります。そのため、もっと薄いシロップにしなければバーではなかなか使えません。どんなレシ

第2章　材料

ハチミツ（右）は粘り気が強すぎて、カクテルになじみにくい。ハチミツ・シロップ（左）ならまったく問題ない。

ピでも、シンプル・シロップで代用できるハチミツ・シロップは、ハチミツ100グラムに対して64グラムの水を加えて作ります（ハチミツは、水よりずっと密度が高いので、必ず重さで量ってください）。シンプル・シロップと違って、ハチミツには多少のタンパク質が含まれています。こうしたタンパク質のために、シェイクするドリンクでは泡が立ちやすくなり、これにさらに酸味が加わると、ますます泡立ちが強くなります。

メープル・シロップ：メープル・シロップはカクテル用の甘味料として、とてもすぐれています。糖の重量が67パーセントと、リッチ・シンプル・シロップにほぼ匹敵します。メープル・シロップは、同じ重さのシンプル・シロップの1.5倍の甘さがあります。言い換えれば、シンプル・シロップ30ミリリットルはメープル・シロップ20ミリリットルに置き換えることができます。22.5ミリリットルのシンプル・シロップは、15ミリリットルのメープル・シロップに置き換えられます（くり返しますが、ここでは体積を基準に変換しています！）　メープル・シロップは高価ですから、わたしとしてはできる限り保存可能期間を長くしたいので、標準的なシンプル・シロップのレベルまで水で薄めたりは絶対にしません。メープル・シロップは、短期間なら冷蔵庫に入れる必要がありませんし、室温で置いておいても心配はいりません。突然カビが生えて、シロップをだめにすることがありますから、長期間貯蔵する場合は冷蔵庫に入れるか、定期的に煮沸してください。カビは、いやな――本当にいやな味がします。ドリンクに入れる前に、必ずシロップのにおいを嗅いで確認してください。わたしは以前、カビ臭いメープル・シロップを入れてしまったせいで、まとめて作った100ドル分のカクテルをそっくり台なしにしてしまったことがあります。

アガベ・ネクターは、果糖が主成分で、ほんの少量だけブドウ糖が混じっています。通常は糖が重量の約75パーセントを占めていて、メープル・シロップとハチミツの中間くらいの比率です。フレーバーは銘柄によって異なります。果糖の甘味は一気にきて、一気に引いていくので、アガベは、甘味がしつこく後を引かないほうがいいときに使います。アガベ・ネクターをストレートで使うときは、体積で計って、シンプル・シロップを使うときの60パーセントくらいの量にしてください。アガベ・ネクターをシンプル・シロップの代用として使うときは、アガベ・ネクター100グラムに対して水を50グラム加えてください（アガベ・ネクターは水よりずっと密度が高いので、重さで計ってください）。アガベ・ネクターは、マルガリータによく合いますが、これはテキーラがアガベから作られるからではありません。偶然の一致です。アガベはレモン・ベースのドリンクにも合いますが、これはレモンの酸味が瞬時にきて、瞬時に引いていくからです（58ページ～の『酸味』のセクションを参照してください）。

キニーネ・シンプル：キニーネは、苦味の強い木の皮で、トニック・ウォーターに苦味

をつけるために使われます。キニーネのシンプル・シロップは、トニック・ウォーターを作るときや、トニックの特有な苦味がほしいときに使います。(375ページのレシピを参照してください)。

乳化シロップ、バター、オルジェー

　脂質は、それ自体ではドリンクにはなかなか溶けようとはしません。水と油は、みなさんもご存じのように、混ざりません。しかし、脂質も、エマルジョン（乳化物）を作ることによって、通常甘味をつけたシロップとして、ドリンクに混ぜることができます。エマルジョンを作るには、水と油が隣り合うようにさせる乳化剤が必要になります。わたしが使っている乳化剤は、チカロイド（Ticaloid）210Sという仰々しい名前で、TICガムズ社（TIC Gums）で製造しています。ほとんどの産業食品会社と違い、この会社は、大企業ばかりでなく、一般の個人に対しても製品を販売しています。チカロイド210Sは、アラビア・ガムという樹液からつくったひじょうにすぐれた乳化剤と、キサンタン・ガムとの混合物です。アラビア・ガムは、カクテルの材料として大変すぐれています。というのは、アラビア・ガムで作ったエマルジョンは、急に希釈しても分離しませんし、温度の変化や酸やアルコールの影響も受けません。キサンタンは安定剤で、エマルジョンが分解するのを防ぎます。もしチカロイド210Sが手に入らない場合は、アラビア・ガム粉末とキサンタン・ガムを9対1の割合で混ぜれば、代用品になります。

　わたしは、2009年にチカロイド・シロップを初めて作ったとき、バター・シロップを使ってコールド・バタード・ラムを作りました。わたしはこれが大変気に入っています。このシロップにはかなりの量のバターが含まれますから、レギュラー・シンプル・シロップよりも多く——1.5倍——の量を使わなければなりません。

バター・シロップ

[材料]

水 200グラム

オールスパイスの実、つぶしたもの

プレテスティッド・チカロイド210S 3グラム

溶かしバター 150グラム

グラニュー糖 200グラム

[作り方]

湯を沸かして、オールスパイスの実を入れてとろ火で5分間煮出し、そのあとオールスパイスの実をろ過して取り出す。オールスパイスを浸出させた水にチカロイド210Sを入れ、ブレンダーで混ぜ合わせて、水和させる。溶かしバターを加えて、なめらかになるまで混ぜ合わせる。このシロップは必要になるまで、バーで保存することができる。時間がたつと分離するが、手でかき回せば元通りになる。

1) 湯からオールスパイスを漉しとる。
2) 乳化剤のチカロイド210Sを混ぜる。
3) 溶かしバターを乳化させる。
4) 砂糖を入れて溶かす。

コールド・バタード・ラム

168mlのドリンク1杯分
アルコール度数16.4％、糖8.6g／100ml、酸0.54％

[材料]

スパイスド・ラム（セイラージェリーなど）60ml

バター・シロップ33.75ml

漉したてのライム・ジュース15ml

[作り方]
材料を混ぜ合わせ、氷を入れてシェイクし、ストレーナーで漉して、冷やしておいたオールドファッション・グラスに注ぐ。

ドリンクに入れて希釈してもバター・シロップが分離しないこと——アラビア・ガムの不思議な力——に注目。

　わたしはバター・シロップを開発したあと、さっそく同じテクニックを別のオイル——かぼちゃ種子油やオリーブ油など——にも応用してみました。いちばんうまく行ったのはナッツ油で、それもとくにペカン油が最高でした。ペカン油は、とくにナッツの固形部分も少量いっしょに加えると、本当にもうすばらしいシロップになります。チカロイドを使うと、自分独自のオルジェーを作れることにも気づきました。オルジェーとは、厳密にいえば、ローズウォーターを少量混ぜたアーモンドのシンプル・シロップのことですが、ここでわたしがいうオルジェーとは、種類を問わずナッツ・ミルクを入れて作ったナッツの風味がするシンプル・シロップを（ローズウォーターではなく）チカロイドで安定させたもののことを指します。わたしは、ペカン・オルジェーやピーナッツ・オルジェー、ピスタチオ・オルジェーなどを作ってきました。どんなナッツでもかまいません。では、作り方を説明しましょう。

第2章　材料

ナッツのオルジェー

まずナッツ・ミルクを作る

熱湯 600グラム（遠心分離機がない場合は660グラム）
自分で選んだナッツ 200グラム
ナッツに塩味がついていない場合は、好みに応じて塩少々を加える。

[作り方]

水とナッツをバイタプレップ高速ブレンダーで混ぜる。ナッツ・ミルクを目の細かいストレーナーで漉して絞るか、または、ブレンダーで混ぜたものを重力の4000倍の力に設定した遠心分離機に15分間かける（241ページ～の『清澄化』の章を参照のこと）。遠心分離機を使う場合は、上澄みの脂肪と液状部分を取って使い、下に残った固形部分は捨てる（または、クッキーの材料として取っておいてもよい）。お好みで塩を加える。

ナッツ・ミルクを漉すのは退屈な作業である。わたしは、バーでは遠心分離機を使うが、自宅ではひじょうに目の細かいストレーナーを使う。ナッツ・ミルク・バッグを使って漉してもいい。

次にオルジェーを作る

ナッツ・ミルク500グラムに対して
チカロイド210S 1.75グラム
キサンタン・ガム 0.2グラム
グラニュー糖 500グラム

[作り方]

高速ブレンダーにナッツ・ミルクとチカロイドとキサンタンを入れて混ぜる。混ざったら、砂糖を加えて、ブレンダーにかけてさらによく混ぜる。

ペカン・バーボン・サワーをバックグラウンドにしたペカン・オルジェー。ナッツ・ミルクに含まれるナッツの固形部分が多すぎる場合は、ドリンクをシェイクしたときにシロップが分離するかもしれない。こうした場合は、スティック・ブレンダーで手早くかき混ぜれば、元通りになる。

バーで甘さを計るには

　一般的なドリンクの材料の糖度を数値で知ることができれば、ひじょうに便利です。わたしは、バーでは、屈折計を使って糖度をブリックス値で計ります。ブリックスは、溶液中のショ糖（砂糖）の重量の割合を示すものです。10ブリックスの溶液100グラム中には、砂糖が10グラム含まれています。問題は、屈折計は実際にはショ糖を直接計測するものではないということです。屈折計は、光が溶液中を透過するときにどの程度曲がるかを計ります。アルコールのような砂糖以外の成分も、光の曲がり具合に影響しますから、測定値に狂いが生じます。そのため、ブリックス屈折計でアルコール飲料の糖のレベルを計ることはできません。

　ブリックスが表す糖度は、体積ではなく、重量が基準になっていることを忘れないでください。50ブリックスのシロップの場合、厳密にいって、シロップ1リットル中に500グラムの砂糖が含まれているわけではありません。（レギュラー・シンプル・シロップのように）50ブリックスのシロップの密度は、1ミリリットル当たり1.23グラムです。したがって、シンプル・シロップ1リットルは、重さが1230グラムであり、615グラムの砂糖が含まれています。カクテルは通常体積で計りますから、シンプル・シロップには1リットル当たり615グラムの砂糖が含まれていると考えるほうがいいでしょう。リッチ・シンプル・シロップ（66ブリックス）の密度は、1ミリリットル当たり1.33グラムです。1リットルの重さは1330グラムで、砂糖が887グラム含まれていますから、甘さはレギュラー・シンプル・シロップの1.5倍よりも少し低いくらいです。

　屈折計がいちばん役に立つのは、糖度に大きな開きがあるフレッシュ・フルーツジュースを計測する場合です。フルーツは、厳密に同じものは一つとしてありません。特定のフルーツやそのジュースの糖のレベルは、日によって大きく変わります。ブルーベリー・ジュースの糖度が、今日は11ブリックスで、明日は15ブリックスになるとしたら、そうしたジュースで作るドリンクは明らかに味が違ってきます。家庭では、自分が買ってきたジュースをベースにした味によってレシピのバランスを変えることができますが、バーの業務としてこのやり方を実行するのは困難です。来る日も来る日も人によってこうした調整を適正に行うのは、無理です。だから、わたしの店では、通常のジュースのレベルよりも2、3度高いブリックス値を選択して、まとまった量のジュースを作るたびに、この甘さに調整します。ジュースによって、ときには砂糖を使い、ときにはハチミツを使い、またときにはサトウキビ・シロップを使って——考えうるすべての甘味料を使って、そのジュースを最高の味に調整します。ジュースに砂糖をむやみにたくさん入れたい人はいないでしょう。目的は、甘さを強くすることではなく、標準化することです。家庭でジュースを作るときは、味を調整するために屈折計まで使う必要はありませんが、ブリックス値によって調整するという考え方は、やはり役に立ちます。ブリックス値の低いフルーツジュースは、得てして味が落ちるものです。味気なく、水っぽくて、味が単調です。ときとして、砂糖を加えてブリックス値を調整すると、ブリックス値の高いジュースとまったく同じ味になり、美味しくなることがあります。まるで奇跡のようですが、そのためにたくさんの砂糖を使う必要はありません。

酸味

　酸味のまったくないカクテルは、めったにありません。酸味はベルモットやそのほかのワインベースの材料の中に隠されていることもありますが、ほとんどの場合、酸味はカクテルに存在しています。以下に、一般的にカクテルに用いられる酸味料をあげました。このうちほとんどは、酸味料として自家醸造用品店で売られています。

酸味を味わう

　酸とは、溶液中に自由水素イオンを生じる分子です〔イオンについての補足解説は巻末402ページを参照〕。水素イオンが多いほど、酸性度は強くなります。科学者が酸性度を計ると

きには、自由水素イオンの数と直接関連するpH(ピーエッチ)を計ります。人間の舌はpH計のようなはたらきはしません。つまり、カクテルを作るときにはpH計は役に立たないということです。舌で感じるのは、酸性度の高さというよりも、**酸性分子の数**と考えたほうがずっと正確です。酸性分子の数は、化学的には、**滴定酸度**といいます。このおかげで、さまざまなタイプの酸の相互変換が容易にできますが、これはほとんどの有機酸〔炭素を含む(=有機の)酸。果実に多く含まれる〕がほぼ同じ重さだからです。1グラムのリンゴ酸や1グラムの酒石酸の代わりに、1グラムのクエン酸を置き換えることができます。味は変わりますが、酸性度そのものにはそれほど大きな違いはありません。そこで、本書ではこれ以後酸性度を、単位体積を基準としたパーセント酸性という言葉で表します。1パーセント酸性とは、ジュース1リットル（1000ミリリットル）中に10グラムの酸が含まれていることを意味します。

レモンとライム

　レモン・ジュースとライム・ジュースは、バーではもっとも一般的に使われる酸です。どちらも、ほぼ6パーセント酸性です。レモンの酸味はほぼ純粋なクエン酸で、ライム・ジュースの酸味はほぼ4パーセントがクエン酸、2パーセントがリンゴ酸で、これにごく微量のコハク酸が混じっています。コハク酸それ自体の味はひどいもので、苦くて、金臭くて、血のようなにおいがします。しかし、そのコハク酸も微量であれば、ライム・ジュースの風味を本当に引き立ててくれます。コハク酸は入手が困難です。化学薬品の販売店でなければ売っていませんし、価格は法外です。

　レモン・ジュースとライム・ジュースは、酸性度がほぼ同じですから、大雑把にいえば、定量的な観点から見て、レシピの上で置き換えが可能ですが、ライムはリンゴ酸を含んでいるので、酸味がレモンよりも後を引きます。グレープフルーツやオレンジやリンゴのジュースは、作ってから2、3日かそれ以上保存できますが、これらと違って、レモンやライムのジュースは作ったその日のうちに使わなければなりません。とくにライムは持ちが悪く、ジュースにした瞬間から変質しはじめます。わたしは、ライム・ジュースは、作ってから2時間くらいたったものがいちばん好きです。

　レモン・ジュースやライム・ジュースの作り方は、33ページ〜の『ライムやレモンの絞り器』のセクションを参照してください。

　6パーセント酸性のレモン・ジュースとライム・ジュースは、かなり濃縮されているので、カクテルに適しています。一般的

ライム・ジュースの鮮度

　わたしは、カクテルとライムエードの両方で、年齢別にライム・ジュースの味覚テストを何度か行ったことがあります。ジュースは、作った時間によって24時間前、8時間前、5時間前、3時間前、2時間前、作り立て、に分けました。予想通り、1日置いたジュースは、どの年齢層にも評判がよくありませんでした。予想に反して、数時間置いたライム・ジュースのほうが、作り立ての新鮮そのもののジュースよりもおおむね評判がよいという結果が出ました。このテストの被験者は、おもにアメリカ人のプロのバーテンダーでした。優秀なアメリカ人のバーテンダーのほとんどは、自分のシフトの初めにライム・ジュースを作り、営業時間中に作ってから数時間が経過したジュースを使っています。わたしの同業者のドン・リーは、これと同じテストをヨーロッパのバーテンダーを被験者にして行いました。ヨーロッパのバーでは、通常ア・ラ・ミュニット（たったいま）に絞ったジュースを使います。ヨーロッパのバーテンダーは、どれよりも、作り立ての新鮮なジュースを選ぶ傾向がありました。つまり、いちばんよいものとは自分が慣れ親しんだもののことかもしれません。

なサワーカクテルに酸味を加えるために必要なレモン・ジュースやライム・ジュースの量は、わずか22〜23ミリリットルです。ほかのほとんどのジュースは酸味が十分ではありませんから、ライム・ジュースの酸味に近づけるためにしばしば酸味料ブレンドを使って補強します。いくつか例をあげましょう。

カクテルに使う一般的な酸

クエン酸
クエン酸はレモン・ジュースに含まれている基本的な酸である。クエン酸はそれ自体がレモンのような味がする。クエン酸は鮮烈な味が一気にくるが、薄れるのもわりと早い。

リンゴ酸
リンゴ酸はリンゴに含まれている基本的な酸である。リンゴ酸はそれ自体が青リンゴのキャンディーのような味がする。この風味はクエン酸よりも後を引く。

酒石酸
酒石酸はブドウに含まれている基本的な酸である。この酸はそれ自体がサワーグレープ・キャンディーの味がする。

酢酸
酢酸とは要するに酢であり、芳香族〔ベンゼンに代表される芳香を有する化合物〕に属する唯一の一般的な食用酸である。ビターズや香りのついたカクテルなどに少量使われる。

乳酸
乳酸は発酵によって生じる。この酸はそれ自体がザウアークラウトやピクルス、チーズ、サラミなどを連想させる味がする。カクテルにうまく使うと意外な味になる。

リン酸
リン酸はこのなかで唯一の無機酸〔炭素を含まない（＝無機の）酸〕である。ひじょうに刺激が強くて辛口である。（クエン酸と並んで）コーラに特有の酸味料であり、ソーダ・ファウンテンの時代にはごく一般的だった。自家醸造用品店では売っていない。わたしはあまり多用しない。

アスコルビン酸
アスコルビン酸とはビタミンCのことである。これ自体にはとくにこれといった風味はなく、強い酸味もない。おもに抗酸化物質として使われ、ジュースやフルーツが変色するのを防ぐ。しばしばクエン酸と混同される。

酸の組み合わせ
酸によって、それぞれフレーバーが異なる。異なる酸を混ぜると、単一の酸とは驚くほど違う味になる。クエン酸はレモンのような味がし、リンゴ酸はリンゴのような味がするが、この2つを混ぜると、ライムのような味になる。酒石酸はブドウの味がし、乳酸はザウアークラウトのような味がするが、この2つを混ぜると、シャンパンに特有の酸味になる。

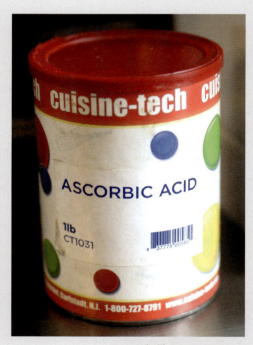

アスコルビン酸はフルーツやジュースの変色を防ぐ酸である。あまり酸っぱい味はしない。

ライム酸

　ライム酸とは、まさにその名の通り、ライム・ジュースの代用品です。わたしは、フルーツの代用としては絶対に使いませんが、フルーツにちょっと酸味を加えるためになら使えます。より本物らしい味にするには、コハク酸を加えますが、これはなくてもかまいません。

[材料]
ろ過水 94グラム
クエン酸 4グラム
リンゴ酸 2グラム
コハク酸 0.04グラム

[作り方]
材料をすべて混ぜて、溶けるまでかき回す。

ライム酸オレンジ

　オレンジ・ジュースに含まれているクエン酸は、通常0.8パーセントです——サワーに使うには酸味が足りません。サワーオレンジは、味もいいので、これを使ってもいいのですが、わたしの店では、しばしば普通のオレンジが大量に余っていることがあります。というのは、カクテルの飾りつけに使う皮をむいたあと、オレンジの実のほうが残ってしまうからです。わたしは、オレンジ・ジュースに酸を入れてライム・ジュースと同じ酸組成になるように調整します。オレンジをジュースにするときには注意してください。オレンジのなかには、いろいろな種類のネーブル・オレンジのように、絞ってジュースにしたあとしばらくすると苦くなるものもあります。

[材料]
絞りたてのオレンジ・ジュース 1リットル
クエン酸 32グラム
リンゴ酸 20グラム

[作り方]
材料をすべて混ぜて、溶けるまでかき回す。

ドクターJ（279ページ）は、ライム酸を加えたオレンジ・ジュースで作られ、味はオレンジ・ジュリアスに似ている。

シャンパン酸

　ブドウに含まれる基本的な酸は、酒石酸とリンゴ酸です。しかし、この2つの酸は、ほとんどのシャンパンでは基本的な酸ではありません。シャンパンでは、マロラクティック発酵と呼ばれる過程を経て、リンゴ酸が乳酸に変わっています。マロラクティック発酵を経ない白ワインや（クリュッグのような）シャンパンは、青リンゴのような特有の酸味がしますが、マロラクティック発酵するワインやシャンパンはこの味はしません。そこで、わたしが標準とするシャンパン酸は、酒石酸と乳酸が1:1の比率で混合したものです。この酸の混合物は、放っておくと少し結晶化することがありますが、シェイクすると元に戻りますから、心配はいりません。この酸のブレンドは驚くほど多くの用途があります。わたしは、炭酸飲料に入れたり、カクテルにちょっとシャンパンのような味わいを加えたいときに使います。ドリンクにこの酸だけを単独で使うことはめったにありません。

[材料]
温水 94グラム
酒石酸 3グラム
乳酸 3グラム（粉末を使う）

[作り方]
材料をすべて混ぜて、溶けるまでかき回す。

塩

　わたしは、ほとんどのカクテルに隠し味として塩を入れます。フルーツやチョコレートやコーヒーを入れるカクテルなら、どれでも、1つまみの塩を入れると、味が引き立ちます。ほとんどの場合、ドリンクに塩味をつけたいわけではありません。この塩の味は、あくまでも閾値下〔知覚できない低レベルの刺激〕です。今度あなたがカクテルを作るときに、2つのグラスに分けて、一方に塩を1つまみ入れ、もう一方には塩を入れずに、違いを味わってみてください。塩を入れた味が二度と忘れられなくなります。家庭では、1つまみ加えるということでもいいでしょう。バーでお客様に出すときには、もっと正確さが求められますから、食塩水を使います。80mlの水に対して塩は20グラム（20パーセント溶液）です。この塩水を1〜2ドロップ入れるだけで、カクテルの味は断然引き立ちます。

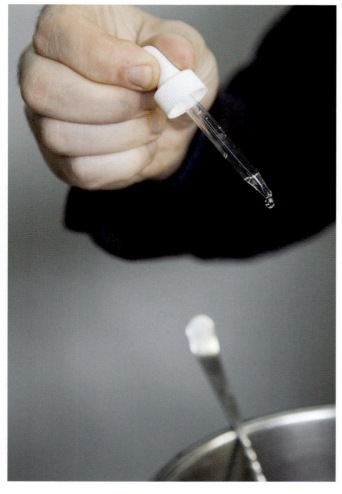

わたしはほとんどのドリンクに食塩水（80パーセントの水に対して20パーセントの塩）を2ドロップ入れる。ドリンクは塩辛くなることはなく、味がよくなるだけである。家庭では、もし食塩水を作るのがめんどうなら、塩を1つまみ入れるだけでもよい。

わたしたちのカクテルの探求は、絶対必要なこと、つまり基本から始めます。
わたしがここでいうトラディショナル・カクテルとは、
クラシック・カクテルのことではありません。
氷と酒と割材とわずかな道具──
シェーカー、ミキシング・グラス、スプーン、ストレーナー
──さえあれば作れるカクテルのことを指しています。
バーテンダーたちは何世代もかけて、
こうしたシンプルな構成要素で作ることができる
美味しいカクテルを何千種類も開発してきました。
第3章では、氷の科学と作り方と使い方、
そして氷と酒との相互作用、カクテルの基本法則を取り上げます。
第4章では、シェイク、ステア、ビルド、ブレンドという4つのドリンクの製法を取り上げ、
第5章ではすべてのカクテルのレシピに共通する基礎構造に対して
数学的に取り組んでいきます。

第 2 部
トラディショナル・カクテル

第3章
氷と氷を入れた酒と基本法則

氷とは

　氷とは、水が凍っただけのものです。凍った水について語るべきことは、さほど多くないような気もします。水を冷凍庫に入れて凍らせればいいのです。ところが実際には、ただ氷を作るだけでも、やり方次第では大変な手間がかかります。現代のバーテンダーは多大な時間を費やして、機械冷凍ができる前の時代には標準だった特殊なタイプの純粋で透明な氷を再現しようとしています。ではこれから、氷の物語と、その裏に秘められた科学と、氷に手間暇をかけるべき理由をお話ししましょう。

透明な氷と濁った氷、湖の氷と冷凍庫の氷

　機械で冷凍ができるようになる以前、人々は、冬の間に凍結した湖や川から氷を切り出して、大きな貯氷庫に貯蔵しておき、一年を通して利用していました。1800年代の中ごろには、氷の販売業者が、北方の国々の湖や川の氷を船に積んで、熱帯地方を含む世界各地に出荷するようになっていました。氷入りカクテルの黄金時代の始まりです。
　いったいどうすれば、氷は、エアコンもない船の中で何週間もだるような暑さに耐え、そんな長旅をしてでも利益が出るほどの量が融け残ったのでしょうか。その答えは、ある関係によるものですが、これはカクテルを作るうえでもきわめて重要ですから、このあとも何度もくり返し触れます。その関係とは、表面積と体積の関係です。一定の時間内に融ける氷の量は、氷の中を移動する熱の量に比例します。熱が移動する量は、環境に露出している氷の表面積に正比例します。物が大きくなれば、表面積も増えますが、体積はもっと急激に増えます。立方体の大きさを3倍にすれば、表面積は9倍（2乗倍：$3^2=9$）になりますが、体積は27倍（3乗倍：$3^3=27$）になります。ですから、体積の大きな氷は、体積の小さな氷よりも融けるのに長い、とても長い時間がかかります。この事実が、大陸間の氷の輸送を可能にし、同時に、カクテルを作る上で氷が果たす作用を理解するための基本にもなるのです。
　湖や川から切り出した氷は、現代の冷凍庫で純水から作る氷より

写真の下側に並んでいる27個の小さな角氷は、全部合わせると、重さと体積が、上側のただ1個の大きな角氷とまったく同じになるが、表面積は3倍になるため、融けて水になるのも3倍速い。

も質が劣ると思っている人もいるかもしれません。そんなことはないのです。湖や川の氷は透き通っていますが、冷凍庫の氷は通常透き通ってはいません。濁った氷も、物を冷やす力では、透明な氷に少しも引けは取りませんが、透明な氷のほうが、カクテルに入れたときの見映えが断然違います。また、透き通った氷は、好きな形に容易に切り分けることができます（わたしは6センチ角くらいの大きな美しい角氷が好きです）。濁った氷は、切るときやシェイクするときに割れてしまいます。多くのバーテンダーは、シェイクするとき濁った氷がティンの中で砕けて小さなかけらになると、ドリンクが過度に薄くなってしまうと信じていますが、これは真実であると同時に間違いです。そのことは、これからシェイクの科学について見ていく過程でわかってきます。ともかく、透き通った氷は魅力的で、バーテンダーはほとんど誰もがこちらのほうを使いたがります。手で切った無色透明の角氷を入れたオールドファッションド・グラスの見映えに勝るものは、何もありません。もし美しい透明な氷に興味がないなら、どうぞ製氷皿で作った濁った氷を使ってください。そして、75ページの『家庭で手軽に良質な氷を作るには』を読んでください。ともかく、おいしいカクテルが作れるでしょう。でも、もしよいことを知りたいなら、このまま読み進めてください。　次のセクションでは、氷はどうやってできるのか、湖の氷はなぜ透き通っているのか、といった問題について、あまり知られていないことをお話ししましょう。もし透き通った氷の作り方だけがわかればいいという人は、次のセクションは飛ばして、70ページの『冷凍庫で透き通った氷を作る方法』のセクションを読んでください。

氷はどうやってできるのか

　透き通った氷の作り方を理解するには、氷がどうやってできるかを理解する必要があります。湖の氷が透き通っているのは、氷が上から下へと層をなしてできていくからです。まず水面に結晶ができ、それが下へと成長していって、しだいに分厚くなっていきます。しかし、どうして氷は湖面にできるのでしょうか。そして、それがなぜ重要なのでしょうか。

　ほとんどすべてのものは、温度が下がると、収縮し、密度が高くなります。水は違います。実際の話、液体の水は、4℃くらいがいちばん密度が高くなります。4℃以下に温度が下がると、水は実際に膨張します〔密度が低くなる〕。これは本当にごくごくまれにしか見られない特性で、「水の異常膨張」というぴったりの名前で呼ばれます。この異常膨張は、いわば僥倖です。というのは、〔4℃くらいの〕もっとも密度が高い水——冬の間湖底に沈んでいる水——は、いますぐには凍らない水だからです。すぐに凍る水——0℃の水——は水面に浮き上がります。もし水にこのような作用がなかったら、寒冷気候の地域ではいかなる水生生物も生きて冬を越すことができないでしょう。生物はみな凍結してしまいます。

　さらに奇妙なことは、ほとんどすべてのものが凝固すれば収縮するのに対して、水は凍結すると約9パーセント膨張することです。氷が浮くのは、自由に動き回れる液体の水の分子が、硬直した直線構造の氷の分子よりも高い密度で圧縮されているからです。氷の膨張する力はすさまじく、冬場には簡単に岩を砕いたり、水道管を破裂させたりし

ます。また、うっかり冷凍庫にビールを入れたままにすると、瓶が割れてしまいます。水の異常膨張と氷の凍結膨張によって、氷はまず水面にでき、それから下のほうへ広がっていきます。異常膨張によっていちばん冷たい水がいちばん上に上がり、それから凍結すると、今度は氷の凍結膨張によって氷が水面に浮き上がるわけです。

しかし、これだけでは透き通った氷にはなりません。氷は、どうして雪のように小さな結晶の固まりにならず、大きくて薄い透明の板状になるのでしょうか。この答えは、過冷却といわれる現象と関係してきます。

水の氷点は0℃ですが、水は0℃になっても、あらかじめそこに氷が存在していなければ、凍結を始めません。水が氷の結晶になるには、0℃以下にまで温度が下がらなければなりません。さきほど説明した表面積と体積の関係を思い出してください。ひじょうに小さな結晶は、体積に対する表面積の比率がひじょうに大きくなります。表面積が大きいと、氷は融けやすくなります。氷点であっても、微小な結晶は融けようとします。氷の結晶が0℃で成長するには、成長するために付着するもの——すでに存在する氷の結晶か、塵のような同じくらいのサイズと形状のもの——が必要になります。結晶が成長する場所がないと、水は凍結しないまま0℃以下に温度が下がりつづけます。これが過冷却と呼ばれる作用です。過冷却すると、水は新しい結晶になりやすくなります。やがて、核生成と呼ばれる作用によって、ひとまとまりの結晶が過冷却した水の中にできます。核生成が起きると、初めにできた結晶は成長を始め、水の温度は上昇して再び0℃に戻ろうとします。なぜでしょう。水の**温度が上がる**のは、凍結する過程で氷が熱を放出するからです。なんだか話が逆のような気がしますが、水が凍って氷になるときに熱を放出するのは、水がより高いエネルギー状態——液体——から、より低いエネルギー状態——固体——に変わるからです。

初期核生成のあと、凍結が進む湖のいたるところで氷の結晶ができていくと思うかもしれません。でも、そうではないのです。初期核生成のあと——いったん水が過冷却して氷の結晶ができたあと、氷の結晶が成長すると同時に、周囲の水は温度が上昇し、0℃に戻ろうとします。成長する氷の結晶が近くの水の温度を0℃近くに維持するため、新しい氷の結晶はできません。新しい結晶ができるには、さらにまた過冷却が必要になります。

こうした結晶が湖面の近くで成長すると

この角氷は、製氷皿に入っていたときの配置通りに並べたものである。外側——最初に凍結する部分——が透き通っていることに注目。角氷が凍っていく過程で、中に溶け込んでいた空気が押しのけられ、気泡が通った痕跡が残る。やがて、角氷の外側が凍りつき、中に液体の水が閉じ込められる。最後に残った水が凍るとき、不純物はこれ以上ほかに行く場所がなく、水が凍るときに膨張する余地もないので、膨らんで割れたり、白く濁った氷ができる。

き、かなりゆっくりと成長するため、結晶は透明になります。浄化されていない水には、あらゆる種類の汚れが溶け込み、浮遊しています。空気、塩分、ミネラル、バクテリア、ほこりなど、すべてが余計な汚れです。ところが、すでに凍結している氷の結晶にくっついて水が凍結するとき、水に閉じ込められていた空気やほこり、泥、ミネラル、そのほかの汚染物質などの不純物が押し出されます。こうしたものは、氷の結晶格子からはみ出してしまうのです。その反対に、急速に冷凍すると、もっと小さな結晶とともに多くの核生成部位ができます。こうした急速形成される小さな結晶は、成長するときに不純物を閉じ込めたままになり、結晶格子に断裂が生じ、空気が混じった濁った氷になってしまうのです。

さて、これでもう、普通の冷凍庫の氷が濁っているわけがわかりましたね。キューブ型の製氷皿では、水が比較的早く凍るため、その結果、結晶境界の間に不純物が閉じ込められ、濁った氷になるのです。また、冷凍庫の氷は容器の全方向から凍りはじめ、キューブの内側に向かって凍っていき、最後に中心部が凍ります。キューブの中心に閉じ込められた水には、空気やそのほかの不純物を放出する場所がないため、確実に濁りが生じます。さらに悪いことに、周囲を氷に閉ざされた水が凍結するとき、凍結膨張によるすさまじい力がかかるため、角氷の外側の部分が割れて、家庭で作る氷でよく見かけるような盛り上がりができます。解決法：冷凍庫を湖のような条件にするには、氷をゆっくりと一方向からだけ凍らせよう。

冷凍庫で透き通った氷を作る方法

バーテンダーや氷の彫刻家が使う大きな透明な氷の固まりは、業務用として、クリンベル・フリーザー（Clinebell freezer）という冷凍庫で作られます。この冷凍庫は、自然とは上下さかさまに作用します。つまり、何百ポンドもの重量がある一固まりの氷を、底のほうから凍らせて作ります。上層の水は絶えずかき回して結氷するのを防ぎ、凍結しようとする氷の表面から気泡をかき出すようにします。クリンベルの中で水が凍結していく過程で、残った液体の水の中で不純物が濃縮されていきます。すべての不純物が含まれた水が最後に残りますから、この水を凍る前に捨てます。わたしは以前、クリンベルと同じ性能の冷凍庫を自作し、約100キログラム（約100リットル）の水を円筒形の容器に入れて凍らせたことがあります。わたしが最後に捨てた水は、焦げ茶色のいかにも汚らしい色でした。最初容器に入れた水は、透明で澄み切っていました。濃縮することによって、不純物がはっきり目に見えるようになったのです。

クリンベルがなくても、良質の氷を作ることはできます。家庭では、ふたのない小さなイグルー・クーラーボックスのような上部が開いた断熱容器で、大きな氷の固まりを凍らせてください。クーラーの中の水は、上から凍っていきます。というのは、上が断熱されていない唯一の方向だからです。凍結する過程で、水はつねに上から凍っていきます。水が凍るときに放出される熱は、断熱された容器の側面よりも、氷の固まり（驚くほどすぐれた熱の良導体〔伝導率が高い物質〕）のほうが伝導しやすいからです。水と氷は大部分が断熱材で囲まれていますから、氷はゆっくりと凍結し、その結果大きな結晶が成長し、結晶から締め出された空気や不純物は、残った液体の水の中に濃縮されていきます。

クーラーには、たっぷり水を入れてください。ただし、冷凍庫の中でこぼれない程度

第3章　氷と氷を入れた酒と基本法則

冷たい水から透明な氷を作ろうとしても、水の中に閉じ込められた空気によって多くの気泡ができてしまう。

にしてください。水は温水を使ってください。冷たい水よりも、中に溶け込んでいる空気が少ないからです。冷凍庫にはお湯のまま入れず、冷ましてからにしてください。ただし、冷ましたあとで容器に入れると、また空気が溶け込んでしまうので、注意してください。（熱い湯のまま冷凍庫に入れると、中の食品が部分的に解凍され、小さな氷の結晶が融けてしまいます。食品が再凍結するとき、融けていない大きな結晶の上に水が再結晶し、結晶をいっそう大きくすると同時に、食品の味わいをこわしてしまいます。）8リットルくらいの水を標準的な冷凍庫で凍らせるには、数日かかります。水が完全に凍ってしまう前に、クーラーを冷凍庫から取り出し、不純物が残留した水を捨ててください。もしうっかりして水を全部凍らせてしまっても、あわてることはありません。氷を出したあと、クーラーの中では底の方だった不透明な部分を切り取ればいいのです。クーラーの上から見ただけでは、水がどこまで凍ったかはなかなか判断できません。わたしは、クーラーの水がほとんど凍ったと思い違いをして、実際には厚さ5～6センチ程度の薄板のような氷しかできていなかった経験があります。

　冷凍庫からクーラーを取り出すとき、すぐに氷を切らないでください。しばらく置いて、ほどよい温度になるのを待ってください。

透明だが扱いにくい氷の温度を調節する

　すべての氷の温度は0℃以下ですが、0℃よりずっと低いものもあれば、ぎりぎり0℃以下のものもあります。カクテルを作る場合は、0℃ぎりぎりのほうが適しています。冷たい氷は割れやすく、加工するにしても全然面白味がありませんが、氷結温度まで上がった氷はなかなか楽しませてくれます。目で見るだけで、その違いがわかります。冷凍庫から出したばかりの氷を見てください。表面の水分が凝縮し凍結していますから、見た目は滑らかです。大きくて極端に冷たい氷は、氷の結晶が層をなしているかもしれません。この氷は、見た目には湿った感じはしません。こうした外見の氷は、冷たすぎて、切ったり削ったりできません。しかし、温度が上がってくると、霜に覆われてさらっとした感じだった氷が、しっとりとして透き通った感じに変わってきます。氷の固まりが透き通ってつ

家庭で透き通った氷を作る方法

気泡のない氷を作るために、クーラーにはお湯を入れる*。

このサイズ（約25リットル）のクーラーなら、24〜48時間で氷は十分な厚さになる。

クーラーを逆さにして、氷を出す——多少の水がこぼれる。

氷の底のでこぼこになった部分を削り落とす。

*もしクーラーに空気のない少量の氷があるなら、その上から直接お湯を注いで冷凍庫に入れてもかまわない。かき回さず、氷が全部融けるのを確認すること。

第3章　氷と氷を入れた酒と基本法則

気泡のない氷の固まりのでき上がり。

刃がのこぎり状のまっすぐなナイフで、氷のブロックの両側に刻み目を入れる。

ナイフの背を槌やのし棒などで軽くたたいていくと、氷は四角い棒状にきれいに割れる。

同じようにナイフの背をたたいて、棒状の氷をキューブ状に切り分ける。

73

やつやした感じになったら、ほどよい温度なってきた証拠です。温度はほぼ氷点近くまで上昇し、切り分けてドリンクに使える状態です。

氷は熱の良導体ですから、氷のほとんどの部分が加工しやすいほどよい温度になるまで、大して時間はかかりません。氷の厚みが2倍になれば、ほどよい温度状態になるまでに、4倍の時間がかかります。5センチの厚みの氷の板がほどよい温度になるのに15分近くかかるとしたら、厚さ10センチの氷がほどよい温度になるには1時間近くかかります。

氷の温度調節の時間を早めようとしないでください。冷凍庫から出したばかりの氷は、温度が上がることによって大きなストレス〔応力：外力に応じて物体内部に生じる抵抗力〕がかかっています。氷は（ほとんどの物質がそうであるように）温度が上がるにつれて膨張しますから、ストレスは大きくなります。氷の外側の部分は、内側の部分よりも早く温度が上がりますから、外側は内側より早く膨張します。氷は、カウンターの上に置いて空気に触れさせておくのが、このストレスを緩和するちょうどいい方法です。というのは、空気は熱の不良導体だからです。氷を急いで温めようとすると、氷が割れてしまいます。これは、冷凍庫から出した氷をそのまますぐにグラスの中の水に入れたときに割れるのと同じ理由です。

まだ冷たすぎる氷を切ろうとすると、氷はガラスのように割れてしまった。

この氷は冷たすぎて切れない。霜に覆われ、さらっとした感じがする。

透明になった氷を切る

うまく氷の温度を調節して、氷が透明になったら、驚くほど加工しやすくなります。木工用の道具を使えば簡単に切れます。プロの氷の彫刻家は電動のこぎりや丸がね、のみ、電動グラインダーを使います。バーでわたしがおもに使うのは、アイスピックと、安価で長くてまっすぐなスライスナイフかパン切りナイフです。アイスピックを使えば、氷を削ったり、彫ったり、切りやすいように刻み目を入れたりできますが、実際に氷を加工するすべての作業のうち99パーセントは、パン切りナイフだけでできます。ナイフだけで、板状や固まりの氷を手際よくきれいな立方体に切り分けることができますし、その立方体の氷をひし形や球形に成形することもできます。そのコツは、ナイフの刃を氷の表面にあてがって、そっとわずかに前後にこするように動かすことです。高伝導性の金属製のナイフは、氷を融かして、表面に小さな細い溝を作ります。この溝に、氷の固まりにかかるストレスが集中するので、割れ目が入る場所ができます——タイルやガラスを切るときに刻み目を入れるのと、ちょうど同じ要領です。氷を滑らない平面に置いて（わたしはバー・マットを使います）、ナイフの刃を氷にあてがい、あとはナイフの背を木槌などの

重いものでたたくだけで、固まりはきれいに2つに割れます。このような氷の割り方は、もっとも簡単に身につけられる技能のひとつですが、そうと知らない人の前でやって見せると、必ず感心してもらえます。

家庭で手軽に良質な氷を作るには（透明な氷が必要でない場合）

氷をでき上がったカクテルに入れる場合や、氷を切る必要がある場合には、透明な氷を使うほうがいいでしょう（くり返しますが、濁った氷は割れやすいのです）。ドリンクをシェイクしたり、ステアするときには、見かけのいい氷は必要ありません。とはいえ、適当に作ったやたらと濁りの多い氷は使い物になりません。とくにこれといった理由もなく、思いがけず割れてしまうからです。シェイクしているときに氷が割れると、氷の結晶が予想以上に融けてしまいますが、それは望ましいことではありません。また、やたらと濁りの多い氷は本当に——ほどほどに濁りのある氷よりもずっと——見苦しい感じがします。だから、多少余計な手間がかかっても、濁りがほどほどの氷を作ってください。

濁りがやたらと多い氷ができるのは、不純物や空気の混じった水を急速に冷凍するからです。水に大量の不純物が混じっている場合は、ろ過方式や逆浸透方式の浄水システムを買ってもいいでしょう。水の中に閉じ込められた空気や塩素を取り除くのは簡単です。お湯を使えばいいのです。コンロで冷たい水を加熱すれば、塩素やその他のガスを除去することができます。水に溶け込んでいる空気が少なければ、濁りの少ない氷になります。

この氷は十分に温度調節がされているので、簡単に切れる。

製氷皿を互いに重ねたりしないでください。中にはさまれた皿の氷は、どうしようもなく濁った役立たずの角氷になってしまいます。というのは、全方向から均等に凍っていくので、中に閉じ込められた汚れがもっとも多くなってしまうからです。

作る氷の形と大きさ

ロックでないステアのカクテルなら、氷はどんな形や大きさでもかまいません。これから見ていくように、氷に合わせてステアのやり方を変える必要が出てくるかもしれませんが、氷はどんな氷でもけっこうです。しかし、シェイクするドリンクのテクスチャーを断然最高のものにするには、大きな角氷を作るのがよいでしょう。角氷は一辺が5センチくらいが大きさとしてほどよく、作るのもひじょうに簡単です。製氷皿は柔軟な素材のものを買ってください。ただし、品物は選んでください。わたしのバーテンダー仲間のエバン・フリーマンが数年前に気づいたことですが、シリコン製の製氷皿のなかには氷の味が落ちるものもあります。わたしがカクテル・キングダムで買っている製氷皿は、

軟質ポリウレタン製ですが、徹底検査の結果、氷の味がまったく落ちないと確信しました。もしどんな製氷皿も買いたくないということでしたら、四角い金属製のケーキの焼型で水を凍らせることもできます。こうした焼型で作ると、なかには濁りがひどくて使い物にならない氷もできますが、透明な見映えのいい氷もたくさんできますし、氷の温度を調節してから、濁りのある部分を切り落とすこともできます。

さて、氷ができたら、次は氷を入れてお酒を作ってみましょう。

氷を酒に入れる

0℃の氷で、カクテルを0℃**以下**に冷やすことができます。事実、氷で冷やしたカクテルの温度は、通常−6℃くらいです。なかには、この重要な事実がなかなか信じられない人もいます。そうした人たちは、氷がそもそも0℃以下だからカクテルをその温度まで冷やすことができるのだと思っています。この冷却現象を検証するために、マティーニを作ってみましょう。それから、わたしたちの主張が正しいこと証明するために、ちょっと横道にそれてドリンクの作り方とは関係ない話をすることにします。

実験1

実験1
マティーニをステアで作ってみる

ウォーター・ピッチャー

たっぷりの氷

デジタル温度計

自分の好みのジン（またはウォッカ）60ml 室温で

ドラン・ドライ・ベルモット 10〜14ml 室温で

金属製のティン（シェーカー）

布巾

マティーニ・グラス または カクテル・クープ 冷凍庫で冷やしておく

ストレーナー

ピック（つまようじ）に刺したオリーブ1〜3個、またはレモン・ツイスト

材料についての注意：マティーニの作り方には、人それぞれに自由なやり方があってよいとわたしは思う。マティーニの楽しみの半分は、その作り方について意見を交わすことである。（ちなみに、自分の味の好みに引け目を感じることはない。1度失敗したからといっていちいち気にする必要もない）。これはステアの実験だから、シェイクがよいか、ステアがよいかという議論は——ひとまずここでは——保留する。

[作り方]

ピッチャーに氷をいっぱい入れ、その中に氷が浸かるくらいのたっぷりの水を注ぎ入れる。すぐに測定できるデジタル温度計を差し入れて、水と氷をかき回し、水の温度が0℃になるのを確認する。この場合、氷の温度も0℃になっている。この手順を飛ばしてはならない。氷の温度が実際に0℃になったことを自分の目で確かめることが重要だからだ。多くの人は、氷がカクテルを0℃以下に冷やすことができるのは、冷凍庫の中で氷が「余分な冷たさ」を蓄えているからだと信じている。もし氷の温度が0℃でないと思うなら、2〜3分かき回しつづけて、何も変化がなく、ピッチャーの中のすべてのものが0℃であることを確認すればいい。

ジンとベルモットを金属のティンに入れて、温度計で温度を計る。室温と同じはずだから、およそ20℃くらいになるはずだ。ウォーター・ピッチャーからひとつかみくらいの大きめ（120グラムくらい）の氷をすくい取り、タオルでたたいて軽く水分を取る。さらに氷を手で振って表面についている水をきれいに切って、ティンに入れる。デジタル温度計でしばらくステアする（かき回す）。

およそ10秒以内に、ドリンクの温度は5℃くらいになる。ステアしつづけると、約30秒以内に0℃くらいになる。ほとんどのバーテンダーは（わたしも含めて）このへんでステアをやめる。ここでやめないで、さらにステアすると、温度は0℃以下に下がる。さらにステアする！　温度はさらに下がりつづける！　1分間続けてステアすると、氷の大きさやかき回す速さにもよるが、−4℃くらいまで下がるはずだ。2分間ステアすると、−6.75℃までドリンクを冷やすことができる。2分以上たつと、温度は安定して、それ以上はあまり下がらなくなる。平衡状態か、それに近い状態に達したからである。

冷凍庫からカクテル・グラスを取り出し、マティーニを漉してグラスに注ぐ。オリーブかレモン・ツイストを飾る。

このドリンクを、実験ではなく飲むために作るのであれば、わたしは決してこんなに長い時間ステアを続けない——マティーニが希釈されて薄くなってしまうからだ。シェイクで作る（普通ステアで作るよりも希釈される）マティーニが好きな人は、2分間ステアしたマティーニを美味しく感じるかもしれない。

氷が自身の氷点より低い温度までカクテルを冷却できることが証明できましたから、どうしてそうなるのかを知りたい人もいるでしょう。氷はどうやって、自らの温度以下に物を冷やすことができるのでしょうか。（ここからはかなり専門的な内容になりますから、ついていけないという人は、ここを飛ばして、82ページの『冷却と希釈』まで進んでください。そして、以後はわたしが言うことをそのまま受け入れてください）。

カクテルのおもしろい物理学
（興味がない人は飛ばしてもかまわない）

氷が物を0℃以下に冷やすことができる理由を理解するには、いくつか異なる道筋（束一的性質、蒸気圧、そのほか）がありますが、この問題はエンタルピーとエントロピーの綱引きとして見ていくのがいちばんいいでしょう。**エンタルピー**と**エントロピー**は、難解で、しばしば誤解されますが、熱力学の中核をなす概念です。熱力学とは、永久運動機関が存在しない理由や、宇宙は最終的にはいつかは死ぬということを説明する科学の一分野です。とても深遠な問題を扱います。

いまここでは、エンタルピーは、たんなる熱エネルギーとみなせばいいでしょう。なぜなら、エンタルピーの**変化**は、反応や作用によって吸収されたり、放出されたりする熱の測定尺度とみなすことができるからです。（科学的免責事項：これは反応が一定圧力の下で起きる場合に限られる）。エントロピーはもっと奇妙な概念です。系の無秩序さの程度を示す尺度という説明がいちばんよく使われますが、エントロピーにはもっとずっと広い意味があります。これからする説明は、難解すぎると感じる人もいるかもしれませんが、エントロピー以外には、とくにこれといった専門用語は出てきませんから、ご安心ください。いまここでわたしたちが知りたいことは、あくまでも、氷がアルコール飲料を0℃以下に冷やすことができる理由なのです。

熱とエントロピーの綱引き：物質はなまけ者だが、自由になりたがる

ここでいう綱引きとは、次のようなものです。熱エネルギーは、つねに角氷を凍らせようとします。エントロピーは、つねに角氷を融かそうとします。この2つの対戦者の相対的な力の強弱は、温度によって決まります。カクテルを作る場合、この綱引きはつねに引き分けに終わりますが、どこで終わりになるか——氷点下の温度——は変わることがあります。

熱——なまけ者：わたしがいう熱とは、温度のことではありません。熱と温度は同じものではありません。氷を融かすためにすることは、熱を**加える**ことであって、氷の温度を**変える**ことではありません。氷は0℃で融け始めますが、完全に融けるまではずっと0℃のままです。氷の結晶という牢獄から水分子を解放するために熱エネルギーを絶えず加えつづけても、温度はやはり0℃のまま変わりません。熱はエネルギーの一形態です。温度は、たんに物質内部の分子の平均速度の測定尺度にすぎません〔物質内部の分子の平均速度が上がる→その物質の温度が上がる〕。この2つの用語〔熱と温度〕はよく混同されますが、それは分子の速度を上げる——つまり温度を上げる——ためには、

水が凍るときには、エネルギーが**放出**されます。氷が放出する熱は、冷凍庫が吸収します。氷は、凍るときに熱を放出するので、氷の内部エネルギーは同じ温度の水の内部エネルギーよりも低くなります。このポイントは、ぜひとも覚えておいてください。水は凍るときエネルギーを放出します。氷は融けるとき、エネルギーを吸収します——融けるために熱を必要とするのです。一般に、すべての条件が同じなら、熱を放出することによって内部エネルギーが小さくなる反応は、本来好ましいことなのです。というのは、物質はより低いエネルギー状態になろうとするからです。物質はなまけ者です。氷に熱を放出させると、**この熱の変化によって水が氷に変わりやすくなります。**

エントロピーは自由になりたがる：エントロピーは、これとはまた別の話です。エントロピーを無秩序の尺度とみなすなら、エントロピーが増大すれば無秩序が増大することになります。熱力学の基本的な考え方では、宇宙のエントロピーはつねに増大します。だから、宇宙は絶えず無秩序の度合いを増しているのです（すごい！）。エントロピーを定義するもっとよい方法は、物質がどれほど多くの異なった状態になりえるかを計る尺度と考えることです。これは、科学的には微視的状態といわれるものです。物質は、この微視的状態の数をできるだけ増やそうとしますから、こうした微視的状態を無作為にとろうとします。物質はエントロピーを増大させようとします。物質は自由になりたがっているのです。

温度が同じなら、固体よりも液体のほうが、可能な位置、速度、配置——微視的状態——が多くなります。たとえば、水分子は自由に回転し、隣り合う分子も次々と変わりますが、氷の分子は結晶の中に閉じ込められています。固体であるこ

比熱と融解熱とカロリー

物質が違えば、その温度が上がったり下がったりするために必要となる熱量も違います。この特性の測定尺度を比熱といいます。比熱は、1グラムの物の温度を1℃上昇させるために必要なエネルギーをカロリーで表したものです。カロリーは、科学上では古臭い単位です（ジュールのほうが望ましい）が、コックやバーテンダーにとっては、カロリーのほうが便利です。それは、わたしたちにとって理解しやすい温度や重量と関連するからです。水の比熱は、1グラムにつき1℃当たり1カロリーですから、ひじょうに便利です。氷は水より比熱が低く、1グラム1℃当たり0.5カロリーです。つまり、氷を熱したり冷やしたりするために必要なエネルギーは、同じ量の水を冷やすために必要なエネルギーの半分でよいということであり、それはつまり氷は融解や凍結の途中を除けば、冷却する力も加熱する力も、水の半分しかないということになります。純粋なアルコールの比熱は、1グラム1℃当たり0.6カロリーです。水とアルコールの混合物（カクテル）の比熱は、残念ながら線形ではありません。実際の話、カクテルは、水とアルコールのどちらを単独で比較した場合よりも、加熱や冷却に多くのエネルギーを必要とします。なんとも不思議な話です。

もうひとつ、熱と関連する重要な特性があります。先ほども言ったように、氷を融かすには、熱を加えなければなりません。氷を融かすために必要な熱量を、融解熱（または融解エンタルピー）といいます。融解熱には両方のはたらきがあります。つまり、物を凍らせる場合にも、融かす場合にも、同じ熱量が必要なのです。氷の融解熱は、1グラム当たり約80カロリーです。カロリーで考えてみると、氷が実際にどれくらいの力を持っているかをイメージすることができます。1グラム当たり80カロリーということは、1グラムの氷を融かすのに必要な熱は、1グラムの水を0℃から80℃に熱するのに十分な熱量なのです！　さらに言えば、1グラムの氷を融かせば、室温（20℃）の水4グラムを0℃まで冷やすことができるのです。わたしたちは、氷をありふれたものとして受け入れていますが、実は奇跡的な物質なのです。グラム単位でいうと、−196℃という掛け値なしの低温の液体窒素は、冷却力で比較すると、0℃の氷よりも15パーセント大きいだけなのです。たったの15パーセントです！　この驚くべき事実から考えれば、新米技師がプロジェクトに必要となる液体窒素の量をいつも低く見積もってしまうのも、無理からぬことでしょう。

とは、液体であることよりも制約が大きいので、**エントロピーの変化によって、氷は融けて水に変わりやすくなります。**

では、エンタルピーとエントロピーはどっちが勝つのか？　それは温度しだいです。先ほども言ったように、温度とは、物質の分子が動き回る平均速度の測定尺度です。温度が高くなるほど、分子の動きは速くなります。速い分子は、遅い分子よりも無秩序の度合いが大きくなりますから、温度が高くなるほど、エントロピーのほうが綱引きで優勢になり、氷を融かします。温度が下がると、凍結によるエネルギーの放出のほうが優勢になり、水が凍ります。水の氷点（0℃）とは、氷が融けて水になることによるエントロピー利得が、水が凍って氷になることによって放出される熱量と完全に釣り合う点なのです。

　角氷の表面は安定していません。水分子が絶えず氷の表面に凍りついたり、表面から融け出したりしています。もし氷にくっつく水分子のほうが氷から分離する分子よりも多ければ、わたしたちから見ると、氷は凍結しつつあるということになります。氷から分離する分子がくっつく分子よりも多ければ、わたしたちから見ると、氷は融けているということになります。氷点では、凍って氷にくっつく水分子と、融けて水になる水分子がつねに同じ比率になります。つまり、平衡状態にあるわけです。

　もし温度を下げれば、氷が融けることによって生じるエントロピー利得はごく小さくなり、水は凍ります。温度を上げれば、氷が融けることによるエントロピーの優位はエンタルピーを上回り、氷は融けます。わかりましたか？

マティーニはどうなった
わたしがアルコールを加えたとき、何が起きたのか

　マティーニをステアして、温度が0℃に達する瞬間を見てみましょう。氷の温度は0℃で、水と酒を混ぜたものも0℃です。氷の分子は、カクテルに融け出すとき、熱を吸収します。吸収される熱量は、氷が融けて純水になるときと同じです。融解によって吸収される熱の量——**熱変化**——は、氷をアルコールの中に入れてもまだ変わりません。氷そのものはまだ純水だからです。しかし、アルコールの中に融け出すことに関連して生じるエントロピーの変化は違います。氷の水分子がジンの中に融け出すと、エントロピー利得は、純粋な水の中に融け出す場合よりも大きくなります。なぜでしょうか。水とアルコールの混合物は、水だけの混合物よりも無秩序の度合いが大きいからです。科学者なら、水の分子とアルコールの分子の集合の配置の形は、**同数の同じ水の分子の配置の形よりも数が多い**、と言うかもしれません。無秩序の度合いが大きいほど、可能な微視的状態は多くなります。エントロピーは再び優勢になります。エントロピーが優勢になると、氷が融けます。すると、どうなるでしょうか。マティーニに入れた氷が融けはじめます。氷が融けると、どうなるでしょうか。冷却作用が生じます。氷は融けるとき熱を吸収し、ドリンクの温度を0℃以下にまで冷やします。氷を融かすために必要な熱を供給する外部熱源は存在しないので、熱は系の内部から引っ張ってくることになり、その結果、系全体が冷やされます。**ドリンクと氷自体の温度**は0℃以下に下がります。

　氷が融けて、ジンがさらに希釈されると、融解による熱損失に対するエントロピーの

優位の度合いは低下します。氷の融解は、新たな平衡(へいこう)に達すると止まり、エントロピーと熱は再びつり合いがとれた状態になります。このつり合いのとれたところが、マティーニの新たな氷結温度になります。

　ちなみに、氷に塩を加えると、アイスクリームを凍らせられるくらいまで氷の温度を下げることができますが、これも同じ原理なのです。残念なことに、この氷と塩のトリックについて、ほとんどの子どもは、本当の理由は教えてもらえません。ただ、「塩が水の氷点を下げるからだ」と言われるだけです。みなさんはもう大人ですから、本当の理由を知ってもいいですね。

冷却と希釈

　氷は融けるとき1グラム当たり80カロリーの冷却力を発揮します。この冷却力を別の角度から見ると、90ミリリットルの平均的なダイキリは10秒間シェイクすると55〜65グラムの氷が融けますから、1杯当たり平均して2000ワットの冷却力を持つ計算になります。この氷を4個いっしょにシェイクすると、8000ワットもの冷却力が一気に放出されることになります。

　氷は、どれくらいの大きさだろうと、どんな形をしていようと、1グラム当たり80カロリーの冷却力を持っていますが、この冷却力をどうやって引き出すかは、氷の大きさと形に左右されます。大きな角氷と小さな角氷の違いは、その表面積です。氷の総重量が同じなら、大きく切り分けるよりも、より小さく切り分けるほうが表面積は大きくなります。そのため、小さな氷のほうがより早く冷やすことができるので、この点はメリットですが、氷の表面に付着する液体の水の量も多くなるので、この点はしばしばデメリットになります。氷の表面はカクテルの一部をとらえて、グラスに注げなくすることもありえます。ではこれから、こうした3つの問題──表面積と冷却速度、表面積ととらえられた水、表面積ととらえられたカクテル──を1つずつ見ていくことにしましょう。

表面積と冷却速度

　氷はその表面から融けていきますから、表面積が大きくなれば、融ける面積も大きくなり、その結果、氷が融ける速度も速くなります。しかし、氷の表面積は唯一の要素ではありません。カクテルの表面積も重要です。カクテルの中にじっと浮かんでいる氷の固まり（ブロック・オブ・アイス）は、あまり早く融けません。カクテルをステアしたり、シェイクしたりすると、氷と接触する液体が次々と入れ替わり、実質的にカクテルの表面積が大きくなり、その結果カクテルが冷える速度も上がります。ドリンクが動く速度が速くなれば、それだけ冷える速度も速くなります。

　カクテルが氷の表面を流れていく速度と同じように重要なことが、**融けた水が氷の表面から離れていく速度**です。融けた冷たい水が速く混じることが、カクテルを素早く冷やすための主要な要素なのです。ビニール袋に角氷を詰めたものや、冷蔵庫で冷やした青いゲルの冷却パックを使っても、角氷ほど早くドリンクを冷やすことはできません。なぜなら、融けた水がカクテルに混ざらないからです。また、ビニール袋の中の角氷は、カクテルを0℃以下に冷やすこともできません──氷が融けてアルコールに混じることによって生じるエントロピー利得がないからです。液体窒素に浸したスチールの固まりのような極度に低温の物でも、角氷が融けるときほど早く物を冷却することはできないのです。

　氷って、なんてすごいんでしょう。

表面積と表面の水

　氷は融点に近づくと、表面が液体の水に覆われて、宝石のようになります。氷の表面

超低温の氷

何だか逆のようですが、温度が低い氷のほうが、温度が高い氷よりも冷却速度が遅いのです。氷点よりかなり低い温度の氷でシェイクすると、実際に0℃の氷よりも冷やすのに時間がかかります。ひじょうに冷たい氷の表面は、すぐには融けません。むしろ、氷がドリンクから吸収するエネルギーは、氷を氷点まで加熱するために使われます。氷の温度が上がって融け始めると、冷却速度が上がります。極低温の氷は、最終的には、温度を調節して0℃に戻した氷よりも小さい希釈度でドリンクをより低い温度まで冷やしますが、よほどの低温でない限り、その差はわずかです。−1℃の氷で始めたと仮定しましょう。−1℃の1グラムの氷を0℃に温度を上げるために必要になるのは、1カロリーの半分以下──1グラムの水を1℃冷やすために要する熱量の半分以下であり、1グラムの氷を融かすために要する熱量の160分の1以下なのです。言い換えれば、−1℃の160グラムの氷に貯蔵されている余分な冷却エネルギーの量は、たった1グラムの0℃の氷が融けるときに供給されるエネルギー量と同じなのです。なんとささやかな差でしょう。極端に過剰冷却した氷は、希釈の程度を極度に抑えることができます。これはメリットとはいえません。シェイクするドリンクの希釈の程度を極度に抑えることが望まれることは、ひじょうにまれだからです。

おそらく、氷が冷たくなりすぎることを心配する必要はないでしょう。氷はかなりすぐれた熱の良導体──水の約3.5倍（水をかき混ぜたりしなければ）──です。熱伝導率が高く、そのうえ温度が上がるために必要なエネルギーもわずかな量ですむため、氷はすぐに氷点まで温度が上がります。氷を冷凍庫から出してしばらく置けば、おそらく0℃にかなり近くなっているはずですから、実際の温度は気にしないでもいいでしょう。

積が大きいほど、その表面を覆う水の量は多くなり、カクテルに混じる水も多くなります。氷に付着している液体の水の温度は0℃ですが、あまり大した冷却力はありません。すでに融けていて、冷却力の大部分を放出してしまっているからです。使う氷の量が変われば、カクテルと接する氷の表面積も変わりますから、融け始める前であっても、加える水の量が変わることになります。現実問題としては、使う氷の量を加減することは簡単ではありません。ドリンクの希釈の程度が一定しなくなるからです。この影響は、表面積と体積の比率が高い氷を使うと、ますます大きくなります。バーテンダーはよく、小さくて薄っぺらな氷を使うとドリンクが薄くなってしまうと文句を言いますが、わたしは、氷の表面を覆う水によって最初の段階で余分に希釈されるからではないかと思います。

この考えをテストするために、わたしは表面積と体積の比率がひじょうに高いクラッシュド・アイス（細かく砕いた粒状の氷）を作り、これを遠心分離機にかけて余分な水分を取り除きました。この氷で作ったカクテルの完成時の最終的な希釈度は、もっと大きな角氷で作ったカクテルと同じでしたし、カクテルはどれもみなみ同じ温度まで冷えていました。

結論：より小さい氷は、体積に比較して表面積が大きくなり、ドリンクを過剰に希釈し、味に一貫性がなくなる。この問題を改善するには、氷を使う前に、ティン（シェーカー）やミキシング・グラスに氷を入れてストレーナーをかぶせて振って水を切り、氷から水分を取ります。サラダ・スピナーを使って水を切れとまでは言いませんが、それもひとつの手でしょう。大きな氷があるなら、カクテルを早く冷やせるように、氷を割って小さくしてください。割ったばかりの氷の表面は、あらかじめ割っておいて時間がたった氷ほど多くの水はついていません。

表面積と注ぎ残し

使う前の氷の表面には水が付着していますが、これと入れ替わりに、使ったあとに氷に付着しているのはカクテルです。この付着した微量のカクテルを、わたしは注ぎ残し

と呼んでいますが、これが大きな影響を及ぼすこともあります。氷の量が多かったり、氷のサイズが小さかったり、そのほか実にさまざまな氷の条件によって、注ぎ残しは大きくなります。ドリンクの注ぎ残しを最小限にするには、冷却に使う容器から最後の一滴まで注いだあと、容器を強く振ります。その容器を一度直立に戻して、最後にもう一度注ぎます。テストとして、何度か適当に注いでみたところ、クラッシュド・アイスでステアした場合、ドリンクには12〜25パーセントの注ぎ残しがありました。製氷機で作った小さな氷では、7〜9パーセントの注ぎ残しがありました。ブロック・アイス（氷の固まり）を大きく切り分けた角氷でステアした場合には、いいかげんな注ぎ方でも、注ぎ残しは1〜4パーセントにおさまりました。すっかり注いでから容器を振り、容器を直立に戻してまた逆さにして注ぐ、というやり方をすると、使う氷の種類にかかわ

> ## 注ぎ残しを計量する
>
> 　注ぎ残しを数値で計るために、わたしは砂糖と水と氷の混合物の現象を計量してみました。わたしは、こうした3つの成分にアルコールを加えたものを計量するために必要な分析機器は持っていないからです。重量で砂糖の含有率がそれぞれ10、20、40パーセントになる溶液を作り、クラッシュド・アイスと、製氷機の氷と、ブロック・アイスを切ったものでステアし、希釈したサンプル90グラムを漉したあと、秤で重量を計り、溶液の最終的な糖度を屈折計で計りました。こうしたデータから、残留する液体の量を計算することができました。
>
> 　注ぎ残しは、希釈率と同じように、おもに使う氷の表面積の関数になると予想する人もいるかもしれませんが、注ぎ残しはもっと複雑です。注ぎ残しは、表面積だけでなく、氷の表面の形状にもひじょうに大きく影響されます。表面がなめらかなブロック・アイスは、製氷機の氷よりも1グラム当たりの表面積が小さく、また製氷機の氷よりも希釈や冷却に時間がかかりますが、残留するカクテルの量は、表面積だけから予測されるよりもずっと少なくなります。
>
> 　驚くべきことに、糖度はドリンクの注ぎ残しに再現可能な影響を及ぼすことはありませんでした。

らず、すべての数字は1〜4パーセントの範囲まで注ぎ残しを減らすことができます。カクテルは正しい注ぎ方をすることが大切なのです。

　一度使った氷をまた使ったりしてはいけない、と多くの人が信じています。ばかばかしいことです。もしステアしたドリンクを氷を入れて出すつもりなら、その氷の見映えが悪くない限りは、ステアに使った氷を入れたほうがいいでしょう。ステアに使った氷のほうが（もしステアした結果ドリンクが0℃以下に冷えていたら）、新しい氷よりも冷たいですし、ステアに使った氷の表面を覆っているのは、水ではなく、カクテルです。

冷却と平衡と到達温度

　前述のマティーニの実験の際、ステアによってマティーニの温度は最初急速に下がりました。しばらくすると、温度の下がり方は緩慢になり、やがてほぼ横ばいになりました。温度の下がるペースが落ちると、希釈のペースもゆるやかになり、ステアを続けましたが、2、3分もすると、ドリンクはあまり変化しなくなりました。冷却が平衡になる温度、つまりカクテルの氷点に近づいていったのです。この温度は、融解によるエントロピー利得と融解に必要な熱量のつり合いがとれる点です。実際には、決して平衡点には達しません。というのは、この冷却のテクニック（ステア）は十分に迅速ではなく、十分に効率的でもないからですが、平衡点に近づくことはできます。平衡点にいちばん近い温度まで冷やすことができるのはブレンド・ドリンクです。事実、ブレンドのドリンクはとても

第3章　氷と氷を入れた酒と基本法則

ドリンクに入れる前に、氷を振って表面に付着した水を切る。こうすれば、大きな角氷がなくても、氷の表面に付着した水でドリンクが過剰に希釈されるのを防ぐことができる。

冷たくなります。これはブレンドによる冷却がきわめて迅速であり、きわめて効率的だからです。

　平衡に達する前に、ドリンクから氷を取り出せば冷却は止まりますし、そうでなくても、冷却速度が落ちて、周囲の熱がカクテルに吸収される速度のほうが上回ります。というのは、冷却の効率が十分ではないからです。この温度になると、ドリンクはもうこれ以上は冷えません。それどころか、ドリンクの温度は上がりはじめます。ドリンクをどこまで理論上の凍結温度に近づけることができるかは、冷却のテクニックにかかっています。トラディショナル・カクテルを作るために使われるさまざまなテクニック――ステア、シェイク、ビルド、ブレンド――にはいずれも、冷却に関する固有のパラメーターがあり、こうしたパラメーターがそれぞれのドリンクのスタイルの構造を決定します。

トラディショナル・カクテルの基本法則

　本書でトラディショナル・カクテルと呼ぶものの定義を思い出してみましょう。材料は、酒と割材と0℃の氷だけです。唯一の冷却方法は氷です。ミキシング・カップやシェーカーはどんなものを使おうと、希釈には影響せず、この宇宙の他の部分から孤立した――熱が出たり入ったりしない――系であると仮定します。こうした仮定は、厳密にはありえませんが、考え方としては役に立ちます。こうした仮定に基づいて、わたしなりの**トラディショナル・カクテルの基本法則**をお教えしましょう。

希釈なくして冷却なし
冷却なくして希釈なし

　この2つは表裏一体で、不可分です。
　カクテルが希釈される唯一の原因は、氷が融けて水になるからです。反対に、氷を融かす唯一の方法は、ドリンクを冷やすことです。ばかばかしいほど単純なことですが、こ

85

こから派生する問題には深い意味があります。たとえば、この法則に当てはめれば、ステアのドリンクがシェイクのドリンクよりも温度が高く、希釈の程度も低くなる理由や、トラディショナル・カクテルの比率がひじょうに有効にはたらく理由がわかります。

科学的方法でドリンクを作る：マンハッタン

　ステアでカクテルを作るということは、冷却と希釈**しか**起きない穏やかな作業ですが、これに対してシェイクではテクスチャーという要素も加わります。カクテルの基本法則では、冷却と希釈は表裏一体です。これから言うことは、わが息子のブッカーの言うことですが、驚かないでください。この法則の最終結論：同じレシピで作った2つのドリンクが同じ温度に達するなら、希釈の程度も同じになる。氷の大きさやステアの速さ、同じ温度に達するまでにかかる時間がどのような組み合わせになろうと、**まったく同じドリンク**ができるのです！　ステアしているときの途中の過程は関係ありません。ともかく、実際にでき上がればわかります。それを証明するために、マンハッタンを何杯か作ってみましょう。

　これからドリンクを作る目的は科学的証明ですから、マティーニの実験で必要だったものと同じ器具類が必要になりますし、友人に手伝ってほしいと思うかもしれません。だったら、マンハッタンをテーマにしたカクテル・パーティーを開いたらどうでしょうか。最初の実験では少なくとも2杯作り、2度目には3杯作ります。マンハッタンは、自分の好きなアレンジを加えてもかまいません。もしマンハッタンが嫌いだったら、ステア系ならどんなレシピでもいいですから、自分の好きなものを選んでください。

マンハッタン

　マンハッタンは、わたしの好きなオール・タイムのステア・ドリンクです。わたしはバーボンで作るマンハッタンも飲みますが、わたしにとって標準的なマンハッタンはリッテンハウスのライ・ウイスキーを使ったものです。ライ・ウイスキーとスイート・ベルモットとビターズを混ぜたドリンクには、いつも何かしっくりくるものがあります。15年前、ライ・ウイスキーはいまほど一般的ではなく、ほとんどのマンハッタンはライではなくバーボンで作られていましたし、ベルモットもいまと比べるとずっと少ない量でした。トラディショナル・カクテルの鑑定家たちは、バーにおけるライ・ウイスキーのしかるべき名誉を回復するために、絶え間ない努力を続けてきたのです。

　かつてマンハッタンのレベルがいまより低かったのは、ひとつにはライ・ウイスキーではなくバーボンを使っていたせいもありますが、いちばん大きな理由は、低級なベルモットか、あるいはもっと質の悪い――古くて酸化した――ベルモットを使っていたせいです。1990年代初めの一般的なレシピでは、バーボン4または3に対してベルモット1の割合でした。いまでは、美味しいベルモットがいくらでも手に入りますし、多くのバーでは保存状態もよくなり、バキューム・ボトル・ストッパーをつけて冷蔵庫で貯蔵しています。これから実験するマンハッタンには、カルパノ・アンティカ・フォーミュラのベルモットを使い、ライ・ウイスキー2.25に対してベルモット1の割合で混ぜます。もちろん、ビ

ターズもマンハッタンには欠かせませんが、ここではアンゴスチュラだけ——2ダッシュ——を使います。このマンハッタンに合う標準的な飾りは、ブランデー漬けのチェリーです。残念ながら、わたしはこの部分は割愛しなければなりません。わたしは、31歳になったときチェリーに対してひどいアレルギーになり、いまではオレンジ・ツイストしか使えないのです。

実験2

違う氷を使って違うステアをして同じマンハッタンを作る

129mlのドリンク2杯分

アルコール度数27％、糖3.3g/100ml、酸性度0.12％

[2杯分の材料]

リッテンハウスのライ・ウイスキー（アル度50％）120ml

カルパノ・アンティカ・フォーミュラのベルモット（アル度16.5％）53ml

アンゴスチュラ・ビターズ 4ダッシュ

2種類の大きさの氷 それぞれ1杯分（いちばん簡単な方法は、自分がふだん使う氷をドリンク1杯分作り、同じ大きさの氷を半分に割ったものを1杯分作る）

ブランデー漬けのチェリーまたはオレンジ・ツイストを2つ

[道具]

金属製のティン 2つ

ホーソーン・ストレーナーまたはジュレップ・ストレーナー 2つ

デジタル温度計 2つ

クープ・グラス 2つ

[作り方]

　ライ・ウイスキーとベルモットとビターズをいっしょに混ぜて、2等分する。どちらのドリンクも同じものになるように、1つの容器に入れて混ぜる。一方のティンに大きいほうの氷を入れて、もう一方のティンに小さい氷を入れる。ティンにストレーナーをかぶせて振り、氷についている余分な水を切る。混ぜておいたカクテルをそれぞれのティンに入れ、デジタル温度計でステアする（自分で一方をかき回し、もう一方のティンを友人にかき回してもらえば簡単である）。2つのドリンクをかき回し、温度計の表示が－2℃になったら、すぐに漉してクープ・グラスに注ぎ、用意したチェリーかオレンジ・ツイストを添える。ミキシング・ティン〔金属製のミキシング・カップ〕からカクテルを残らず注ぐ。それぞれのドリンクが同じ温度になるなら、それぞれをステアする速さや時間の長さは関係ない。驚くべきことに、この2つのドリンクは、味も、見かけも、ウォッシュライン（ドリンクの液面がグラスに触れる線）も同じになる。この2つのドリンクは、本質的にまったく同じものである。わたしは、この実験を初めて行ったとき、設定した物理的条件から結果はあらかじめわかっていたが、それでも実際に予想通りの結果になったことに本当に驚いた。

　以上の指示通りに作れば、2杯のマンハッタンはどちらも、水の量が38〜45ml増え、完成時のアルコール度数は27〜26パーセントになる。

　この実験によって、家庭でカクテルを作るときのコツがひとつわかります。バーテンダーは、毎晩毎晩ドリンクをステアしています。バーテンダーは、プロ・ゴルファーが自分のスイングを完璧なものに磨き上げているのと同じように、自分のテクニックを完璧なものに磨き上げています。家庭でカクテルを作る場合は、そこまで完璧なテクニックを身に着け

第3章　氷と氷を入れた酒と基本法則

写真1～3は、中身が見えるように透明のミキシング・カップを使っているが、実際には金属製のティンのほうがよい。1）同じマンハッタンを、大きさの違う氷が入ったカップに注ぐ。

2）デジタル温度計でステアする。

3）一方が－2℃になったら、かき回すのをやめる。もう一方も－2℃になるまでかき回す。

4）でき上がりはまったく同じドリンクになる。

ることはできないかもしれません。もし毎回まったく同じステア・ドリンクを作りたいなら、実験でやったのと同じように温度計でかき回してください。好きな温度になったところでかき回すのをやめれば、希釈の結果——つまりドリンクの味——は毎回同じものになります。

基本法則を別の角度から再検証する

　バーテンダーは、大人数分のドリンクを作るとき、すべてのドリンクを同時に提供しようとします。シェイクするドリンクもあれば、ステアするドリンクもあるでしょうが、それをすべて同時に提供する必要があります。いかに熟練したバーテンダーでも、すべてのドリンクを最初から最後まで一人で混ぜて作っていくわけにはいきません。最初に作った一組のドリンクは、あとで作るドリンクができ上がるまでに、グラスの中で刻々とカクテルとしての命が尽きていきます。そこで、組み立てラインのような技術を基本にします。ドリンクは、ステアの前や、ステアして漉す前に、氷といっしょにミキシング・ティンに入れたままにします。意外なことですが、幸運にも、こうした氷との余分な接触時間がほどほど（2、3分）で、氷がある程度大きい固まり（かき氷などではない）なら、ドリンクの味を損なうことはありません。すでに言ったように、じっと動かない氷は冷却の効果があまりありませんから、希釈も冷却も大して進みません。わたしの言うことが信じられないなら、自分で試してみてください。今度はドリンクを3杯作ることにします。1つは、ステアする前に氷を入れたままにしておきます（「ステア前」）。別の1つはステアしたあと氷を入れたままにします（「ステア後」）。最後の1つは、ステアしたあとすぐに注ぎます（「標準」）。

実験3
氷を入れたままにしたマンハッタン

[3杯分の材料]

リッテンハウス・ライ・ウイスキー 180ml

カルパノ・アンティカ・フォーミュラのベルモット 79ml

アンゴスチュラ・ビターズ 6ダッシュ

大きさとタイプが同じ氷 3杯分

ブランデー・チェリーまたはオレンジ・ツイスト 3つ

[道具]

金属製のティン 3つ

クープ・グラス 3個

ストップウォッチ

ミキシング・スプーン

ホーソーン・ストレーナーまたはジュレップ・ストレーナー

[作り方]

　ライ・ウイスキーとベルモットとビターズをいっしょに混ぜ、3つのティンに3等分する。それぞれのティンに「ステア前」「ステア後」「標準」のラベルをつける。ティンの後ろにクープ・グラスを置く。3つの異なるサンプルで実験をしていると、うっかり混同して途中でわからなくなる可能性が高い。ここは手抜きをしないで、ちゃんとラベルをつける。

　「ステア後」のティンのドリンクに氷を入れ、「ステア前」のティンのドリンクにも氷を入れる。ストップウォッチをスタートする。すぐに「ステア後」を15秒間ステアする。一定の速さでかき回すように努める——同じやり方のステアをあと2度やる必要がある。終わったら、90秒待つ。ストップウォッチが1分45秒を過ぎたら、残った最後の氷を「標準」に入れ、これと「ステア前」を15秒間ステアする。そして、3つすべてのティンのドリンクを漉して、それぞれのクープ・グラスに注ぐ。飾りを添える。

　3つのドリンクは、ほとんど同じものになるはずだ。この実験を1回しか行わない場合には、3つのうちのどれか1つが自分の好みに合うと思い込むかもしれないが、わたしと同じようにこの実験を何度もくり返すと、3つのドリンクにどんな違いがあったとしても、それが偶然の産物であり、同じものを2度作ることはできないということがわかる。

　この実験の結果にも、わたしはやはり衝撃を受けました。感覚的には、2分以上も氷を入れたままにしてドリンクの味が落ちないというのは、考えられないことですが、事実なのです。もっと長い時間氷をドリンクに入れたままにすると、わずかに希釈が進みますが、その違いは本当に取るに足らない程度です。

　この実験結果は、本当ならステア・ドリンクを大量に作るときの心配からわたしを解放してくれるはずですが、こうした事実を知っても、ステア・ドリンクに入れたままにした氷が何の影響も及ぼさないというのは、生理的には受け入れにくいことです。頭ではわかっていても、感覚的にはどうしても、ドリンクがだめになっていくような気がして仕方がありません。長年しみついた先入観を捨て去るには、時間がかかりそうです。

第3章　氷と氷を入れた酒と基本法則

本文では金属製のティンを使うように指示しているが、写真では見やすいように透明のグラスを使っている。

まず最初に、希釈していないまったく同じマンハッタンを3つのグラスに入れて、写真のようにラベルを貼る。

時間＝0秒
「ステア前（Before）」と「ステア後（After）」のマンハッタンに氷を入れ、「ステア後」のほうを15秒間ステアする。

時間＝15秒
ステアをやめる。「ステア前」はステアする前に氷を入れたままにし、「ステア後」はステアしたあと氷を入れたままにする。

90秒間待つ。

時間＝105秒
「標準（Normal）」のマンハッタンに氷を入れて、これと「ステア前」を同時にステアする。

15秒間ステアする。

時間＝120秒
ステアをやめて、3つのドリンクをすべてストレーナーで漉して、グラスに注ぐ。3つはどれも同じ味になるはずだ。「ステア後（After）」はステアしたあと105秒間放置し、「ステア前（Before）」は氷を入れてから105秒後にステアし、「標準（Normal）」はステアの直前に氷を入れたが、味に影響はなかった。

91

ダイキリ

第4章
シェイクとステア、ビルドとブレンド

シェイク・ドリンク：ダイキリ

　ダイキリは、わたしが大好きなオールタイム・ドリンクのひとつです。ダイキリの評判は、ぞんざいな人たちが何世代にもわたって粉末ジュースのような味の酒をがぶ飲みし、それをダイキリと呼んだために、おとしめられてきました。本来のダイキリは、それはもう美しいものです。もしまだ信じられないとしても、この章を読み終わるころには、みなさんも考えが変わっているものと期待します。ダイキリのくわしい作り方を取り上げる前に、シェイクと氷について見ていきましょう。

　カクテルの初心者のなかには、シェイクを、神秘の武術のように長年の修業の末にようやく極めることのできる技術だと信じている人がいます。これは間違いです。また、バーテンダーがティンをシェイクするのを見て、ちゃんとしたやり方をすれば有酸素運動にもなる、と信じている人がいるかもしれません。これも間違いです。そして、そうした人たちは、最高のカクテルはそれこそ最高の氷を使わなければ作れない、と思い込んでいるようです。これも（おおむね）間違いです。

　ひとつ、いいことを教えましょう！　理にかなったテクニックを使って10秒以上シェイクすれば、たいていどんな種類の氷を使っても、美味しくて、一定のレベルのシェイク・カクテルができます。

　カクテルのシェイクは、かなり激しい動きです。ティンの内側と氷が激しくぶつかり合うシェイクは、バーテンダーが自分の手を使ってドリンクを冷却・希釈するテクニックとしては、もっとも激しく、効率的かつ効果的な技法です。実際に、シェイクはひじょうに効率的ですから、カクテルはシェーカーの内側で急速に熱平衡に近づきます。いったん平衡に達すると、もうそれ以上は冷却も希釈もほとんど進みません。これは、使う氷が大きくても小さ

カクテルの冷却の科学を理解する

　今世紀の初め、バー業界では、シェイクのテクニックとシェイクに使う氷に過剰なほどの注目が集まりました。このようにある問題に注目することについては、わたしはおおむね賛成です。というのは、自分のしていることにじっと注意を傾けていれば、仮に自分の仮説が間違っていることがわかった場合でも、結果的には改善につながることが多いと信じているからです。しかし、2000年代に入ってからのバー業界は、特定のシェイクのテクニックや特定の角氷ばかりを重視するとっぴな主張に偏っていました。2009年に、わたしは、バーテンダー仲間のひとりでいたずら好きなエベン・クレムに説得されて、ニューオリンズで毎年開かれるバー業界の一大イベント「テイルズ・オブ・カクテル」で、技術上の間違いを証明するためのセミナーの共同司会を務めることになりました。このセミナーのために行った準備と、このあと2年間にわたって行った追加セミナーは、このセクションで説明したわたしの見解を支える基礎になりました。

くても、シェイクをそこでやめても、もっと続けても、同じです。シェイクしたドリンクは、実験2で作ったステアのマンハッタンよりも冷たくなり、同時に薄くなります。

正しいテクスチャーのために正しい材料を選ぶ

　酒と氷だけでは、適正なシェイク・ドリンクは作れません。酒はシェイクすると、テクスチャーを保つことができません。カクテルにテクスチャーを加えるために使うもっとも一般的な材料は、意外かもしれませんが、柑橘類（レモンやライム）の果汁なのです。レモン・ジュースやライム・ジュースには発泡性はないと思うかもしれませんが、ライムを絞って果汁を直接グラスに入れ、そのうえからセルツァー炭酸水を注ぐだけでも持続的に泡が出つづけます。実際、清澄化したライム・ジュースを入れてドリンクをシェイクした場合、清澄化していないジュースを入れてシェイクした場合よりも、そっけなくてつまらない味になります。というのは清澄化することによって、ジュースから発泡をうながす特性が取り除かれてしまうからです。ほとんどの清澄化されていないジュースには、植物細胞壁の断片や、そのほかペクチンのような植物性多糖類〔ペクチンを含む多糖類については401ページ参照〕が大量に含まれていて、これがシェイク・ドリンクにテクスチャーをあたえるのです。果肉の多いどろっとしたジュースを使う必要はありません。未清澄ならいいのです。たとえば柑橘類のジュースをストレーナーで漉せば、発泡性は変わりませんが、漉していないジュースよりも見かけはずっとよくなります。ジュースのなかには清澄化していても十分な発泡性を持つものもあります。そこで思い浮かぶのが、キャベツのジュースとキュウリのジュースです。ほかにも使えそうなジュースを思いついたら、そのジュースを振って泡立ちの良さを見てください。あるいは少量グラスに入れて、セルツァー炭酸水を注いでテストしてください。泡が立つようならシェイク・カクテルに使えるかもしれません。

　牛乳やクリーム——および牛乳やクリームを含む酒——は、すばらしいテクスチャーを生み出します。とくに、酸味のないブランデー・アレキサンダーのようなカクテルでは、ひときわよいテクスチャーになります。わたしは、酒をウォッシュするときテクスチャーを加えるために、ホエー（乳清）をよく使います（271ページ〜の『ウォッシング』の章を参照してください）。ホエーは、発泡性の高いタンパク質を含んでいますが、見かけも味も牛乳っぽくないので、カクテルの材料としてさまざ

左側が普通のライム・ジュースを入れてシェイクしたカクテル。右側が清澄化したライム・ジュースを入れてシェイクしたカクテル。右側のカクテルにテクスチャーがないことに注目。

まな用途があります。牛乳と違い、酸性の材料ともよくなじみます。ハチミツ・シロップにも、酸味のあるカクテルに混ぜると泡を立てるタンパク質が含まれています。しかし、以上のどの方法よりも、カクテルの発泡剤として古くから好んで用いられているのが、卵白です。卵白はひじょうにすぐれたタンパク源であり、うまく使えば、カクテルに力強く美味しい泡を立てることができます。もっとくわしいことは、下のコラムの卵白に関する補足記事を参考にしてください。

結論：シェイク・ドリンクには必ず発泡を促進する材料を入れる。

卵白

卵白について、カクテルに使う前に知っておかなければならないことがいくつかあります。

卵白を使っても、カクテルが変な味になったり、卵のような味がついたりすることはありません。

卵白をカクテルに加えても、卵白についているバクテリアは死にません。カクテルのアルコール度数にもよりますが、卵を汚染するサルモネラ菌が死滅するには、数日から数週間かかります。もしあなたが食品の安全に不安を感じたり、免疫に問題があるなら、殻付きの殺菌卵〔日本で店頭販売されている卵は全て殺菌されている〕を使ってください。カートンパックなどに入って売られている殺菌卵白はいけません。わたしが行った卵白を使ったカクテルの味の比較テストでは、新鮮な卵がいちばんよく、その次に僅差で殻付きの殺菌卵が続き、パック入りの殺菌卵白はそれよりずっとずっと下位でした。生卵を使うのは、あらかじめことわってからにしてください。生卵を使ってよいかどうかは、ほかの人に代わってあなたがしてよい選択ではありません。

殻を割ったばかりの卵白はにおいません。卵白によっては、殻を割ってから10〜15分すると嫌なにおい（わたしには濡れた犬を連想させるにおい）がしてくるものもあります。このにおいは、カクテルではとくに際立ちますから、風味を台なしにします。さいわいなことに、このにおいは数時間すると消えます。そこで、ドリンクを作る直前に卵を割り、作ったドリンクをすぐに飲むか、あらかじめ卵を割って容器にふたをしないで冷蔵庫に入れておいて、においが消えるのを待つか、このどちらかにしなければなりません。その中間はありません。

卵によっては、犬のにおいがしないものもあります。その理由は、わたしにもわかりません。

多くのバーテンダーは、あらかじめ卵を割って、スクイーズ・ボトルに入れて保存しています——忙しいバーでは賢いやり方です。

卵白を使うときは、まずカクテルのほかの材料——酒、砂糖、酸、ジュース——をすべて混ぜ、そのあとで卵白を加えてください。これ以外のやり方はしないでください。酸性度やアルコール度数があまり高いと、シェイクする前に卵白が凝固してしまいますが、凝固した卵白というものは困りものです。卵白を加える前のカクテルのアルコール度数の上限は、26パーセントです。これ以上少しでも高ければ、ほぼ間違いなく凝固します。次に、氷を使わないいわゆるドライ・シェイクをしなければなりません。シェーカーを閉じ、10秒間ほど激しく振って卵白を撹拌し、あらかじめカクテルを泡立てます。ええ、このステップは飛ばしてはいけません。比較テストはわたしがもうやっていますから、みなさんはする必要がありません！　ドライ・シェイクをするときには、気をつけてください。シェーカーが勝手に開いてしまうかもしれません。中身が温かいドリンクだと、冷たいドリンクのときのようにシェーカーが吸いつかないので、密閉度が高くありません。ドライ・シェイクをしたら、ティンを開いて氷を入れ、もう一度シェイクします。この卵白入りのドリンクは、必ずティー・ストレーナーで漉してください。ティー・ストレーナーを使うと、せっかく苦労して立てた泡が多少消えてしまいますが、凝固した卵白やカラザを確実に取り除く必要があります。カラザとは、卵黄と殻をつないでいる小さなひも状のもので、味はよくありません。

卵白は、泡立ちをよくするだけでなく、ドリンクに含まれるオークやタンニンの香りをまろやかにします。ウイスキー・サワーでは、これがひじょうに効果的です。

ウイスキー・サワーで卵白の効果をテストする

ウイスキー・サワーを2杯作りましょう。一方には卵白を使い、もう一方は卵白なしで作ります。卵白なしのウイスキー・サワーに水を少し足すと、2つのドリンクの希釈度がかなり近くなります。この追加の水は入れても入れなくてもかまいません。テストの結果には影響しません。

卵白なしのウイスキー・サワー
185mlのドリンク1杯分
アルコール度数16.2%、糖7.6g/100ml、酸0.57%

[材料]
バーボンまたはライ・ウイスキー（アル度50%）60ml
漉したてのレモン・ジュース 17.5ml
シンプル・シロップ 22.5ml
ろ過水 20ml
塩 1つまみ

[作り方]
材料をティン（シェーカー）に入れて混ぜ、たっぷりの氷とともにシェイクする。漉して、冷やしておいたクープ・グラスに注ぐ。急いで次のレシピに移る。

1) ほかの材料をすべてミキシング・ティンに入れてから、最後に卵白を入れる。
2) 氷なしで激しくシェイクする。これを「ドライ・シェイク」という。氷なしではティンが密閉されないので、シェイクするときは注意する。
3) ティンを開くと、このようになっているはず。
4) 氷を入れてシェイクする。
5) グラスに注いで、よく見る。写真ではスプリングの目の細かいホーソーン・ストレーナーを使っているが、同じものがなければティー・ストレーナーを使って注ぐ。

卵白ウイスキー・サワー

197mlのドリンク1杯分
アルコール度数15.2％、糖7.1g/100ml、酸0.53％

[材料]
バーボンまたはライ・ウイスキー（アル度50％）60ml
漉したてのレモン・ジュース 17.5ml
シンプル・シロップ 22.5ml
塩 1つまみ
大きめの卵白（30ml）

[作り方]
卵白以外の材料をすべてティン（シェーカー）に入れて、よく混ぜる。混ぜたカクテルに卵白を加え、ティンをかぶせて、8〜10秒間激しくシェイクする。ティンが開いて中身がこぼれないように、しっかり持つ。ティンを開いてたっぷりの氷を入れ、さらに10秒間シェイクする。すぐにティー・ストレーナーで漉して、冷やしておいたクープ・グラスに注ぐ。ドリンクの上に見事な泡が立つ。泡が落ち着くと、濃密なクリーム状の層に変わる。

　見事な泡に口をつけて、そのすばらしくなめらかなテクスチャーを味わったら、そのことはひとまず忘れて、卵白なしのカクテルと卵白入りのカクテルのフレーバーの違いに意識を集中する。卵白入りカクテルは、オークの香りがまろやかになり、味もとげとげしくない。

ウイスキー・サワーを注いだあとの卵白の変化。

シェイクに使う氷

わたしは数年来、さまざまな種類の氷を使ってさまざまなシェイク・カクテルを作り、何度もテストをくり返してきました。希釈を分析的に測定し、味の比較テストを行いました。結果は、ほとんどいつも同じでした。2、3の簡単なルールに従えば、使う氷の種類は、まったくといっていいほど希釈には影響しませんでした。ホテルの氷のディスペンサーで作る20ミリの中空の角氷から、コールドドラフト社の製氷機の30ミリの氷まで（ほとんどの氷のサイズはこの範囲に入る）、それぞれ氷の表面積はまったく違うにもかかわらず、ドリンクの希釈の程度は変わりません。この場合のコツは、角氷の表面の水を、シェイクの前にしっかりと切ることです。小さなミキシング・ティンの中でカクテルを混ぜ、大きいほうのティンに氷を入れて、その上にストレーナーをかぶせ、ティンを下に向けて強く振り、余分な水を切ってください。それから、氷を小さいほうのティンに入れて、シェイクしてください。

この2つのカクテルは、写真のような氷を使ってシェイクした。左側のドリンクは豊かな泡が立っている。シェイクには大きな角氷を使うほうがよい。

前述したサイズの範囲よりも小さな氷や大きな氷になると、希釈の程度が変わってきます。クラッシュド・アイス（かち割り）でシェイクすると、かなり低い温度まで冷えますが、ドリンクが薄くなりすぎます。一辺が5センチの角氷を1つだけ入れてシェイクすると、これと重さが同じになるように小さな角氷を数個入れてシェイクした場合と比較して、希釈はそれほど進みませんが、テクスチャーは小さな氷を使った場合よりもよくなります。これは、わたしが自分の手ではっきりと証明するまで、何年もの間自分自身で否定してきた事実です。何年もの間、わたしは、多くのバーテンダーが大きな氷ただ1個でシェイクすることのメリットについてまことしやかに謳い上げるのを聞いて、ばかにしてきました。ある年、わたしは大観衆の前で、大きな角氷はただの見せかけのパフォーマンスにすぎないことを証明するためのテストを行いました。わたしは、さまざまな種類の氷でシェイクし、ドリンクをメスシリンダーに注いで、シェイクによってできた泡の量を計りました。驚いたことに――そして恥をかいてしまったことに――大きな角氷は、泡の量に関して、くり返しプラス効果を示しました。どうして大きな角氷のほうがよく泡が立つのか、その**理由**はわかりませんが、ともかくそうなのです。わたしはすぐに自分の考えをあらため、それ以後、自分の店でドリンクをシェイクするときには必ず大きな角氷を使うことにしました。ただし、前述したように、大きな1個の氷を使えば、小さな氷をいくつも

使うよりも希釈の程度が小さくなりますが、これはよくないことです。この問題を解決するには、ティンの中に大きな氷とともに小さな氷を2個入れてから、シェイクします。この追加の氷は、大きな氷のテクスチャーを加える効果を損なうことなく、必要なだけの希釈の効果を発揮します。

結論：5センチの角氷が手元にない場合は、使う氷の種類はなんであってもかまわない。氷の水を切ることを忘れずに。大きな角氷があるなら、この大きな氷に小さな氷を2個加えてシェイクする。

シェイクのテクニック

　技術的に見ると、シェイクのテクニックは重要ではありません。あまりにも緩慢にシェイクすると希釈度が足りないということもありえるでしょうが、わたしは実際にそうなったのを見たことはほとんどありません。その反対に、わたしはジャッキー・チェンのアクションさながらの狂ったように激しいシェイクを試しにやってみたことがありますが、それでわかったことは、がむしゃらに激しくシェイクしても、最終温度が低くなることもなければ、希釈度が増すこともないことでした。シェイクする時間が8〜12秒程度なら、どんなやり方をしても、でき上がったカクテルはほぼ同じです。シェイクの時間が8秒以下なら、希釈が足りないかもしれません。12秒以上シェイクしても、もうそれ以上はほとんど変化しません——単なる時間とエネルギーの無駄です。同じように、何人かのバーテンダーに同じ材料と同じ氷を使ってやってもらった比較テストでも、シェイクのスタイルの

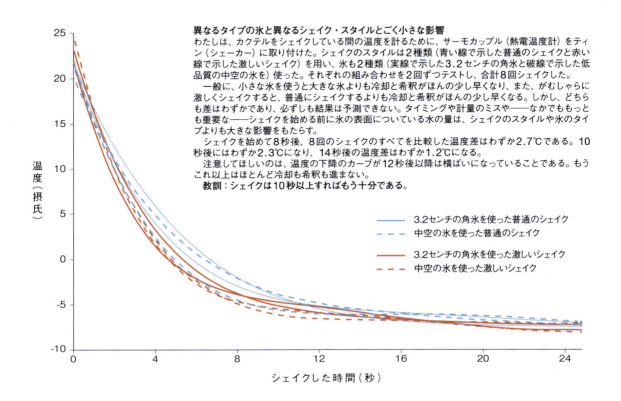

異なるタイプの氷と異なるシェイク・スタイルとごく小さな影響
わたしは、カクテルをシェイクしている間の温度を計るために、サーモカップル（熱電温度計）をティン（シェーカー）に取り付けた。シェイクのスタイルは2種類（青い線で示した普通のシェイクと赤い線で示した激しいシェイク）を用い、氷も2種類（実線で示した3.2センチの角氷と破線で示した低品質の中空の氷を）使った。それぞれの組み合わせを2回ずつテストし、合計8回シェイクした。
　一般に、小さな氷を使うと大きな氷よりも冷却と希釈がほんの少し早くなり、また、がむしゃらに激しくシェイクすると、普通にシェイクするよりも冷却と希釈がほんの少し早くなる。しかし、どちらも差はわずかであり、必ずしも結果は予測できない。タイミングや計量のミスや——なかでももっとも重要な——シェイクを始める前に氷の表面についている水の量は、シェイクのスタイルや氷のタイプよりも大きな影響をもたらす。
　シェイクを始めて8秒後、8回のシェイクのすべてを比較した温度差はわずか2.7℃である。10秒後にはわずか2.3℃になり、14秒後の温度差はわずか1.2℃になる。
　注意してほしいのは、温度の下降のカーブが12秒後以降は横ばいになっていることである。もうこれ以上はほとんど冷却も希釈も進まない。
　教訓：シェイクは10秒以上すればもう十分である。

違いによるドリンクのテクスチャーの違いはまったく感じ取れませんでした。こうしたことは、技術的な観点からは、まったく意味がありません。しかし、シェイクのテクニックは、スタイルという点から見ると、きわめて重要です——そしてスタイルは、カクテルの世界では無視することはできません。

わたしはスタイルについてはアドバイスしません——これは自分で腕を磨くしかありません——が、ティンの使い方については、いくつかアドバイスしようと思います。計量した材料は必ず小さいティンに入れて、そのあとでその小さいティンに氷を入れてください。こうすれば、カクテルがティンの容量を超え、周囲に飛び散って恥をかく心配がありません。氷を小さいティンに入れたら、その上に大きなティンをちょっと角度をつけてかぶせ、軽くたたいて2つのティンをぴったりとはめ込みます。ちょっと角度をつけておくことで、あとでティンをはずしやすくなります。シェイクするとき、2つのティンは互いに吸いついて離れません……ただし、万一の用心のために、必ず小さいティンを自分のほうに向けるようにしてください。もしティンがはずれても、中身のカクテルをかぶるのがあなたなら、みんなで大笑いすればすみます。もしお客様のほうにカクテルを浴びせてしまったら、これは一大事です。ティンをはずすときは、小さなティンを片手で押さえ、もう片方の手で大きなティンの合わせ目が開く側を手のひらでたたいてください（思いのほか簡単にできます）。

結論：シェイクのやり方はご自由に。

> ### 飛び散りを防ぐ
>
> わたしがすすめるように、小さなティンに入れたドリンクに氷を加える場合、気をつけないとカクテルが飛び散ることがあります。家庭なら、飛び散りを防ぐために氷を指でつまんで入れてもかまいませんが、バーではそういうわけにはいきません。そこで、わたしは小さなティンでカクテルを混ぜ、氷をスコップですくって大きなティンに入れ、その氷の上からカクテルを注ぎます。家庭とは違い、通常わたしがシェーカーで一度に作るのは1杯か2杯だけですから、中身がいっぱいになる心配はまずありません。

できたドリンクを漉して注ぐ

シェイクのテクニックはそれほど重要ではありませんが、漉すテクニックは重要です。ドリンクをシェイクすると、微小な氷の結晶がたくさんできます。大きな透明な氷を使う場合、こうした結晶は、やや均一な粒状になります。砕けた薄い小さな角のある氷を使った場合、さまざまな大きさの結晶ができて、固まりも混じります。こうした氷の結晶は、シェーカーの中では希釈に大して影響しませんが、ドリンクの中に入ると、比較的早く融けて、希釈に影響を及ぼします。多くのバーテンダーは、ドリンクに結晶が浮いているのを大変嫌います。わたしは、ほどほどの量なら、結晶が好きです。漉すときに、ドリンクに入る結晶の量を抑えることができます。シェイク・ドリンクは、平たいプレートにスプリングがついたホーソーン・ストレーナーで漉します。ホーソーン・ストレーナーをミキシング・ティンにかぶせて、ストレーナーの端とティンの縁との隙間の幅を調節することによって、すり抜ける結晶の量を調節します。わたしは、この隙間を完全にふさぐやり方を支持します。それでも多少の結晶はすり抜けます。結晶が本当に嫌いでならない人は、ホーソーンを使ったあとで、さらにティー・ストレーナーでカクテルを漉します。標準的なホーソーンを使うやり方と、ホーソーンとティー・ストレーナーを併用するやり方の

シェイクするときティンが互いに吸いつく理由

2つのティンをたたいて密閉することによって、ティンはぴったりと結合します。たたくことによって、中の空気が一部押し出され、不完全真空ができます。しかし、ティンが本当に吸いつくのは、シェイクのときです。

前にも言ったように、氷は凍るときに膨張します。だから、融けるときには収縮します。カクテルをシェイクすると、氷のかなりの部分が融けます。シェイクを始めるとき室温だったティンの内部の空気は、シェイク中に急速に冷えて収縮し、同じようにドリンクの液体量も収縮します。この3つの収縮によって、ティンの内部にきわめて強い不完全真空が発生し、シェイク中にティンがはずれるのを防ぎます。

ちょうど中間としては、カクテル・キングダムのスプリングの目が細かいホーソーン・ストレーナーがおすすめです。

結論：ホーソーン・ストレーナーとミキシング・ティンの隙間で調節する。

以上のことをまとめてダイキリを作ってみる

ようやく、ダイキリのシェイクを実習する時間がきました。クラシック・ダイキリは、低アルコールで糖度の高いカクテルですから、シェイク・ドリンクをスペクトル化すると一方の端に位置します。ヘミングウェイ・ダイキリは、アルコール度数がより高く、糖度が低い（ヘミングウェイは糖尿病でしかも大酒のみだった）ので、シェイク・カクテルのスペクトルの中ではクラシック・ダイキリの反対側に位置します。この両方のドリンクを念頭に置けば、その中間にあるほかのすべてのシェイクのサワー・ドリンクを評価することができます。

[クラシック・ダイキリの材料]
159mlのドリンク1杯分
アルコール度数15%、糖8.9g/100ml、酸0.85%

透明なライト・ラム（アル度40%）60ml
シンプル・シロップ 22.5ml
漉したてのライム・ジュース 22.5ml
食塩水2ドロップまたは塩1つまみ

このドリンクの希釈前の体積は105ミリリットルで、アルコール度数は22%、液体100ml中の糖は13.5グラム、酸は1.29%である。

[ヘミングウェイ・ダイキリの材料]
174mlのドリンク1杯分
アルコール度数16.5%、糖4.2g/100ml、酸0.98%

透明なライト・ラム（アル度40%）60ml
漉したてのライム・ジュース 22.5ml
ルクサルド・マラスキーノ（アル度32%）15ml
漉したてのグレープフルーツ・ジュース 15ml
食塩水2ドロップまたは塩1つまみ

このドリンクの希釈前の体積は112ミリリットルで、アルコール度数は25.6%、糖は100ml中にわずか6.4グラム、酸はたっぷりの1.52%である。

[作り方]
上にあげた2つのドリンクの材料をそれぞれ別々に、普通の氷を使って10秒間シェイクし、漉して冷やしておいたクープ・グラスに注ぐ。この時点で、クラシック・ダイキリにはおよそ55ミリリットルの水が加えられることになるので、アルコール度数は15%、100ml中の糖は8.9グラム、酸は8.4%になる。ヘミングウェイ・ダイキリには、およそ60ミリリットルの水が加えられることになるので、完

成時のアルコール度数は16.7％、100ml中の糖は4.2グラム、酸は0.99％になる。この数字をざっとまとめると、どちらのドリンクも同じくらいの希釈率になる。このテストでは、一般的に高アルコール・ドリンクのほうが低アルコール・ドリンクよりも希釈率が高く、よく冷えるが、シェイクした高アルコール・ドリンクのほうが、低アルコール・ドリンクと比較して、最終的にはつねにアルコール度数が高くなることが証明された。同時に、このテストでは、糖度が高いドリンクのほうが糖度の低いドリンクよりも希釈率が高くなることも証明された。クラシック・ダイキリ vs ヘミングウェイ・ダイキリの比較では、この2つの希釈係数は互いにほぼ相殺される。

この2つを味わってみよう。感想はどうだろうか。わたしはクラシック・ダイキリのほうがずっと好きだが、ちょっと甘すぎる。自分でクラシック・ダイキリを作るときは、シンプル・シロップをちょっと少なめに——22.5mlちょうどかそれ以下にし、ライム・ジュースはレシピ通り22.5mlちょうどにする。

両方のドリンクを、同じスペックでもう一度作ってみる。今度は、シェイクする時間を5〜6秒に短縮する。結果はまったく違うものになるはずだ。シェイクの時間が足りないため、ドリンクの希釈も不十分になる。クラシック・ダイキリのほうは甘すぎて飲めないくらいだ。ヘミングウェイ・ダイキリのほうは、味はきついが飲めないほどではない。ここで教訓をひとつ：糖分が希釈されると、フレーバーが酸よりも早く薄まるので、高希釈の場合、特定のフレーバーを際立たせるためには、より多くの糖を加え、酸を少なくするとよい。

もしもう一度実験してもいいと思うなら、今度は同じドリンクを20秒間シェイクして作る。10秒シェイクしたときよりもほんの少し希釈が進んでいるが、予想したほどではないだろう。シェイクの後半の10秒間は、グラフの温度の下降のカーブがゆ

るやかになって横ばいになっていく部分で、希釈はもうこれ以上はほとんど進まない。もし味に何か少しでも違いがあるとすれば、わずかな糖がますます薄くなるせいで、ヘミングウェイ・ダイキリのほうがちょっと薄く感じられるくらいだろう。

右側がヘミングウェイ・ダイキリで、左側が普通のダイキリ。

ステア・ドリンク：マンハッタン vs ネグローニ

　ステアしてドリンクを作るのは、単純な作業のように思えるかもしれません。ところが実際には、ステアでつねに一定のレベルのカクテルを作るのは、ほとんどの場合、ほかのどのタイプのカクテルを作るよりも難しいのです。ステアは、冷却という点では比較的効率の悪いテクニックです。可能な最低温度にまで達するには、かなりの時間ドリンクをステアしつづけなければなりません。マティーニで実験したところ、ステアして温度の下降と希釈の進行が横ばいになるまでには、2分以上かかります。こんなに長くドリンクをステアする人は、誰もいないでしょう。主要な変数は、使う角氷の大きさと、ステアする速さと時間の長さです。氷は、小さいほど表面積が大きく、冷却も希釈も早くなります。本当に細かいかき氷では、冷却と希釈が極端に速く、ほんの数秒間適当にステアしただけでも、ほぼ平衡状態に達します（116ページ〜の『ブレンド・ドリンク』のセクションを参照のこと）。これは、あまり希釈度が大きくなく、冷やしすぎないことが前提になっているほとんどのステア・ドリンクでは、理想的とはいえません。反対に、5センチほどの大きな角氷でステアすると、希釈も冷却もひじょうに時間がかかり、通常は温度が高すぎて、希釈が不十分なドリンクになります。バーテンダーのなかにはこのスタイルを好む人もいますが、わたしは好きではありません。もし希釈度の低いただ冷たいだけのドリンクを飲みたいなら、わたしはビルド・ドリンク（109ページ〜参照）を注文します。ステア・ドリンクは、ビルドとシェイクの中間くらいになるのがいいでしょう。したがって、ステアに使うには、中くらいの大きさの比較的ドライな氷がベストです。大きな氷をバー・スプーンの柄で割ったばかりのものか、普通の製氷機の氷を振って余分な水を切ったものがいいでしょう。氷の大きさはどうしても重要な要素ではありません。というのは、ドリンクの希釈度や温度は、ステアする速さや時間の長さでも調節できるからです。もし氷が大きめだったら、もっと速く、もっと長い時間をかけてステアすれば、小さな氷を使った場合と同じ効果が得られます。氷が小さかったら？　ステアする時間を短くするか、もっとゆっくりステアしてください。

　実際には、いつも自分が使う氷を自由に選べるとは限りませんから、氷に合わせてステアのやり方を調整できるようにしておいたほうがいいでしょう。自分のテクニックを変えるのはよくありません。ステアする時間を調節するだけにしましょう。2杯のドリンクを両手で同時に、同じ速さでかき回せるように、ステアの練習をしておきましょう。いつも決まったスタイルでステアできるようにしましょう。スタイルが一定していれば、その日最初に作った2、3杯のドリンクを味見して、氷に合わせてステアする時間の長さを調節することができます。

　わたしは、ステアするときには、ステンレス製のティンを愛用していますが、それはステンレスの熱質量〔熱を吸収・蓄積する能力〕がひじょうに小さいからです。ステンレスのティンは、温度を下げるために、それほど多くの氷を融かす必要がありません。だから、ドリンクの温度や希釈に影響しません。大きなガラス製のステア用の容器は見映えはしますが、熱質量がひじょうに大きいので、でき上がったドリンクの温度がずいぶん変わってしまう——お客様に出したときにはドリンクがぬるくなってしまう——ことがあります。この問題を回避するには、ステアに使うすべての容器をあらかじめ氷水で冷やしておけばい

いのですが、まさかそこまで手間をかけることはないでしょう。ほとんどのバーテンダーは、グラスを使いたがります。そんなとき、わたしは彼らにこう言います。グラスを使うのはかまわないが、その条件として、ドリンクをステアするときは必ずミキシング・グラスをひとつ残らずあらかじめ氷水で冷やすと誓ってほしい、と。たいていは、金属のティンを使うことで話がまとまります。

多くのバーテンダーは、ミキシング容器に入るだけいっぱいの氷を入れてステアしています。しかし、氷は液体に触れなければ意味がありません。多少多めの氷だったら、ステアの途中でかなりの量の氷が液体の中に沈むので、意味があるかもしれませんが、ほとんどのバーテンダーは必要な量よりもずっと多くの氷を使っています。余分な氷は、役に立たないだけならまだいいですが、悪くすると、表面の余分な水がドリンクを過剰に希釈することになります。氷は少なすぎても、やはりよくありません。わずかな氷では十分な冷却力がありませんし、持てるすべての冷却力を十分な速さで発揮することもできません。できれば、ドリンクの液面から容器の底まで氷とドリンクが接するようにするのが、理想的です。そうなるようにするには、厳密に必要なだけの量よりも多くの氷を入れなければなりません。というのは、氷は浮きますから、必要な量の氷の上にさらに少し余分に氷を乗せて重くし、ドリンクの中に沈めるようにしなければならないからです。もうそれ以上の氷は逆効果ですし、家庭でドリンクを作るときは通常氷の量が限られていますから難しいでしょう。

覚えておいてほしいのは、ドリンクのステアで重要なことはくり返しだということです。ステアのスタイルに磨きをかけ、決まったやり方を身につければ、つねに同じ味のドリンクを作れるようになります。ステアの本質は、純粋に希釈と冷却だけです。テクスチャーやエアレーションは関係ありません。ステア・ドリンクはエアレーションをしませんから、驚くほど澄んで見えます。わたしはこの清澄さが大好きなので、これを損なうようなものはステア・カクテルにはいっさいに入れたくありません。ステア・ドリンクは、比較的アルコール濃度が高い（わたしの店で出すマンハッタンはアルコール度数が26パーセント）です。でき上がったカクテルのアルコール濃度が高いことが、ほとんどのステア・ドリンクがスピリッツに比重を置き、ライト系やリフレッシュ系ではない理由です。アルコール度数26パーセントで、なおかつリフレッシュ効果ももたせるというのはなかなかできないでしょう。

ステア・ドリンクを提供する：
ネグローニに氷を入れるか、入れないか？

わたしがこだわるネグローニのクラシックなレシピでは、等量のジンとカンパリとスイート・ベルモットを使います。最近のバーテンダーは、ベルモットとカンパリは1対1の比率のままにして、ジンの比率を少し多めにするレシピに変えています。これなら、ネグローニと認めることができます。なかには、カンパリの代わりにアペロールを使う人もいます。これも、れっきとしたネグローニです。人によっては、クラシックなレシピに柑橘ジュースを一絞り入れたり、炭酸水を少量加えたりすることもあります――わたしは好みではありません――が、味は悪くありません。ネグローニは、通常の希釈でも美味しい

第4章　シェイクとステア、ビルドとブレンド

永遠の問題：ネグローニには氷を入れるか、入れないか。

し、少し余計に希釈しても美味しいです。炭酸を入れてもいいです。ネグローニのフレーバーはきわだっていて、豊かで複雑ですが、基本的な構造にいろいろ手を加えた何十種類ものバージョンがあり、どれもみな基本的なネグローニらしさを失わない美味しいカクテルです。

　わたしとしてはクラシックなネグローニを心からおすすめしますが、クラシックのレシピに従うにしても、最終的に自分で決定すべきことが残っています。あなたは、ネグローニに氷を入れますか、それとも氷は入れませんか。

　ドリンクに氷を入れない理由は、2つあります。その1：氷のないドリンクがとても優雅だから。2つめ：氷が融けることによって、ステアしたドリンクが希釈されるのを好まない人もいる。たとえば、マティーニはつねに氷を入れないほうがいいですが、すぐに飲まないとぬるくなってしまい、ぬるいマティーニは美味しくありません。このぬるくなる問題を氷を入れないで解決する方法が
2つあります。早く飲んでもらうか、量を少しめにして出すようにすればいいのです。自分の責任で問題を解決するという意味では、後者をおすすめします。残念なことですが、何年か前までは、カクテルを少しずつ出すと、お客様がぼられているように気分になる、という理由で、量の多いカクテルを出すという悲しむべき風潮がありました。わたしとしては、マティーニがぬるくなるほうが悲しくなります。

　オン・ザ・ロック（氷入り）でドリンクを出すことには、もっともな理由が4つあります。水で薄まることによって時間とともに味が変化するほうがいい、という人もいます。あるいは、時間がたつとグラスの中のドリンクがぬるくなり、美味しくなくなるという場合もあります。また、アルコールが強すぎる場合、温度調節で0℃近くになった氷の表面についた水で、わずかながらすぐに希釈されることがあります（ただし、この問題は少し長めにステアするだけで解決します）。また、氷が入っているほうが見た目に好きだという人もいます。こうした理由を指針にすれば、めったに失敗することはないでしょう。希釈の許容範囲が広いネグローニなどのドリンクは、オン・ザ・ロックでもまったく問題はありません。ネグローニがぬるくなりかけた時点でもう飲む気がしない、という人も大勢います。マティーニのように薄くなるほうがよくないという場合には、1杯分を少量にして、早く飲んでもらうようにするのがいいでしょう。

わたしは、ドリンクをオン・ザ・ロックで提供するときには、大きな角氷を1つだけ入れるようにします。大きな氷にすると、ドリンクは短時間ではあまり薄くなりませんが、ほどよい冷たさに保つには効率的です。

どこまで冷やすと冷やし過ぎになるか？
マティーニ vs ネグローニ

温度は、ドリンクの味を大きく左右します。ドリンクによっては、冷やし過ぎると、完全に台なしになってしまうものもあります。マンハッタンのように熟成してオークの香りがついたスピリッツを使うドリンクは、ほとんどがこれに当てはまります。これとは別に、ネグローニのように、かなりの低温まで冷やしてもその持ち味を失わないけれど、ぬるくなると味が落ちてしまうものもあります。これから行うステアの最後の実験で、最初の温度が違うネグローニを2杯とマティーニを2杯作り、温度が上がることによる変化を比較することにします。

[それぞれ2杯分の材料]

マンハッタン
129ミリリットルのドリンク2杯分
アルコール度数27％、糖3.4g/100ml、酸0.12％

リッテンハウスのライ・ウイスキー（アル度50％）120ml
良質のスイート・ベルモット（アル度16.5％）53ml
アンゴスチュラ・ビターズ 4ダッシュ
ブランデー漬けのチェリーまたはオレンジ・ツイスト 2個

ネグローニ
127ミリリットルのドリンク2杯分
アルコール度数27％、糖9.4g/100ml、酸0.14％

ジン 60ml
カンパリ 60ml
スイート・ベルモット 60ml
オレンジ・ツイスト 2個

[道具]
金属製のティン 4つ
氷 4杯分
ホーソーン・ストレーナーまたはジュレップ・ストレーナー 2つ
クープ・グラス 4つ
冷凍庫

第4章　シェイクとステア、ビルドとブレンド

[作り方]

ライ・ウイスキーとベルモットとビターズをいっしょに混ぜ、混ぜたものを2等分する。ジンとカンパリとベルモットも同じように混ぜ、同じように分ける。マンハッタンの一方とネグローニの一方に同量の氷を入れて15秒ほどステアし、漉してふた付き容器に入れ、これをクープ・グラスとともに冷凍庫に1時間入れる。1時間で、温度は5℃から10℃下がる。それから、もう一方のマンハッタンとネグローニをステアし、漉してクープ・グラスに注ぎ、ここで冷凍庫に入れておいたドリンクとグラスを出して、4杯のドリンクのすべてに飾りをつける。飲んで味をみる。この時点では、ネグローニはどちらもすばらしい味わいだろう。どちらも提供するのにちょうどいいタイミングである。マンハッタンのほうはそうではない。作り立てのほうは、まろやかで魅力的な味わいのはずだ。それに比べて、冷凍庫に入れておいたほうは、つまらないそっけない味で、オークの香りが鼻につく。さらに20分ほど味見を続けよう。温度が上がってくるにつれて、冷凍庫に入れておいたマンハッタンは味がよくなり、「作り立て」だったマンハッタンも変わらずまずまずの味である。冷凍庫に入れておいたネグローニは変わらずいい味だが、作り立てだったネグローニはだんだん飲みにくくなってくるはずである。

結論：温度は、ドリンクを作るときの重要な要素だが、必ずしも冷たいほどよいというわけではない。ほぼすべてのステア・ドリンクは、−5℃から−1℃までの間が最適温度で、なかにはもっと温度が高くても低くてもかまわないものもある。

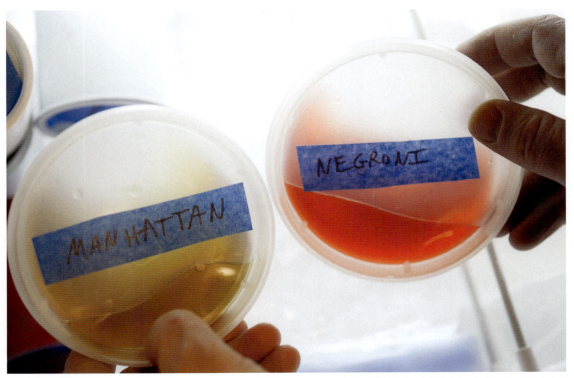

ステアしたあと、ネグローニとマンハッタンのそれぞれ一方を冷凍庫に入れて1〜2時間ほど置く。そのあと冷凍庫から出して、ステアしただけの同じドリンクと飲み比べてみる。さらにこの4つが、温度の上昇とともにどう変わるか、味見を続ける。そうすれば、温度の変化にともなってドリンクの味にどんな違いが出るかがわかる。

クリフ・オールドファッションド

ビルド・ドリンク：オールドファッションド

　グラスに氷を入れて、その上からドリンクを注ぎ、すばやくかき回せば、ビルド・ドリンクのでき上がりです。これは、もっとも希釈度の低いカクテルです。オールドファッションドはビルド・ドリンクの原型であり、ウイスキーとビターズと糖を混ぜて、ツイストを飾っただけのカクテルです。シンプルなものではよくあることですが、オールドファッションドは微妙な味わいの違いが際立つ見本のようなドリンクです。材料が少ないため、ひとつひとつの材料が大きく影響するのです。オールドファッションドの注文を受けたら、バーテンダーとしての感性の見せどころです。

　オールドファッションドを作るいちばんよい方法とは、必ずしもいちばんオリジナルなやり方や「オーセンティック（正統的）」なやり方ではなく、人がそれぞれ自分でいちばんよいと思う方法です。わたしは、グラニュー糖の代わりにシンプル・シロップを使います。順守すべきオールドファッションドの唯一のルールは、少しずつ飲むドリンクとして、希釈を最小限に抑え、甘すぎず、ベースとなるスピリッツの味がしっかりしたものを作るということです。わたしは、読者のみなさんに喜んでもらうことをいちばんに考えていますが、つぶしたフルーツをドリンクに混ぜたら、それはオールドファッションドとは呼ばないでください。フルーツをつぶしたら、そのドリンクには別の名前をつけてください！ではこれから、わたしが大好きなオールドファッションドのアレンジ版を作ってみることにしましょう。

クリフ・オールドファッションドをビルドで作る

　クリフ・オールドファッションドとは、わたしの友人のクリフ・ギルバートにちなんで名前をつけたドリンクです。わたしとクリフは、あるイベントでコリアンダー・ソーダを作っていました。コリアンダー・ソーダとは、ジンジャーエールのように、清涼感のある香辛料が効いたドリンクで、飲むと喉の奥にちょっとカッときます。まとまった量のソーダ用シロップを作ったあと、クリフはこれを使ってオールドファッションドを作ってみないかと提案しました。なんとすばらしいアイデアでしょう！

オールドファッションドをビルドで作る
1) 氷がグラスに合わないときは、氷を回転させればいい。
2) 冷やしていないグラスに氷が入っている。
3) ビターズを入れる。
4) ベースになるスピリッツを入れる。
5) シロップを入れる。
6) 軽くかき回す。
7) オレンジ・ピールをドリンクの上で絞る。
8) グラスの縁の内側にオレンジ・ピールを押しつけるようにして、グラスをそっと回す。

第4章　シェイクとステア、ビルドとブレンド

クリフ・オールドファッションド
90mlのドリンク1杯分
アルコール度数32％、糖7.7g/100ml、酸0％

[材料]
約5センチ角の透明な角氷
アンゴスチュラ・ビターズ 2ダッシュ
バーボンのエライジャ・クレイグ12年（アル度47％） 60ml

> バーボンは好きなものを選べばいいが、高すぎないものがよい。もしお金があり余っているなら、何でも好きなものを使ってもよい。わたしがいままでに作ったクリフ・オールドファッションドでいちばん高級だったのは、あるチャリティー・イベントでジャパニーズ・ウイスキーの響12年を使ったものだ。わたしたちは、その夜一晩に200杯も作った。響は750mlのボトルが70ドルするから、コストのかかるドリンクになり、割に合わなかった。

コリアンダー・シロップ 11ml（レシピは後述）

> このシロップは、オールドファッションドとしてはトラディショナルな範囲からはずれた要素である。普通の1:1のシンプル・シロップを使えば、もっと標準的なオールドファッションドを作ることができる。多くの純粋主義者は、グラニュー糖や角砂糖にビターズをしみこませて使う。ざらっとした感じと、糖度が時間とともに上がっていくことが彼らの好みに合うようだ。わたしの好みには合わない。

オレンジ・ツイスト

[道具]
ダブル・オールドファッションド・グラス 室温で
ストローまたは短めのミキシング・ロッド（オプショナル）

シンプル・ドリンクのくわしい作り方

わたしは、冷やしたグラスではオールドファッションドをビルドしない。冷やしていないグラスは、室温では比較的大きな熱質量になる。室温のグラスでドリンクを作るときは、グラスをドリンクの温度まで冷やすためにかなりの量の氷を融かす必要がある。このように氷が多めに融けた分だけ、希釈度が増すが、わたしはこの点が気に入っている。希釈度を増すには、ビルドしたあとでドリンクをもっとかき回すというやり方もあるが、その場合は

111

ドリンクの温度が低くなってしまい、わたしはこの点が気に入らない。また、冷やしたグラスは、ドリンクができたばかりのときには見映えがいいが、オールドファッションのように少しずつ飲むドリンクの場合は、結露して見映えが悪くなる。

このような微妙な問題——グラスを冷やすかどうか——は、すべて個人の好みの問題である。グラスは冷やしても冷やさなくてもいいが、それがどういう結果になるかは理解しておかなくてはならない。

バーテンダーのなかには、氷を入れる前に、ドリンクを直接グラスに入れて、スプーンで材料をかき回し、希釈なしで混ぜる人もいる。もしこの方法を取るなら、昔ながらのやり方にしたがって、最初にいちばん安価な材料を入れ、最後にいちばん高価な材料を加えるようにするのがよい。最初に安価な材料を加えるのは、計量中にミスをしても、高級な材料を捨てなくてもいいからである。ほとんどのプロは、めったに計量を間違えたりしないが、それでもこの方法を守っている。

氷をあとで入れるデメリットについて：大きくて不格好な氷を、グラスの中身がはねないように手際よく入れなければならいし、氷がグラスにしっくり合うかどうかがあらかじめわかっていなければならない。わたしは、液体よりも氷を先に入れる。それはグラスの中で氷の見映えがいいかどうかを確認することができるからだ。手で割った大きな角氷は、それなりの見映えがする。ダブル・オールドファッション・グラスに角氷を入れる。氷がグラスの中にすっぽりおさまって、底につくことを確認する。氷がグラスの底につかないと、いかにも見苦しい。もし氷がうまく入らないようなら、スプーンで氷を回せば、角が融けて、底につくようになる。氷が明らかに大きすぎるときには、あらかじめナイフで氷の角を削り落とす。

このように氷を先に入れる場合でも、ドリンクのビルドには2通りの方法がある。ミキシング・ティンでドリンクをビルドして材料を混ぜ合わせてから氷を入れたグラスに注ぐ方法と、氷を入れたグラスに材料を直接入れる方法である。テクニックという点から見ると、ミキシング・ティンを使うほうが明らかにすぐれているが、わたしは実際には直接グラスに入れるほうが好きだ。これは、たんに見た目の美しさからである。氷の上から材料を注ぐとき、はねないよう気をつける。はねると、みっともない。手順は次の通り：ビターズを2ダッシュ入れ、そのあとウイスキーを入れて、それからコリアンダー・シロップを入れる。密度の低い材料から先に入れると、密度の高い材料が上から浸透して自然に混ざる。5秒ほどかき回して、ドリンクの上でオレンジの皮を（手早くねじって）絞り、グラスの縁をこする。飲んでいる間にもオレンジの香りがしみ込むようにしたければ、ツイストしたオレンジの皮をドリンクの中に浸す。このオレンジの皮を入れた場合と入れない場合では、驚くほどの違いがある。自分で味を見て比べてみればいい。ツイストの効果をあなどらないでほしい。オレンジの皮をいつも同じように切り、同じように絞れば、あなたが作るドリンクはいつも同じ味になる。

コリアンダー・シロップのレシピ

[材料]
コリアンダー・シード 125グラム（ソーダ・シロップにする場合は100グラムに減らす）できれば柑橘系のさわやかな香りがするものがよい。
ろ過水 550グラム
グラニュー糖 500グラム
塩 5グラム
赤唐辛子のフレーク 10グラム

[作り方]
コリアンダー・シードと水をブレンダーに入れて、シードがよくつぶれるまで数秒間ブレンドする。ブレンドしたものをソースパンに移して、グラニュー糖と塩を加え、煮立つまで中火で熱する。赤唐辛子のフレークを入れてかき混ぜる。火を止めて、シ

第4章　シェイクとステア、ビルドとブレンド

ロップの味見をし、唐辛子の辛味が喉の奥にぴりっとくるくらいにする。（赤唐辛子のフレークは品物によって味が大きく異なるため、レシピのこの部分は明確な数字を示せない）。これ以上染み出さないように、すぐに目の粗いストレーナーで漉し、さらに綿モスリンの布や目の細かいシノア・ストレーナーで漉す。

このシロップをソーダ用に使う場合は、コリアンダーを少し少なめにして（ただし、ジンジャービールと同じくらいの刺激がほしい場合は別）、シロップ1に対して水4の割合にして炭酸ガスを入れる（または炭酸水を4の割合で加える）。ライムを飾る。できれば、清澄化したライム・ジュースを入れる。

レシピ通りに作れば、このシロップはブリックス値が50パーセントになる。つまり、重量の50

コリアンダー・シロップの作り方
1) 水とコリアンダーを混ぜてブレンダーにかける。
2) 混ぜたものを鍋に移し、砂糖を加える。
3) 煮詰める。
4) 赤唐辛子のフレークを加え、味を見ながら、適当な辛さにする。
5) すぐにシロップを漉す。ストレーナーは2種類使い、目の細かいストレーナーの上に目の粗いストレーナーを重ねる。
6) でき上がり。

パーセントが糖になるから、普通のシンプル・シロップと同じ値になる。レシピに書かれた残りの50グラムの水は、コリアンダー・シードに吸収される。わたしの店では、屈折計を使って糖度を修正する。

　最後に決めなければならないのは、ドリンクにかき混ぜ棒を入れるかどうかです。かき混ぜ棒があれば、お客様は、もう少し薄いほうがいいと思ったときには、すぐに自分で希釈できます。多くのバーでは、かき混ぜ棒の代わりにストローを使いますが、これはストローが安価だからで、ストローを使って飲むためではありません。かき混ぜ棒のほうがよいと思うなら、ストローはやめてください！　ストローはつねに動くので、目を突くおそれがあります。かき混ぜ棒はガラスか金属製のものを使い、ナプキンを必ず出しておいてください。そうすれば、お客様のほうでかき混ぜ棒がいらなくなったら、ドリンクから出してナプキンの上に置くことができます。

　わたしの指示通りに作れば、クリフ・オールドファッションの体積は90mlになるはずです。そのうち、19mlすなわち20パーセントは融けた氷の水による希釈です。提供時のアルコール度数はおよそ31パーセント——つまり、きつめの味——です。

　一口飲んでみてください。冷たいけれど、口がかじかむほどではないでしょう。口がかじかむほど冷たいと、オールドファッションの持ち味が死んでしまいます。ドリンクをそのままにして、手を触れずに観察してみましょう。しばらくすると、大きな角氷のまわりに水っぽい液体の層ができるのがわかります。融けた水はドリンクとほとんど混じらず、すべての変化が緩慢です。軽くグラスを回して、融けた水をカクテルに混ぜ、もう一口飲んで、味の違いをみてください。最初より冷たくなり、希釈度が進んで、味がやわらかくなっていますが、それでも味のバランスはとれています。グラスを回しつづけると、氷が融ける速度はずっと速くなり、融けたばかりの水は氷から遠ざかり、新しいアルコールの層が氷のほうに流れ込んできます。回しすぎないようにしてください。ゆっくり変化していく過程を見るのです。そのために、大きな角氷を使って時間をかけているのです。2、3分ごとに1口飲むようにすると、時間の経過とともに味がどう変わっていくかがわかります。これがこの実験のポイント（きっとみなさんも何度もくり返したくなる部分）です。長い時間にわたってドリンクの温度と希釈度がかなり変化しても、味のバランスが崩れないことを確かめるのです。大きな1個の氷で作った美味しいオールドファッションは、ゆっくり融ける氷の水で希釈されるので、最低でも20分間は楽しむことができます。

　くり返しますが、ビルド・ドリンクの本質は、時間とともにゆっくり変化することです。ビルド・ドリンクは、最初はアルコールが強めです——ビルド・ドリンクは、ちびちびやるものであって、ぐいぐいあおるものではありません。しばらくすると、氷が融けて薄くなり、清涼感が増して味覚を刺激され、もう一杯ほしくなります。ビルド・ドリンクは、かなり希釈度が変わっても味のバランスが保たれるようにしなければならないということを踏まえると、レシピを評価し、自分なりの工夫を加えるために役立ついくつかの簡単なルールを提示できます。

- 希釈度がかなり変わっても味が損なわれない酒を選ぶ。スピリッツのなかには、きつすぎて、かなり希釈しないとうまくないものもある。そうしたスピリッツはビル

ド・ドリンクには向かない。ほかにも、瓶から注いだ直後はすばらしい味でも、ある程度以上希釈すると台なしになってしまうものもある。そうした酒は使わないこと。

- 酸は加えない。レモンやライムなどの酸性の材料のフレーバーや酸味は、希釈したときバランスを保つことができない。エタノールと糖はうまくバランスがとれるように混ぜ合わせると、水を加えたり、減らしたりしても調和を保つことができるが、酸はそういうわけにはいかない。酸味を加えるための酸を適正に使うことができるのは、希釈度が決まったドリンクだけである。
- エッセンシャル・オイルを使ってビルド・ドリンクを引き立てる。レモンやオレンジ、グレープフルーツのツイストがよい。
- ビターズを活用する。ビターズは、希釈度が極端なほど変わっても味を損なわないようにできていて、カクテルのほかのフレーバーとうまく結びつき、他を押しのけるようなことはしない。
- 時間をかけて大きな角氷を作る。もしお金とやる気があるなら、透明な見映えのいい角氷を作るか、買うかする。

ブレンド・ドリンクとかき氷ドリンク：マルガリータ

　ええ、そうです、わかっています。適正なマルガリータは、クープ・グラスに注ぎ、場合によってグラスの縁に塩をつけたり、つけなかったりするシェイク・カクテルです……が、多くの人たちは、わたしも含めて、ブレンダーで作るマルガリータを楽しんで飲んでいます。適正に作ったブレンドのドリンクは、実にすばらしいものです。ええ、ブレンド・ドリンクを作るにはコツがあります。

　氷を詰めたブレンダーは、きわめて効率のいい冷却機です。ほかのほぼどんな技術よりも迅速に、より冷たく、より希釈度の高いドリンクを作ります。ブレンダーは、氷をひじょうに細かい粒子状にして、表面積を著しく大きくし、高速回転して氷とカクテルを激しくかき回します。わたしはバーではブレンダーを使いません。音が大きいからです。わたしはもっといいものを使います。氷かき器です。氷かき器は、ブレンダーと同じように、ひじょうに細かい氷の結晶を作ります。氷かき器は、ブレンダーと違って、ドリンクをかき混ぜたりしません。かき氷を入れたドリンクは、少しかき回すだけで、希釈と冷却はブレンドしたドリンクとほとんど変わらないくらいになります。ブレンダーは、とくに安物の場合には、十分に混ざらなかった氷の固まりがドリンクの中に残ってしまいますが、氷かき器なら美しいまでの均質な氷の細片ができます。わたしが使っている手動の鋳鉄製の氷かき器は、心地よいほど静かで、見た目も魅力的です。とはいえ、家庭で使うときにはブレンダーは便利ですし、スペースに余裕がないカウンターの上に無理に氷かき機を置く必要はありません。かき氷とブレンダーのレシピは互いに代用できます。

　シェイク・ドリンクのレシピは、そのままではブレンダーには使えません。標準的なシェイクのレシピをブレンダーで作ると、アンバランスな――酸味が強すぎ、甘味が足らず、薄すぎる――味になってしまいます。シェイク・ドリンクのレシピをブレンダー用に調整するには、糖を多めにし、酸を少なめにします。希釈度の調節はもっと難しくなります。ほとんどのシェイク・ドリンクのレシピは、ブレンドで作るには、液体の量が多すぎます。では、どうすればいいのでしょうか。液体の量を減らせばいいのです！

第4章　シェイクとステア、ビルドとブレンド

シェイクのマルガリータとブレンドのマルガリータとジェネリックなブレンダー・サワー

シェイクのマルガリータ

178mlのドリンク1杯分
アルコール度数18.5%、糖6.0g/100ml、酸0.76%

[材料]
テキーラ（アル度40%）60ml
コアントロー 22.5ml
漉したてのライム・ジュース 22.5ml
シンプル・シロップ 7.5ml
食塩水5ドロップまたは塩を多めに1つまみ

[作り方]
　材料をいっしょにシェイクし、漉してグラスに注ぎ、お好みでグラスの縁に塩をつけて、飲む。

　このレシピの液体の総量は、112.5ミリリットルになります。このマルガリータをシェイクで作る場合、アルコール度数が約19%のドリンク178ミリリットルを作るために、おそらく合計で60ミリリットルの水が加えられます。同じドリンクをブレンドで作るとすると、氷の結晶を取り除くことができたとしても、90ミリリットル近い——多すぎる——水が加えられることになります。前述のレシピの材料に150グラムの氷を合わせてブレンダーにかけて1杯作ってみれば、わたしが言っていることがわかります。以下に、ブレンダーを使う場合の簡単なアレンジ・レシピを説明します。

ブレンダー：出力曲線

　液体がなくても、ブレンダーの刃が回転すると、摩擦で氷が融けます。（わたしは現にジュースを清澄化するときブレンダーを加熱器として使います）。どれだけの氷が融けるかは、ブレンダーの出力とブレンドするカクテルの量（体積）によって変わります。体積が一定量以下の場合には、ブレンダーはカクテルに効果的にエネルギーを加えることができません。この一定量を超えると、1秒当たりカクテル1ミリリットルに対して融ける氷の量も増えます。ある量までくると、ブレンダーがカクテル1ミリリットル当たりに加えられる摩擦エネルギーは最大可能量に達します。カクテルの量をそれ以上に増やすと、1秒当たりにカクテル1ミリリットルに対して融ける氷の量は減少します。わたしが使っているバイタプレップは、高出力のブレンダーです。フルパワーで、氷とカクテルを合わせて180グラムの負荷の場合、1秒間に融ける氷は1グラムの負荷に対して0.0007グラムになり、15秒間ブレンドすると、1.9ミリリットル余計に希釈されます。その一方、バイタプレップはフルパワーで500グラムの負荷をかけられた場合、融ける氷の量は1秒間に0.0029グラム——4倍以上——になります。15秒間ブレンドすると、カクテル1杯当たりの希釈は最大8ミリリットルに増えることになります。ブレンドする負荷が1リットルに達するまで、バイタプレップは1秒間1グラム当たり0.0016グラムで氷を融かしますから、15秒間のブレンドでカクテル1杯当たり4.3ミリリットルの希釈になります。結論ですか？　あまり長い時間ブレンドしないことです。テクスチャーがよくなるのに必要な時間だけブレンドしましょう。

氷かき器の使い方

氷かき器にはいろいろな種類のものがあります。テクスチャーのよいかき氷を作るものだったら、何でもけっこうです。マンガのキャラクターの絵がついた子ども用の氷かき器でもかまいません。わたしは、1個の大きな氷からかき氷を作る機械が好きです。このタイプの機械は、ひじょうに均質な氷を作ることができて、使い方も簡単です。わたしの店では、かき氷を使ったドリンクを作る場合、5オンス（150ml）のクープ・グラスの中に氷をかきます。つねに正しい希釈度に保つために、次のようにしてください。

・レシピのドリンクを2つに分けて、ほぼ同じ体積になるようにする。その半分をクープ・グラスに入れる。グラスに十分な氷が入るように、氷の一部をすぐに酒の中に融かす必要がある。
・かき氷をグラスに入れて、美しい形に山盛りにする。70グラムほど増える。
・クープ・グラスをお客様の前に置いて、氷の上からドリンクの残り半分を注ぐ。氷はすぐに融けて、ドリンクの液面はグラスの縁近くまで上がる。
・バー・スプーンでそっとかき回して、材料を完全に混ぜ、これ以上は冷却しない。氷の一部は残るが、ほとんどは融ける。

氷をかいてクープ・グラスで受ける。グラスの中にあらかじめ液体が入っていることに注意。液体に入った氷はすでに融けてしまう。グラスに何も入っていないと、ドリンクを作るために十分なかき氷を入れることができない。

かき氷のドリンクを作る：マルガリータ

ブレンダー・マルガリータ

158mlのドリンク1杯分
アルコール度数17.2％、糖7.9g/100ml、酸0.57％

[材料]

コアントロー 30ml（そう、読み間違いではない。メスカルよりもコアントローを多めに）

ラ・ピュリティータ・メスカル 22.5ml（このドリンクには、こくのあるブランコ・メスカルが必要になる。理由はごく微量しか使わないからだ。テキーラだと味がわからなくなる。わたしがブランコを使うのは、このドリンクではオークの香りが一切不要だからである）。

イエロー・シャルトリューズ 15ml（完全にトラディショナルの範囲からはずれているが、効果は抜群）

漉したてのライム・ジュース 15ml

ヘルファイア・ビターズまたは酸味のないスパイス 10ドロップ

食塩水5ドロップまたは塩を多めに1つまみ

氷 約120グラム

[作り方]

すべての材料をブレンダーに入れて、氷が完全に砕けるまでブレンドする。多少の氷が残る程度がよい。もし氷が残っていないなら、ブレンドの時間が長すぎて、刃の摩擦によってドリンクが過剰に希釈されている。

シェイクのレシピでは、最初の液体材料は112.5mlだが、ブレンダーで作るマルガリータでは82.5mlになる。ブレンドによって生じる水約75mlが加わるため、ドリンクの完成時のアルコール度数は約17.2％になる。このレシピが成り立つのは、コアントローとイエロー・シャルトリューズがどちらもアルコール度数と糖度がともに高く、アルコール濃度が同じであっても、レシピ上では水の量が少なくなるからである。そこで、ブレンダーのレシピでは、アルコール度数40％の酒67.5mlと、約12.75グラムの糖──シンプル・シロップ21mlよりもやや少ない量──を使うので、液体の総体積は82.5mlにしかならない！

このレシピの美しさは、一般化できることです。アルコールと糖と酸の体積比を一定に保ってください。ブレンダーで作るジェネリック（一般的）なサワーのスペックは次の通りです。

ブレンダー・マルガリータ

ジェネリック・ブレンダー・サワー

[一般的な材料]

純粋エタノール27mlと糖12.75グラムを含む液体 67.5ml

漉したてのレモンやライムなどの酸味のあるジュース 30ml

氷 120ml

食塩水2～5ドロップまたは塩を多めに1つまみ

[特定の材料]

ブレンダーのレシピで作るコツは、適正なエタノール：糖の体積比になるリキュールとスピリッツとフレーバーの配合を見つけるか、または作ることである。80プルーフ（アルコール度数40％）のスピリッツには、単位体積当たりに必要量のアルコールが含まれているが、糖はまったく含まれていない。シンプル・シロップを加えると、液体平衡が崩れてしまう。必要な糖を加えるには、マルガリータのときと同じように、高アルコールのリキュールを使うか、151プルーフ（アル度75.5％）のラム酒のレモン・ハートのようなひじょうにアルコール度の高いスピリッツを使う。あるいは、酒に砂糖を入れてもよい。

[砂糖入りの酒の材料]

アルコール度数44％または35％の酒 1140ml

上白糖 212グラム（普通のグラニュー糖でもかまわないが、溶かすのに時間がかかる）

80または100プルーフ（アル度40％または50％）のスピリッツ 1リットル

[作り方]

ふた付き容器にスピリッツを入れ、砂糖を加えて、砂糖が完全に溶けるまでかき混ぜる。これには多少の時間がかかる。アルコール分がいっさい蒸発しないようにふたをしてあるなら、スピリッツを加熱してもよい。煮立たさないこと。容器が加圧されて、破裂する危険性がある。酒が冷めるのを待つ。最終的に約1120mlの砂糖入りの酒ができる。750mlの瓶入りの酒を使う場合は、上白糖159グラムを使う。

- 100プルーフのスピリッツを使う場合、ドリンク1杯当たり60mlを使う。60mlではマルガリータよりも糖がやや少ないので、シンプル・シロップがバー・スプーン1杯分必要になるかもしれない。自分で選んだ液体――オレンジ・ジュース、ザクロ・ジュース、水、その他なんでもよい――を7.5ml加える。糖やアルコールが強くなりすぎないように注意する。

- 80プルーフのスピリッツを使う場合、砂糖入りの酒67.5mlに酸と塩を加える。アルコール濃度はやや低いが、味は落ちない。80プルーフのスピリッツの場合、余分な材料を加える余地はない。

例1:

リッテンハウス・ブレンダー・サワー

157mlのドリンク1杯分
アルコール度数16.7％、糖7.8g/100ml、酸0.61％

[材料]

砂糖入りリッテンハウス・ライ・ウイスキー（アル度44％。上記参照）60ml
漉したてのレモン・ジュース 15ml
漉したてのオレンジ・ジュース 7.5ml
食塩水4ドロップまたは塩を多めに1つまみ
氷 120g

[作り方]

ブレンダーでかき混ぜて、飲む。飲んだら、またブレンドして飲む。

例2:

ブレンダー・ダイキリ

157mlのドリンク1杯分
アルコール度数15％、糖8.1g/100ml、酸0.57％

[材料]

砂糖入りのフロール・デ・カーニャ・ホワイト・ラム（アル度35％。上記参照）67.5ml
漉したてのライム・ジュース 15ml
食塩水4ドロップまたは塩を多めに1つまみ
氷120グラム

[作り方]

ブレンドして飲む。好きなだけくり返す。

リッテンハウス・ブレンダー・サワー

第5章

カクテル計算法：
レシピの内部構造

最近、わたしはクラシック・カクテルと自分独自のオリジナル・カクテルの両方を含むレシピのデータベースを構築しました。そこで、レシピのエタノール含有量、糖、酸、希釈について分析することができました。それぞれのドリンクのカテゴリー――ビルド、ステア、シェイク、ブレンド、炭酸入り（のちほど解説します）――には、特定のレシピのフレーバーに関係なく、明確に定義できる関係がそれぞれの特質の間にあります。これはわかりきったことのように思えるかもしれませんが、そこから生じる結果はそうではありません。わたしは、材料の組み合わせとドリンクのスタイルが決まれば、途中で全然味見をしなくても、ちゃんとしたレシピが書けることがわかりました。わたしはこのプロセスを何十回もテストし、独自の計算法を適用することによって、期待通りの結果を正確に達成できることを知り、自分でもびっくりしました。苦味はやや不確定な――数値化がひじょうに難しい――要素です。人知の及ばぬ未知の何かがあるのです。

ジンの代わりにラムを使うとか、ライムの代わりにレモンを使うという話をしているのではありません。たとえば、こういうことです。アップル・ジュースとバーボンとコアントローとレモンがあれば、多少の数字を代入することによって、ダイキリと基本的なプロフィールが同じレシピを作ることができるでしょうか。ええ、できます。ダイキリと同じ味にはなりませんが、印象は同じものになります。本書では、わたしが数学に基づいて開発したレシピをいくつも紹介しますが、読者のみなさんが先入観を抱かないように、それがどれかは言いません。

こうしたことができることについて自分でどう感じているかは、本当のところわかりません。多少不安に思うところもあります。これは自分自身に言い聞かせていることですが、わたしはフレーバーの複合的な相互作用をもっとよく理解する必要がありますし、もっとよく知り、もっと味覚を磨く必要があります。フレーバーのうまい組み合わせがわからないとき、数学はまったく役に立ちません。そして、数学がつねに正しいわけでもありません。ドリンクによって、糖や酸が標準よりも多いほうがいい場合もありますし、少ないほうがいい場合もあります。数学が教えてくれるのは、ドリンクの骨組み――構造――だけです。ドリンクの心の部分は、作り手が選ぶアロマやフレーバーです。とはいえ、わたしにとって数学は、既存のカクテルのレシピを評価するときや、自分のオリジナルのレシピを新たに開発する場合には、信じられないほど役に立っています。

材料のアルコールと糖と酸の含有量と、自分が見習いたいレシピのプロフィールのアルコールと糖と酸と希釈の数値がわかっていれば、自分の好きなレシピの基本的なプ

ロフィールを新しいドリンクで再現することは簡単です。そのために、わたしのレシピには、アルコール含有量や糖度、酸性度、および完成時のドリンクの量を明記してあります。わたしが示した数字を基にしてあなたが独自の新しいレシピの数値を計算する場合には、わたしが141〜42ページに示した基本的な材料のアルコールと糖と酸の含有量のリストを大いに活用してください。

- エタノールは、アルコール度数をパーセントの数字で表す。
- 糖は、100ミリリットル中の含有量をグラム単位で表す。g/100mlで短縮表記する。これは、「パーセンテージ」にほぼ相当する。これは奇妙な計量尺度に思えるかもしれないが、g/100mlのような体積中の重量の計量尺度は、容量分析で測定しなければならない砂糖のような溶解固形物を扱う唯一の方法である。
- 酸は単純なパーセンテージで示される。糖の場合の液体中の固体と同じ問題は、酸の場合にもあるが、実際のパーセンテージと100ml中のグラムとの差は、ドリンク中に存在する低濃度の酸の場合にはひじょうに小さく、パーセンテージの数値のほうが簡単である。
- 体積はミリリットルで表す。
- 希釈はパーセンテージで表す。本書で50パーセントの希釈という場合、元のカクテルのレシピの100ml当たりが氷の融けた水50mlで希釈されることを意味し、完成したカクテルの量は150mlになる。25パーセントの希釈という場合は、元のカクテルのレシピの100ml当たりが氷の融けた水25mlで希釈され、完成したカクテルの量は125mlになる。

温度と希釈と材料の相互作用

エタノール：カクテルのスタイル別に、アルコール度の高いものから順番をつけると、ビルド、ステア、シェイク、卵白シェイクと続き、最後にブレンダーと炭酸入りが同位で並びます。温度が高いカクテルから順番をつけると、炭酸入りと卵白のドリンク以外は、同じ順番になります。あなたは、この反対を──つまり、エタノールを多く含むドリンクのほうが、より高い温度ではなく、より低い温度で提供されると、予想していたかもしれません。しばしば冷やすことによって、アルコールのきつさをやわらげることがあるからです。ウォッカのストレート・ショットを飲むときには、アルコールの強烈な刺激を消すために、極端な低温──どんなカクテルの温度よりもかなり低い温度──にまで冷やします。しかし、カクテルのレシピでは、その逆もまたあり得るのです。なぜでしょうか？　『トラディショナル・カクテルの基本法則』（85ページ参照）があるからです。アルコール度の高いドリンクを作るということは、希釈度が低くなるということです。「基本法則」では、希釈度と冷却度は結びついていますから、希釈度が低ければ、その分温度も高くなります。さまざまなドリンクのスタイルの本質は、氷による冷却の物理作用の中に組み込まれています。わたしたちは、アルコール度の高いビルドやステアのドリンクは温度が高めのほうが美味しく、こうしたドリンクの純粋な酒のフレーバーは低温では台なしになってしまうだろうと感じますが、そもそもわたしたちの好みと物理作用のどちらが先だったのかはわかりません。

材料を混合した時点の最初のアルコール度が高いドリンクのほうが、最初のアルコール度が低いドリンクよりも、単位体積当たりの希釈度がより大きく(そして、「基本法則」によれば温度もより低く)なります。極端な例としては、氷でジュースを冷やす(あまり希釈されない)場合と、純粋なエタノールを氷で冷やす(かなりの程度まで希釈される)場合を比較すればいいでしょう。希釈された純粋なエタノールは、希釈された水よりも、希釈度はずいぶん高いはずですが、アルコール度数はつねに高くなります。

糖:前にも言いましたが、甘味に対する味覚は、温度が低いと急激に鈍くなります。ということは、同じ甘さを感じるようにするには、温度が低めのシェイク・ドリンクは、温度が高めのステア・ドリンクよりも糖度が高くなるはずです——事実その通りです。いちばん温度が高いビルド・ドリンクは、加える糖はいちばん少ないですが、希釈度がひじょうに低いために、完成時のドリンクの単位体積当たりの糖は、ステア・ドリンクよりもしばしば多くなります。

> ### 希釈度の計算
>
> 何度もテストした結果、最初のアルコール度だけを考慮して、ステアやシェイクによる希釈度を推定する方程式を考案しました。この方程式は、カクテルのアルコール度数の範囲内では有効です。糖については、無視しても問題ないことがわかりました。こうした方程式では、アルコール度数は小数で(22パーセントは0.22と)入力しなければなりませんし、希釈度はパーセントを小数として返します。一連のカクテルを計測してこうした方程式を導き出し、エクセルを使ってデータにフィットする曲線を見つけました。
>
> 1辺が0.64センチの角氷120グラムを使って15秒間手早くステアしたドリンクの希釈率
>
> $$希釈率 = -1.21 \times ABV^2 + 1.246 \times ABV + 0.145$$
>
> 0.64センチの角氷120グラムを使って10秒間シェイクしたドリンクの希釈率
>
> $$希釈率 = -1.567 \times ABV^2 + 1.742 \times ABV + 0.203$$
>
> ※注:ABV=アルコール度数

酸:酸に対する味覚は、甘味に対する味覚ほどには温度に左右されませんし、酸味は希釈されても糖ほど急激には薄まりません。ブレンド・ドリンクのように希釈度が高いコールド・ドリンクは、相対的に温度が高く希釈度の低いシェイク・ドリンクよりも、糖の単位量に対する酸が少なくなります。通常ステア・ドリンクは、シェイクやブレンドや炭酸入りのドリンクよりも酸味が少なくなりますが、それは温度や糖度によるものではなく、通常は酸味のあるレシピではないからです。ビルド・ドリンクは酸味をほとんど、またはまったく含みません。

フレーバーの濃度と糖対酸の比率:フレーバーの濃度とは、希釈に対してドリンク中にどれだけの糖と酸が含まれるかを計る尺度です。これは、糖と酸という異なる2つの成分を扱うので、数量化は困難です。通常、炭酸ドリンクやブレンド・ドリンクのような希釈度が高めのドリンクは、アルコール度が高めのドリンクよりも、全体的にフレーバーの濃度が低くなります。あるレシピで望ましい甘味と酸味の特定のバランスを達成するための糖と酸の比率は、上述のように、ドリンクを提供する温度と希釈によって変わってきます。

さまざまなタイプのドリンクの構造

特定のドリンク・スタイルのためのこうしたガイドラインは、45種のクラシック・カクテル——ビルド、ステア、シェイク、卵白シェイク——と、わたしのオリジナルの炭酸入りとブレンドの10種のレシピについて、わたしが行った分析を基礎としたものです。130～31ページのグラフと、そのあとに続く132～40ページのレシピ集から、自分にとって役に立つものを見つけてじっくり読んでください。すべての数字は、標準的な範囲を示したものであり、絶対に守らなければならない法則というわけではありませんし、わたしは自分で示したこの標準的な範囲から逸脱した値は無視しています。

ビルド・ドリンク：ビルド・ドリンクは、通常ほぼすべてが酒なので、アルコール度数はベースとなる酒の強さに大きく左右される。ビルド・ドリンクは、ロックで少しずつ飲むものだから、希釈度がかなり変わっても美味しくなければならない。このように希釈度の範囲が広いために、適正な糖と酸の比率を見つけることは不可能である——適正な比率は、希釈度の変化に応じてつねに変わるはずだ。そのため、通常ビルド・ドリンクには酸はほとんど、またはまったく含まれない。

レシピ上の体積：70～75ml
最初のアルコール度数：34～40％
最初の糖と酸の含有量：糖およそ9.5g/100ml、酸なし
希釈率：およそ24％
完成時のドリンクの体積：88～93ml
完成時のアルコール度数：27～32％
完成時の糖と酸の含有量：糖およそ7.6g/100ml、酸なし

ステア・ドリンク：ステア・ドリンクには通常多少の酸が含まれるが、酸っぱくはない。ほかのドリンクよりもアルコール濃度の幅が広い。わたしが分析した16種のドリンクは21～29％で、ウィドウズ・キスだけが外れ値の32％だった。ネグローニは、もっとも低アルコールのステア・ドリンクである。おそらくそのために、多目的で希釈率の幅が広いのだろう。下に示す数字は、1辺が3.2センチ程度の氷120グラムを使って15秒間強めにステアすると仮定したものである。

レシピ上の体積：90～97ml
最初のアルコール度数：29～43％
最初の糖と酸の含有量：糖5.3～8.0g/100ml、酸0.15～0.20％
希釈率：41～49％
完成時のドリンクの体積：130～142ml
完成時のアルコール度数：21～29％
完成時の糖と酸の含有量：糖3.7～5.6g/100ml、酸0.10～0.14％

シェイク・ドリンク：シェイク・ドリンクは、その多くがサワーで、ほぼ同量のシンプル・シロップ（またはそれに相当するもの）とライム・ジュースまたはレモン・ジュース（またはそれに相当するもの）が含まれる。シンプル・シロップに含まれる糖は、同じ体積のライム・ジュースやレモン・ジュースに含まれる酸の10倍になるので、ほとんどのシェイク・ドリンクには酸の約10倍の糖が含まれる。シェイク・ドリンクの完成時のアルコール濃度は、ほとんどが15〜20％になる。ここにあげたレシピ上の体積は、場合によっては、クープ・グラスにちょうど入る量よりも多いこともある。覚えておいてほしいのは、こうした数字は実際に作るドリンクの量を示すものであって、グラスに注ぐときの量ではないということである。もし注ぐときに氷に付着して残留する注ぎ残しまで考慮すると、グラスに入るドリンクの量は7.4ml――ときにはそれ以上――少なくなる。以下の数字は、1辺が約3.2センチの角氷120グラムを使って10秒間シェイクすると仮定したものである。

レシピ上の体積：98〜112ml
最初のアルコール度数：23.0〜31.5％
最初の糖と酸の含有量：糖8.0〜13.5g/100ml、酸1.20〜1.40％
希釈率：51〜60％
完成時のドリンクの体積：156〜178ml
完成時のアルコール度数：15.0〜19.7％
完成時の糖と酸の含有量：糖5.0〜8.9g/100ml、酸0.76〜0.94％

卵白シェイク・ドリンク：標準的な大きな卵白はだいたい30mlくらいなので、卵白でシェイクするドリンクは、最初の時点でほかのシェイクのカクテルよりも希釈度が30ml分多くなる。希釈率が高いため、卵白のドリンクはほかのシェイクよりも糖の酸に対する比率がしばしば高くなる。ただし、希釈率が高いため、全体としての糖と酸の濃度は低くなる。以下の数字は、10秒間ドライ・シェイクして材料を混ぜ、それから卵白を入れて、1辺が約3.2センチの角氷120グラムを使って10秒間シェイクすると仮定したものである。

レシピ上の体積：130〜143ml
最初のアルコール度数：18〜23％
最初の糖と酸の含有量：糖10.0〜13.2g/100ml、酸0.73〜1.00％
希釈率：46〜49％　注目してほしいのは、この希釈率が通常のシェイク・ドリンクよりもかなり低いことだが、これは最初のアルコール濃度が低いためである。
完成時のドリンクの体積：198〜209ml
完成時のアルコール度数：12.1〜15.2％
完成時の糖と酸の含有量：糖6.7〜9.0g/100ml、酸0.49〜0.68％

ブレンド・ドリンク：ブレンド・ドリンクの分析は、本書の前のセクションですでに行った。覚えておいてほしいのは、砂糖を直接酒に溶かすことによって、希釈率がひじょうに高いわりにアルコール濃度がかなり高いまま保たれているため、希釈の法則からややはずれていることである。ブレンド・ドリンクは、希釈度がひじょうに大きいので、シェイク・ドリンクと比べて、砂糖の単位体積当たりの酸の量がわずかに低い。ここに示す体積に含まれるのは、ドリンクの液体の部分だけで、未融解の氷の結晶は含まれていない。ドリンクには、注ぐ時点で、未融解の氷の結晶45mlが余分に含まれる。

レシピ上の体積：82.5ml
最初のアルコール度数：28.6〜32.8%
最初の糖と酸の含有量：糖15.0〜15.4g/100ml、酸1.08〜1.09%
希釈率：90%！
完成時のドリンクの体積：157.5ml＋氷の結晶45ml
完成時のアルコール度数：15.0〜17.2%
完成時の糖と酸の含有量：糖7.9〜8.1g/100ml、酸0.57%

炭酸入りドリンク：炭酸化についてはまだ話していないので、くわしいことは296ページからの章で説明する。わたしは、炭酸入りドリンクの代表例を示すために、自分が開発した7種の炭酸入りドリンクのレシピを分析した。わたしは、アルコール度数が高め（16%以上）のすべてのレシピを数年前に開発した。それ以後のもっと工夫をこらしたレシピは、だいたい14〜15%の間に入る。炭酸入りカクテルは、シェイク・ドリンクよりも糖の酸に対する比率がやや低く、ブレンドや卵白を使うドリンクにかなり近い。希釈度の大きいほかのドリンクと同様に、全体としての糖と酸の濃度も低い。炭酸入りドリンクは、冷やす前に希釈するので、前後の数字を覚える必要はない。

レシピ上の体積：150ml
アルコール度数：14〜16%
糖と酸の含有量：糖5.0〜7.5g/100ml、酸0.38〜0.51%

ネグローニ

第2部　トラディショナル・カクテル

カクテルのバランスの一覧チャート

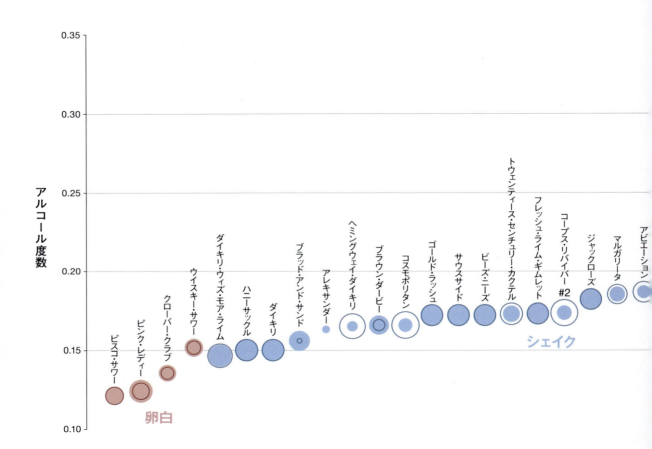

カクテルは、それぞれのタイプ別にアルコール度の順番に並んでいる。見やすいように、横軸に沿って等間隔になっている。色つきの円は糖度を100ml中に含まれるグラムで表している。縁取りの円は酸の含有量をパーセントで表している。

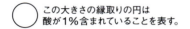
この大きさの縁取りの円は酸が1%含まれていることを表す。

この大きさの色つきの円は糖が10g/100ml含まれていることを表す。

第5章　カクテル計算法：レシピの内部構造

ビルド
- オールドファッションド
- ウィドウズ・キス
- インプルーブド・ウイスキー・カクテル
- デ・ラ・ルイジアン
- ラスティ・ネイル
- マンハッタン・ウィズ・ライ 50%abv
- ブルックリン
- ビジュー
- ビュー・カレ
- オールド・パル
- ロブ・ロイ
- ボビー・バーンズ
- マンハッタン・バーボン 45%abv

ステア
- ハンキー・パンキー
- マルティネス
- ブラックソーン
- ネグローニ
- ペグ・クラブ
- ブリンカー
- ブランデー・クラスタ
- ビトウィン・ザ・シーツ
- ラスト・ワード
- シャンゼリゼ
- サイドカー

ブレンド
- ブレンダー・マルガリータ
- ブレンダー・ウイスキー・サワー
- ブレンダー・ダイキリ

炭酸入り
- 炭酸入りマルガリータ
- 炭酸入りウイスキー・サワー
- ジン・トニック（ドライ）
- 炭酸入りネグローニ
- ジン・アンド・ジュース
- ジン・アンド・ジュース 遠心分離機清澄
- シャルトルース 寒天清澄

131

カクテルのバランスの一覧チャート（130〜31ページ）のスペック

ビルド
オールドファッションド
混合時の体積：72.6ml
完成時の体積：90ml
開始時：アル度39.8％、糖9.4g/100ml、酸0％
完成時：アル度32.1％、糖7.6g/100ml、酸0％
バーボン（アル度47％）60ml
シンプル・シロップ 11ml
アンゴスチュラ・ビターズ 2ダッシュ
オールドファッションド・グラスに大きな氷を1つ入れてビルドし、オレンジ・ツイストを飾る。

ステア
ウィドウズ・キス
混合時の体積：76.6ml
完成時の体積：113.8ml
開始時：アル度47.9％、糖5.5g/100ml、酸0％
完成時：アル度32.3％、糖3.7/100ml、酸0％
アップル・ブランデー（アル度50％）60ml
ベネディクティン 7.5ml
イエロー・シャルトリューズ 7.5ml
アンゴスチュラ・ビターズ 2ダッシュ
ステアしてクープ・グラスに注ぐ。

デ・ラ・ルイジアン
混合時の体積：97.4ml
完成時の体積：143.6ml
開始時：アル度43.2％、糖6.6g/100ml、
　　　　酸0.09％
完成時：アル度29.3％、糖4.5g/100ml、
　　　　酸0.06％
ライ・ウイスキー（アル度50％）60ml
ベネディクティン 15ml
スイート・ベルモット 15ml
ペイシューズ・ビターズ 3ダッシュ
アンゴスチュラ・ビターズ 3ダッシュ
アブサン 3ダッシュ
ステアしてクープ・グラスに注いで、チェリーを飾る。

インプルーブド・ウイスキー・カクテル
混合時の体積：76.6ml
完成時の体積：113ml
開始時：アル度43.2％、糖9.5g/100ml、酸0％
完成時：アル度29.3％、糖6.5g/100ml、酸0％
ライ・ウイスキー（アル度50％）60ml
ルクサルド・マラスキーノ 7.5ml
シンプル・シロップ 7.5ml
アンゴスチュラ・ビターズ 2ダッシュ
ステアし、アブサンでリンスしたオールドファッションド・グラスに大きな氷を1つ入れてレモン・ツイストを飾る。

ラスティー・ネイル
混合時の体積：75ml
完成時の体積：110.4ml
開始時：アル度42.4％、糖6g/100ml、酸0％
完成時：アル度28.8％、糖4.1g/100ml、酸0％
スコッチ（アル度43％）60ml
ドランブイ 15ml
ステアし、オールドファッションド・グラスに大きな氷を1つ入れてその上から注ぎ、レモン・ピールを飾る。

マンハッタン・ウィズ・ライ
混合時の体積：88.3ml
完成時の体積：129.2ml
開始時：アル度39.8％、糖4.9g/100ml、
　　　　酸0.18％
完成時：アル度27.2％、糖3.4g/100ml、
　　　　酸0.12％
ライ・ウイスキー（アル度50％）60ml
スイート・ベルモット 26.66ml
アンゴスチュラ・ビターズ 2ダッシュ
ステアしてクープ・グラスに注ぎ、チェリーまたはオレンジ・ツイストを飾る。

ビジュー
混合時の体積：90.8ml
完成時の体積：132.9ml
開始時：アル度39.6％、糖13.6g/100ml、
　　　　酸0.2％
完成時：アル度27.1％、糖9.3g/100ml、
　　　　酸0.14％
ジン（アル度47.3％）30ml
スイート・ベルモット 30ml
グリーン・シャルトリューズ 30ml
オレンジ・ビターズ 1ダッシュ
ステアしてクープ・グラスに注ぎ、チェリーまたはレモン・ツイストを飾る。

ブルックリン
混合時の体積：97.6ml
完成時の体積：142.3ml
開始時：アル度38.3％、糖6.1g/100ml、
　　　　酸0.09％
完成時：アル度26.3％、糖4.2g/100ml、
　　　　酸0.06％
ライ・ウイスキー（アル度50％）60ml
アメール・ピコン 15.75ml
ドライ・ベルモット 14.25ml
ルクサルド・マラスキーノ 6.75ml
アンゴスチュラ・ビターズ 1ダッシュ
オレンジ・ビターズ 1ダッシュ
ステアしてクープ・グラスに注ぎ、チェリーを飾る。

ビュー・カレ
混合時の体積：91.6ml
完成時の体積：133.4ml
開始時：アル度37.6％、糖5.9g/100ml、
　　　　酸0.15％
完成時：アル度25.9％、糖4.1g/100ml、
　　　　酸0.1％
ライ・ウイスキー（アル度50％）30ml
コニャック（アル度41％）30ml
スイート・ベルモット 23.25ml
ベネディクティン 6.75ml
アンゴスチュラ・ビターズ 1ダッシュ
ペイション・ビターズ 1ダッシュ
ステアして、オールドファッション・グラスに大きな氷を1つ入れて、その上から注ぐ。

オールド・パル
混合時の体積：105ml
完成時の体積：152.8ml
開始時：アル度37.5％、糖5.8g/100ml、
　　　　酸0.13％
完成時：アル度25.7％、糖4g/100ml、
　　　　酸0.09％
ライ・ウイスキー（アル度50％）60ml
カンパリ 22.5ml
ドライ・ベルモット 22.5ml
ステアして、クープ・グラスに注ぐ。

ロブ・ロイ
混合時の体積：99.1ml
完成時の体積：144.1ml
開始時：アル度37％、糖3.7g/100ml、酸0.14％
完成時：アル度25.5％、糖2.5g/100ml、
　　　　酸0.09％
スコッチ（アル度43％）75ml
スイート・ベルモット 22.5ml
アンゴスチュラ・ビターズ 2ダッシュ
ステアしてクープ・グラスに注ぎ、レモン・ツイストを飾る。

ボビー・バーンズ
混合時の体積：90ml
完成時の体積：130.4ml
開始時：アル度36.1％、糖6g/100ml、酸0.15％
完成時：アル度24.9％、糖4.2g/100ml、
　　　　酸0.1％
スコッチ（アル度43％）60ml
スイート・ベルモット 22.5ml
ベネディクティン 7.5ml
ステアしてクープ・グラスに注ぎ、レモン・ツイストを飾る。

マンハッタン・ウィズ・バーボン
混合時の体積：91.6ml
完成時の体積：132.6ml
開始時：アル度35.7％、糖5.3g/100ml、
　　　　酸0.2％
完成時：アル度24.6％、糖3.7g/100ml、
　　　　酸0.14％
バーボン（アル度45％）60ml
スイート・ベルモット 30ml
アンゴスチュラ・ビターズ 2ダッシュ
ステアしてクープ・グラスに注ぎ、チェリーまたはオレンジ・ツイストを飾る。

マルティネス
混合時の体積：98.4ml
完成時の体積：140.8ml
開始時：アル度32.2％、糖9.5g/100ml、
　　　　酸0.18％
完成時：アル度22.5％、糖6.6g/100ml、
　　　　酸0.13％
オールド・トム・ジン（アル度40％）60ml
スイート・ベルモット 30ml
ルクサルド・マラスキーノ 6.75ml

カクテルのバランスの一覧チャート（130〜31ページ）のスペック

アンゴスチュラ・ビターズ 1ダッシュ
オレンジ・ビターズ 1ダッシュ
ステアしてクープ・グラスに注ぎ、レモン・ツイストを飾る。

ハンキー・パンキー
混合時の体積：94ml
完成時の体積：134.4ml
開始時：アル度32.1%、糖8g/100ml、酸0.29%
完成時：アル度22.4%、糖5.6g/100ml、酸0.2%
スイート・ベルモット 45ml
ジン（アル度47%）45ml
フェルネ・ブランカ 1バー・スプーン
ステアしてクープ・グラスに注ぎ、オレンジ・ツイストを飾る。

ブラックソーン
混合時の体積：91.6ml
完成時の体積：130ml
開始時：アル度30%、糖8.9g/100ml、酸0.15%
完成時：アル度21.1%、糖6.3g/100ml、酸0.1%
プリマス・ジン 45ml
スイート・ベルモット 22.5ml
スロージン 22.5ml
オレンジ・ビターズ 2ダッシュ
ステアしてクープ・グラスに注ぎ、オレンジ・ツイストを飾る。

ネグローニ
混合時の体積：90ml
完成時の体積：127.3ml
開始時：アル度29.3%、糖13.3g/100ml、酸0.2%
完成時：アル度20.7%、糖9.4g/100ml、酸0.14%
スイート・ベルモット 30ml
ジン（アル度47.3%）30ml
カンパリ 30ml
ステアして、クープ・グラスに注ぐか、オールドファッションド・グラスに大きな氷を1つ入れてその上から注ぎ、オレンジ・ツイストまたはグレープフルーツ・ツイストを飾る。

シェイク

ペグ・クラブ
混合時の体積：160.6ml
完成時の体積：172ml
開始時：アル度33.8%、糖6.7g/100ml、酸1.27%
完成時：アル度21%、糖4.2g/100ml、酸0.78%
ジン（アル度47.3%）60ml
ライム・ジュース 22.5ml
キュラソー 22.5ml
オレンジ・ビターズ 1ダッシュ
アンゴスチュラ・ビターズ 1ダッシュ
シェイクしてクープ・グラスに注ぎ、ライムの輪切りを飾る。

ブリンカー
混合時の体積：86.5ml
完成時の体積：140ml
開始時：アル度34.7%、糖6.7g/100ml、酸0.62%
完成時：アル度21.4%、糖4.1g/100ml、酸0.39%
ライ・ウイスキー（アル度50%）60ml
グレープフルーツ・ジュース 22.5ml
ラズベリー・シロップ 1バー・スプーン
シェイクしてクープ・グラスに注ぐ。

ブランデー・クラスタ
混合時の体積：97.5ml
完成時の体積：156.3ml
開始時：アル度32.5%、糖7.6g/100ml、酸0.92%
完成時：アル度20.2%、糖4.7g/100ml、酸1.28%
コニャック（アル度41%）60ml
キュラソー 15ml
レモン・ジュース 15ml
ルクサルド・マラスキーノ 7.5ml
シェイクして、砂糖をスノースタイルにしたクープ・グラスに注ぎ、大きめのレモン・スパイラルを飾る。

ビトウィン・ザ・シーツ
混合時の体積：97.5ml
完成時の体積：156.2ml
開始時：アル度32.2%、糖7.2g/100ml、
　　　　酸0.92%
完成時：アル度20.1%、糖4.5g/100ml、
　　　　酸1.28%
コニャック（アル度41%）45ml
キュラソー 22.5ml
ホワイト・ラム（アル度40%）15ml
レモン・ジュース 15ml
シェイクしてクープ・グラスに注ぎ、余ったレモンの皮で作ったツイストを飾る。

ラスト・ワード
混合時の体積：90.1ml
完成時の体積：144.2ml
開始時：アル度32%、糖15.4g/100ml、
　　　　酸11.2%
完成時：アル度20%、糖9.6g/100ml、
　　　　酸0.94%
ライム・ジュース 22.5ml
グリーン・シャルトリューズ 22.5ml
ルクサルド・マラスキーノ 22.5ml
プリマス・ジン 22.5ml
食塩水 2ドロップ
シェイクしてクープ・グラスに注ぐ。

シャンゼリゼ
混合時の体積：105.8ml
完成時の体積：168.8ml
開始時：アル度31.4%、糖8.3g/100ml、
　　　　酸1.28%
完成時：アル度19.7%、糖5.2g/100ml、
　　　　酸0.8%
コニャック（アル度41%）60ml
レモン・ジュース 22.5ml
グリーン・シャルトリューズ 15ml
シンプル・シロップ 7.5ml
アンゴスチュラ・ビターズ 1ダッシュ
シェイクしてクープ・グラスに注ぎ、余ったレモンの皮で作ったツイストを飾る。

サイドカー
混合時の体積：112.5ml
完成時の体積：178.2ml
開始時：アル度29.9%、糖9.4g/100ml、
　　　　酸1.2%
完成時：アル度18.9%、糖6g/100ml、
　　　　酸0.76%
コニャック（アル度41%）60ml
コアントロー 22.5ml
レモン・ジュース 22.5ml
シンプル・シロップ 7.5ml
シェイクしてクープ・グラスに注ぎ、余ったオレンジの皮で作ったツイストを飾る。

アビエーション
混合時の体積：105ml
完成時の体積：166ml
開始時：アル度29.5%、糖8g/100ml、
　　　　酸1.29%
完成時：アル度18.7%、糖5.1g/100ml、
　　　　酸0.81%
プリマス・ジン 60ml
レモン・ジュース 22.5ml
ルクサルド・マラスキーノ 15ml
クリーム・ド・バイオレット 7.5ml
シェイクしてクープ・グラスに注ぐ。

マルガリータ
混合時の体積：112.8ml
完成時の体積：178ml
開始時：アル度29.3%、糖9.4g/100ml、
　　　　酸1.2%
完成時：アル度18.5%、糖6g/100ml、
　　　　酸0.76%
ブランコ・テキーラ（アル度数40%）60ml
ライム・ジュース 22.5ml
コアントロー 22.5ml
シンプル・シロップ 7.5ml
食塩水 5ドロップ
シェイクしてクープ・グラスに注ぐ。
（お好みでグラスを塩で縁取りする）

ジャック・ローズ
混合時の体積：105.8ml
完成時の体積：166.6ml
開始時：アル度28.7%、糖13.5g/100ml、
　　　　酸1.28%

カクテルのバランスの一覧チャート（130〜31ページ）のスペック

完成時：アル度18.2%、糖8.5g/100ml、
　　　　酸0.81%
アップル・ブランデー（アル度50%）60ml
グレナディン・シロップ 22.5ml
レモン・ジュース 22.5ml
アンゴスチュラ・ビターズ 1ダッシュ
シェイクしてクープ・グラスに注ぐ。

コープス・リバイバー #2
混合時の体積：92.5ml
完成時の体積：144.3ml
開始時：アル度27.1%、糖8.9g/100ml、
　　　　酸1.61%
完成時：アル度17.4%、糖5.7g/100ml、
　　　　酸1.03%
レモン・ジュース 22.5ml
ジン（アル度47%）22.5ml
コアントロー 22.5ml
リレ・ブラン 22.5ml
アブサンまたはベルノー 3ダッシュ
シェイクしてクープ・グラスに注ぎ、余ったオレンジの皮で作ったツイストを飾る。

フレッシュ・ライム・ギムレット
混合時の体積：105ml
完成時の体積：163.7ml
開始時：アル度27%、糖13.5g/100ml、
　　　　酸1.29%
完成時：アル度17.3%、糖8.7g/100ml、
　　　　酸0.82%
ジン（アル度47.3%）60ml
ライム・ジュース 22.5ml
シンプル・シロップ 22.5ml
シェイクしてクープ・グラスに注ぎ、ライムの輪切りを飾る。

トウェンティース・センチュリー・カクテル
混合時の体積：112.5ml
完成時の体積：175.4ml
開始時：アル度27%、糖10.1g/100ml、
　　　　酸1.32%
完成時：アル度17.3%、糖6.5g/100ml、
　　　　酸0.85%
ジン（アル度47%）45ml
レモン・ジュース 22.5ml
ホワイト・クレーム・ド・カカオ 22.5ml
リレ・ブラン 22.5ml
シェイクしてクープ・グラスに注ぐ。

ビーズ・ニーズ
混合時の体積：105ml
完成時の体積：163.6ml
開始時：アル度26.9%、糖13.5g/100ml、
　　　　酸1.29%
完成時：アル度17.2%、糖8.7g/100ml、
　　　　酸0.83%
ジン（アル度47%）60ml
ハチミツ・シロップ 22.5ml
レモン・ジュース 22.5ml
シェイクしてクープ・グラスに注ぎ、レモンの輪切りを飾る。

サウスサイド
混合時の体積：105ml
完成時の体積：163.6ml
開始時：アル度26.9%、糖13.5g/100ml、
　　　　酸1.29%
完成時：アル度17.2%、糖8.7g/100ml、
　　　　酸0.83%
ジン（アル度47%）60ml
レモン・ジュース 22.5ml
シンプル・シロップ 22.5ml
少量のミントの葉とともにシェイクして、クープ・グラスに注ぎ、ミントを飾る。

ゴールド・ラッシュ
混合時の体積：105ml
完成時の体積：163.6ml
開始時：アル度26.9%、糖13.5g/100ml、
　　　　酸1.29%
完成時：アル度17.2%、糖8.7g/100ml、
　　　　酸0.83%
バーボン（アル度47%）60ml
レモン・ジュース 22.5ml
ハチミツ・シロップ 22.5ml
シェイクして、大きな氷を1つ入れたオールドファッションド・グラスに注ぐ。

コスモポリタン
混合時の体積：105ml

完成時の体積：162.5ml
開始時：アル度25.7％、糖8.4g/100ml、
　　　　酸1.63％
完成時：アル度16.6％、糖5.5g/100ml、
　　　　酸1.05％
バーボン（アル度47％）60ml
アブソルート・シトロン・ウオッカ
コアントロー 22.5ml
クランベリー・ジュース 22.5ml
ライム・ジュース 15ml
シェイクしてクープ・グラスに注ぎ、余ったオレンジ（お好みでフレーム・オレンジ）の皮をツイストにして飾る。

　注意：このコスモポリタンを考えたトービー・チェッキーニに言わせると、上述のレシピは無意味な改悪だそうだ。彼が言うには、本当のレシピはもっとずっと酸味が強くなくてはならない。

コスモポリタンTC（チャートになし）
混合時の体積：139ml
完成時の体積：215ml
開始時：アル度25.9％、糖7.2g/100ml、
　　　　酸1.85％
完成時：アル度16.7％、糖4.7g/100ml、
　　　　酸1.19％
アブソルート・シトロン・ウオッカ 60ml
コアントロー 30ml
ライム・ジュース 22.5ml
クランベリー・ジュース 15ml
シェイクしてクープ・グラスに注ぎ、オレンジ・ツイストを飾る。

ブラウン・ダービー
混合時の体積：105ml
完成時の体積：162.5ml
開始時：アル度25.7％、糖11.8g/100ml、
　　　　酸0.69％
完成時：アル度16.6％、糖7.6g/100ml、
　　　　酸0.44％
バーボン（アル度45％）60ml
グレープフルーツ・ジュース 30ml
ハチミツ・シロップ 15ml
シェイクしてクープ・グラスに注ぎ、余ったグレープフルーツの皮をツイストにして飾る。

ヘミングウェイ・ダイキリ
混合時の体積：112.6ml
完成時の体積：174.1ml
開始時：アル度25.6％、糖6.4g/100ml、
　　　　酸1.52％
完成時：アル度16.5％、糖4.1g/100ml、
　　　　酸0.98％
ホワイト・ラム（アル度40％）60ml
ライム・ジュース 22.5ml
グレープフルーツ・ジュース 15ml
ルクサルド・マラスキーノ 15ml
食塩水 2ドロップ
シェイクしてクープ・グラスに注ぎ、ライムの輪切りを飾る。

アレキサンダー
混合時の体積：97.5ml
完成時の体積：150.4ml
開始時：アル度25.2％、糖4.7g/100ml、酸0％
完成時：アル度16.4％、糖3.1g/100ml、酸0％
コニャック（41％アル度）60ml
ヘビー・クリーム 30ml
デメララ・シロップ 7.5ml
シェイクしてクープ・グラスに注ぎ、すりつぶしたナツメグを加える。

ブラッド・アンド・サンド
混合時の体積：90ml
完成時の体積：137.7ml
開始時：アル度23.9％、糖12.3g/100ml、
　　　　酸0.28％
完成時：アル度15.6％、糖8g/100ml、
　　　　酸0.19％
スコッチ（アル度43％）30ml
チェリー・ヒーリング 22.5ml
スイート・ベルモット 22.5ml
オレンジ・ジュース 15ml
シェイクしてクープ・グラスに注ぎ、（お好みで火であぶった）オレンジのツイストを飾る。

クラシック・ダイキリ
混合時の体積：105ml
完成時の体積：159.5ml
開始時：アル度22.9％、糖13.5g/100ml、
　　　　酸1.29％

カクテルのバランスの一覧チャート（130〜131ページ）のスペック

完成時：アル度15％、糖8.9g/100ml、
　　　　酸0.85％
ホワイト・ラム（アル度40％）60ml
ライム・ジュース22.5ml
シンプル・シロップ 22.5ml
シェイクしてクープ・グラスに注ぐ。

ハニーサックル
混合時の体積：105ml
完成時の体積：159.5ml
開始時：アル度22.9％、糖13.5g/100ml、
酸1.29％
完成時：アル度15％、糖8.9g/100ml、
酸0.85％
ホワイト・ラム（アル度40％）60ml
ライム・ジュース22.5ml
ハチミツ・シロップ 22.5ml
シェイクしてクープ・グラスに注ぎ、ライムの輪切りを飾る。

ダイキリ（ウィズ・モア・ライム）
混合時の体積：108ml
完成時の体積：163.4ml
開始時：アル度22.2％、糖13.2g/100ml、
酸1.42％
完成時：アル度14.7％、糖8.7g/100ml、
酸0.94％
ホワイト・ラム（アル度40％）60ml
ライム・ジュース25.5ml
シンプル・シロップ 22.5ml
シェイクしてクープ・グラスに注ぐ。

卵白

ウイスキー・サワー
混合時の体積：130.1ml
完成時の体積：197.9ml
開始時：アル度23.1％、糖10.9g/100ml、
　　　　酸0.81％
完成時：アル度15.2％、糖7.1g/100ml、
　　　　酸1.23％
ライ・ウイスキー（アル度50％）60ml
シンプル・シロップ 22.5ml
レモン・ジュース17.5ml
食塩水 2ドロップ
卵白 30ml

氷なしでシェイクし、卵白を混ぜて泡立て、そのあと氷を入れてシェイクし、クープ・グラスに注ぐ。

クローバー・クラブ
混合時の体積：135ml
完成時の体積：201.4ml
開始時：アル度20.3％、糖10g/100ml、
　　　　酸0.73％
完成時：アル度13.6％、糖6.7g/100ml、
　　　　酸0.49％
プリマス・ジン60ml
卵白 30ml
ドラン・ドライ・ベルモット 15ml
ラズベリー・シロップ 15ml
レモン・ジュース15ml
卵白 30ml
氷なしでシェイクし、卵白を混ぜて泡立て、そのあと氷を入れてシェイクし、クープ・グラスに注ぐ。ラズベリーを飾る。

ピンク・レディー
混合時の体積：142.5ml
完成時の体積：209.4ml
開始時：アル度18.3％、糖13.2g/100ml、
　　　　酸0.95％
完成時：アル度12.4％、糖9g/100ml、
　　　　酸0.64％
プリマス・ジン45ml
卵白 30ml
レモン・ジュース22.5ml
グレナディン・シロップ 15ml
シンプル・シロップ 15ml
レイヤーズ・アップルジャック・ボトルド・イン・ボンド
氷なしでシェイクし、卵白を混ぜて泡立て、そのあと氷を入れてシェイクし、クープ・グラスに注ぐ。

ピスコ・サワー
混合時の体積：135ml
完成時の体積：197.5ml
開始時：アル度17.8％、糖11.2g/100ml、酸1％
完成時：アル度12.1％、糖7.2g/100ml、
　　　　酸0.68％
ピスコ（アル度40％）60ml
卵白 30ml
ライム・ジュース22.5ml

シンプル・シロップ 22.5ml
氷なしでシェイクし、卵白を混ぜて泡立て、そのあと氷を入れてシェークし、クープ・グラスに注ぎ、アンゴスチュラ・ビターズまたはアマルゴ・チュンチョを3ドロップ加える。

ブレンド
ブレンダー・ウイスキー・サワー
混合時の体積：157.7ml
完成時の体積：157.7ml
開始時：アル度16.7%、糖7.8g/100ml、酸0.61%
完成時：アル度16.7%、糖7.8g/100ml、酸0.61%
水 75ml
砂糖入りの100プルーフ・ライ（アル度44%）60ml
レモン・ジュース 15ml
オレンジ・ジュース 7.5ml
食塩水 4ドロップ
120グラムの氷でブレンドし、大きな氷の固まりを濾しとって、クープ・グラスに注ぐ。

ブレンダー・マルガリータ
混合時の体積：158ml
完成時の体積：158ml
開始時：アル度17.2%、糖7.9g/100ml、酸1.27%
完成時：アル度17.2%、糖7.9g/100ml、酸1.27%
水 75ml
コアントロー 30ml
ホワイト・メスカル（アル度40%）22.5ml
イエロー・シャルトリューズ 15ml
ライム・ジュース 15ml
ヘルファイア・ビターズ 10ドロップ
120グラムの氷でブレンドし、大きな氷の固まりを濾しとって、クープ・グラスに注ぐ。

ブレンダー・ダイキリ
混合時の体積：157.7ml
完成時の体積：157.7ml
開始時：アル度15%、糖8.1g/100ml、酸1.27%
完成時：アル度15%、糖8.1g/100ml、酸1.27%
水 75ml
砂糖入りの80プルーフ・ラム（アル度35%）67.5ml
ライム・ジュース 15ml
食塩水 4ドロップ
120グラムの氷でブレンドし、大きな氷の固まりを濾しとって、クープ・グラスに注ぐ。

炭酸入り
シャルトルース
混合時の体積：165ml
完成時の体積：165ml
開始時：アル度18%、糖8.3g/100ml、酸1.21%
完成時：アル度18%、糖8.3g/100ml、酸1.21%
水 97ml
グリーン・シャルトリューズ 54ml
清澄化したライム・ジュース 14ml
冷やして炭酸ガスを入れる。

ジン・アンド・ジュース、寒天清澄
混合時の体積：165.1ml
完成時の体積：165.1ml
開始時：アル度16.9%、糖5g/100ml、酸1.16%
完成時：アル度16.9%、糖5g/100ml、酸1.16%
寒天で清澄化したグレープフルーツ・ジュース 80ml
ジン（アル度47.3%）59ml
水 26ml
食塩水 2ドロップ
冷やして炭酸ガスを入れる。

ジン・アンド・ジュース、遠心分離機清澄
混合時の体積：165ml
完成時の体積：165ml
開始時：アル度15.8%、糖7.2g/100ml、酸0.91%
完成時：アル度15.8%、糖7.2g/100ml、酸0.91%
ジン（アル度47.3%）55ml
遠心分離機で清澄化したグレープフルーツ・ジュース 55ml
水 42ml
シンプル・シロップ 10ml
シャンパン酸 4ダッシュ
冷やして炭酸ガスを入れる。

カクテルのバランスの一覧チャート（130～31ページ）のスペック

炭酸入りネグローニ
混合時の体積：165.1ml
完成時の体積：165.1ml
開始時：アル度16％、糖7.3g/100ml、
　　　　酸0.38％
完成時：アル度16％、糖7.3g/100ml、
　　　　酸0.38％
水 67.5ml
スイート・ベルモット 30ml
ジン（アル度47.3％）30ml
カンパリ 30ml
清澄化したライム・ジュースまたはシャンパン酸 7.5ml
食塩水 2ドロップ
冷やして炭酸ガスを入れる。余ったグレープフルーツの皮をツイストにして飾る。

ジン・トニック（ドライ）
混合時の体積：164.6ml
完成時の体積：164.6ml
開始時：アル度15.4％、糖4.9g/100ml、
　　　　酸0.41％
完成時：アル度15.4％、糖4.9g/100ml、
　　　　酸0.41％
水 87ml
ジン（アル度47.3％）53.5ml
キニーネ・シンプル・シロップ 12.8ml
清澄化したライム・ジュース 11.25ml
食塩水 2ドロップ
冷やして炭酸ガスを入れる。

炭酸入りウイスキー・サワー
混合時の体積：162ml
完成時の体積：162ml
開始時：アル度15.2％、糖7.2g/100ml、
　　　　酸0.44％
完成時：アル度15.2％、糖7.2g/100ml、
　　　　酸0.44％
水 78.75ml
バーボン（アル度47％）52.5ml
シンプル・シロップ 18.75ml
清澄化したレモン・ジュース 12ml
食塩水 2ドロップ
冷やして炭酸ガスを入れる。

炭酸入りマルガリータ
混合時の体積：165.2ml
完成時の体積：165.2ml
開始時：アル度14.2％、糖7.1g/100ml、
　　　　酸0.44％
完成時：アル度14.2％、糖7.1g/100ml、
　　　　酸0.44％
水 76ml
ブランコ・テキーラ（アル度40％）58.5ml
シンプル・シロップ 18.75ml
清澄化したライム・ジュース 12ml
食塩水 4ドロップ
冷やして炭酸ガスを入れる。

カクテルの材料の成分比率

注意：表にあげた市販のスピリッツのアルコール濃度は、正確な数値です。(シャルトリューズのように) 糖とアルコールを両方含む酒は、糖の濃度の測定が難しいので、わたしは、糖の濃度を知るための根拠となる公開情報と経験に基づいた推測を信頼することにしました。ワインベースのリキュールの酸の数値も、同じように、経験的な近似値です。フルーツ・ジュースの糖と酸の濃度は、還元 (濃縮ではない) ジュースに関してアメリカ政府と栽培業者から提供されたデータに基づいた平均値です。ウィクソン・アップルについては、自分で屈折計を使って計測しました。もちろん、フルーツに含まれる糖や酸は物によって大きな違いがあります。加工スピリッツのアルコール濃度は、わたしの推定値です。

　ストレートのスピリッツはこの表には含まれていません。ストレートのスピリッツは、アルコール濃度が瓶のラベルに表示されていますし、通常糖はまったく含まれておらず、オークで熟成したものでも滴定酸はごく微量しか含まれていません。

タイプ	材料	エタノール	甘味	滴定酸
ベルモット	カルパノ・アンティカ・フォーミュラ	16.5%	16.0%	0.60%
	ドラン・ブラン	16.0%	13.0%	0.60%
	ドラン・ドライ	17.5%	3.0%	0.60%
	ドラン・ルージュ	16.0%	13.0%	0.60%
	ジェネリック・ドライ・ベルモット	17.5%	3.0%	0.60%
	ジェネリック・スイート・ベルモット	16.5%	16.0%	0.60%
	リレ・ブラン	17.0%	9.5%	0.60%
	マルティネリ	16.0%	16.0%	0.60%
リキュール	アロマ・チョチャーロ	30.0%	16.0%	0.00%
	アメール・ピコン	15.0%	20.0%	0.00%
	アペロール	11.0%	24.0%	0.00%
	ベネディクティン	40.0%	24.5%	0.00%
	カンパリ	24.0%	24.0%	0.00%
	シャルトリューズ、グリーン	55.0%	25.0%	0.00%
	シャルトリューズ、イエロー	40.0%	31.2%	0.00%
	コアントロー	40.0%	25.0%	0.00%
	クレーム・ド・カカオ、ホワイト	24.0%	39.5%	0.00%
	クレーム・ド・バイオレット	20.0%	37.5%	0.00%
	ドランブイ	40.0%	30.0%	0.00%
	フェルネ・ブランカ	39.0%	8.0%	0.00%
	ルクサルド・マラスキーノ	32.0%	35.0%	0.00%
ビターズ	アンゴスチュラ	44.7%	4.2%	0.00%
	ペイションズ	35.0%	5.0%	0.00%
ジュース	アッシュミーズ・カーネル・アップル	0.0%	14.7%	1.25%
	コンコードグレープ	0.0%	18.0%	0.50%
	クランベリー	0.0%	13.3%	3.60%
	グラニー・スミス・アップル	0.0%	13.0%	0.93%

タイプ	材料	エタノール	甘味	滴定酸
	グレープフルーツ	0.0%	10.4%	2.40%
	ハニークリスプ・アップル	0.0%	13.8%	0.66%
	オレンジ	0.0%	12.4%	0.80%
	ストロベリー	0.0%	8.0%	1.50%
	ウィクソン・アップル	0.0%	14.7%	1.25%
酸	シャンパン酸	0.0%	0.0%	6.00%
	レモン・ジュース	0.0%	1.6%	6.00%
	ライム酸オレンジ	0.0%	0.0%	6.00%
	ライム・ジュース	0.0%	1.6%	6.00%
	オレンジ・ジュース、ライムと同じ濃度	0.0%	12.4%	6.00%
甘味料	70ブリックス・カラメル・シロップ（カラメル化反応のとき糖が分解するため甘味は低い──推定）	0.0%	61.5%	0.00%
	バター・シロップ	0.0%	42.1%	0.00%
	コリアンダー・シロップ	0.0%	61.5%	0.00%
	デメララ・シロップ	0.0%	61.5%	0.00%
	ジェル・シロップ	0.0%	61.5%	0.00%
	ハチミツ・シロップ	0.0%	61.5%	0.00%
	メープル・シロップ	0.0%	87.5%	0.00%
	ナッツのオルジェー	0.0%	61.5%	0.00%
	市販のオルジェー	0.0%	85.5%	0.00%
	キニーネ・シンプル・シロップ	0.0%	61.5%	0.00%
	シンプル・シロップ	0.0%	61.5%	0.00%
その他	カベルネ・ソーヴィニヨン	14.5%	0.2%	0.55%
	ココナッツ水	0.0%	6.0%	0.00%
	エスプレッソ	0.0%	0.0%	1.50%
	サワー・オレンジ・ジュース	0.0%	12.3%	4.50%
加工スピリッツ	カフェ・サカパ	31.0%	0.0%	0.75%
	チョコレート・ウォッカ	40.0%	0.0%	0.0%
	ハラペーニョ・テキーラ	40.0%	0.0%	0.0%
	レモングラス・ウォッカ	40.0%	0.0%	0.0%
	ミルクウオッシュド・ラム	34.0%	0.0%	0.0%
	ピーナッツバター＆ゼリー・ウォッカ	32.5%	16.5%	0.25%
	砂糖入り100プルーフ	44.0%	18.5%	0.0%
	砂糖入り80プルーフ	35.0%	18.5%	0.0%
	ティー・ウォッカ	34.0%	0.0%	0.0%
	ターメリック・ジン	41.2%	0.0%	0.0%

第3部
新しいテクニックとアイデア

第6章
カクテルの
新しい冷やし方

　凍った水という限定された条件を超えて、もっと別のカクテルの冷やし方を探していきましょう。まず、冷凍庫を使ってできることから始めて、そのあと液体窒素やドライアイスの使い方を見ていくことにします。

家庭の冷凍庫を使ってできるカクテル忍法

　わたしの自宅の冷凍庫は、－23.5℃前後に設定してあります。これは、冷凍庫を使った技巧のほとんどを可能にするすばらしい温度です。自宅にあるもう一台の冷凍庫は、最低温度を－20℃から－18℃に設定してありますが、これは、これからあげるレシピを作れるかどうかのぎりぎりの温度です。アルコールと砂糖と水が混ざったものを冷凍するときには、2℃の差が大きな違いになります。冷凍庫の温度をどこまで下げるか、決めておいたほうがいいでしょう。試しに、アルコール度数40パーセント以上の瓶入りのストレートの酒を、冷凍庫に1晩入れておきましょう。酒は凍りません。デジタル温度計で酒の温度を計ってください。ほうら、あなたが設定しているいつもの冷凍庫の温度と同じ温度になっているでしょう。もし冷凍庫の中が温かすぎる（－18℃）としたら、きっと設定温度が高すぎるのです。温度を下げてください。温度は低いほどいいのです。アイスクリームや冷凍食品にとっては、そのほうがありがたいのです。わたしは、省エネのために冷凍庫の温度を高めに設定するようにすすめるたくさんの資料を読みました。どうやら、こうした記事や資料を書いた人たちは、長期にわたって－18℃以上に温度を設定することによって生じる冷凍食品の保存期限や品質への悪影響について調査研究をしたことがないのでしょう。冷凍庫の温度を高めにすれば、小金を惜しんで大損をすることになります。

スラッシー・スラッシュ

　第2部『トラディショナル・カクテル』で、氷を入れてブレンダーにかけた**ドリンク**——多少の氷の結晶が入った液体——の作り方を説明しました。ここでは、スラッシーを作ることにしましょう。セブンイレブンのフローズン・トリートと同じようなものを作りたい場合は、何人前もまとめて作ったカクテルをくり返し使える容器に入れて凍らせます（わたしはレシピによってプラスチック製のクォート〔1クォートは約1リットル〕容器かジップロック・バッグを使います）。ライム・ジュースのような極端にいたみやすい材料は入れませんが、希釈水は別です。そして、サーブするときにブレンダーにかけます。ブレンダーは通常1杯ずつではうまく作れませんから、一度に少なくとも2杯分のドリンクを作る必要があります。ここで大切なことは、希釈をほどよく行うことです。完成時のドリンクのアルコール度数は、15.5パーセント以下になるようにしましょう。ほとんどのシェイク・ドリンクよりも低い14パーセントがいいでしょう。混ぜたドリンクを冷凍庫で凍らせるには、アルコール度数を下げる必要があります。糖もドリンクの氷点を下げるはたらきがありますから、100ミリリットル中9グラム以上にしてはいけません。アルコール度数40パーセントの60ミリリットルの酒をベースとするドリンクのレシピの場合、水性の材料を約105ミリリットル加える必要がありますが、これに含まれる糖はシンプル・シロップ22.5ミリリットル相当（糖約14グラム）を超えてはいけません。

　こうしたドリンクをちゃんと凍らせるには時間がかかりますから、店で提供する前日の晩にまとめて作っておく必要があります。朝起きたら、前夜作ったカクテルを見てください。うまく凍結していないようなら、おそらく冷凍庫の温度が−20℃以上——十分に低くはない——のでしょう。がっかりしないでください。ちょっと手を加えるだけでいいのです。このドリンクを3〜5時間後にブレンダーにかけるつもりなら、ライム・ジュースを加えてください。もう少し希釈すれば、ちゃんと凍るはずです。

　このスラッシーの作り方は、ひじょうに多くのドリンクに応用できます。まず、簡単なダイキリを作ってみましょう。

本物のスラーピー（セブンイレブンのフローズントリート）

フローズン・ダイキリ

169mlのドリンク2杯分
アルコール度数14.2%、糖8.4g/100ml、酸0.93%

[材料]

ホワイト・ラム（アルコール度数40%）120ml
できれば、フロール・デ・カーニャのようなすっきりした味の安価なものがよい。
ろ過水 120ml
シンプル・シロップ 45ml
食塩水4ドロップまたは塩2つまみ
漉したてのライム・ジュース 52.5ml

[作り方]

ドリンクを作る前日に、ラムと水とシンプル・シロップと、食塩水または塩を混ぜ合わせる。混ぜたものを口の広いプラスティック製の容器またはジップロック・バッグに入れて、凍らせる。飲むときに、混ぜたダイキリを冷凍庫から出してそのままブレンダーに入れ、ライム・ジュースを加えて、ブレンドしてスラッシーにする。

冷凍庫から出したときにこうなっていれば、ブレンド・ドリンクとして正しいテクスチャーになる。

フローズン・ダイキリ

エボニーとアイボリー

2色——明と暗——のドリンクを並べて出すと、互いが引き立ち、見事に調和します。どちらも、それぞれ単独でもすばらしいドリンクです。

両方とも、基本的には凍ったベルモットです。エボニーは、カルパノ・スイート・ベルモット（カルパノが見つからない場合は、別の良質な甘口のベルモット）に、甘味を抑えるためにウォッカを少量入れ、さらにレモン・ジュースを少し加えてください（レモンは少しでかまいません。ベルモットはワインベースなので、すでに酸味が入っています）。わたしはこのドリンクが大好きです。かなり冷たくても、ベルモットの純粋なフレーバーが鮮明に感じられ、それでいてしつこさはありません。

アイボリーのベースは、甘口のホワイト・ベルモットのドラン・ブランです。やはり、少量のウォッカで甘さを和らげますが、ライムで酸味をつけます。ベルモット系のドリンクとして普通に想像するよりも、ずっと鮮やかで、清涼感があります。

ベルモットは希釈すると、急激に、かつはなはだしく酸化するので、大量の空気にさらされる大きな容器ではなく、空気をすべて抜いたジップロック・バッグに入れて、冷凍しなければなりません。混ぜたドリンクをバッグに注ぎ入れて、バッグの口を90パーセント閉じます。バッグを横にして、中のすべての空気をバッグから押し出し、それから口のまだ閉じていない残り10パーセントの部分をしっかりと閉じます。

アイボリー（左）とエボニー（右）

エボニー

145.5mlのドリンク2杯分

アルコール度数14.4％、糖8.4g/100ml、酸0.74％

[材料]

カルパノ・ベルモット（アルコール度数16％、糖約16g/100ml、酸約0.6％）150ml

ウォッカ（アルコール度数40％）45ml

ろ過水 75ml

食塩水4ドロップまたは塩2つまみ

漉したてのレモン・ジュース 21ml

[作り方]

　ドリンクを作る前日に、ベルモットとウォッカと水と、食塩水または塩を混ぜ合わせる。混ぜたものをジップロック・バッグに入れ、バッグから空気をすべて抜いて、冷凍する。飲むときに、冷凍庫からジップロックを出して、そのまま中身をブレンダーに入れて、レモン・ジュースを加え、ブレンドしてスラッシュにする。これを単品で、またはアイボリーとともに出す。

アイボリー

138mlのドリンク2杯分

アルコール度数13.9％、糖7.9g/100ml、酸0.81％

[材料]

ドラン・ブラン・ベルモット（アルコール度数16％、糖約13g/100ml、酸約0.6％）165ml

ウォッカ（アルコール度数40％）30ml

ろ過水 60ml

食塩水4ドロップまたは塩2つまみ

漉したてのライム・ジュース 21ml

[作り方]

　ドリンクを作る前日に、ベルモットとウォッカと水と、食塩水または塩を混ぜ合わせる。混ぜたものをジップロック・バッグに入れ、バッグから空気をすべて抜いて、冷凍する。飲むときに、冷凍庫からジップロックを出して、そのまま中身をブレンダーに入れて、ライム・ジュースを加え、ブレンドしてスラッシュにする。これを単品で、または、エボニーとともに出す。

ジップロックから空気を抜く。希釈したベルモットは酸化しやすいので、空気に触れないほうがよい。

第6章　カクテルの新しい冷やし方

ジュース・シェイク

　家庭の冷凍庫でできるローテクの技法をもうひとつ紹介しましょう。ジュース・シェイクです。これは、高級な道具がなくても家庭で作れるレシピを考えてほしいと頼まれたときに、わたしがよく使うテクニックのひとつです。

　ほとんどのジュースは、カクテルの材料として使うと、カクテルとしての味のバランスを取るのがむずかしくなります。濃度が十分ではないからです。ほどよいフレーバーを加えられるだけの十分なジュースを入れ、そこにさらに氷を加えると、希釈されすぎてしまいます。アップル・ジュースもグレープフルーツ・ジュースもストロベリー・ジュースもスイカのジュースも、水分が多すぎて、氷で冷やすカクテルには向きません。でも、シンプルな解決法があります。ジュースで角氷を作って、これを使ってシェイクするのです。

　ジュース・シェイクはあまり簡単なものではありません。製氷皿を何個も用意して、ジガーでジュースを計って製氷皿に入れて、冷凍します。カクテルを飲むときに、ジガーで酒やそのほかの割材を計ってカクテル・シェーカーに入れ、それにジュースの角氷を加えてシェイクします。ここで、ひとつ問題があります。

　普通の氷でシェイクするときは、どれだけ氷を加えようと、実際に問題はありません。使う氷の量に関係なく、シェイクすることによって氷が融けてできる水の量はほぼ同じです（そうなる理由をお忘れでしたら、65ページ〜の第2部『トラディショナル・カクテル』を参照してください）。ジュース・シェイクはそういうわけにはいきません。ジュースで作った氷は、糖と酸とフレーバーと水を合わせたものです。シェイクしてジュースの角氷が融けていくとき、氷とともに融ける糖や酸やフレーバーの濃度は均一ではなく、最初は濃く、融けるにしたがって薄くなっていきます。そのため、加えるジュースの角氷が多すぎると、ドリンクの味のバランスが崩れてしまいます。

　ジュース・シェイクの場合は、自分が加えたいフレーバーに応じた正確な数のジュースの角氷を加える必要があります。次に実践するのは、わたしが「やりきるシェイク」と名づけたテクニックです。これは、ジュースの角氷が完全になくなるまで、ドリンクをシェイクすることです。音を聞けば、シェーカーの中で氷が崩れていくのがわかりますから、シャーベット状のものがシェーカーをこする音がして、ティンが極度に冷たくなったら、でき上がりです。この作業は、通常のシェイクよりも骨が折れますが、意外と難しくありません。というのは、凍ったジュースは凍った水よりずっとやわらかいからです。

　わたしは、ジュース・シェイクを使ってシェイク系のサワー・スタイルのドリンク（ダイキリやウイスキー・サワーやマルガリータ）を作ります。こうしたドリンクのほとんどは、完成時にアルコール度数

ジュース・シェイクでは、ティンが極度に冷たくなる。

が15.5〜20パーセント、糖含量が6.5〜9パーセント、総酸度が0.84〜0.88パーセントになると、いちばん美味しくなります。作ろうとするレシピや使うジュースの種類によっては、ジュースだけで希釈したくないと思うこともあるでしょう。ジュースの味が強くなりすぎるかもしれませんから。もしそうなら、普通の氷も少し加えてください。普通の氷は量が多すぎなければ、使う量は正確でなくてもかまいません。なぜなら、シェイクすると、普通の氷よりもずっと早くジュースの氷のほうが融けてしまうからです。30ミリリットル前後の誤差なら、まったく問題ありません。

凍らせたフルーツ・ジュースの代わりに、凍らせたフルーツをブレンダーにかけても、ジュース・シェイクとほぼ同じ効果が得られます。ブレンダーを使えば、すごく簡単ですし、こうしたドリンクがしばしば美味しいことは認めますが、ペクチンなどのフルーツに含まれる固形物のせいでスムージーのようなテクスチャーになってしまうので、わたしとしては満足がいきません。凍ったフルーツをまるごとブレンダーにかけるのは、わたしにとっては苦痛ですが、みなさんがそうするのをやめろとは言えません。あえて固形物を加えたくて、ジュースではなく、凍ったフルーツを加えることが必要な場合もあるでしょう。また、氷を少し入れてテクスチャーをやわらげ、ドリンクをもっと、その……飲みやすくすることが必要な場合もあるでしょう。

ジュース・シェイクをすると、普通の氷でシェイクするときよりも、ドリンクが冷たくなります。ジュース・シェイクは、誰の好みにも合いますし、誰にでも作れます。いくつかアドバイスをしましょう。

凍ったフルーツをブレンダーにかけても、ジュース・シェイクとほぼ同じ効果が得られる。

第6章　カクテルの新しい冷やし方

ストロベリー・バンディット

　テキーラとイチゴの組み合わせなんてつまらない、とそう思いますか。でも、美味しいですよ。イチゴは甘味と酸味に大きなばらつきがあります。もしあなたの買ったイチゴ（または出来合いのジュース）がわたしのイチゴと違うなら、このあとに示す比率を調整してください。もしシャーベットにより近い感じにしたいなら、シェイクの前にテキーラを冷凍庫に入れておいてください。わたしは、ハラペーニョのテキーラを使いますが、普通のブランコ・テキーラでも美味しく作れます。

140mlのドリンク1杯分
アルコール度数17.1％、糖9.0g/100ml、酸0.96％

[材料]
ストロベリー・ジュース（糖8g/100ml、酸1.5％）60ml
（または凍ったイチゴ75グラムと氷15グラム。ただし、ここに示した数字の通りでなくてもよい。）
ハラペーニョ・テキーラ（アルコール度数40％）60ml　213ページ参照
漉したてのライム・ジュース7.5ml
シンプル・シロップ 12.5ml
食塩水2ドロップまたは塩1つまみ

[作り方]
　ドリンクを作る数時間前に、ドリンク1杯につきストロベリー・ジュース60ミリリットルを30ミリリットルずつに分けて、1つの製氷皿に入れ、冷凍する。このドリンクには、凍っていない材料が多く含まれるので、ドリンクの温度をより低くするために、作る前にあらかじめテキーラとライム・ジュースとシンプル・シロップを冷蔵庫で冷やしておく。飲むときに、テキーラとライム・ジュースとシンプル・シロップと食塩水または塩をミキシング・ティンに入れて混ぜ合わせ、ストロベリー・ジュースの角氷2個を加えて、角氷が完全に融けて大きな粒がひとつも残らなくなるまでシェイクする。ホーソーン・ストレーナーを使って漉して、あらかじめ冷やしておいたクープ・グラスに注ぎ、味を堪能する。

ストロベリー・ジュースで作った角氷

ストロベリー・バンディット

グレープフルーツ・ジュースの角氷を
使ったシェイク・ドレーク

シェイク・ドレーク

　このドリンクは、清澄化していないグレープフルーツ・ジュースとキュンメルを混ぜたものです。キュンメルとは、キャラウェイ・リキュールのドイツ版のようなものです。キュンメルは、もっと有名なスカンジナビア版のアクアビットよりも甘味がありますが、甘すぎることはありません。グレープフルーツとキャラウェイの相性は抜群です。メープル・シロップをバースプーン1杯加えると、グレープフルーツの苦味がまろやかになります。3つの材料はすべて糖を含んでいますが、この3つを混ぜても甘すぎはしません。グレープフルーツには苦味があるので、このカクテルでは平均以上の量の塩が必要になります。もしグラスを塩で縁取りするのがお好きなら、このカクテルが打ってつけでしょう。キュンメルが見つからないときは、アクアビットで代用し、メープル・シロップの量を少し多めにしてください。

139mlのドリンク1杯分
アルコール度数15.6％、糖10.2g/100ml、酸1.03％

[材料]

絞って漉したばかりのグレープフルーツ・ジュース（糖10.4g/100ml、酸2.4％）60ml

ヘルビング・キュンメル・リキュール（アル度35％）45ml

ウォッカ（アルコール度数40％）15ml

グレードBのメープル・シロップ（糖87.5g/100ml）1バースプーン（4ml）

食塩水5ドロップまたは塩を多めに1つまみ

[作り方]

　ドリンクを作る数時間前に、ドリンク1杯につきグレープフルーツ・ジュース60ミリリットルを、30ミリリットルずつに分けて、1つの製氷皿に入れて冷凍する。飲むときに、キュンメルとウォッカとシンプル・シロップと食塩水または塩をミキシング・ティンに入れて混ぜ合わせ、グレープフルーツ・ジュースの角氷を2個加えて、角氷がシャーベット状になって大きな粒が残らなくなるまで（30秒以上）激しくシェイクする。ティンがひじょうに冷たくなる。ホーソーン・ストレーナーを使って漉して、あらかじめ冷やしておいたクープ・グラスに注ぐ。

スコッチ・アンド・ココナッツ

わたしの友人で、シェフをしているニルス・ノーレンは、ココナッツ水とスコッチの組み合わせが大好きです。わたしは、彼の組み合わせをまねして、このめずらしいシェイク・ドリンクを作りました。このレシピでは、アードベッグ10年を使います。というのは、ピート香の強いアイラのスコッチのスモーキーさがココナッツ水と合うと思うからです。ココナッツ水そのものは、少しジャコウのにおいがするので、果実フレーバーを少し加えて味をまろやかにする必要があります。そこで、わたしはコアントローを加えます。コアントローは、甘味とオレンジのフレーバーの両方を兼ね備えていますが、酸味はありません。わたしは、スコッチとフルーツの酸の組み合わせは、ほとんどの場合好きではありません。とはいえ、このドリンクにはほんの少し酸が必要なことがわかったので、わたしは少量のレモン・ジュースを加えました。ドリンクができたあとで、オレンジ・ピールのツイスト――このオイルが余分な酸味を加えることなく、味に鮮烈さを加えます――とスターアニス・ポッドを添えます。わたしは通常食用でないものをドリンクに浮かべるのは大嫌いですが、スターアニスのアロマはココナッツ水ととてもよく合うので、このドリンクは例外にしています。

ココナッツ水の選び方は大切です。というのは、ほとんどの場合、市販品にはろくなものがないからです。高温殺菌されていないものを買うようにしてください。できれば、自分で作るのがいちばんです。スーパーマーケットでよく見かける茶色の固いココナッツでは、飲用のココナッツ水は作れません。アジア青果品店に行って、ココナッツ水用として売られている未成熟のココナッツを探してください。そうしたココナッツは、色が通常はベージュか白で、外側に髄（繊維質の部分）があり、販売前に切り落とした分厚い殻の一部がついています。ココナッツの上の部分に2つの穴――ひとつは中身を出す穴で、もうひとつは空気を入れる穴――を開けて、ココナッツ水を注ぎ出します。使う前に漉して、殻の断片を取り除きます。

142mlのドリンク1杯分
アルコール度数18.6％、糖5.9g/100ml、酸0.32％

[材料]

新鮮なココナッツ水（糖6.0g/100ml）75ml
アードベッグ10年スコッチ（アルコール度数46％）45ml
コアントロー（アルコール度数40％　糖25g/100ml）15ml
漉したてのレモン・ジュース　7.5ml
食塩水2ドロップまたは塩1つまみ
スターアニス・ポッド1つ
オレンジ・ツイスト　1つ

[作り方]

ドリンクを作る数時間前に、ドリンク1杯につき漉したての新鮮なココナッツ水を37.5mlずつに二等分して、1杯分ずつを1つの製氷皿に入れて、冷凍する。飲むときに、スコッチとコアントローとレモン・ジュースと食塩水または塩をミキシング・ティンに入れて混ぜ合わせ、ココナッツ水の角氷2個を加えて、角氷がシャーベット状になって大きな粒が残らなくなるまでシェイクする。ティンがひじょうに冷たくなる。ホーソーン・ストレーナーを使って漉して、あらかじめ冷やしておいたクープ・グラスに注ぐ。ドリンクの上でオレンジ・ツイストを絞り、グラスの縁をオレンジの皮の内側でこする。ドリンクの表面にスターアニス・ポッドを浮かべる。

スコッチ・アンド・ココナッツの作り方
1) ココナッツに穴を2つ開ける。ひとつは中身を出すための穴で、もうひとつは入れ替わりに空気を中に入れるための穴。
2) ココナッツ水を注ぎ出して漉す。
3) ココナッツ水を製氷皿に入れて、冷凍する。
4) 完成したドリンク。あとは飾りを添えるだけ。

第6章　カクテルの新しい冷やし方

1

2

3

4

ステア・ドリンクを作り置きする

　品質を落とさずにあらかじめまとめて作り置きできるドリンクの多くは、シェイクではなくステアでしょう。というより、むしろステア・ドリンクは、作り置きしたほうがいいかもしれません。シェイク・ドリンクは、その持ち味であるテクスチャーをドリンクに加えるためにシェイクをするわけですから、前もって作ることはできません。第2部『トラディショナル・カクテル』で読んだことを思い出してください。カクテルをステアする目的はたった2つです。冷やすことと、希釈することです。冷凍庫を使えば、この2つの作用を簡単に分離できます。そうすれば、正確な希釈率を自分で決めて、自分が決めた正確な温度まで冷やすことができます。あらかじめ作り置きして冷凍庫で冷やしておけば、本当に美味しいドリンクを、あるだけいくらでも、まさしく即座に出すことができるのです。わたしは、店では、正確な希釈率に希釈したドリンクを、高性能な冷凍庫で正確な提供温度にまで冷やします。残念ながら、普通の冷凍庫では温度が低すぎるために、希釈したステア・カクテルを貯蔵しておくことはできません。第1に、普通の冷凍庫ではドリンクに結晶ができてしまいますし、第2に、ステア・ドリンクはやたらと冷やしすぎると美味しくありません。**解決法：**冷凍庫で冷やすのは酒だけにして、飲む直前に氷水で希釈する。

　もう一度マンハッタンに戻りましょう。まとまった量のマンハッタンを、自信をもって作る方法を伝授します。数年前のある晩、わたしは妻とタイムズ・スクエアのハワード・ジョンソン〔アメリカのレストランチェーン〕に立ち寄りました。いったい何のために？と思いますか。ジャック・ペピン〔ハワード・ジョンソンで働いていた著名シェフ〕がシャルル・ド・ゴールのパーソナル・シェフをやめたあと、カリッと揚げた貝のひものフライのレシピを考えついたことを知っていたからではありません。わたしたちは、ウインドウに書かれていた古風な手書きの文字に引き寄せられたのです。それにはこう書かれていました。「ピッチャーにいっぱいのマンハッタンをお飲みになりますか」それはもう、喜んで！　ああ、ウエイトレスはわたしたちをぽかんと見つめていました。ウインドウの文字は、かつてのハワード・ジョンソン黄金時代の名残で、カクテルのピッチャーは1995年にはもう飲めなくなっていたようです。せめてレシピだけでも店に残っていれば、どんなによかったでしょう。

第6章　カクテルの新しい冷やし方

マンハッタン・バイ・ザ・ピッチャー

132mlのドリンク7杯分（何杯分にするかは自分で決める）
アルコール度数26％、糖3.2g/100ml、酸0.12％

[材料]

リッテンハウスのライ・ウイスキー（アルコール度数50％）420ml

カルパノ・アンティカ・フォーミュラ・ベルモット（アルコール度数16.5％、糖およそ16％、酸0.6％）187.5ml

アンゴスチュラ・ビターズ 7.5ml

氷水（氷で冷やした水。氷は加えない）315ml

自分の好きなガーニッシュ（飾り）

[道具]

1リットルのプラスチック製ソーダ・ボトル
冷やしたピッチャー
冷やしたクープ・グラス

[作り方]

　ライ・ウイスキーとベルモットとアンゴスチュラ・ビターズを混ぜ合わせて、ソーダ・ボトルに入れる。ボトルの中から余分な空気を絞り出して、キャップを閉め、冷凍庫に2時間以上入れておく。プラスチック製のボトルを使えば、中の空気を抜くことができるので、ドリンクを作り置きしてもベルモットが変質しない。また、わたしはプラスチックの容器に酒を保存するのがとくに好きなわけではないが、プラスチックなら、もし間違ってボトルの中に入れすぎたとしても、ガラスのように冷凍庫の中で破裂することはない。

　飲むときに、冷凍庫から出したカクテル・ベースを、あらかじめ冷やしておいたピッチャーの中に入れた氷水に混ぜ、軽くステアする。もし冷凍庫の温度が－20℃くらいなら、完成時のドリンクの温度は、通常ステアする場合よりも少し低い－3.3℃くらいになるはずだ。クープ・グラスにガーニッシュを添えて、好きなだけ注ぐ。

ピッチャーでマンハッタンを作る
1) 材料を混ぜた混合液をプラスチック・ボトルに入れ、酸化を防ぐために中の空気を絞り出してから、キャップを閉める。ボトルを冷凍庫に入れる。　2) 冷凍庫で冷やしたマンハッタンの混合液。　3) 氷水を計り分ける。　4) 冷凍庫で冷やしたマンハッタンと氷水を、あらかじめ冷やしておいたピッチャーに入れる。　5) ステアする。　6) 注ぐ。

第3部　新しいテクニックとアイデア

マンハッタンをボトルに詰めるプロの手法
1) あらかじめ希釈したマンハッタンをボトルに入れ、少量の液体窒素を入れて酸素を取り除く。
2) 液体窒素のもやが完全に消えるのを待つ。もやが消えたら、液体窒素が完全に蒸発した証拠である。
3) 栓をする。

レディ・トゥ・ドリンクのカクテルをボトルに詰めるプロの手法

正確に温度設定ができる冷凍庫があれば、レディ・トゥ・ドリンクのステア・カクテルをあらかじめ作ってボトルに詰め、いつでも好きなときにサーブすることができる。わたしの店では、作り置きしてボトルに詰めたステア・タイプのドリンクをつねに用意しており、マンハッタンはいつも欠かさずに置いているドリンクのひとつである。わたしの店では、30杯分をまとめて送り置きするが、そのレシピはマンハッタン・バイ・ザ・ピッチャーにひじょう似ていて、しかももっと簡単だ。

136 ml のドリンク 30 杯分
アルコール度数 26％、糖 3.2g/100ml、酸 0.12％

[材料]
リッテンハウスのライ・ウイスキー 750ml 入りのボトル 3 本
カルパノ・アンティカ・フォーミュラ・ベルモット 1 リットル入りのボトル 1 本
アンゴスチュラ・ビターズ 30ml
ろ過水 1700ml

材料を混ぜ合わせて、容量 187ml のシャンパン・スタイルのボトル 3 本に分け入れる。さて、ここでひと手間必要になる。たんにボトルにふたをして冷やせば、それで最善の成果が期待できるわけではない。ボトルのヘッドスペース〔液面の上にできる空間〕に残った酸素でも、数時間のうちにベルモットのフレーバーを変質させる。希釈されたカクテルに含まれるベルモットは、ひどく不安定だからだ。この問題をうまく解決するために、わたしの店ではボトルにカクテルを入れたあと、少量の液体窒素を注入する。液体窒素が手に入らない場合は、しかたがない。カクテルが少し酸化されるだけだ。

わたしたちが使うボトルには、ビール瓶のような王冠をつける。窒素が泡立つと、この泡で空気が押し出されるので、その間にボトルの口に軽く王冠をはめ込む。液体窒素のもやが消えたら、液体窒素が完全に蒸発したので、キャップシーラー（自家醸造用品の店ならどこでもただ同然で手に入る）で王冠を完全に打栓する。このようにボトルから酸素を取り除いてしまえば、中身は無期限に保存できる。

このあと、またひと手間必要になる。冷却温度を正確に設定しなければならない。わたしの店では、ひじょうに精度の高いランダルFX冷凍庫を－5.5℃に設定して使っている。標準的な冷蔵庫の温度（4.4℃）では、ドリンクとしては温度が高すぎるし、標準的な冷凍庫の温度（－20℃）では、ドリンクが完全に凍ってしまう。もしドリンクが凍結しなかったとしても、温度が－6.7℃以下まで下がってしまうと、その後ドリンクの温度が少し上がっただけでも、マンハッタンのフレーバーとアロマが著しく劣化してしまう。わたしはマンハッタンをパーティに持っていくときには、氷と塩を使って冷やす。注意点：塩と氷を混ぜると、温度が下がりすぎることがある。最初に重量で10パーセントの塩を氷に加え、完全に混ぜる。このスラリー〔シャーベット状の氷〕の温度を計る。もし温度が低すぎるようなら、氷や水を加える。温度が高すぎたらどうするか？ 塩を加える。塩を多めに持っていけば、氷が融けかかったときに塩を足すことができる。お客様に出す前に塩をふき取ることを忘れずに（次ページの写真を参照のこと）。

ボトル入りのカクテルには、いろいろな利点がある。ドリンクをひじょうに手早く作り、間隔を開けずにサーブすることができる。希釈しすぎることなく、ステアするよりも冷たいドリンクを作ることができる。だから、ドリンクの味をつねに一定に保つことができる。ステアのように、カクテルが氷に付着して注ぎ残しになることがない。そして、いちばん大切なことは、お客様が冷やしたクープ・グラスに自分のペースで注いで飲むことができることである。そうすれば、グラスにいっぱいのカクテルをこぼさないように気をつけながら口元に運ぶ必要はない。

第3部　新しいテクニックとアイデア

ボトル入りのカクテルを提供する
1) たっぷりの塩を少量の水といっしょに氷に加える。塩を入れた氷にボトルを埋めて、カクテルを冷やす。
2) クープ・グラスを冷やして、ガーニッシュを添える。
3) グラスに注ぐ。
4) 美味しくいただく。

第6章　カクテルの新しい冷やし方

寒剤で冷やす：液体窒素とドライアイス

　では、冷凍庫では冷やせないものについて見ていきましょう。カクテルもいまや技術革新の時代です。

　重要な安全手順を含む液体窒素とドライアイスの基本情報については、39〜42ページの道具について解説したセクションを参照してください。こうした寒剤は、使い方を十分に理解しないまま使用するのはやめてください。使用するのは、実際的経験のある人の指導を受けて、無理なく容易に使いこなせるようになってからにしてください。本書を読んだだけでは、十分な実践的技能を身につけることはできません。液体窒素やドライアイスは、絶対に、いかなる場合も、人に出したりしないでください。寒剤で冷やしたドリンクを提供するときには、寒剤そのものはドリンクからすでに取り除かれていなければなりません。寒剤は、ドリンクが冷えたらもう必要ありません。安全上のミスは、自分や自分の身近な人の命を奪う危険がありますし、ミスというものはそれと気づかずにおかすこともあるのです。

液体窒素を使ってドリンクをロック・アンド・ロールする。

液体窒素

　液体窒素とは、まさしくその名の通り、液化した窒素のことです。常圧下での温度は−196℃です。液体窒素は絶えず沸騰して窒素ガスに変わり、大気——そもそも窒素を主成分とする空気——に溶け込みます。この液体窒素を使ってカクテルを冷やすことができます。窒素が全部蒸発し、液体窒素を誤って人に飲ませる危険性がなくなったことを見極めるのは、わりと簡単です。しかし、液体窒素を使ってカクテルを冷やすことには、問題があります。

　液体窒素はとんでもなく冷たいにもかかわらず、1グラム当たりでは、氷1.15グラムに相当する冷却力しかありません。つまり、実際に冷やす場合には、思いのほか多くの液体窒素が必要になります。そのいっぽうで、液体窒素を入れすぎると、ごく短時間に危険なほど低い温度になってしまいます。液体窒素は水に浮くため、ドリンクの上に注ぐだけでは、ドリンクを冷やすことができません。表面に浮いた液体窒素は、液体の表面を凍らせますが、底のほうは少しも冷やせません。これでは困ります。ステアは非効率的です。本当に十分に混ぜ合わせるには、かなり勢いよくかき回さなければなりませんが、これはなかなかうまくいきません。液体窒素を相対的に温度の高い液体に混ぜると、猛烈な勢いで沸騰して、あたりにカクテルが飛び散り、腕に液体窒素がかかったりしますし、もやがもうもうと立ちこめて、何がどうなっているのかわからなくなってしまいます。以上のような理由から、液体窒素で個々のカクテルを冷やすことはおすすめできません。液体窒素を有効に活用できるのは、わたしがロック・アンド・ロールと名づけたテクニックを

第6章　カクテルの新しい冷やし方

液体窒素はかき混ぜないと表面に浮くので、ドリンクの表面を凍らせるだけで、ドリンクの大部分は冷やすことができない。

使って、まとまった量のカクテルを冷やす場合です。

ロック・アンド・ロール: 大きな容器を2つ用意します。あなたが必要だと思うよりも大きな容器です。それぞれ、冷やすカクテルの総量の4倍以上——できれば6倍——の容量があったほうがいいでしょう。ステンレス製の容器を使う場合には、冷却中は絶対に素手で容器に触ってはいけません。触れば、凍傷になる危険があります。プラスチックの容器を使う場合には、あまり長い時間液体窒素を容器に入れたままにしないでください。入れたままにすると、低温のために容器がひび割れてしまいます。ガラスの容器は絶対に使わないでください。粉々に割れてしまうかもしれません。わたしは、いつもはひび割れに気をつけながら、プラスチックの容器を使っています。

　大きな容器の一方にカクテルを入れ、その上から、カクテルの体積の約3分の2の液体窒素を注ぎます。この容器を急いで（プラスチックの容器はもろくなって割れやすいので）持ち上げて、もう一方の容器へ中身を移し替えます。このとき、カクテルが空気に触れて、液体窒素のもやが立ち上ります。急いで、中身をまた元の容器に戻します。こうして、カクテルを2つの容器の間で交互に移し替え（ロック・アンド・ロール）をします。もやが立たなくなったら、液体窒素がすべて蒸発した証拠ですから、もう移し替えは必要ありません。加えた液体窒素の量が足りない場合は、ドリンクがあまり冷えていませんから、また液体窒素を注ぎ足して、もう一度同じ作業をくり返してください。ドリンクが冷たくなりすぎた（たとえば固まった）場合には、容器の外側に水道水を流しながら、固まったドリンクをかき回してください。すぐに融けます。

　もしこのロック・アンド・ロールによってカクテルがあたりに飛び散り、大混乱をきたすようなら、よほどやり方が乱雑なのか、さもなければ容器の大きさが十分でないのです。先ほども言ったように、容器は、あなたが必要だと思う大きさよりもっと大きなものにしてください！　ポイント：もしカクテルが沸騰してこぼれ、飛び散るようなら——そして、そんなふうにならないようにしたいなら——中身を半分だけ移して、その半分をまた元に戻し、これを、沸騰がおさまるまでくり返す。移す量を半分にすれば、混ざる量も減りますから、沸騰の激しさも半減します。

　わたしがこの冷却方法を使うのは、普通のシェイクでは作れないドリンクを大量に作るときです。たとえば、炭酸ドリンクのカクテルをまとめて作るとき、よくこのロック・アンド・ロールの手法を使います。家庭ならジュース・シェイクを使うドリンクを作る場合も、この方法で冷やしてください。ドリンクを冷やしすぎないように気をつけてください。冷やしすぎると、味が落ちますし、舌が凍傷になるかもしれません。もしドリンクが固まったら、かなり冷やしすぎです。スラッシーのようになっているだけなら、凍

第3部　新しいテクニックとアイデア

冷やしたドリンクの外見的判断基準
1）このカクテルは冷たすぎて、飲むのが苦痛になりそうだ。
2）このカクテルなら（あわてて飲まなければ）凍傷になったりはしないだろうが、冷たすぎて味のバランスが悪い。
3）このカクテルもやはり、オークの香りのスピリッツが入っている場合には冷たすぎるが、数分待てば味はよくなる。
4）いますぐ飲める。

傷の心配はないでしょうが、最適温度よりも冷たくなっています。

液体窒素でグラスを冷やす：グラスを冷やすには、液体窒素を使うのがいちばんです。手触りもよく、見た目もすばらしく、ボトムやステムの部分を避けて、グラスのドリンクが入る部分だけを冷やすので、結露した水がテーブルの上に輪になってたまることはありません。液体窒素を真空断熱の魔法瓶に入れ、口を開けたままにして、カウンターの裏に置いておいてください。それで数時間持ちます。少量の液体窒素を魔法瓶からグラスの中に注ぎ、高級ワインを見るときのようにグラスを回してください。数秒でグラスは冷たくなります。残った液体窒素は魔法瓶に戻すか、床にこぼすか、あるいは次に冷やすグラスに移してください。ほんの数秒で、グラスはこの上なく見事な霜におおわれます。

　しかし、これは液体窒素ですから、順守すべき言わずもがなの安全規則がいくつかあります。絶対に、人の顔の前でグラスを冷やしたりしないでください。もし誤って液体窒素をこぼしたり、グラスにひびが入ったりすると、人がけがをします。また、絶対にむき出しの材料や氷入れの上でグラスを冷やさないでください。グラスが割れたら、せっかく作った氷や材料がそっくりだめになってしまいます。

　グラスは、適正なものを選んでください。フルート・シャンパンやワイン・グラスやクープ・グラスなどのように、縁が内側にカーブしたグラスだけを使ってください。マティーニ・グラスは使わないでください。グラスを回すと、液体窒素がこぼれて目に入るかもしれません。グラスのなかには——縁が内側にカーブしたものでも——液体窒素に触れると、急激な冷却によって応力〔外力に応じて物体内部に生じる抵抗力〕が大きく

第6章　カクテルの新しい冷やし方

液体窒素でグラスを冷やすときには、グラスを回しても中身の液体が飛び散らない形のグラスを選ぶ。

完全に冷えきったグラス。

なり、割れるものがあります。厚みが均等でなく、底や角の部分が平たかったり、側面が薄く底が分厚いグラスは、割れやすいです。パイント・グラスやロック・グラスは、やめたほうがいいでしょう。多くのステム・グラスやほとんどのフルート・シャンパンは、液体窒素を入れても割れませんが、最初にテストしてください。同じ形のグラスを2～3個使って、テストします。テストして1つも割れなかったら、同じグラスをもっと買えばいいでしょう。わたしの経験では、どんな形のグラスでも、割れる形のものはつねに割れ、割れない形のものはほとんど割れません。品質の良し悪しと、冷却に適しているかどうかは別問題です。

　バーの業務上の利便からいうと、液体窒素でグラスを冷やせば、グラスを冷やすための専用の冷凍庫がいりません。家庭では冷凍庫でグラスを冷やすほうが簡単かもしれませんが、バーでは、液体窒素を利用すればカウンターの内側のスペースを最大限活用するために役立ちます。

ドライアイス

　ドライアイスとは、凝固した二酸化炭素（CO_2）です。ドライと呼ばれるのは、二酸化炭素が通常の大気圧の下では液体にならないからです。昇華という作用によって、二酸化炭素は固体から直接気体に変わります。ドライアイスは、比較的使いやすい寒剤

のようです——手に入れやすく、凍傷にもなりにくく、また、固体なので液体窒素よりも扱いが簡単です。さらに、ドライアイスは温度が液体窒素よりもかなり高い——－78.5℃という穏やかな温度——とはいえ、この温かさにだまされてはいけません。ドライアイスは、同じ重量当たりでは、液体窒素のほぼ2倍の冷却力を持っているのです。なぜなら、CO_2を固体から直接気体に変えるには多大なエネルギー（1グラム当たり136.5カロリー）が必要になりますが、液体窒素は気化するために1グラム当たりたった47.5カロリーしか必要としないからです。

　ドライアイスで冷やすと、どんな液体でも多少炭酸化しますから、わたしは炭酸化する予定のドリンクをあらかじめ冷却する場合は、おもにドライアイスを使います。

　ドライアイスの問題点：その冷却力を効率的に使うのがむずかしい。液体窒素は、固形物を包み込んだり、ほかの液体と混ざって表面積が大きくなるので、効果的に短時間で冷却できますが、ドライアイスは固体なので、ドリンクを急速に冷やすことはなかなかできません。グラスに入った液体の中に、ドライアイスの固まりを入れてみてください。最初は泡が立ち、二酸化炭素のもやが立ち上ります。しかし、じきに泡立ちはしずまり、冷却速度は急激に落ちます。液体の中を見てください。まだドライアイスが残っていますが、ドライアイスを包むように液体が凍結して層を作り、ドライアイスを断熱しています。何かで固まりをつついて、凍結層を割れば、冷却速度は再び上がります。

　安全規則：もしあなたが超過圧力安全弁のついた圧力容器を設計する資格を持つエンジニアでないなら、絶対に密封容器に入れたドリンクをドライアイスで炭酸化したりしないでください。インターネットを検索すれば、うかつにもソーダ・ボトルにドライアイスを入れて密封し、手の中でそのボトルを破裂させてしまうまぬけな映像が、ひとつならず見つかります。もう一度よく考えて、こういうことはやめてください。

　地味だけれど楽しいドライアイスの使い方は、イベントなどのときに大量のドリンクをまとめて冷やすときの方法です。温度を氷点下に設定できるイマージョン・サーキュレーター（液体の温度をひじょうに正確に保つヒーター付きの装置）と、プラスティック製の広口の大きな容器と、まとまった量の安価なウォッカと、ドライアイスが必要になります。この容器に、氷点がかなり低いウォッカをたっぷり入れて、その中にイマージョン・サーキュレーターをセットして、さらにドライアイスを加えます。サーキュレーターのポンプが、ウォッカを絶えずかき回します。ポンプはあなたに代わって容器の中身をかき回し、着実に冷却していきます。温度が－16℃以下に下がったら、ヒーターのスイッチが入って、過剰に冷却されるのを防ぎます。

　たとえば、ショットで飲むアルコール度数の高いドリンクを作るとき、温度を－16℃にしたいとしましょう。蒸留酒をボトル何本分か容器に入れて、安価なウォッカを加え、イマージョン・サーキュレーターを入れます。サーキュレーターの電源を入れて、－16℃に設定します。ここで、ドライアイスの固まりをいくつか投入します。このあと必要なことは、ときどき容器の中を見て、もう少しドライアイスの固まりを追加する必要があるかどうかを確認することだけです。わたしはこれまでにさまざまなイベントで、このやり方でちょうどいい温度に冷やしたショットやドリンクを何千杯も作ってきました。このテクニックは、イベントの間炭酸入りカクテルを冷やしておくためにも使えます。

　安全規則の追加：誰かが間違ってドライアイスを飲んだりしないように、絶えず注意

を怠らないこと。

共晶凍結(きょうしょう)

　お金はあまりないけど時間ならあるという方は、結婚式のようなイベントでまとまった量のカクテルを正確な温度に保ちたいという場合には、共晶凍結を検討してみましょう。すでにご存じのように、塩を水に入れると氷点が下がります。それだけでなく、ある特定の濃度の塩と水の混合物は、共晶点という単一温度で凍結したり、融解したりします。共晶溶液は、普通の水の氷が0℃に温度を保つことができるのと同じように、温度を一定に保つために使うことができます。(塩の濃度が違う場合、融けるにしたがって溶液の温度は上がりつづけ、温度が横ばいになることはいっさいありません)。

　塩が違えば、溶液の共晶点も違います。食卓塩NaClの共晶点は、重量で23.3パーセントの溶液で−21.2℃であり、ほとんどのカクテルにとって低すぎる温度です。この技巧を活かす魔法の塩は、塩化カリウムKClです。重量で20パーセントのKClと80パーセントの水を混ぜた溶液は、共晶点が−11℃です。最大のメリットは、KClがとても安いことです。KClを道路用塩として使う人もいるくらいですから、日曜大工店に行けば、大きな袋入りで売られているはずです。

　まとめて作ったカクテルの温度を最適提供温度よりもほんの少し低い温度に保つには、20パーセントのKClと80パーセントの水の溶液を作ってください。KClが完全に溶けたのを確認してから、冷凍庫に入れて凍らせてください。ドリンクを冷やすときになったら、KClの氷をドリンクといっしょに冷却容器に入れます(もちろんドリンクは瓶入りです。KClがドリンクに混じれば味は台なしです)。ドリンクの温度は、数時間保たれます。この代替案としては、KClの溶液をプラスティックのソーダ・ボトルに入れて凍らせ、冷却容器に入れたドリンクの中に直接入れる方法もあります。こうしたボトルで冷やすには多少の時間がかかりますし、温度を一定に保つにはときどきボトルを動かす必要があります。

タイ・バジル・ダイキリ

第7章
ニトロマドリングとブレンダーマドリング

右のハーブはマドラーでつぶしたもの。ポリフェノール・オキシダーゼ酵素が得意の汚れ仕事をすでに始めている。

マドリングとは、カクテルを作る前に材料をスティックでつぶす工程です。マドリングの目的は、ドリンクを作る直前に、新鮮なフレーバーを引き出すことです。問題は、マドリングしてハーブをつぶすと、ポリフェノール・オキシダーゼ（PPO）が活性化されることです。ポリフェノール・オキシダーゼとは、フルーツやハーブを茶色く変色させ、味を酸化するたちの悪い酵素〔生体内の化学反応を触媒するタンパク質〕です。そのため、ハーブをマドリングすると、期待するほど新鮮な味には絶対になりません。ミントのかけらをつぶすと黒く変色していやな味になるのは、PPOが主犯です。

ニトロマドリング（nitro-muddling）とブレンダーマドリングは、PPOと闘うためにわたしが開発したテクニックです。たとえば、生のバジルをマドリングしてジンに入れるとしましょう。ニトロマドリングするには、液体窒素（liquid nitrogen）でバジルを凍らせて、マドラーでつぶし、これをジンに振りかけて解凍します。細かくつぶしてジンに浸したバジルは、茶色くなりません。美しく鮮やかな緑色のままです。味も信じられないほど力強く、新鮮です。液体窒素が手元になければ、ブレンダーマドリングでもかまいません。バジルとジンをいっしょにブレンダーにかけて、そのあと漉すだけです。こうしてできたジンは、緑色で新鮮ですが、ニトロマドリングで作ったものと比べると、多少鮮度が落ちます。

PPOと闘うニトロマドリングとブレンダーマドリング

敵の敵は味方です。そして、PPOにはおもに2つの敵がいます。そのひとつが酒です。アルコール度数40パーセントの酒は、PPOを完全にかつ永久的に無力化します。もうひとつの敵が、レモン・ジュースやライム・ジュースに含まれるアスコルビン酸（ビタミンC）——PPOの作用を抑制する抗酸化物質——です。

この2つ、酒とビタミンCが共闘しても、通常のマドリングをする場合には、あなたにとって十分な援軍にはなりません。酒の上にハーブが浮かんでいる状態では、効果的な

マドリングはできません。もしできたとしても、通常のマドリングでは、PPOがその汚れ仕事を始めないうちにハーブの葉に酒を浸透させることはできません。そこで、秘密兵器が必要になります。それが、液体窒素やブレンダーです。

液体窒素なら、ハーブをすみやかに凍らせることができます。PPOは、凍ってしまうと、悪さができなくなります。また、ハーブも、液体窒素に浸るともろくなり、普通のマドラーですりつぶしても粉末に近いほど細かくなります。わたしは、これをニトロマドリングと名づけました（注意：通常の冷凍庫では、ニトロマドリングほどすみやかに、かつ低い温度まで凍らせることはできません）。ニトロマドリングしたハーブは、**酒**で解凍します。ハーブが解凍する間に酒がPPOを不活性化するので、ハーブは緑色のままです。バジルやミントのようなハーブをニトロマドリングして、酒を加えずに解凍すると、たちまち黒く変色します。ハーブを酒に浸して解凍し、抗酸化効果のある柑橘類のジュースを加えると、PPOに対する勝利はもう決定です。

いっぽう、ブレンダーはすみやかにハーブをすりつぶしてアルコールに混ぜるため、PPOが作用する前にアルコールがこの酵素を完全に無力化します。

ニトロマドリングも、ブレンダーマドリングも、あとは残りの材料を加えて、通常通りにシェイクし、ティー・ストレーナーで漉して、冷やしておいたグラスにドリンクを注ぎます。この漉すという工程は重要です。すりつぶしたり、粉々にしたハーブの断片がグラスの側面や歯にくっついたりするのを望む人は、誰もいないでしょう。ニトロマドリングの場合、ドリンクを漉すのは、シェイクした**あと**にしてください。ハーブは、氷とともにシェーカーの中でかき回されると、いっそうフレーバーが引き出されます。ブレンダーを使う場合は、シェイクの前に漉してもかまいません。というのは、可能な限りのフレーバーをブレンダーがすでに引き出しているからです。

ニトロマドリングやブレンダーマドリングで作ったドリンクは、色鮮やかで、はなはだしいほど鮮烈なハーブの味わいがします。こうしたテクニックは、フレーバーを完全に引き出すことができますから、ときおりわたしは、PPOが大して問題にならないときにも使います。バラはさほど早くは酸化しませんが、わたしはバラをニトロマドリングしてジンに浸し、炭酸化します。ドリンクはピンク色になり、さわやかで、そう、まさにバラのようなにおいがします。

液体窒素に浸すと、ハーブはこのようにもろくなって、ばらばらになる。

右側が、ニトロマドリングしたタイ・バジル。ねらい通りのテクスチャーになる。

第7章　ニトロマドリングとブレンダーマドリング

バラを凍らせる。

ニトロマドリング vs ブレンダーマドリング：どっちがよいか？

　ニトロマドリングのほうが、文句なしにすぐれたテクニックですが、ほとんどの人は液体窒素を手に入れることができませんから、これは残念なことです。わたしの考えでは、ブレンダーを使うとハーブ入りの酒に空気を注入することになるので、酸化を防ぐという点では、ニトロマドリングよりもやや効果が落ちます。あえて数値化するとしたら、ブレンダーマドリングの効果はニトロマドリングの90パーセントくらいというところでしょうか。とはいえ、ほとんどの人にとって利用可能なブレンダーマドリングは、やはり本当によいテクニックといえるでしょう。わたしだって、もしニトロマドリングしたドリンクを味わったことがなければ、ブレンダーマドリングに不平を言ったりはしません。ほとんどの読者の方々は、ブレンダーをお使いでしょうから、最初にブレンダーの使い方についてアドバイスしましょう。

ニトロマドリングしたバラのカクテル。

ブレンダーマドリングに関するアドバイス

　ブレンダーマドリングでは、ドリンクを1杯だけ作ることはできません。酒は、ブレンダーの刃が全部浸るくらいまで入れなければ、ハーブが酸素にさらされて、茶色く変色し、いやな味になってしまいます。ブレンダーを使うときには、最低でも2杯作ります。刃が完全に浸るのを確認してください。もし刃が少し液面の上に出るくらいだったら、ブレンドする前に酸を加えてもかまいません。ただし、ほかの材料はブレンドした後で加えてください（アルコール度数を高いままに保つためです）。最初の2〜3秒は、ハーブを切り刻むためにゆっくりブレンダーを回し、そのあと2〜3秒間だけ高速で回してください。ブレンドしすぎると、空気を大量に取り込むことになり、逆効果になります。

　ブレンダーマドリングしたあとは、ドリンクをきちんとシェイクする必要はありません。ブレンドしたら残りの材料を加え、そのあとでシェイクしたかったらしてください。ブレンドしてからシェイクするまでどれくらい時間の余裕があるかは、使うハーブによって変わります。ミントは、15分以上たつと、そろそろ変化が目立ってきます。バジルは、45分くらいなら、大きな変化は見られません。ラベージのような褐色変化しないハーブは、もっと長い時間持ちます。

　ブレンダーマドリングの場合は、シェイクする**前**に、目の細かいシノアで漉してもかまいません。前もって漉しておいたほうが、ドリンクを提供するのが楽になります（シェイクしたあと普通のホーソーン・ストレーナーで漉すだけですみます）。

ニトロマドリングで作ることのできるレシピのほとんどは、ブレンダーマドリングでも作ることができます。唯一の例外は、レタスのように水分含量がひじょうに多く、フレーバー強度が低い材料です。レタスはニトロマドリングならうまくいきますが、レタスのフレーバーの強いドリンクにするにはかなりの量のレタスを使わなければならないため、ブレンダーマドリングすると、レタスが漉すことのできないスープ状になってしまいます。

ニトロマドリングに関するアドバイス

重要：液体窒素を使ってもよいのは、あなたが十分な技能を習得していて、使用に伴うすべての危険を熟知している場合に限られます。（39〜42ページの『道具』に関するセクションと、146ページ〜の『カクテルの新しい冷やし方』の章を参照してください）。

わたしは、ニトロマドリングをするときは、必ずステンレス製のティンを使います。ステンレスは、中に液体窒素を入れるとひじょうに冷たくなり、触ると凍傷になるほどです。ティンに触れるときは、凍りついていない上の縁の部分だけにしてください。ティンが冷たくてつかめないことは、目で見てもわかります。冒険心は起こさないでください。

ハーブは、液体窒素を入れる前にティンに入れてください。液体窒素は少量を注ぎ入れてください。ティンをそっと回してください。すると、ハーブは2〜3秒でパリパリになります（くり返しますが、冷たくなったティンの下のほうには触れないでください）。液体窒素はさかんに沸騰します。液体窒素の量が足りなければ、ハーブが完全に凍る前に液体窒素が蒸発してしまいます。その場合は、液体窒素をもう少し足してください。

液体窒素を入れすぎた場合は、激しい沸騰がしずまったあとに、ティンの底にかなりの量の液体窒素が残ります。このままでは、マドリングができません。まず第1に、飛びはねの問題があります。液体窒素が飛びはねると大変です。第2に、ティンの底に残っている液体の量が多いと、マドラーですりつぶすのがたいへんむずかしくなります。第3に、材料とティンが液体窒素のせいで冷たくなりすぎると、シェイクしたときにうまく希釈できません——十分な量の氷が融けないからです。もし液体窒素を入れすぎても、心配しないでください。余分な液体窒素は、マドリングの前に捨てればいいのです。ここで望ましいことは、ティンの底に数ミリ程度残った液体窒素を沸騰しないようにすることです。そうすれば、ハーブをすりつぶして、凍った粉末にすることができます。

マドラーは、必ずよいものを使ってください。ティンの底にしっくりとフィットしなければいけませんが、同時にうまくすりつぶす動作ができるだけの大きさがなければなりません。直径2ミリ以下の小さなマドラーは使わないでください。直径が38ミリ程度のものが理想的です。材質も重要です。ガラス製はいけません。もろくて割れやすいからです。多くのプラスチック製やゴム製のものも同様です。木製のものならいいでしょう。わたし

ニトロマドリングするときには、ミキシング・ティンをつかまず、上の縁の部分だけに触れ、飛散防止加工したマドラーを使う。

は、伝統的なフレンチスタイルののし棒を使ってニトロマドリングをし、いろいろなドリンクを作ってきました。とはいえ、いまわたしが愛用しているのは、カクテル・キングダムのバッド・アス・マドラーです。バッド・アス・マドラーもプラスチック製ですが、欠けたり割れたりしたことは一度もありません。わたしは、このマドラーを使って何千杯もニトロマドリングをしてきました。

マドリングするときには、手首をきかせて力をこめてマドリングしてください。手を抜かずに、しっかりとやってください。つぶし方が不十分だと、ドリンクの色が薄くなります。多少の練習が必要ですが、いずれは写真と同じ色のドリンクを作れるようになります。ハーブをマドリングしたあとに、ティンの中に液体窒素がまだほんのわずか残っているくらいがいいです。最後に残った液体窒素が蒸発して消えるとき、小さくプフウッ！という音がします。もう一度いいます。液体窒素は、次の作業に進む前に全部蒸発させる必要があります。バースプーンで2〜3秒かき回してから、酸を（レシピに酸が含まれている場合には）加えて、そのあとほかの材料を加えます。混ぜた後のドリンクが冷たすぎるのはよくありません。冷たすぎる場合は、ティンの外側に水道水を流して温めてください。そうしないと、シェイクしても十分に希釈されません。氷を加えて、これでもかというほど激しくシェイクしてください。ティー・ストレーナーで、ハーブのかすをすべて漉し取ってください。これででき上がりです。

ニトロマドリングを正しく行うために注意すべきことは、お客様には絶対に液体窒素を出してはならないということです。シェイクの前に、液体窒素が残っていないことを確認しなければなりません。もし何かの手違いで（あってはならないことですが）、液体窒素が中に入ったままのティンをシェイクしようとすると、液体窒素が沸騰して、ティンが2つに分かれて吹き飛びます（試したりしないでください。本当の話です。液体窒素を使うのは、物を吹き飛ばすためではありません）。

ブレンダーマドリングでも、ニトロマドリングとほぼ同じ効果をあげられる。ブレンダーマドリングの場合は、シェイクの前に（右の写真のように）漉して小片を取り除いたほうがよい。この写真では、見やすいようにシェイクする前のカクテルをグラスに入れている。

第3部　新しいテクニックとアイデア

ニトロマドリングの手順
1) ハーブを取ってティンに入れる。
2) 液体窒素を入れてハーブを凍らせる。
3) これでは液体窒素の量が多すぎる。このように液体窒素が多いと、ちゃんとマドリングできず、ドリンクの希釈も不十分になる。
4) これくらいがよい。
5) マドリングする。
6) 見た目がこういう感じになるとよい。
7) 酒を加えて解凍し、それから酸やシロップを加え、氷を入れてシェイクする。
8) ティー・ストレーナーでドリンクを濾して、冷やしておいたクープ・グラスに注ぐ。

第7章　ニトロマドリングとブレンダーマドリング

全般的なアドバイス

　ブレンダーマドリングとニトロマドリングには同じ欠点があります。どちらもバー用品を汚します。ハーブの小さな断片は何にでもくっつきます。これは、家庭では大した問題ではありません。バーでは、ニトロマドリングに使うティンのセットやティー・ストレーナーやホーソーン・ストレーナーは専用にして、別のものと分けることをおすすめします。わたしは、ハーブの小さなかけらが別のドリンクに混入するのがいやでいやで、本当にいやでたまりませんが、どんなに注意しても、絶対に見落とさないという保証はありません。

レシピ

注意:これからあげるレシピの数字は、ドリンク1杯分です。こうしたレシピは、ニトロマドリングならこのままでかまいません。ブレンダーマドリングで作る場合には、少なくとも2杯分作らなければなりません。3杯分以上ならもっといいです。必ずブレンダーの刃がドリンクに浸るくらいの量にしてください。

4

8

TBD：タイ・バジル・ダイキリ

これは、前述したテクニックを活用するために開発したドリンクです。TBDは、タイ・バジルを加える普通のダイキリです。タイ・バジルは、イタリア料理で使うグローブ・バジルとは味が違います。わたしの大好きなアニスのようなすばらしい味わいがあります。アニスが嫌いな人でも、タイ・バジルなら好きだと言う人もおおぜいいます。このドリンクは、鮮やかな緑色で新鮮な味わいがします。

160mlのドリンク1杯分
アルコール度数15％、糖8.9g/100ml、酸0.85％

[材料]
タイ・バジルの葉 5グラム（大きめの葉7枚）
フロール・デ・カーニャ・ホワイト・ラム（アルコール度数40％）またはその他の透明なホワイト・ラム 60ml
漉したてのライム・ジュース 22.5ml
シンプル・シロップ 20ml
食塩水2ドロップまたは塩1つまみ

[作り方]
ティンにタイ・バジルを入れて、ニトロマドリングですりつぶす。そのあと、ラムを加えてかき回す。ライム・ジュースとシンプル・シロップと食塩水または塩を加える。混ぜた液体が凍りつくほど冷たくなっていないことを確認する。氷を入れてシェイクし、ティー・ストレーナーで漉して、冷やしておいたクープ・グラスに注ぐ。

ブレンダーマドリングにする場合は、レシピの分量を2倍にして、タイ・バジルとラムとライム・ジュースをブレンダーにかけ、そのあとシンプル・シロップと食塩水または塩を加えてステアする。目の細かいストレーナーで漉したあと、氷を加えてシェイクしてから、もう一度漉し、冷やしておいた2つのカクテル・クープに注ぐ。

タイ・バジル・ダイキリ

スパニッシュ・クリス

メスカルとタラゴンはとてもよく合いますが、それだけでは物足りない感じがします。この2つに必要なものは、少量のマラスキーノ・リキュールです。この3つがいっしょになると、ものすごい力を発揮します。ちなみに、スパニッシュ・クリスとは、ブッカー・アンド・ダックスの地下の開発研究室に閉じこもっている男のことです。

149mlのドリンク1杯分
アルコール度数15.3%、糖10g/100ml、酸0.91%

[材料]

生のタラゴンの葉3.5グラム（軽く一握り）
ラ・ピュリティータ・メスカルまたは透明なブランコ・メスカル（アルコール度数40%）45ml
ルクサルド・マラスキーノ（アルコール度数32%）15ml
漉したてのライム・ジュース 22.5ml
シンプル・シロップ 15ml
食塩水3ドロップまたは塩を多めに1つまみ

[作り方]

ティンにタラゴンを入れ、ニトロマドリングですりつぶす。メスカルとマラスキーノを入れて、ステアする。ライム・ジュースとシンプル・シロップと食塩水または塩を加える。凍りつくほど冷たくなっていないことを確認する。氷を加えてシェイクし、ティー・ストレーナーで漉して、冷やしておいたクープ・グラスに注ぐ。

ブレンダーマドリングにする場合は、レシピの分量を2倍にして、タラゴンにメスカルとマラスキーノとライム・ジュースを加えてブレンダーにかける。そのあとシンプル・シロップと食塩水または塩を加えてステアし、目の細かいストレーナーで漉したあと、氷を加えてシェイクしてから、もう一度漉して、冷やしておいた2つのカクテル・クープに注ぐ。

フラット・リーフ

パセリなんかで美味しいドリンクができるはずがない、と思っている人もいるかもしれませんが、それは間違いです。パセリのドリンクは、香りは立ちませんが、みずみずしく鮮烈な緑色です。まるで春のような味がしますが、冬に飲んでもお気に召すはずです。

このドリンクで使う柑橘類は、シトラス・オーランティアムの一種であるビターオレンジ〔ダイダイ〕です。ビターオレンジは――酸味もあるので――別名サワーオレンジともいいます。このドリンクでは、セビル・オレンジと呼ばれる――皮が美しく果汁に苦味のない――高級な品種のサワーオレンジは必要ありません。必要なのは、ラテン・アメリカの青果店でよく見かける本当に苦味のある「アランシア」と呼ばれる見かけの悪いビターオレンジです。わたしがこうしたオレンジに惚れ込んだのは、まだ結婚する前の妻とデートを重ねていた20年以上も昔のことです。アリゾナ州フェニックスにあった妻の実家の外に、ビター（サワー）オレンジの木が生えていました。わたしはその実からオレンジエードを作りはじめました。フェニックスの町の通りには、ビターオレンジの並木もありましたが、その実を誰も利用していませんでした。もったいない。もしサワーオレンジが見つからないときには、ライム・ジュースで代用してください。

ラベージを使って、このドリンクのアレンジを作ってみてください。すばらしい味になります。わたしはラベージが大好きです。パセリやセロリのかすかな香りに苦味を加えたようなフレーバーがします。セロリの風味については、わずかにセロリ・シードの味もします。わたしがこのドリンクが大好きなのは、たぶんそのせいでしょう。

164mlのドリンク1杯分
アルコール度数17.7％、糖7.9g/100ml、酸0.82％

[材料]
生のパセリの葉4グラムまたは生のラベージの葉4グラム（軽く一握り）
ジン（アルコール度数47.3％）60ml
絞って濾したばかりのビター（サワー）オレンジのジュース 30mlまたは濾したてのライム・ジュース 27.5ml
シンプル・シロップ 15ml
食塩水3ドロップまたは塩を多めに1つまみ

[作り方]
ティンにパセリまたはラベージを入れ、ニトロマドリングですりつぶす。ジンを加えて、ステアする。フルーツのジュースとシンプル・シロップと食塩水または塩を加える。凍りつくほど冷たくなっていないことを確認する。氷を加えてシェイクし、ティー・ストレーナーで濾して、冷やしておいたクープ・グラスに注ぐ。

ブレンダーマドリングにする場合は、レシピの分量を2倍にして、パセリまたはラベージにジンと酸味のあるフルーツ・ジュースを加えてブレンダーにかける。そのあと、シンプル・シロップと食塩水または塩を加えてステアし、目の細かいストレーナーで濾したあと、氷を加えてシェイクし、もう一度濾して、冷やしておいた2つのカクテル・クープに注ぐ。

ザ・カルボン

このドリンクは、アクアビットとミントを混ぜ合わせたものです。アクアビットとは、キャラウェイ・シードをおもなフレーバーとするスウェーデンのスーパードリンクです。ここで、キラリティー（分子の非対称性）について説明しておきましょう。化学的にいうと、キラル分子とは、同じ構造を持ちながら鏡像のように互いに左右非対称となる2つの形になるものです。この分子構造は、まったく同じものではありませんが、これは右手と左手がまったく同じではないのと同じ意味です。カルボンという化合物は、キャラウェイとミントの両方の主要なフレーバー化合物ですが、カルボンはキラルです。R（−）カルボンは、スペアミントのおもなにおい成分です。その鏡像のS（＋）カルボンは、キャラウェイのおもなにおい成分です（スウェーデン料理に欠かせないディルのにおい成分でもあります）。複数のフレーバーに化学的類似性があるからといってそれらのフレーバーを組み合わせることに、わたしは通常抵抗があります。化学的に類似した材料だから必ず味が調和するなどとは言えないはずです。でもこの場合は例外です。わたしは、有機化学の講義を受講して、キラル・カルボンについて学びました。このときわたしはすぐに、おもしろい、もっとよいフレーバーの組み合わせができる、と思いました。

このドリンクは、ほかのニトロマドリングのドリンクとは違います。というのは、このドリンクには酸が含まれないので、ミントの風味が長持ちしないからです。

117mlのドリンク1杯分
アルコール度数20.4%、糖6.8g/100ml、酸0%

[材料]
生のミントの葉 6グラム（たっぷり1つかみ分）
リニア・アクアビット（アルコール度数40%）60ml
シンプル・シロップ 13ml
食塩水3ドロップまたは塩を多めに1つまみ
レモン・ツイスト 1つ

[作り方]
ティンにミントを入れて、ニトロマドリングですりつぶす。それからアクアビットを加えて、ステアする。シンプル・シロップと食塩水または塩を加える。混ぜたドリンクが凍りつくほど冷たくなっていないことを確認する。氷を加えてシェイクし、ティー・ストレーナーで漉して、冷やしておいたクープ・グラスに注ぐ。最後にレモン・ツイストを飾る。

ブレンダーマドリングにする場合は、レシピの分量を2倍にして、ミントにアクアビットを加えてブレンダーにかける。そのあとシンプル・シロップと食塩水または塩を加えてステアし、それから目の細かいストレーナーで漉したあと、氷を加えてシェイクし、もう一度漉して、冷やしておいた2つのカクテル・クープに注ぐ。最後に、2つのレモン・ツイストをそれぞれのグラスに飾る。

第8章
レッドホット・ポーカー

　植民地時代のアメリカでは、寒い夜に居酒屋に入ってきた客がホット・ドリンクを注文すると、店主はフリップを出してくれました。フリップとは、ビールやサイダー〔リンゴ酒〕に蒸留酒と砂糖を混ぜて、暖炉で熱したレッドホット・ポーカー〔赤く焼けた火かき棒〕を突っ込んで温めた飲み物です。南北戦争のいつのころからか、このドリンクは変化しはじめました。卵が加えられ、また温かいフリップと冷たいフリップの両方が作られるようになりました。温かいフリップは、ポーカーではなくお湯を加えて作られるようになり、このうえなく大切なものが失われてしまいました。数年前わたしは、いまこそこのレッドホット・ポーカーを21世紀によみがえらせ、わたしたちが忘れていた古き良き味を再現すべきときだと決心しました。

　レッドホット・ポーカーは、鍋のようなたんなる加熱器具ではありません。レッドホット・ポーカーをドリンクに直接突っ込むと、その高温がフレーバーを立たせます。ポーカー（火かき棒）は、液体ではなかなかできないトーストのような香ばしいカラメル風味のフレーバーを立たせます。2杯の温かいフリップを作り、味を比べてみてください。一方は鍋で沸かしたお湯を使い、もう一方はレッドホット・ポーカーを使います。鍋のお湯で作ったフリップは、二度と飲みたいとは思わないでしょう。レッドホット・ポーカーで作ったドリンクの香りは魅惑的で、バーがこんな芳香で満たされることはほかにはありません。誰かがポーカー・ドリンクを作っていると、誰もがみんな――とくに寒々しい野外にいるときは――ちょっと元気になります。

赤熱の旅：伝統の火かき棒

　わたしは、ポーカーの実験を始めるにあたって、はんだごてを購入しました。これは、鉄の棒の先に八角形の重いとがった銅のこて先がついた道具です。はんだごては高価ではありませんから、どなたでも手に入れられます。こて先は、10分間強火でガスコンロにかけておくなどして、火であぶって熱します。こてが熱くなって、暗赤色になったところでドリンクにつければ、その効果はもう抜群です。

　銅のはんだごてで温めると、ドリンクにフレーバーが加えられます。このフレーバーは、ときには気づかないこともありますが、ときには都合がいいこともあります。わたしは何年かの間、

182

第8章 レッドホット・ポーカー

はんだごてを使うレッドホット・ポーカーのやり方。
1）強火ではんだごてを熱する。
2）こて先が真っ赤に焼ける。
3）こて先をドリンクに突っ込む。
4）突っ込んだ瞬間には、とくに変化はない。ライデンフロスト効果によって、急激に泡立つようなことはないが、そのあと激しく煮えたぎる。

シェフをしている友人のニルス・ノーレンとともに、銅のはんだごてを使ってスウェーデンのクリスマス用ホット・ワインのグロッグを作っていました。わたしは、グロッグは銅のはんだごてを使うといっそう美味しくなると思います。一方、銅を使うと、硬貨をしゃぶっているような味になるドリンクもあります。わたしは、かつてのオリジナルのレッドホット・ポーカーの材質に近いと思われる鋳鉄に変えてみたことがあります。これがまるで鉄剤のようなひどい味で、加熱の効率も銅ほどよくありませんでした。（植民地時代の人たちが鉄の味をもっとましなものにするためにどんなことをしたのか、わたしにはわかりません。それとも、当時の人たちはこのまずい味に慣れっこになっていたのでしょうか）。わたしはこて先をステンレス製のものに変えてみましたが、あまりうまくいきませんでした。ステンレスは熱の伝導率が比較的悪く、熱貯蔵も比較的よくありません。

ホット・ロック

　はんだごての次に、わたしは熱した石を試してみました。わたしの友人のなかに、韓国料理の石焼きビビンバを作るために使う石茶碗を作っている人がいます。（みなさんも、このすばらしい石茶碗を買って使ってみるといいでしょう）。わたしは、ガスコンロのまわりにリング〔丸底鍋を安定させるもの〕を置いて、そこに石茶碗に使う石の固まりを入れて、かすかな暗赤色——約430℃——になるまで加熱します。熱した石を2個ほどドリンクに入れると、ドリンクは煮立って、さかんに泡立ちます。この方法はとてもうまくいったので、「オン・ザ・ホット・ロック」という新しいドリンクのカテゴリーを作ろうかと考えましたが、そのあともう一度考え直して、430℃の石を入れたドリンクをお客様に出すのはやめにしました。もし無謀にもホット・ロックを試してみようと思うような人がいたなら、次のことに注意してください。ほとんどの石は、加熱すると破裂して、細かい破片がすさまじい勢いで部屋中に飛び散ります。石茶碗やせっけん石のような耐熱性の石を使わなければなりません。

ドリンクに熱した石を入れる。最初は煮立ち方も穏やか——これもやはりライデンフロスト効果——だが、そのあと猛然と煮え返り、やがてまた落ち着いてくる。

自己加熱するポーカー

ホット・ロックという方法の限界を認めたあと、わたしはさまざまな投入電熱器〔直接水につけて加熱する電熱器〕を使って、自己加熱するポーカーの開発を始めました。最初に作ったのは、(電熱器の発熱体によく似た)加熱素子を曲げて短いらせん状にしたものでした。加熱素子は、電熱器の発熱体とそっくり同じように、高熱になると真っ赤に光りました。この素子は、はんだごてやホット・ロックよりもかなり高温になりました。そのなかのひとつは、極度の高温のために、カクテルに突っ込んだ瞬間に炎が上ったほどでした。

ドリンクに火をつけることには、顕著な効果が2つあります。ひとつは温度を一気に上げることができること。もうひとつは、温度が一気に上がるために、ドリンクのアルコール濃度を沸かすよりも早く減らすことができることです。そこで、わたしは悩みました。カクテルに火をつけるポーカーを作るほうがいいのか、それとも、もっと温度の低いポーカーを使うやり方に戻るべきなのか。どちらかを選ばなければなりません。ドリンクに火がついたり、つかなかったりするようなポーカーならいりません。火がつけば、アルコール

レッドホット・ポーカーは、最初に使うときにいちばん高い温度になり、それ以後使うごとに温度は下がっていく。最初はまだ酸化されていないため、まぶしいほど光り輝く。

ル濃度が変わるからです。味のバランスを取るには、ドリンクに火がつくかどうかがあらかじめわかっていなければなりません。もし火がつかなければ、同じアルコール濃度にするために、湯を足したり、もっと長い時間煮立てたりする必要があります。もし火がつくなら、短い時間で加熱することができますし、酒を注ぎ足すこともできます。酒を注ぎ足すと、ドリンクの完成時のアルコール度数を上げることなく、ベースとなるスピリッツのフレーバーを強くすることができます。

ホット・ドリンクのアルコール度数を本気で**下げたい**と言うと、ほとんどの人は驚きます。でもホット・ドリンクは、アルコールの量が多すぎると、顔のほうに持ってきたとき鼻にツンときて、たいへん不快なのです。

絶対に発火させないか、必ず発火させるか。おそらくみなさんの予想通りでしょうが、わたしは必ず発火させるほうを選びました。これは、わたしが火遊びが好きだからではなく、完成時のドリンクのフレーバーの量を増やすことができるからです。

レッドホット・ポーカーで瞬時に必ず火がつくようにするには、かなりの高温——およそ870℃〜900℃——にする必要があります。これだけの高温になると、市販されている投入電熱器の自己溶融温度に近くなり、危険です。さらには、レッドホット・ポーカーを何度もドリンクに突っ込むことによって過酷な熱サイクルをくり返すことになり、そのため急激に金属合金と絶縁性が劣化するという問題も加わって、わたしはデザインの問題にぶち当たったのです。

わたしは、らせん状に曲げたポーカーはやめにしました。まるでフランケンシュタインの映画のセットのように見えますし、不格好で、お客様の目にとまるバー用品としてふさわしくありません。結局、高温のカートリッジ・ヒーターに行き着きました。これは、工場などで金型や鋳型の穴に挿入して加熱するために使われている工具です。わたしが使っているカートリッジ・ヒーターは、インコロイと呼ばれる高温耐食性のニッケルスチール合金の筒の中に、らせん状に巻いた細長い抵抗線ヒーターを（小さな体積により長い加熱素子が入るように）さらに大きならせん状に巻いたものがおさめられています。この筒の中には絶縁材料の酸化マグネシウムが詰められていて、抵抗線がショートしないようになっています。

数十回に及ぶテストの末に、直径3/4インチ〔1.9ミリメートル〕、長さ4インチ〔約10センチ〕、使用電力500ワットのカートリッジ・ヒーターが理想的であることがわかりました。使用電力がこれより少しでも小さいと、必要なだけの熱を起こすことができません。電力がこれ以上少しでも大きいと、溶融を起こします——そして、ときにははでに火花のシャワーを降らせることもあります。最初わたしは、もっと出力の高い——1500ワットの——ヒーターを使い、熱電対温度計を使ってヒーターがこわれないように温度を調節しました。この高出力のポーカーを使うと、30秒で1杯のペースでドリンクを作ることができます。500ワットのポーカーは、再び高温になるまでに90秒かかります。問題：1500ワットのポーカーはこわれるのがいつも突然で、赤々と燃え上がって、近くにいる人たちびっくりさせました。熱電対温度計は故障ばかりしていて、そのためにヒーターは溶融

ポーカーの使い方

を起こしました。わたしは、熱調節が必要なく、それでもなおかつしかるべき機能を果たせるポーカーを見つけるために、サイズやワット数の違うさまざまなヒーターのテストを始めました。その要件を満たしたのが、消費電力が500ワットで、直径3/4インチ、長さ4インチのヒーターだったのです。

とはいえ、あらゆる実験を重ねた末の最終結果は、文句なしにバラ色というわけにもいきませんでした。なぜなら、500ワットのヒーターも必ず最後にはこわれてしまうからです。500ワットのほうがずっと長く持つというだけのことです。ときには、絶え間ない温度サイクルのために、ヒーターの内部の絶縁材がひび割れて役に立たなくなり、アーク放電を起こして火花が飛び散ることもあります。これは、500ワットのヒーターではまれなことで、1500ワットのポーカーのアーク放電ほどには危険ではありませんが、それでもびっくりさせられます。こわれ方としてもっとも多いのは、ゆるやかな機能の低下です。時間とともに、ヒーターの内部の抵抗線が酸化します。酸化するにつれて、抵抗が大きくなり、電流は弱くなって、ドリンクに火がつかなくなります。ポーカーは、徐々に機能が低下していくだけです。忙しいバーで週に7日、午後6時から午前1〜2時くらいまで使うと仮定すると、機能低下するまでのポーカーの寿命は約1か月です。家庭でならもっとずっと長く持つでしょうが、わたしは絶対にポーカーを売るつもりはありません。万一事故が起きたときの補償が大変ですから。電気ポーカーの作り方を一般の方に教えるつもりもありません。家庭での使用はおすすめできないからです。

ポーカーのテクニック

わたしは、レッドホット・ポーカーを使ってドリンクを作るときには、いつも普通のパイント・グラスを使います。わたしは何年もパイント・グラスを使ってきましたが、1度も割れたことはありませんでした——グラスの温度がさめないうちに続けて何度もドリンクを作ったりすれば、ひびは入るでしょうが、決して割れることはありませんでした——が、とうとうひとつ割れてしまいました。グラスが割れてもやけどしないように、グラスは金属製のワイヤー・ホルダーに入れるようにしてください。

ドリンクについた火をどのタイミングで消すかは、好みの問題です。ポーカーの上手な使い方は、なかなか説明できません。バーテンダーひとりひとりが、自分で答えを見つけ出さなければなりません。ポーカーを使うバーテンダーのほとんどは、ポーカーが好きだから使っています。その結果彼らは、根本的なものを実際にコントロールし、既存のものを混ぜただけのものとは違う新しいフレーバーを生み出す感性を身につけるのです。

温かい酒の提供の仕方

温かい酒を出すときは、コーヒーマグのような背の高い器ではなく、ティーカップやコーヒーカップのような広口のカップに入れてください。背の高いカップは絶対にやめてください。アルコールの蒸気が集中して感覚を麻痺させ、ドリンクの味がわからなくなってしまいます。ティーカップなら表面積が大きいので、アルコールの蒸気が広い範囲に

放散されて、どこか一か所に集中されることはありません。ティーカップからうっとりするような香りが立ち上るドリンクは、高いグラスに入れたときとは全然比べ物になりません。

レッドホット・ポーカーで作ったドリンクの
フレーバー・プロフィール

　ポーカーの使い方に関係なく、フレーバーに関して覚えておかなくてはならないポイントがいくつかあります。ポーカーを使うときは、標準的なホット・ドリンクよりも糖をちょっと多めに加えてください。温度が高いほどショ糖に対する味覚も感度が高くなるため、一般的にホット・ドリンクに加える砂糖（ショ糖）の量は冷たいドリンクよりも少なくなりますが、ポーカーで加熱すると、ドリンクの中の砂糖の一部がカラメルになるため、芳しいフレーバーが加わる代わりに、甘味が減ってしまうのです。アガベ・ネクターのような果糖の多い甘味料を使う場合には、ポーカーで糖をいっさい燃やさなかったとしても、温度の上昇とともに実際に甘味が落ちます。だから、多めに使ってください。

　ビールのホップのような苦味は、ポーカーを使うと強まります。わたしは、ビールを使う場合は、たいていは苦味が少なくて多少のフルーティーさがあるもの――しばしばアビーエール――を使い、ラガーはめったに使いません。アンゴスチュラのようなビターズは、ポーカーを使うドリンクでは実にいい味わいを出します。

　ほとんどのポーカー・ドリンクは、熟成したスピリッツを使うと引き立ちます。ポーカー・ドリンクのなかで、ホワイト・リカー（無色透明な蒸留酒）しか含まないものは、本当にごくまれです。ウイスキー、ダーク・ラム、コニャック、ブランデー、アップルジャック等々は、ホット・ドリンクにおけるパンとバターのようなものです。多くのリキュールやアロマも、ホット・ドリンクでは、味の調整役として大きなはたらきをしますし、主役級のはたらきをすることもあります。ほとんどのバーテンダーが屈折した愛情を抱く食後酒のフェルネ・ブランカは、わたしは大嫌いですが、温めると美味しくなります。また、イエーガーマイスター社は、自社製品のイエーガーマイスターをかなり冷たくして飲むようにアドバイスするかもしれませんが、わたしはこれまで少なからぬイエーガーマイスターに火をつけて美味しいドリンクを作ってきました。

　酸が必要なときは、量を控えめにしてください。酸が多いと、ホット・ドリンクの場合は美味しくありません。ポーカー・ドリンクに使われるもっとも一般的な酸は、レモン・ジュースです。わたしたちは、温かい紅茶にレモンを入れて飲むのに慣れているので、レモンが多くのドリンクに合うような気がするのでしょう。わたしはときおり温かいライムを使いますが、加熱のためにライムの苦味が強くなり、ひどい味になることもあります。サワーオレンジは、ホットにしてもいい味です。

2つのレシピ

　ドリンクを発火させるポーカーを使う場合は、次のようなレシピで7〜10秒間火を立たせてください。発火しないポーカーを使う場合は、15〜20秒間煮立たせてください。ソテーパンを使うレシピは、ポーカーを使うレシピの後に続きます。

ホット・ドリンクを作るためのその他の方法

　(a) 電気レッドホット・ポーカーを自作せず、(b) はんだごてを買わないとしたら、ほかにはどんな選択肢があるでしょうか。ポーカーを使わずに同じ効果を上げるために、わたしが思いついたいちばんよい方法は、シンプル・シロップを含むレシピに限定されますが、シンプル・シロップを砂糖に変えてソテーパンで砂糖を焦がし、酒（レシピ参照）をかけて火をつけるという方法です。もしキッチンで火が立ち上ることを気にしないなら、このテクニックはきっとなかなかの見ものになるでしょう。

ソテーパンで砂糖を焦がす。茶色になるまで焦がす。ただし、色が濃くなりすぎないように注意する。3の写真がちょうどいい。4の写真は焦がしすぎ。

5) ベースになるスピリッツを加えて発火させる──炎が立ち上る。
6) アルコール度数の低い酒を急いで加える。
7) 火から下ろして、カラメル化した砂糖がソテーパンの底にこびりつかないようにかき回して溶かす。
8) カップに注ぐ。

ポーカーで作ったレッドホット・エール

レッドホット・エール

　これは伝統的なスタイルのポーカー・ドリンクです。わたしたちのひいおじいさんのそのまたひいおじいさんの時代に作られていたものと同じドリンクです。

ポーカーで作るレシピ

138mlのドリンク1杯分

アルコール度数15.3％、糖3.5g/100ml、酸0.33％

完成時の体積とアルコール度数はポーカーで加熱する時間によって変わる

[材料]

コニャック30ml

モルトの味がしてホップの味はしないアビーエール（わたしはこのレシピにはオメガング・アビーエールが適していると思う）90ml

シンプル・シロップ 7.5ml

漉したてのレモン・ジュース 7.5ml

急速オレンジ・ビターズ（217ページ参照）または市販のオレンジ・ビターズ 3ダッシュ

食塩水2ドロップまたは塩1つまみ

オレンジ・ツイスト 1つ

[作り方]

　オレンジ・ピール以外のすべての材料を混ぜて、ポーカーで加熱する。ティーカップに注ぎ、カップの上でオレンジ・ピールを絞る。

ソテーパンで作るレシピ

138mlのドリンク1杯分

アルコール度数15.3％、糖は計量不可、酸0.33％

完成時の体積とアルコール度数は火を立たせる時間によって変わる。

[材料]

グラニュー糖 2.5ティースプーン（12g）

コニャック30ml

急速オレンジ・ビターズ（217ページ参照）または市販のオレンジ・ビターズ 3ダッシュ

アビーエール 90ml

漉したてのレモン・ジュース 7.5ml

食塩水2ドロップまたは塩1つまみ

オレンジ・ツイスト 1つ

[作り方]

　まず、ソテーパンに砂糖を入れる。砂糖がカラメル化し始めるところまで強火で加熱する。だんだん色が濃くなり焦げ茶色になる――ただし焦げつかない程度――まで熱する。すぐにコニャックを入れ、ソテーパンを火のほうに傾けて火をつける。電熱器などで加熱する場合には、柄の長いブタン・ライターで火をつける。十分注意すること！　いきなり大きな炎が立ち上ることがある。コニャックを2〜3秒燃え立たせ、まだ火がついているうちにビターズを入れる。それからエールを加えて、火を消す。最後に、レモン・ジュースと食塩水または塩を加えて、ソテーパンを火から下す。スプーンでかき回してカラメルを溶かす（蒸気で焼かないこと）。ティーカップに注ぎ、カップの上でオレンジ・ピールを絞る。

レッドホット・サイダー

これもまた昔ながらのカクテルです。このレシピではサイダーを使います。

ポーカーで作るレシピ

138mlのドリンク1杯分

アルコール度数15.3％、糖6.5g/100ml、酸0.31％

完成時の体積とアルコール度数はポーカーで加熱する時間によって変わる。

[材料]

アップル・ブランデー（アルコール度数50％。わたしはレアードのボトル・イン・ボンドを使う）30ml

ハード・アップル・サイダー（品質の確かなものを使う。わたしは通常ノルマンスタイルのサイダーを使う）90ml

シンプル・シロップ 15ml

漉したてのレモン・ジュース 7.5ml

急速オレンジ・ビターズ（217ページ参照）または市販のオレンジ・ビターズ 2ダッシュ

食塩水2ドロップまたは塩1つまみ

シナモン・スティック 1つ

[作り方]

液体の材料を混ぜ、シナモン・スティックを添えたポーキング用グラスに入れて、ポーカーで加熱する。ティーカップに注ぎ、シナモン・スティックを添える。

ソテーパンで作るレシピ

138mlのドリンク1杯分

アルコール度数15.3％、糖は計量不可、酸0.31％

完成時の体積とアルコール度数は火を立たせる時間によって変わる。

[材料]

グラニュー糖 3ティースプーン（12.5g）

アップル・ブランデー（アルコール度数50％）30ml

シナモン・スティック 1つ

急速オレンジ・ビターズ（217ページ参照）または市販のオレンジ・ビターズ 2ダッシュ

ハード・アップル・サイダー 90ml

漉したてのレモン・ジュース 7.5ml

食塩水2ドロップまたは塩1つまみ

オレンジ・ピール 1つ

[作り方]

ソテーパンに砂糖を入れて、強火にかける。砂糖が茶色になるまで加熱する。ただし、焦がさないこと。ブランデーとシナモン・スティックを加えて、発火させる。2～3秒間火がついたままにする（十分注意すること！）。火がついているうちに、ビターズを加え、それからサイダーを加える。最後に、レモン・ジュースと食塩水または塩を加えて、ソテーパンを火から下す。スプーンでかき回してカラメルを溶かす（蒸気で焼かないこと）。ティーカップに注ぎ、その上でオレンジ・ピールを絞る。

第9章
急速インフュージョンと圧力シフト

インフュージョンとは、相互に結びついた2つの作用のことをさします。固体のフレーバーを液体中に抽出すること〔浸出〕、または、液体中のフレーバーを固体に浸透させること〔注入〕、あるいはその両方が同時に起きることを意味します。コーヒーを淹れるのは、一方通行の作用です。コーヒー液は美味しいですが、使い終わったコーヒーの粉はそうではありません。コーヒーを淹れるということは、コーヒーの粉のフレーバーを液体

iSi エスプーマ

に抽出することです。一方チェリーをブランデーに漬けると、ブランデーの風味がするチェリーとチェリーの風味がするブランデーという2つの美味しい産物ができます。インフュージョンを利用すると、基本的に独特のフレーバーを持つ自分独自の新しい酒を作ることができます。わたしは、インフュージョンを利用して、フレーバーが際立つシンプルなドリンクを作るのが好きです。

インフュージョンは、やり方しだいで、数秒から数分でできる場合もあれば、数日から数週間かかる場合もあります。カクテルの世界でもっとも伝統的なインフュージョンは、完成までに数日から数週間かかります。伝統的なインフュージョンについては、その方法を解説した本がたくさん出ていますから、そのうちのどれかを参考にされることをおすすめします。ここでは、数秒から数分でできる急速インフュージョン〔浸漬/注入〕に焦点を当てることにします。

急速インフュージョンは、圧力の操作によって機能する2つの現代技術の組み合わせによって成り立っています。そして、通常は、2つのキッチン用品のどちらかに依存します。この2つとは、エスプーマ（クリームホイッパーともいう）とチャンバー真空包装機です。この2つの装置は、それぞれ反対のはたらきをします。互いに反転する鏡の像のようなものです。エスプーマは、圧力を上げて、そのあと大気圧に戻します。真空包装機は、圧力を下げてから大気圧に戻します。この2つの道具は、それぞれどちらかのインフュージョンに使えます。エスプーマは、液抽出にかけては右に出るものがありませんし、真空包装機は固体に浸透させるときに際立った力を発揮します。

まず、エスプーマから先に説明します。というのは、バーでは、液抽出のほうが固体への浸透よりもずっと重要だからです。インフュージョンで作る酒やビターズは、カクテルでは主役です。インフュージョンした固形物は、通常はガーニッシュ（飾り）に使われるくらいです。

エスプーマと亜酸化窒素による急速インフュージョン

亜酸化窒素による急速インフュージョン

亜酸化窒素による急速インフュージョンは、わたしが、エスプーマと亜酸化窒素を使って開発したテクニックです。亜酸化窒素とは、甘い味がする水溶性／エタノール可溶性／脂溶性の麻酔ガスです。笑気ガスやN_2Oと言ったほうがわかりやすいかもしれません。急速インフュージョンでは、亜酸化窒素が液体に溶け込み、その圧力で液体を固体にしみ込ませ、その結果、固体からフレーバーを抽出することができるのです。しばらくして圧力を解放すると、亜酸化窒素が沸騰し、固体から新たにフレーバーがしみ出した液体が押し出されます。

亜酸化窒素の急速インフュージョン vs 伝統的インフュージョン

急速インフュージョンは、時間をかける伝統的インフュージョンと比べて、よいわけ

でもなく、悪いわけでもありません。ただ、違うだけです。急速インフュージョンでは、時間をかけるインフュージョンと比べて、苦味やスパイスやタンニンを含む成分の抽出量が少なめになります。でき上がったものの苦味やスパイスやタンニンの味が強すぎる場合は、急速インフュージョンにしてください。急速インフュージョンしたカカオニブ酒は、数週間つけたものよりも苦味が少ないので、砂糖の量も少なめですみます。急速インフュージョンしたハラペーニョ・テキーラは、ゆっくりとインフュージョンしたハラペーニョ・テキーラよりも、ハラペーニョの香りが強く、スパイスの味は弱くなります。このようなフレーバーの変化の結果、急速インフュージョンでは、一定量の固形物の材料から抽出できるフレーバーの総量が少なめになるので、必要な固形物の材料の量が伝統的な方法よりも多くなります。

　インフュージョンの解説の前に、このセクションで使う重要な道具となるエスプーマについて説明しましょう。

エスプーマ：仕組みと用途

　わたしが使っているエスプーマは、オーストリアのiSi社の製品です。エスプーマとは、ネジ式のふたがついたステンレス製の器です。このふたの部分にある一方向弁からガス・カートリッジ（チャージャー）で圧力をかけることができ、やはりこのふたの部分からトリガー弁とノズルを使って圧力を——中身とともに——解放します。エスプーマには、二酸化炭素と亜酸化窒素のどちらかのチャージャーが使えますが、ホイップ・クリームを作るときやインフュージョンには、亜酸化窒素（N_2O）しか使えません（二酸化炭素を使うとどんなものでも炭酸の味がついてしまいます）。ホイップ・クリームを作るには、クリームをエスプーマに入れて、ふたを回して閉じ、N_2Oで加圧します。高圧をかけると、N_2Oがクリームの中に溶け込みます。ホイップ・クリームを取り出すときには、エスプーマを逆さに持って、トリガー弁を絞ると、亜酸化窒素が溶けたクリームがエスプーマから吹き出してきます。加圧した容器からクリームが出てくるとき、亜酸化窒素が膨張して、ホイップ・クリームができ上がります。エスプーマは容量によってサイズの異なるものがあります。もっとも一般的なサイズは、0.5リットル（実量は772ml）と1リットル（1262ml）の2種類です。

　エスプーマの調理器具としての重要性が劇的に高まったのは、90年代の終わりにカタルーニャの料理長フェラン・アドリアが自分の店のエル・ブジで——現代料理界の潮流のもっとも初期の動向のひとつとなった——あらゆる種類の泡を作るために使いはじめたときです。それから間もなく、新しい現代料理を考えたいという意欲のある人はみな、ほとんど誰でも手が届く価格帯の数少ないハイテク・キッチン用品のひとつであるエスプーマを持つようになりました。わたしは2つ持っていましたが、めったに使いませんでした。そこでわかったのは、自分がほとんどの場合泡というものが本当に嫌いでならないことです。通常、泡はフレーバーが乏しく、正しく使われていません。泡は、正しく使えばすばらしいものです——が、正しく使われることはめったにありません。

　わたしのエスプーマはずっとほこりをかぶったままになっていましたが、何年か前のある日、人生を変える日がやってきました。わたしは、インフュージョンの仕組みについて

思案をめぐらしていたとき、理論的にはエスプーマを使えばすばらしい急速インフュージョンができることに気づきました。これは正解でした。いまわたしのエスプーマは、ほこりをかぶる暇などまったくありません。

亜酸化窒素によるインフュージョン・テクニックのポイント（まごつかないためのアドバイス）

　始める前に、材料がすべてそろっていることや、空の容器がいくつかあること、ストレーナー、タイマー、十分な亜酸化窒素のチャージャーがあることを確認してください。それから、エスプーマを点検してください。ガスケットはちゃんとはまっていますか。もしはまっていなければ、エスプーマが密閉できず、ガスが抜けてしまいます（わたしは点検をおこたったために一度ならずまごついたことがあります）。エスプーマのヘッドの内側のバルブがきれいなことを確認してください。バルブが汚れている（何度もインフュージョンをくり返すとよくそうなる）と、エスプーマは密閉できず、やはりまごつくことになります。最後に、エスプーマのにおいを嗅いでください。うかつにも濡れたままの状態でエスプーマのふたを閉じてしまった場合には、腐敗してものすごい悪臭がします。もしもそのにおいを取り除かなければならないはめになったら、悪臭を嗅ぎながら、エスプーマを保管するときには絶対にふたを閉めてはいけないことを肝に銘じてください。

エスプーマのヘッドの内側がきれいなことを確認する。

　では、いよいよ本題に入りましょう。たとえば、ターメリックのフレーバーをジンに抽出するとしましょう。ターメリックは、インフュージョンの素材として正しい選択です。多孔性で、香りがよく、色鮮やかで、フレーバーが豊かです。この4つの特性は、インフュージョンに使う固形物の材料に求められる要素です。ジンもよい選択です。というのは、アルコール度数が高く、さわやかなフレーバーの香りがして（だからターメリックとよく合い）、透き通っています（だからターメリックの強烈な色が混ざっても濁りません）。まず、エスプーマにターメリックを入れて、それからジンを入れてください。エスプーマを密閉して、亜酸化窒素を注入してください。もしレシピ上2つのチャージャーが必要な場合には、まず1本めを注入して、エスプーマを2〜3秒振ってから、すぐに2本めのチャージャーを注入してください。エスプーマ内部の圧力はすぐに24.8バールもの高圧になります！　エスプーマを振ってください。振ると、ガスが液体に溶け込んで、エスプーマ内部の圧力は、レシピやエスプーマのサイズにもよりますが、5〜10バールに下がります。この圧力によって、ジンと亜酸化窒素の溶液をターメリックに浸透させます。

　ここでしばらく——通常1〜5分：この場合には2.5分——待ちます。タイマーをセットしてください。急速インフュージョンでは、インフュージョン時間が15秒違うだけでも味の印象が変わってきます。待っている間に、ジンがターメリックの中に注入され、ターメリックから急速にフレーバーを抽出します。わたしは、待っている間ときどきエスプーマを振ります。これが役に立つかどうかわはわかりませんが、わたしはじっと待っていら

れないたちなので……。

インフュージョン時間が終わったら、エスプーマをまっすぐ立てて、なるべく手早く中の圧力を抜いてください。中身が吹き出してきたとき受け止められるように、ノズルに容器をかぶせてください。圧力を抜くと、亜酸化窒素が膨張し、沸騰して溶液から気化し、ターメリックのフレーバーがしみ込んだジンがターメリックからまわりのジンの中に戻り、インフュージョンが完了します。エスプーマ内部の圧力はすべて解放してください。解放中にバルブに断片が詰まれば、わかります。詰まったときは、ポンプで勢いよくバルブを動かして、詰まったものを取り除いてください。それでもだめなら、最後の手段として、エスプーマを容器の中に置いて、注意してふたをゆるめてください。iSiのエスプーマはふたのネジ山を通して圧力が放出される仕組みになっているので、中の液体は

エスプーマが詰まって、通気弁を動かしても詰まりが取れない場合は、最後の手段としてふたのネジをゆるめてもよい。この作業は面倒で、エスプーマに全圧がかかっている場合には、ひじょうにむずかしい。

エスプーマの縁から流れ落ち、ふたが吹き飛ぶようなことはありません。さすがは有名ブランドの製品です。

圧力を解放したあと、エスプーマのふたをはずして、聞き耳を立ててください。亜酸化窒素がなおも続けて溶液から放出され、ターメリックからフレーバーが押し出される間、泡が立つ音が聞こえるはずです。泡が止んだあと、ジンを漉せば、完成です。理由はわかりませんが、漉してから2分くらいたつとフレーバーが変わり、しばしば強くなったように感じます。たぶん、酒の中に残っていた亜酸化窒素が出てしまうからでしょう。わたしは、インフュージョンした酒は通常10分ほどたってから使います。

最近iSiは、インフュージョンの作業を楽にするための——とくに圧力を解放するやっかいな操作やバルブの詰まりの問題に取り組むための——エスプーマ用のアタッチメントを売り出しました。インフュージョンのテクニックは、従来的なやり方でも、新しいアタッチメントを使う場合でも、同じです。

亜酸化窒素インフュージョンの変数とその制御の仕方

固形材料の選び方

固形材料のフレーバーを液体中に抽出する場合でも、インフュージョンはつねに反対方向から始めます。つまり、液体を固体に注入するのです。固形材料は、正しいものを選ぶことが重要です。急速インフュージョンを応用する材料は、すべて多孔性でなければ——つまり気孔がたくさんなければ——なりません。コーヒー、カカオニブ、ガランガル、ショウガ、コショウ——事実上ほとんどの植物生成物——は気孔を持ち、インフュージョンに適しています。急速インフュージョンの工程中に、N_2Oの圧力がこうした気孔に液体を注入します。固形材料の気孔がより大きく、数がより多いほど、より多くの液体を注入し、より多くのフレーバーを抽出することができます。

気孔が役に立つのは液体がその中にしみ込むからであり、通常材料には何らかの下ごしらえが必要です。材料を薄く切り分けたり、すりつぶしたりすると、表面積が大きく

なり、液体がしみ込む気孔も多くなります。急速インフュージョンでは、材料をどれくらい薄く切るか、あるいはどれくらい細かくすりつぶすかが、厳密にフレーバーをどれだけ取り出すことができるかを大きく左右する要素になります。その影響は、従来の長時間かかるインフュージョンよりもずっと大きくなります。急速インフュージョンでは、材料の切り方やすりつぶし方をつねに一定に保つことがひじょうに重要です。

固体から液体への抽出比率

急速インフュージョンでは、通常は従来的なインフュージョンよりも必要な固形材料の量が多くなります。急速インフュージョンでは、抽出できるフレーバー成分の量が、従来的なインフュージョンと比

> **使うガスが大切！**
>
> わたしが亜酸化窒素を使うインフュージョンのテクニックを世に広めはじめたころ、一部の人たちは**窒素インフュージョン**と呼びました。というのは、窒素キャビテーションと呼ばれる実験テクニックと一見似ていたからです。このテクニックは、窒素（N_2）——亜酸化窒素（N_2O）ではなく——をすさまじい高圧（55バール以上）で溶液に溶かす方法です。この圧力を解放するとき、微小な窒素の泡ができて、はじけます。この泡がはじける力によって細胞が破壊されます。窒素キャビテーションは、ダイバーがかかる潜水病の原因となる現象をもっとずっと強力にしたものです。窒素キャビテーションと亜酸化窒素インフュージョンの違いは、亜酸化窒素インフュージョンのほうが圧力がずっと小さく——圧力解放時に5.7バールで——窒素キャビテーションとはけた違いだということです。亜酸化窒素インフュージョンは、N_2Oの高い溶解性に依存しています。窒素は、インフュージョンに利用しても効率がよくありません。二酸化炭素（CO_2）はアルコールにも水にも溶けるので、N_2Oの代用にすることは**できますが**、CO_2が残留すると酒の味が変わってしまいます。

べて少ないからです。これはよくないことのようですが、そうではありません。わたしが急速インフュージョンを行うのは、わたしにとって好ましくない特定のフレーバー——たとえばレモングラスの洗剤のようなにおい——の抽出比率を抑えたいからです。もし従来的なインフュージョンと同じ量のフレーバーを抽出するために急速インフュージョンの時間を延ばしたりすれば、洗剤のようなにおいも抽出されてしまいます。だから、時間をかけるのではなく、より多くのレモングラスを使って、インフュージョンの時間をより短くするのです。以下のレシピの比率を見れば、材料ごとの使用量がわかるでしょう。

温度

温度は、インフュージョンの比率に大きく影響します。ほとんどの場合急速インフュージョンは室温で行うはずです。室温なら、加熱によって材料のフレーバーが変質することはありませんから、品質はかなり一定に保つことができます。低温はいけません。低温でインフュージョンすると、インフュージョンの比率が低くなる**だけでなく**、圧力を解放するときにあまり泡が立ちませんから、抽出できるフレーバーもずっと少なくなってしまいます。温度を上げると、これとは反対の2つの問題が生じます。抽出に時間がかからないフレーバーの量が多くなり、泡立ちも多くなり、しかも通常はどちらも度が過ぎてしまいます。ただし、苦味などのフレーバーを多く抽出したいときには、インフュージョンする材料を加熱することもあります（216ページの『急速ビターズ』のセクションを参照のこと）。iSiのエスプーマは密閉できるので、鍋で加熱する場合と違って、揮発性のアロマが加熱によって失われることはありません。圧力を解放する前に、エスプーマは必ず冷ましてください。

圧力

　エスプーマ内部の圧力は、たいへん重要な変数です。わたしは、ほとんどの場合可能な限り圧力を高くします。圧力が高いほど、より短い時間で、よりバランスのとれたインフュージョンができます。インフュージョンの圧力が小さくても時間を長くすればいいだろうと思うかもしれませんが、決して同じ結果にはなりません。インフュージョンの速さは、フレーバーのバランスのためにきわめて重要です。圧力が高いほど、フレーバーの移動速度は速くなります。そしてアロマやトップ・ノート〔最初に立ち上る香り〕、フルーティーさを特異的に選択できますし、苦味や泥臭さを抑えることができます。なぜそうなるのかはわたしにもわかりませんが、事実そうなのです。

　急速インフュージョンのレシピでつねに同じ結果を出したければ、何度やろうとエスプーマの内部の圧力はいつも同じ強さにしなければなりません。加える材料の量や使うエスプーマのサイズ、使用するチャージャーの数など、レシピは厳密に守る必要があります。これから見ていくように、こうしたすべての要素が圧力に影響します。

iSi圧力チャート

すべてのテストは20℃、標準の10mlのチャージャー、N_2O 7.5グラムの条件で行われた。2013年7月18日 iSi オーストリアにて。				1本目のチャージャー注入後の内部圧力		2本目のチャージャー注入後の内部圧力	
				注入時	10回シェイク後	注入時	10回シェイク後
サイズ	液体体積	ヘッドスペースの体積	液体	バール		バール	
0.5ℓ	500	272	水	13.6	8.2	iSiでは推奨していない	
1ℓ	1000	262	水	13.8	5.3	17.9	10.2
1ℓ	1000	262	水	13.6	シェイクなしで2本目を加える	24.4	11.1
0.5ℓ	500	272	油	12.8	6.5	iSiでは推奨していない	
1ℓ	1000	262	油	12.8	5.1	17	7.3
0.5ℓ	500	272	40%エタノール	12.5	6.9	iSiでは推奨していない	
1ℓ	1000	262	40%エタノール	12.1	4.7	16.3	9.3
0.5ℓ	500	272	90%エタノール	11.9	3.0	iSiでは推奨していない	
1ℓ	1000	262	90%エタノール	11.8	1.7	13.5	3.4

エスプーマの圧力は、注入するガス・チャージャーによって生じます。チャージャーにはそれぞれ7.5グラムの亜酸化窒素が入っています。チャージャーは1～2本、場合によっては3本注入することができます。こうしたチャージャーによってどれくらいの圧力が生じるかは、3つの要素に左右されます。エスプーマのサイズが第1の決定因子です。容量1リットルのエスプーマでは、チャージャー1個当たりの圧力が、容量0.5リットルのエスプーマよりもずっと小さくなります。チャージャーから注入されたガスが占める体積が大きくなるからです。第2に、エスプーマに入れる材料の量が最終的な圧力に直接影響します。材料も体積をとるからです。中身がいっぱいのエスプーマの圧力は、空のエスプーマよりもかなり大きくなります。アルコール度数40パーセントのウォッカ500ミリリットルを入れた容量0.5リットルのエスプーマは、チャージャー1本分を注入すると、6.9バールになります。中に何も入れない容量0.5リットルのエスプーマにチャージャー1本分を注入すると、圧力はたった5.4バールにしかなりません。エスプーマに入れた固形物は、液体と同様に体積をとりますから、固形物の量を増やせばやはり圧力が上がります。最後に、中に入れる液体のタイプも圧力に影響します。エタノールの濃度が高いほど、圧力は低くなります。というのは、N_2Oは水よりエタノールのほうが溶けやすいからです。iSiエスプーマの内部の圧力はさまざまな条件によって変わりますから、201ページのiSi圧力チャートを参照してください。

> ### iSiの圧力安全基準
>
> iSiでは、たとえ2本のチャージャーを使うことが100パーセント安全であっても、0.5リットルのエスプーマに2本のチャージャーを注入する場合には、エスプーマ内部の圧力を完全に解放してから2本目を取り付けるように推奨しています。iSiのエスプーマは、実際にこの何倍もの圧力がかかっても対処できますし、危険なレベルまで注入できない安全装置もついています。もし仮にそうした安全装置がうまくはたらかなかったとしても、極端な圧力がかかった場合には、まず初期故障としてボトルの底の部分がふくらみます——これなら危険な事故は起きません。iSiが2本のチャージャーの使用に対してこのようなはっきりした指示をしているのは、どうしてでしょうか。おそらく、もっと安価なノーブランドのエスプーマには、iSiのような安全な圧力解放の仕組みはなく、過剰に注入すると破裂する危険があるからでしょう。フランス政府は、エスプーマに関する独自の使用上のガイドラインを定めています。これは、ブランドに関係なくすべてのエスプーマに適用され、EUに拠点を置くiSiのような企業はこうした世界的なガイドラインを順守しています。
>
> わたしも、読者のみなさんも、こうしたガイドラインに従う必要はありません。ただ、ノーブランドのエスプーマには過剰な圧力はかけないでください。わたしは、こうした想定内の危険性以外にも、災難としかいいようのない目にあったことがあります。ノーブランドのエスプーマはよく漏れるのです。
>
> 2本のチャージャーを使うレシピの場合、iSiでは、まず1本目を注入したあとでシェイクし、エスプーマの圧力を完全に解放してから、2本目を注入するように推奨しています。このテクニックは、わたしが好む2本のチャージャーを使うやり方と比べて最終圧力が低くなりますが、それでも1本しか注入しない場合よりも圧力は高くなります。

時間

急速インフュージョンで作る急速ビターズや急速チンキの場合、所要時間は5分から1時間です。こうしたレシピでは、タイミングが多少ずれても問題ありません。これに対して、酒をインフュージョンする場合には、インフュージョンの時間が通常わずか1～2分ですから、タイミングがひじょうに重要になります。インフュージョンの全工程がわずか1～2分で終了するわけですから、秒単位の違いが問題になります。タイマーを使って

ください。コーヒーやカカオニブなどの苦味の強い材料の場合には、精度がとくに重要になります。ほんのわずかな時間の差で、インフュージョンしたものの味が薄すぎたり、苦すぎたりするからです。

圧力の解放

圧力の解放とは、トリガーを絞ってエスプーマの圧力を抜いて、中の液体を大気圧に戻すことです。圧力を解放すると、フレーバーを抽出する泡ができます。解放は手早く行ってください。解放が速いほど、激しく泡が立ち、より多くのフレーバーが抽出されます。圧力を解放するとき、しばしばエスプーマから液体が吹き出してくることがありますが、これはかまいません。いや、むしろそれでいいのです。

小さな断片がバルブに詰まって圧力の解放が止まると、やっかいです。圧力が完全に、タイミングよく解放されたことを確認する必要があります。エスプーマの内部に圧力がかかっている限り、急速なインフュージョンが続いています。解放中に問題が起きると、インフュージョン時間が長くなってしまいます。さらに悪いことは、一部だけ圧力が抜けると、急速にすべての圧力が解放されるときのように激しく泡が立たないことです。このエスプーマの詰まりはどうしてもときどきは起きるものですが、詰まりを防ごうとして、解放の直前に中身をかき混ぜたりしてはいけません。小片が底に沈むのを待ってください。もっとも重要なことは、圧力を解放するときエスプーマを上に向けることです。そうすれば、注ぐとき小片がバルブの中を通りません。吹き出していたガスと泡が、徐々に勢いをなくすのではなく、いきなり止まったりすれば、詰まりが起きた証拠です。レバーを勢いよく動かして詰まりを取り除いてください。最後の手段としては、加圧下のエスプーマをゆっくりと開きます——ただし、これは大きなボウルの上でしてください。

レシピにそういう指示がない限り、圧力の解放の直後にはインフュージョンした液を漉さないでください。泡がまだフレーバーを抽出しています。泡の音を聞いてください——それはインフュージョンの音です。

さて、ではいくつかのレシピを紹介しましょう。

圧力は急速に解放することが望ましい。

泡の音を聞く

急速インフュージョンした酒とカクテル

　このセクションのすべてのレシピは、0.5リットルのエスプーマを基準にしています。前にも言ったように、こうしたレシピの分量を変えれば、結果は必ず変わってきます。もし1リットル・サイズのエスプーマを使いたければ、レシピの分量を倍にして、チャージャーをもう1本追加してください（2本目のチャージャーを注入する前に必ずエスプーマを振ってください）。正確に同じ結果にはなりませんが、それでもまずまずです。結果的に分量を多くしたレシピのほうがよいと思ったら、いつもそうしてください。もしインフュージョンが強すぎた場合には、時間を短縮するか、追加のチャージャーを使わないようにしてください。もしレシピ通りにして味が弱いと思ったら、インフュージョンの時間を長くしてください。

グロー・サワーとターメリック・ジン

　最近では、多くの人がターメリック（ウコン）に興味を持つようになりました。これは、ターメリックにスーパー香辛料と呼ばれるほど高い健康効果があることが知られてきたからです。この点も見過ごしにはできませんが、ターメリックは味もたいへんよく、色も見事です。ほとんどの人は、乾燥させた粉末のターメリックを使うことに慣れていますが、このレシピでは生のターメリックが必要になります。ターメリックというのは、地下茎です。この地下茎は、根ショウガのような形をしていて、色はみずみずしいオレンジ色で、茶色の薄い皮におおわれています。

　従来の時間をかける方法でターメリックをインフュージョンしようとしても、なかなかうまくいきませんでした。かび臭くて、ひどい後味がします。エスプーマを使って急速インフュージョンすると、はるかにバランスのいい味になります。このターメリックを使ったドリンクは、明るいオレンジ色でとてもさわやかです。この明るいオレンジ色についてですが、ターメリックは消えないシミがつきます。ターメリックは、皮をむかないでください。手袋をして、流水で洗ってください。誰か困らせてやりたい相手がいますか？もしいるなら、その人に素手でターメリックの皮をむかせてみてください。両手にしみついたオレンジ色は、皮膚が自然に生え変わるまで抜けません。ターメリックを切っている間は手袋をしたままにし、色がつくと困るものの上では生のターメリックは切らないでください。わたしは、カッティング・ボードをビニールで包むか、上に折りたたんだ紙を敷きます。ターメリックをインフュージョンした酒は、ガラス製の容器に保管してください。プラスチック製の容器に入れると、容器が変質してしまいます。冷蔵庫に保管すれば、だいたい1週間以内なら味は最高の状態を保てますが、それ以上になるとフレーバーが気の抜けた味になり、色もくすんできます。

　わたしがターメリックをインフュージョンした酒を使うために考えたカクテルが、ライム・サワー・リフです。ビターズは市販のものを使ってもかまいませんし、急速オレンジ・ビターズを作ってもいいでしょう。ビターズそのものを使わない場合でも、でき上がったカクテルはやはり美味しいですが、どこか物足りない感じがします。このドリンクに光を当てると、輝いて（glow）いるように見えます。そこから、グロー・サワーと名づけました。

ターメリック・ジン

ターメリック・ジン

[材料]
プリマス・ジン 500ml
生ターメリック 100グラム 1.6mmの厚さに輪切りにする。

[道具]
7.5グラム入りのN$_2$Oのチャージャー2本

[作り方]
　チャージャーを使って2分30秒の急速インフュージョンをする（2本目を注入する前に振る）。圧力を解放したあと、泡の音を聞く。泡立ちの音がおさまるまで2〜3分待ってから、漉す。ターメリックにしみ込んでいるジンを絞り出す（手袋を忘れないこと。ターメリックを含む酒はシミになる）。10分間置く。

回収率：94％（470ml）

ターメリックは、明るい色をした地下茎である。シミがつくと取れないので注意すること。手袋をし、カッティング・ボードはビニールで包む。

グロー・サワー

160mlのシェイク・ドリンク1杯分
アルコール度数15.9％、糖8.0g/100ml、酸0.84％

[材料]

ターメリック・ジン 60ml

漉したてのライム・ジュース 22.5ml

シンプル・シロップ 20ml

食塩水3ドロップまたは塩を多めに1つまみ

急速オレンジ・ビターズ（217ページ）1〜2ダッシュ

[作り方]

　材料をカクテル・シェーカーの中で混ぜ合わせ、氷を加えてシェイクし、漉して、冷やしておいたクープ・グラスに注ぐ。

グロー・サワー

刻んだレモングラス

レモン・ペッパー・フィズとレモングラス・ウォッカ

このドリンクは、とてもさわやかな味がします。レモングラスは、長い時間をかけてインフュージョンすると、洗剤のようなフレーバーを抽出してしまうので、扱いがむずかしい場合もあります。わたしが考えたエスプーマを使う急速インフュージョンのテクニックを使えば、この問題を解消できます。ひとつお断りしておきますが、このレシピではかなりの量のレモングラスが必要になります。わたしが意図する通りのバランスのとれたスピリッツにするには、この方法しかありません。エスプーマの中はレモングラスでほとんどいっぱいになってしまいます。レモングラスをインフュージョンした酒は、新鮮なうちに――1～2日以内に――使うほうがいいでしょう。冷蔵庫に保存すれば、1週間くらい持つはずです。

このカクテルを炭酸化すると、レモングラスの新鮮さが際立ちます。炭酸化についてくわしいことは、296ページ～の『炭酸化』の章を参照してください。わたしは炭酸注入用の器具を使いますが、みなさんはソーダストリームを使ってもいいですし、いざとなったらインフュージョンに使うのと同じエスプーマを使ってもいいでしょう。このカクテルには、ブラック・ペッパー・チンキと清澄したレモン・ジュースが必要です。この方法があなたにとってめんどうくさいというなら、ベースとなるカクテルに炭酸を注入し、それから普通のレモン・ジュースを加え、フレッシュ・ブラック・ペッパーを2回ひいてください。

レモングラス・ウォッカ

[材料]

ウォッカ（アルコール度数40％）300ml
生のレモングラス 180グラム 輪切りにする。

[道具]

7.5グラム入りのN_2Oチャージャー2本

[作り方]

0.5リットルのエスプーマに材料を入れてかき混ぜる。1本目のチャージャーを注入したあと、エスプーマを振って、そのあと2本目を注入して、また振る。インフュージョン時間は合計で2分。圧力を解放して、泡がおさまるのを待ってから、漉す。レモングラスを強く絞って、しみ込んだウォッカを全部抽出する。10分置いてから使う。

回収率：90％（270ml）

レモン・ペッパー・フィズ

166mlの炭酸ドリンク1杯分
アルコール度数14.3％、糖7.1g/100ml、酸0.43％

[材料]

レモングラス・ウォッカ 58.5ml
清澄レモン・ジュース 12ml（または普通のレモン・ジュースを最後に加える）
シンプル・シロップ 18.75ml
急速ブラック・ペッパー・チンキ（221ページ）1ダッシュ
食塩水2ドロップまたは塩1つまみ
ろ過水 76ml

[作り方]

すべての材料を混ぜ合わせ、-10℃まで冷やし、炭酸を注入する。冷やしておいたフルート・シャンパンに注ぐ。

第3部　新しいテクニックとアイデア

カフェ・トゥーバとコーヒー・サカパ

　このドリンクのベースは、セネガルの有名なホットコーヒーのカフェ・トゥーバです。わたしは、セネガルに料理の体験ツアーに言ったときにカフェ・トゥーバに出会いました。セネガルのムスリム同胞団のムリッド派の信奉者たちは、ジェルを混ぜた泡のたった甘いコーヒーを小さなカップで飲むことで知られています。ジェルとは、**ザイロピア・エチオピカ**という木からとった西アフリカ産のスパイスです。このジェルは、英語ではセリムの粒（grain of Selim）と呼ばれますが、西アフリカの食料品を扱う店を知らないとなかなか入手できません。ジェルがカフェ・トゥーバで果たす役割は、中東のさまざまなコーヒーでカルダモンが果たす役割に似ています。もし手に入らないなら、カルダモンやクベバでも代用できますが、フレーバーは違います。このカクテルは泡が立ちますが、冷たいアルコール飲料です。本物のカフェ・トゥーバは――イスラム教徒が好むドリンクですから――ノンアルコールです。

　このカクテルのベースは、挽きたてのコーヒーをインフュージョンしたダーク・ラムです。コーヒーの急速インフュージョンはすばらしいテクニックですが、いろいろとやっかいなこともあります。豆を挽く細かさによって、インフュージョンの結果が確実に変わってきます。わたしがエスプレッソの粉を使って初めてコーヒーの急速インフュージョンの実験を行ったときは、ひじょうにうまくいきましたが、いつもそうとは限りませんでした。その後コーヒーをインフュージョンしても、結果は一貫しませんでした。自分の愛用のコーヒーミルを使う場合は、同じ結果を再現できましたが、別の場所で実演をしたり、ほかの人に代わりにコーヒーを挽いてもらった場合、結果はまちまちでした。豆の挽き方が細かすぎる場合は、とくにめんどうでした。酒がひどく苦すぎるだけでなく、フィルターの目が詰まって、うまく漉せないのです。いまでは、ドリップ・コーヒー用よりほんの少し細かく挽いたものを使っていますが、以前より一貫した結果が出せるようになり、ろ過もずっと簡単になりました。

カフェ・トゥーバ

ジェル――セルガルのカフェ・トゥーバに使われる固有のスパイス――は英語ではセリムの粒と呼ばれる。

コーヒー豆はこれくらいの細かさに挽く。

このレシピでは、挽きたての——できれば挽いて数分以内の——コーヒーを使う必要があります。わたしは、この酒のベースとなるラム酒として、ロン・サカパ23年ソレラを使います。というのは、このラムは、味のバランスがひじょうによく、いやなにおいがしないからです。また、このカクテルに必要となるのは、コーヒーに負けず、同時にコーヒーを引き立てる熟成したラムだからです。香りが甘すぎず、かび臭くないフルボディの熟成したラムなら、どれでもけっこうです。

わたしは、過剰にインフュージョンしてコーヒーの味を強すぎるほど抽出し、そのあとこれを、手を加えていないラムで希釈します。過剰にインフュージョンするのには、2つの理由があります。こうすれば、750mlのコーヒー・サカパを500mlのエスプーマで作ることができますし、コーヒーのフレーバーを微調整できるからです。このレシピでは、ミルク・ウォッシングというテクニックを使って、コーヒーの味のとげとげしさを和らげ、乳清（ホエー）に含まれるタンパク質を加えます（273ページ～の『ブーズ・ウォッシング』のセクションを参照してください）。ミルク・ウォッシングによって加えられる乳清タンパクによって、カフェ・トゥーバの表面に泡が立ちます。ミルク・ウォッシングの手順を省いて、代わりに15mlのクリームをドリンクに入れてすぐにシェイクしてもかまいません。

コーヒー・サカパ

[材料]
生のコーヒー豆100g 濃いめに焙煎したもの。
ロン・サカパ23年ソレラ、またはそのほかの熟成したラム 750ml。500mlと250mlに分ける。
ろ過水 100ml
ホール・ミルク〔全乳〕185ml（任意）

[道具]
7.5グラム入りのN₂Oチャージャー2本。

[作り方]
香料グラインダーで、コーヒー豆をドリップ用の粉よりもほんの少し細かく挽く。0.5リットルのエスプーマに500mlのラムと挽いたコーヒーの粉を入れて混ぜ合わせ、1本目のチャージャーを注入して振り、2本目のチャージャーを注入する。さらに30秒振る。インフュージョン時間は合計で1分15秒にする。圧力を解放する。ほとんどのインフュージョンとは違い、泡がおさまるのを待たなくてもよい。泡がおさまるのを待つと、インフュージョンが過剰になってしまう。1分だけ置いて、目の細かい布をコーヒーフィルターに重ねて、インフュージョンしたラムを注ぐ。コーヒーフィルターだけでは、すぐに目詰まりを起こしてしまう。ラムは、2分以内に漉せる。もし2分以上かかるなら、粉の挽き方が細かすぎたせいだ。フィルターに残ったコーヒーの粉をかき回して、残りかす全体が浸る程度の水を加え、水が落ちるままにする（これをスパージングという）。この水は、インフュージョン中にコーヒーの粉にしみこんだラムの一部と置き換わる。スパージングによって残りかすから回収される液体は、約50パーセントが水で約50パーセントがラムになる。

この時点で、粉に吸い込まれた液体の量はおよそ100mlになる。こうして失われた液体は、約半分が水で、残り半分がラムである。そのため最終的にでき上がったラム酒は、インフュージョンを始める前の元のラムよりもアルコール度数がわずかに低くなる。

インフュージョンしたラム酒の味を見る。もし強い（インフュージョンがうまくいった）なら、追加の250mlのラムを加える。もし抽出液を薄めることによってコーヒーのフレーバーが失われるようなら、豆の挽き方が粗すぎるせいである。その場合は、もうそれ以上はラムを加えず、ミルク・ウォッシングに使うミルクの量を120mlに減らす。

もしあなたがミルク・ウォッシングをするつもりなら（それはすばらしい！）、以下の説明を読んでください。もしするつもりがないなら、この以下の説明は

飛ばして、ドリンクを作ってください。

かき回しながら、カフェ・サカパをミルクに加える。ミルクをサカパに加えてはならない。ミルクがすぐに凝固してしまう。かき回すのをやめて、凝固するのを待つ。だいたい30秒以内に凝固する。もし凝固しないようなら、15％のクエン酸溶液またはレモン・ジュースを、ミルクが凝固するまで少しずつ加える。ミルクが凝固している間は、かき回さない。凝固したら、スプーンを使って、カード（凝乳）を崩れないようにそっとかき回す。これは、ミルクからより多くのカゼインを取り出すためである。丸い容器に入れて、冷蔵庫で一晩置く。すると、カードが底に沈むので、透明な上澄みだけを注ぎ出すことができる。カードはコーヒーフィルターで漉して、残った最後の酒を回収する。あるいは、ミルクが凝固した直後に、10分間4000gで遠心分離機にかけてもよい。わたしはそうしている。

完成時のおよそのアルコール度数：31％

回収率：およそ94％（470ml）

ジェル・シロップ
[材料]
ろ過水 400グラム
グラニュー糖 400グラム
ジェル（セリムの粒）15グラムまたはグリーン・カルダモン・ポッド9グラムと黒コショウ5グラム

1）エスプーマの圧力を解放したあと、酒をまず布で漉し、さらにコーヒーフィルターで漉す。コーヒーの粉を濡らして、もう一度漉す。　2）味を見る。　3）必要に応じて、インフュージョンしていないラムを加える。このコーヒー味の酒をミルクの中に注ぎながら、かき混ぜる。　4）ミルクが凝固する。　5）カードをそっとかき回し、液体が澄んできたら、そのままにして液体が沈殿するのを待つ。　6）漉す。

[作り方]

　すべての材料をブレンダーに入れて、砂糖が溶けるまで高速でかき混ぜる。目の細かいフィルターで漉して、大きめの断片を取り除き、それから湿らせたペーパー・タオルまたは茶漉し袋で漉す（コーヒーフィルターは使わない。時間がかかりすぎる）。

カフェ・トゥーバ
115mlのシェイク・ドリンク1杯分
アルコール度数16.1％、糖 8.0g/100ml、酸0.39％

[材料]
コーヒー・サカパ 60ml
ジェル・シロップ 15ml
食塩水 3ドロップ
クリーム 15ml（ラムをミルク・ウォッシュしなかった場合）

[作り方]

　すべての材料をシェーカーに入れて、氷とともにシェイクし、漉して、冷やしておいたクープ・グラスに注ぐ。泡の立ったクリーミーなドリンクになる。

ハラペーニョ・テキーラ

　ほとんど場合、唐辛子をインフュージョンすると、スパイスの風味が強くなり、ペッパーの風味が弱くなります。エスプーマを使って急速インフュージョンすると、ペッパーの風味をもっと強く引き出して、いっそう複雑な味のスピリッツを作ることができます。唐辛子は、従来の時間をかけるインフュージョンの場合よりもたくさん必要になります。このレシピでは、ハラペーニョの筋と種を取り除きます。ピリッとくる味の成分であるカプサイシンは、筋や種に集中しています。このレシピでは辛さはほどほどに抑えて、アロマやフレーバーをたくさん抽出します。このバランスをうまく取るために、種を取って、ハラペーニョの量を増やします。

[材料]
種と筋を取ったグリーン・ハラペーニョ・ペッパー
45グラム　極薄切りにする
ブランコ・テキーラ（アルコール度数40％）500ml

[道具]
7.5グラム入りN$_2$Oチャージャー 2本

ハラペーニョの種と筋を取り、写真のように薄切りにする

[作り方]

　0.5リットルのエスプーマに材料を入れてかき混ぜる。1本めのチャージャーを注入して振る。2本目のチャージャーを注入して振る。インフュージョン時間は合計で1分30秒にする。テキーラを漉したあと、唐辛子にしみ込んだテキーラをできるだけ絞り出す。10分置いてから使う。

回収率：90％以上

ハラペーニョ・テキーラ

ショコツィトローネとチョコレート・ウォッカ

　カカオニブは多孔質で、インフュージョンにひじょうに適しています。問題は、ほとんどのカカオニブがクズだということです。しばしば多くの販売業者が、在庫の最低品質の豆を、疑うことを知らない買い手に売りつけています。ノーブランドのニブは、絶対にインフュージョンには使わないでください。手持ちのニブがあったら、味見してください。酸味や苦味はありませんか。もしあるなら、インフュージョンした酒の味も酸味や苦味のあるものになります。わたしは、ヴァローナ社のカカオニブしか使いません。ヴァローナ社の品物なら良質のものしかありません。

　ココア酒を作る場合、良質のニブさえ手に入るのであれば、（扱いにくく漉しにくい）ココアパウダーや（無孔性の）固形のチョコレートより、ニブを使うほうがずっといいです。このレシピで作るチョコレート・ウォッカは、チョコレートの強いフレーバーがありますが、苦味はほんのわずかです。だから、砂糖をたくさん加える必要はありません。

　わたしがこの酒を使って作るカクテルは、多分にミスマッチな部分があります。というのは、レモンを使うからです。なかには、柑橘類とチョコレートの組み合わせが嫌いな人もいます。わたしもそうです。この特異な組み合わせのアイデアをわたしにあたえてくれたのは、妻のジェニファーです。ジェニファーは、十代のころドイツのフランクフルトに住んでいたときに、チョコレート・アイスクリームにレモン・ソルベを添えてたべる習慣をつけました。このドリンクでは、フレーバーをまろやかにするためにチョコレート・ビターズを2ダッシュほど加えます。これからレシピを説明しますが、市販のチョコレート・ビターズやモレ・ビターズで代用してもかまいませんし、ビターズ自体入れなくてもかまいません。

チョコレート・ウォッカ
[材料]
中性ウォッカ（アルコール度数40％）500ml
バローナ・カカオニブ75グラム

[道具]
7.5グラム入りN_2Oチャージャー　2本

第9章 急速インフュージョンと圧力シフト

[作り方]
　0.5リットルのエスプーマにウォッカとニブを入れる。1本目のチャージャーを注入して、数秒間エスプーマを回す、または振る。2本目の7.5グラムのN_2Oを注入する。まる1分間かき混ぜる。20秒間置いてから圧力を解放して、エスプーマを開く。中身をエスプーマに入れたまま、さらに1分くらい置いて、泡がおさまるのを待つ。コーヒーフィルターでウォッカを漉して、ニブを取り除く。数分間置いてから使う。残ったニブを捨てる。残りかすには苦味しか残っていない。

回収率：85％以上、425ml

ショコツィトローネ
128mlのステア・ドリンク1杯分
アルコール度数19.2％、糖7.4g/100m、酸0.70％

[材料]

チョコレート・ウォッカ 60ml

漉したてのレモン・ジュース 15ml

シンプル・シロップ 15ml

急速チョコレート・ビターズ（219ページ） 2ダッシュ

食塩水2ドロップまたは塩1つまみ

ショウガの砂糖漬け

[作り方]
　ウォッカとレモン・ジュースとシンプル・シロップとビターズと食塩水または塩をミキシング・ティンに入れて、かき混ぜる。氷を入れて軽くステアし、漉してオールドファッションド・グラスに注ぎ、ショウガの砂糖漬けを飾る。このレシピでは砂糖はごく少量加えるだけでよい。カカオニブには甘味は加えられていないが、インフュージョンによって苦味が取り除かれている。

急速ビターズと急速チンキ

　カクテルにおけるビターズは、中国におけるしょうゆやアメリカにおけるケチャップと同じです。どこにでもあるおなじみの存在です。ビターズとは、香りのよいハーブやスパイスや果皮をアルコールでインフュージョンし、これに苦味物質――通常はゲンチアナ、カシア、キナ（キニーネの原料）、ヨモギなどの強い苦味のある植物の皮や根や葉――を添加したものです。ビターズは、酒が薬と考えられていた時代の名残りです。19世紀の全盛期には、ビターズは、病気治療や消化促進の効果があると考えられていたさまざまな植物性素材を、薬剤師が混ぜ合わせて作った売薬でした。いまビターズが作られているのは、その味が好まれているからであり、過去十年間にビターズへの注目が爆発的に高まりました。19世紀のレシピが再現され、新しいレシピも作られています。本職のバーテンダーはもちろん、ホームバーテンダーも、実験を重ねて自分のオリジナルのビターズを作っていて、その結果、ほかにはないユニークな味のカクテルができています。ビターズというのは、本当におもしろいですよ。

　従来のビターズは、作るのに何週間もかかる場合もありましたが、わたしの急速ビターズのテクニックを使えば、1時間足らずでビターズができます。急速ビターズは、時間がかからないだけでなく、すばらしいアロマの香りも加わります。ほとんどの亜酸化窒素のインフュージョンと違って、急速ビターズは、ときには加熱し、比較的長い時間――20分〜1時間――インフュージョンします。なぜなら、**目的**は、苦味を抽出することであり、さらにはフレーバーを濃縮することだからです。ビターズの味は力強いので、ドロップ単位で使うのが最適です。

　フレーバーの混合物であるビターズとは違い、チンキは単一のフレーバーをインフュージョンによって高濃縮したものです。ビターズと同じように、ドロップやダッシュの単位で使います。わたしは、チンキはめったに加熱しません。というのは、わたしが使っている材料には、熱によってフレーバーが変質してしまうものが多く含まれているからです。

　従来の方法では、ビターズやチンキを作るのにはずいぶん時間がかかりますから、レシピの開発にも長い時間――何か月も――かかります。急速インフュージョンなら、同じレシピを1日に10回試行錯誤することもできます。以下に示すレシピをひな形に使って、みなさんのオリジナルのレシピを開発してください。これからあげるレシピは、0.5リットルのエスプーマを基準にしています。

急速オレンジ・ビターズの材料：中央：クローブ。内側の円を下から時計回りに。キャラウェイ・シード、カルダモン・シード、ゲンチアナの根、カシアの樹皮。外側の半円を左から右へ：乾燥グレープフルーツ・ピール、生のオレンジ・ピール、乾燥オレンジ・ピール、乾燥レモン・ピール。

急速オレンジ・ビターズ

これは、とても力強くバランスのいい芳香性のオレンジ・ビターズです。わたしは、これを204ページで取り上げたグロー・サワーのレシピで使っています。急速インフュージョンをすると、苦味と同じくらいアロマを抽出することができます。わたしは、鮮やかさを加えるために生のオレンジ・ピールを使います。これに、乾燥したセビル・オレンジとレモンとグレープフルーツのピールを組み合わせると、柑橘類を総合した丸みのある味わいになります。ごく微量のクローブを入れると、温かみが加わります。カルダモンとキャラウェイは、どちらも柑橘類と相性がよく、スパイシーさを添えます。ゲンチアナの根とカシアのチップは、ビターズに苦味を加える古典的な苦味物質です。わたしは、このレシピがたいへん気に入っています。材料のなかには、地域によって入手が困難なものもあるかもしれません。わたしの店があるニューヨークには、乾燥させたスパイスや木の皮や根や植物性素材を専門に扱う店が、少なくとも2軒あります。もしみなさんの地元にそうした専門店がないようでしたら、インターネットで探してみてください。

このレシピを作る場合、エスプーマを開いたとき中にほとんど液体がなくても、驚かないでください。ピールは、ほとんどの酒を吸収してふくらんでいます。それで問題はありません。このピールから絞り出したものが、ビターズになります。回収率はわずかですが、できたビターズは長く持ちます。

こうしたビターズは、作ったあと、柑橘類の果皮のペクチンが弱いゲルになることがあります。ペクチネックス・ウルトラSP-L（241ページ〜の『清澄化』の章でくわしく説明する酵素）があるなら、これを2グラムほど加えれば、ゲルが分解します。SP-Lがない場合は、ビターズを軽く振って、沈殿させてください。

[材料]

ホール・クローブ 0.2グラム（クローブ3）

グリーン・カルダモン・シード 2.5グラム　さやから取ったもの

キャラウェイ・シード 2グラム

乾燥オレンジ・ピール（できればセビル・オレンジ）25グラム

乾燥レモン・ピール 25グラム

乾燥グレープフルーツ・ピール 25グラム

ゲンチアナの乾燥根 5グラム

カシア・バーク 2.5グラム

中性ウォッカ（アルコール度数40％）350ml

生のオレンジ・ピール（白い甘皮は含まない）25グラム

[道具]

7.5グラム入りN_2Oチャージャー 1本

[作り方]

できれば、クローブとカルダモン・シードとキャラウェイ・シードをつぶしてから、ほかの乾燥材料とともにブレンダーに入れて、すべてがコショウの実くらいの大きさになるまでブレンダーにかける。ブレンドした乾燥材料と、ウォッカと生のオレンジ・ピールを0.5リットルのエスプーマに入れて、チャージャーを注入する。30秒間振る。エスプーマの圧力を抜かずに、鍋で沸騰している湯にエスプーマを20分間つける。エスプーマを氷水で室温まで冷やす。圧力を解放して、エスプーマを開き、中を見る。ピールがほとんどの液体を吸収している。がっかりしなくてもよい。この固形物を、ナッツ・ミルクのバッグか、スーパーバッグ（調理用漉し袋）、または布製ナプキンに入れて、容器の上で強く絞る。185mlのビターズができる。最初に入れる液体の量を多くするか、ピールをもう一度濡らして、もっと強い力で絞れば、回収量は多くなる。こうすれば回収率は上がるが、質は落ちる。

第3部　新しいテクニックとアイデア

もし必要なら、コーヒーフィルターにかける。

回収率：52％（185ml）

急速オレンジ・ビターズの作り方
1）インフュージョンを始めたあと、密閉したままのエスプーマを沸騰している湯に20分間つけ、氷水で室温まで冷やしてから、圧力を解放する。
2）ほとんどの液体が吸収されている。
3）固形物から液体を絞り出す。
4）完成したビターズは濁っている。
5）必要に応じて、酵素のペクチネックス・ウルトラSP-Lを加えて、ビターズを沈殿させる。
6）そのあとフィルターで漉す。

急速チョコレート・ビターズ

ドリンクのなかには、ビター・チョコレート・フレーバーをほんの1ドロップ必要とするものもあります。このビターズは、テキーラやメスカルを使うレシピや、野菜やハーブのフレーバーが強いサワー・ドリンクでは、同じように普通に使われます。アップルティーニ（アップルティーニについては342ページ〜の『リンゴ』の章を参照してください）のように、チョコレートが必要とは思えないドリンクでも、チョコレート・ビターズがあると味がよくなることがあります。わたしは、214ページのショコツィトローネ・カクテルにチョコレート・ビターズを使います。

このレシピでは、高品質のカカオニブを使わなければなりません。わたしはヴァローナ社のものを使っています。わたしは、このレシピをひじょうにシンプルな——苦味はカカオニブとゲンチアナで出し、スパイスはメースで出す——ものに留めました。そうすれば、いろいろなカクテルに使うことができます。このビターズは加熱しません。加熱すると、ニブが台なしになってしまうからです。このレシピは、わたしが開発した急速インフュージョンのレシピのなかでは時間がいちばん長くかかります。タイマーは1時間にセットしてください。

[材料]

メース 3グラム（3ホール）

中性ウォッカ（アルコール度数40％） 350ml

バローナ・カカオニブ 100グラム

ゲンチアナの乾燥根 1.5グラム

カシア・バーク

[道具]

7.5グラム入りN_2Oチャージャー 2本

[作り方]

メースをすりつぶす。0.5リットルのエスプーマに材料をすべて入れ、1本目のチャージャーを注入する。数秒間振ってから、2本目のチャージャーを注入する。さらに20秒間振る。1時間かけてインフュージョンする。その間ときどき振る。1時間後圧力を解放する。たくさんの泡が立っている。聞き耳を立てて、泡がおさまるのを待つ。液体を漉し、固形物を絞って、吸収された液体をできる限り抽出する。コーヒーフィルターでビターズを漉す。

回収率：85％（298ml）

チョコレート・ビターズの材料（右上から時計回りで）
カカオニブ、カシア・バーク、リンドウ、メース。

急速ホットペッパー・チンキ

ドリンクに辛さを加える必要があるときは、このチンキを使うとよいでしょう。これは、フルーティーさを添える赤唐辛子と野菜の香りを添える緑唐辛子を混ぜ合わせたものです。カプサイシン——唐辛子の辛味の主成分——をもっともよく抽出するために、わたしは、食品グレードの200プルーフの無水アルコール（アルコール度数100％）を使います。カプサイシンは、水よりアルコールのほうがずっと溶けやすいのです。わたしは、標準的なアルコール度数40％のウォッカを使って同じレシピを試したことがありますが、あまり満足のいく結果は得られませんでした。パンチが足りないのです。あいにく、純粋な食品グレードのエタノールはなかなか見つかりません。195プルーフ（アルコール度数97.5％）で代用することもできます。これなら、地元の法律にもよりますが、酒店で手に入るかもしれません。インフュージョンのあと、水を加えてアルコール濃度を薄め、唐辛子にしみ込んだインフュージョン液をすすぎ出します。

このチンキは、何か月も保存すると、辛味のレベルは変わりませんが、アロマが変わります。赤唐辛子のフルーティーさが弱まり、緑唐辛子の野菜らしいにおいが優勢になります。最終的に、チンキは緑唐辛子だけで作ったような味になります。それでも、美味しいことには変わりはありません。

急速ホットペッパー・チンキを作るには、唐辛子はこれくらいの薄切りにする。

カクテルに使う場合には、必ず唐辛子の種と筋を取る。

[材料]

ハバネロ唐辛子（赤唐辛子）8グラム　種と筋をとったものを細かくスライスする。

シラノ・ペッパー（赤唐辛子）52グラム　種と筋をとったものを細かくスライスする。

ハラペーニョ（緑唐辛子）140グラム　種と筋をとったものを細かくスライスする。

純水エタノール（200プルーフ。195プルーフでもよい）250ml

ろ過水 100ml

[道具]

7.5グラム入りN_2Oチャージャー 2本

[作り方]

0.5リットルのエスプーマに、薄切りにしたペッパーとアルコールを入れる。1本目のチャージャーを注入して、エスプーマを振り、さらに2本目のチャージャーを注入して、振る。インフュージョン時間は合計で5分にする。その間ときどき振る。5分後圧力を解放する。水を加えて1分置く（泡の音を聞く）。液体を漉し、唐辛子を絞って液体を抽出する。10分置いてから使う。

回収率：90％以上（315ml）

急速ブラック・ペッパー・チンキ

わたしは、ブラック・ペッパーをドリンクに入れるのは好きですが、ペッパーがドリンクに浮かんでいる様子は見苦しいですし、加える量をつねに一定にするのも簡単ではありません。このチンキはよい解決法です。このチンキは、さまざまなペッパーやペッパーの仲間を使って作りますが、強いスパイシーな味がします。ベースになるのは、特有の辛さで知られるインド産のマラバル・ブラック・ペッパーです。このマラバルのほかに、世界的に有名な同じインド産のペッパーコーンのテリチェリー・ペッパーを加えます。テリチェリーのアロマは、マラバルよりも複雑でおもしろみがありますが、マラバルほどの強さはありません。少量の乾燥した緑色のコショウの実は、味に爽快感を加えます。わたしはまた、グレインズ・オブ・パラダイスも少量加えます。これは、植物学的にはブラック・ペッパーの近縁ではありませんが、何世紀もの間ブラック・ペッパーとして使われてきました。最後に、わたしはクベバを加えます。これもペッパーに似たスパイスで、中世のころには大変な人気がありました。グレインズ・オブ・パラダイスと違って、クベバはブラック・ペッパーの近縁です。樹脂のようにいいにおいがするので、わたしは大好きです。どの材料もすべてスパイスの専門店かオンラインで購入することができます。

わたしは、209ページのレモン・ペッパー・フィズにこのチンキを使います。

[材料]
中性ウォッカ（アルコール度数40％）200ml
マラバル・ブラック・ペッパーコーン 15グラム
テリチェリー・ブラック・ペッパーコーン 10グラム
グリーン・ペッパーコーン 5グラム
グレインズ・オブ・パラダイス 3グラム
クベバ 2グラム

[道具]
7.5グラム入りN_2Oチャージャー 2本

[作り方]
すべての乾燥材料を香料グラインダーにかける。ペッパーは粗めに挽くほうがよい。細かくすると、辛味が強くなりすぎる。ペッパーとアルコールを0.5リットルのエスプーマに入れ、1本目のチャージャーで急速インフュージョンする。数秒間エスプーマを振って、2本目のチャージャーを注入する。さらに数秒間振って、5分間インフュージョンする。圧力を解放して、泡がおさまるのを待つ。コーヒーフィルターで漉して、液体をできる限り絞り出す。

回収率：80%（160ml）

ブラック・ペッパー・チンキの材料。上から時計回りに：グレインズ・オブ・パラダイス、マラバル・ブラック・ペッパーコーン、テリチェリー・ブラック・ペッパーコーン、グリーン・ペッパーコーン、クベバ。

このチンキは、ペッパーを混ぜたものを挽いて作る。挽き方が細かいほど、チンキの味が辛くなる。

急速ホップ・チンキ

　ホップとは、ビールに苦味を加えるために使われる花です。自家醸造用品店に行けば、まごつくくらいたくさんのホップが並んでいます。熱烈なビールのファンなら、きっとすでに自分のお気に入りのホップがそれぞれあることでしょう。ビールのようなパンチをきかせることができるカクテルなら、このチンキが役立つでしょう。わたしは、グレープフルーツ・ジュースをベースにしたカクテルやプレーンなセルツァー炭酸水にホップ・チンキを好んで使います。

　ホップの苦味のもとは酸です。もっとも重要な苦味酸は、アルファ酸、またはフムロンと呼ばれます。通常ホップは、長い時間煮詰めると、アルファ酸が抽出され、異性化という化学作用によってイソフムロンに変換されます。苦味のもとは、実はこのイソフムロンです。苦味を出すには煮詰める必要がある、ということを覚えておいてください。問題点：ホップのアロマのもととなる揮発性精油は、煮ると、蒸発したり、変質したりする。そこで、ビールを作るときは、煮沸工程後、ホップのアロマを取り戻すためにまたホップを追加する。

　エスプーマでホップ・チンキを作るには、3つの選択肢があります。本当に苦いチンキを作りたいなら、圧力をかけたままの状態のエスプーマを、沸騰する湯につけてください。残念ながら、チンキを煮詰めると、ホップの新鮮なアロマがこわれてしまいます。エスプーマは密閉されて中身が蒸発しないようになっているから、アロマは保存されるのではないか、と思う方もいらっしゃるかもしれませんが、そういうわけにはいかないのです。加熱したホップ・チンキには、特徴的なビールらしい苦味があります。でも、ホップのアロマを最大限引き出すには、チンキを冷たい状態で作るほうがいいのです。これが第2の選択肢です。わたしは、冷たいホップ・チンキが大好きですが、苦味はあまりありません。そこで、第3の──わたしのおすすめの──選択肢は、2段階インフュージョンです。つまり、一度加熱した状態でインフュージョンし、圧力を解放してから、もう一度冷たい状態でインフュージョンするのです。ちょっと手間はかかりますが、それだけの価値はあります。

　このレシピでは、お好みでいろいろなホップを──苦味を引き立たせるホップや、アロマを引き立たせるホップ、両方の味を引き立たせるさまざまなホップを──使ってもかまいません。わたしはシムコー・ホップだけを使っています。シムコーには、強い苦味が隠されていて、アロマもわたしの好きな香りです。

　チンキの製造者（つまり読者のみなさん）にとってさいわいなことに、ビール醸造者はビールに加える苦味の量については熟知していますから、すべてのホップについて苦味酸の量が明らかにされています。ホップのスペックは、アルファ酸（フムロン）とベータ酸の含有率で示されています。チンキとして引き出せる苦味成分を比較する場合、ベータ酸は無視して、アルファ酸だけに注目してもいいでしょう。シムコーはアルファ酸の含有量が12～14パーセントと、ものすごく大量です。よく知られた多くのホップは、だいたい6パーセント前後です。苦味が少なめのホップを使いたいなら、それに応じて使うホップの量を増やせばよいでしょう。

　最後にひとつ重要な注意点：このチンキには強い光に当てないこと。紫外線に当てると、ホップの酸とリボフラビン（ビタミンB）と、MBT（3メチルブタン2エン1チオール）を形成する微量アミノ酸不純物との間の光化学反応によって、すっかり変質してしまう可能性があります。MBTは、微量でもわかるにおいの強烈な物質です。これまでに悪臭のするビールを飲んだことがあるなら、わたしの言っていることがおわかりでしょう。もし飲んだことがないなら、それは幸運なことです。低温でインフュージョンしたホップ・チンキは、高温でインフュージョンしたホップほどには、においの変化の影響を強くは受けませんが、いずれにしても、わたしはホップ・チンキをステンレス製のフラスコ瓶に入れて貯蔵しています。

ホップ・チンキ

[材料（高温・低温とも）]
中性ウォッカ（アルコール度数40％）250ml
生のシムコー・ホップ 15グラム

[道具]
7.5グラム入りN$_2$Oチャージャー 2本

[作り方]
　ウォッカとホップをエスプーマに入れ、1本目のチャージャーを注入して、数秒間振る。2本目のチャージャーを注入して、さらに30秒間振る。

高温のチンキを作る場合：エスプーマを沸騰している湯につける。30分加熱したあと、氷水につけて室温まで冷やす。冷やすのに5分ほどかかる。

低温のチンキを作る場合：エスプーマを30分置く。その間ときどき振る。

　圧力を解放して、泡がおさまるのを待つ。コーヒーフィルターで漉して、ホップにしみ込んだ液体を絞り出す。遮光性のフラスコ瓶に貯蔵する。

回収率：85％（212ml）

高温と低温の2段階ホップ・チンキ

[材料]
生のシムコー・ホップ 30グラム　15グラムずつ2等分する。
中性ウォッカ（アルコール度数40％）300ml

[道具]
7.5グラム入りN$_2$Oチャージャー 3本

[作り方]
　15グラムのホップとウォッカを0.5リットルのエスプーマに入れ、1本目のチャージャーを注入して、数秒間振る。エスプーマを沸騰している湯につける。30分加熱してから、氷水に移し、5分ほどかけて室温まで冷やす。圧力を解放する。圧力の解放中に吹き出した液体をすべてエスプーマに戻し、残りの15グラムのホップを入れて、チャージャーを注入し、数秒間振る。3本目のチャージャーを注入して、さらに30秒間振る。そのまま30分置く。その間ときどきかき回す。圧力を解放して、泡がおさまるのを待つ。コーヒーフィルターで漉して、ホップにしみ込んだ液体をすべて絞り出す。遮光性のフラスコ瓶に貯蔵する。

回収率：85％（212ml）

とても苦味の強いシムコー・ホップ15グラム。高温と低温の2段階のホップ・チンキ製法を選ぶなら、この2倍の量が必要になる。

分量を増やす

　エスプーマの容量は、1リットルまでしかありません。インフュージョンで大量の酒を作りたいときは、どうすればいいでしょうか。コーネリアス・ソーダ・ケグを使うという方法があります。別名コーニー・ケグとも呼ばれるこの容器（296ページ〜の『炭酸化』の章で説明します）は、容量が5ガロン（約20リットル）あり、6.9バールの圧力に容易に耐えられます。ほとんどのコーニー・ケグは9バールまで耐えられることになっていますが、しばしばそこまで達する前に圧力安全弁が解放を始めます。エスプーマは、すべてのガスを即座に注入し、振ることによって圧力を下げることができますが、それとは違って、コーニー・ケグでは一定の——平均的な——圧力を供給します。ガスの圧力が一定ということは、毎回中身を同じ量にしなくてもいいということです。

固形物の真空インフュージョン：ガーニッシュ・マジック

この章の冒頭でわたしが言ったことを覚えていますか。インフュージョンとは、液体を固体に注入することと、固体のフレーバーを液体中に抽出することの2つの異なる作用をさしています。後者は、ここまで話してきた亜酸化窒素を使ったインフュージョンです。ここからは、真空インフュージョンを使って固体に液体を注入する方法を説明します。

真空インフュージョンを行うときは、固形物の材料——たとえばキュウリのスライス——を、風味豊かな液体——たとえばジン——に浸して、真空包装機でキュウリの気孔から空気を吸い出します。真空包装機をはずしても、空気が気孔の中に一気に吸いもどされることはありません。キュウリはジンに浸されているので、空気はジンを押しのけることはできません。むしろ、大気の圧力は、空になったキュウリの気孔にジンを押し込もうとします。この作用の結果、キュウリは味がよくなり、見かけも美しくなります。キュウリのスライスを見てください。白っぽい緑色で、表面はサテンのようになめらかです。よく見ると、白い部分がざらざらしているのがわかるでしょう。これがキュウリの気孔です。こうした気孔に光が当たると、光はあらゆる方向にはね返り、その一部が散乱してあなたの目に入ってきます。気孔があるために、キュウリは不透明に見えます。気孔に液体を注入すると、光は散乱しなくなり、キュウリは半透明になって宝石のように見えます。この効果に関するくわしい解説は、233ページの圧縮に関する補足記事をご覧ください。

真空インフュージョンの大きなメリットのひとつは、食品の食べられない部分を資源に変えられることです。普通なら捨てられるスイカの皮は、野菜の皮むき器で細長く切って、ライム酸とシンプル・シロップを混ぜたものをしみこませると、カクテルのすばらしい飾りになります。パイナップルの芯は生ゴミです……が、細長く切って真空インフュージョンでシンプル・シロップをしみ込ませると、モヒートのサトウキビのスティックとも違うすばらしい変身を遂げます。まだ実の固い未熟なナシは、真空インフュージョンで生まれ変わります。ナシは、柚子のジュースとエルダーフラワー・シロップの濃い混合液をしみ込ませると、すばらしい味になります。

カクテルの場合、真空インフュージョンはほとんどがガーニッシュ（飾り）を作るために使われますが、いくつか際立った例外もあります。酒を固形材料の中にしみこませることができるので

左側がインフュージョンの前、右がインフュージョン後。違いは一目瞭然だ。

パイナップルの芯のガーニッシュ：生ゴミがすばらしいものに生まれ変わる。

すから、食べ物とカクテルの境界線上に位置するものを作ることができます。わたしの「キューカンバー・マティーニ」は、ジンとベルモットをキュウリにしみ込ませた「食べられるカクテル」のひとつですが、これは、わたしが注目を浴びた最初のテクノロジー・レシピのひとつでした（くわしいレシピは234ページを参照してください）。わたしがこのアイデアを思いついたのは、2006年にニューヨーク市のフランス料理学校で料理テクノロジーを教えていたときのことです。わたしは、生徒に酒を出すことは許されていませんでしたが、酒で「料理を作る」ことは許されていたのです。

真空包装機

真空インフュージョンは、ちゃんとした真空包装機があれば、ばかばかしいくらい簡単ですが、業務用のチャンバー真空包装機は高価です。さいわいなことに、破産するリスクを冒さなくても、真空インフュージョンを試すことはできます。手動式の真空ポンプやバキュバンのワイン・セーバー（保存栓）でも、（すばらしいとは言わぬまでも）まずまずの効果を上げることができます。わたしは、エスプーマを使って固形物をインフュージョンするテクニックも開発しました。196ページ～を参照してください。もし金をかけずに手軽に業務レベルの真空インフュージョンをやりたいなら、冷凍庫の修理技師が使う真空ポンプを使って、真空インフュージョン用の器具をこしらえることもできます。こうした器具は費用がとても安く、それでもまずまずの真空状態を作ることができます。

もし運よく業務用のチャンバー真空包装機〔貯蔵や調理のためにバッグを密閉する機械〕が手に入ったなら、真空インフュージョンには最高の選択肢です。袋詰めの機能は、インフュージョンのための重要な要素ではありません。何より重要なのは、性能のいい強力な真空ポンプです。こうした機械は、最低でも1500ドルぐらいはします。市販の真空包装機が高いのは、本当に高性能なポンプを使っていて、こうしたポンプの値が張るからです。市販の機械のポンプは、オイルで密閉されていて、数秒でひじょうに高いレベルの（99パーセント以上の空気を除去した、つまり10ミリバール以下の）真空をつくることができます。そのうえ、レストランの調理場で常時使用され、酷使されつづけてもこわれない耐久力があります。

1000ドル未満の新世代の真空包装機が、いま市販されています。いずれも、真空ポンプの出力はプロ仕様と比べて落ちますが、なかには、インフュージョンに使用できるものもあります。フードセーバーのようなほんとうに安価な電動の真空パック機には、ちゃんとしたインフュージョンができるだけの出力はありません。

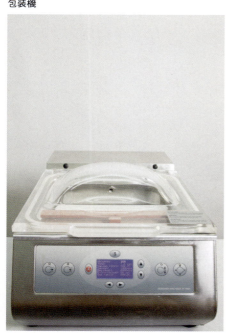

市販のチャンバー真空包装機

スイカの皮

スイカの皮のガーニッシュの作り方
1、2、3）スイカを切るとき、皮を輪の形にして残す。
4）この皮から濃緑色の外皮をむく。
5）輪切りにした皮にピーラーをあてがい、輪の形のまま薄切りにしていく。

第9章　急速インフュージョンと圧力シフト

6）ピーラーを進めて、切れ目のない長い薄切りを作っていく。
7）薄切りにした皮を切り離さないように、ピーラーを分解してはずす。
8）最後に、オールパーパス・スイートアンドサワーで真空インフュージョンする（238ページのレシピを参照）。

真空インフュージョンの技術的検討事項

材料の選択

多孔性：亜酸化窒素を使うインフュージョンとまったく同じように、真空インフュージョンの材料は、多孔性のもの——気孔がたくさんあるもの——でなければなりません。真空インフュージョンでは、こうした気孔に液体を注入します。固形材料の気孔が大きく、数が多いほど、より多くの液体を材料の中に注入することができ、材料にはより多くのフレーバーがしみ込むことになります。気孔がとても多いスイカは、スポンジのように液体を吸い込みます。リンゴは、果肉にたくさんの気孔がありますが、こうした孔は小さく、液体がしみ込みにくいため、フレーバーを注入するのは困難です。

材料に気孔が必要なだけでなく、こうした孔は液体を注入できるものでなければなりません。たとえば、皮の部分は果肉と比べて気孔が少ないため、皮を通して注入することはなかなかできません。皮をむいていないチェリートマトは、真空インフュージョンをしてもまったくフレーバーが浸透しません。そのチェリートマトも、皮をむけばインフュージョンに最適な材料に変わります。また、材料をより薄く切れば、液体がしみ込む孔が増えるので、インフュージョンがしやすくなります。

真空インフュージョンは、現にある孔に注入するだけですから、大量の液体を固形物にしみ込ませることは絶対にできません。気孔が全体に占める割合は、決して大きくありません。注入する液体の体積は小さいわけですから、フレーバーは固形物のフレーバーに影響を与えられるほど力強いものでなければなりません。材料の気孔が少なければ、液体のフレーバーはより力強いものであることが求められます。フレーバーのとぼしい液体を使うのは、初歩的なミスです。

真空インフュージョンをする材料は、あまりもろくないものがいいでしょう。イチゴのようなフルーツは、多孔性で、フレーバーがよく浸透しますし、初めのうちは見た目も最高です。しかし、5分もたつと、ぬるぬるして、気持ち悪くなってきます。イチゴの構造が、真空インフュージョンの力に耐えられないのです。熟したナシも、真空インフュージョンをすると、大きなダメージを受けます。

真空インフュージョン vs ピクリングと保存期間への影響：急速インフュージョンと違って、従来のピクリングは、酸と塩と砂糖を含む漬物用塩水が浸透することによって、材料の組成が徐々に変わり、しばしば保存に適したものに変化します。真空インフュージョンは固形材料の組成が根本的に変わることはありませんから、従来のピクリングのように持ちがよくなることはありません。このことは覚えておいてください。

その一方で、真空インフュージョンしたものを冷蔵庫に長時間——一晩でも2、3日でも、もっと長くても——貯蔵した場合、固形材料の果肉の組成は、浸透圧効果と拡散によって、従来のピクリングと同じように変わります。場合によっては、それでもかまいません。リンゴは、インフュージョン後長期間保存してもテクスチャーは変わりません。しかし、ときにはテクスチャーが台なしになってしまうものもあります。キューカンバー（キュウリ）・マティーニのレシピでは、わたしは2時間以内にキュウリのスライスを食べてもらうようにしています。2時間を過ぎると、浸透作用によってキュウリの

第9章　急速インフュージョンと圧力シフト

細胞の中の水がにじみ出て、ジンが希釈されてしまいます。その結果、膨圧(ぼうあつ)が失われます。つまり、キュウリがしなびて軟らかくなってしまうのです。

用意：材料を冷やす

真空インフュージョンする材料は、どんなものであっても**低温**でなければなりません。ここでいう低温とは、生温かいとか、ぬるいとか、冷めた、とかいう程度のものではなく、少なくとも——冷蔵庫内の温度（1℃〜4.4℃）——くらいの冷たさでなければなりません。これは、注入する固形材料と液体の両方に当てはまります。真空インフュージョンをする上でもっともよくあるミスが、温かすぎる温度でインフュージョンしようとすることです。わたしはこうした失敗を何度も見てきました。結果的に、思いもよらぬ混乱が生じるうえ、ほんのわずかな注入しかできません。これからする説明を、全部残らず読んでください。もしお読みにならない場合は、わたしの言うことを無条件に信じて、次のセクションに進んでください。

真空には、知っておかなければならない特性があります。真空にすると、液体の沸騰温度が下がります。沸騰は温度だけで起きるものではなく、温度と圧力の組み合わせで生じるものです。ボックスト・ケーキ〔箱入りで売っているケーキミックス〕の作り方の注意書きを読めばわかるように、山の上ではレシピを変更しなければなりません。標高の高い場所では、気圧が低いために水の沸騰温度が下がるからです。市販の真空包装機は、どんな高い山よりも低い気圧にすることができます。

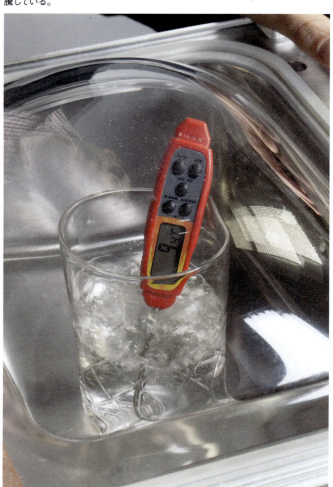

この真空包装機の中の水の温度はわずか9℃だが、圧力がひじょうに低いために、激しく沸騰している。

なぜ真空にすると、沸点が下がるのでしょうか。液体中の分子は、絶えずぶつかり合っています。液体の温度は、こうした分子の平均速度の作用の結果です。速度が速くなれば、温度が上がります。こうしたぶつかり合う分子を液相〔液体状態〕に保っているのは、液体の分子が互いに引き合う力に加えて、分子を抑え込んでいる大気圧です。ある時点で、一部の分子は液体から離脱できる速度に達します。つまり、蒸発します——すると、気化冷却が起きます。高速の分子が離脱すると、残った分子の平均速度が下がりますから、液体の温度が下がります。しかし、沸点以下の場合、平均速度の分子は、気相〔気体状態〕分子として離脱するよりも、液体中にとどまろうとします。沸騰が起きるの

229

は、気圧が低くなったり、温度が高くなったりすることによって、液体中の平均的分子が、液体中にとどまろうとするのと同じくらいの力で液体から離脱しようとするからです。空気を抜いて気圧を下げると、液体の沸点は下がります。沸点をどこまで下げられるかは、真空ポンプの性能しだいです。

わたしの店でインフュージョンに使っている真空ポンプは、室温や、あるいは冷蔵庫の温度下でさえ、水が沸騰するくらいまで簡単に圧力を下げることができます。減圧沸騰は、水の温度を上げるのではなく、気化冷却によって温度を**下げ**ます。これはわたしがよくやる実演実験のひとつですが、真空包装機で室温の水を沸騰させ、受講生のひとりにその中に手をつけさせます。この水で手をやけどすると思い込む受講生が必ず何人かいますが、彼らは沸騰しただけの冷たい水に実際に手を入れてみて、やっと納得してくれます。

これは、これから真空インフュージョンをやるみなさんにとって何を意味するのでしょうか。よい結果を出したければ、インフュージョンで作るものはすべて冷たく——本当に低い温度に——しなければならないということです。インフュージョンを始める時点で、材料がせめて冷蔵庫内温度でなければ、しかるべき真空レベルに達する前に材料が沸騰してしまいます。アルコールの沸騰温度は水より低いので、真空包装機ではアルコールを沸騰させるほうがずっとやりやすいのです——つまり、アルコールを使えば、固形材料を凍らせずにインフュージョンできるわけです。このルールを守らない人たちが、本当に数えきれないほどいます。材料は必ず、絶対に、冷やしてください！

スタート：注入開始

真空インフュージョンは、思いのほか時間がかかります。たとえば、ダーク・ラムを熟したパイナップル・スピア〔カットパイナップル〕に注

真空包装機の掃除

市販の真空包装機は、オイルを封入したポンプを使っています。ポンプを使うとき、水などの液体がオイルに混入すると、ポンプの性能を大幅に低下させます。オイルを封入した真空ポンプには、中のオイルの状態を見るための窓がついています。きれいなオイルは、まさにオイルらしく見えます。汚れたオイルは、乳化された液体が混じっているために、サラダ・ドレッシングのように見えます。こうしたオイルは、ポンプを空気にさらして（真空状態にしないで）数分間動かせば、きれいになります。すべての真空包装機は、つっかえ棒でふたを開けておくなど、何らかの方法で、こうした運転ができるようになっています。ポンプが加熱すると、汚れの物質が沸騰して蒸発しやすくなります。ポンプの中を通る空気は、揮散します。そして、オイルは再びきれいになります。

真空包装機のオイル：オイルは真空包装機のいわば血液である。汚れたオイル（上）は、水が混じっていて、機械の減圧レベルを低下させる。汚れたオイルをきれいにするには、ふたを開けたままポンプを5〜10分運転する——水が沸騰して蒸発し、オイルがきれいになる（下）。

入するとしましょう——きっとそうしたくなるはずです。冷たいパイナップルを冷たいラムに浸して、減圧してください。減圧によってパイナップルの気孔から空気が吸い出され、気孔が広がります。気孔から吸い出された空気は、ラムの中で泡になり、真空ポンプによって除去されます。パイナップルからできる限り多くの空気を吸い出すには、本当の真空状態にする必要があります。空気を全部吸い出さないと、パイナップルに多くの液体を注入できません。気孔から空気を全部吸い出すには、思いのほか時間がかかります。真空包装機が十分な真空状態に達しても、パイナップルからすべての空気を吸い出せたかどうか、たしかなことはわかりません。わかるのは、チャンバーから空気をすべて取り除いたことだけです。空気を吸い出す時間は長めにしてください。いいですか、空気は長めに吸い出すのです。お忘れなく。

わたしは、真空インフュージョンをする場合、約1分間空気を吸い出し、それから機械を止めて、真空状態の中に材料を放置します（市販の機械はどれでもこの操作ができます。ほとんどの場合、スイッチを切るだけでけっこうです。「停止」のボタンは使わないでください）。真空ポンプのスイッチを切ったあとでも、空気が小さな泡になって逃げていくのが見えます。この泡は数分間続きます。どうして、ポンプを止めるのでしょうか。理由は2つあります。第1に、ポンプの性能がよければ、液体はどんなに低温でも低温沸騰しますから、沸騰しつづけると、液体からフレーバーを除去する（実質的には「蒸留する」）ことになります。第2に、ポンプを長時間動かすことによって蒸発した液体は、ポンプのオイルを汚し、ポンプの性能を低下させます。

さて、いよいよここからがお楽しみです。空気を吸いもどしましょう。

空気が真空チャンバーに一気に戻るとき、ジンとベルモットがキュウリに注入されるが、これはちょっとした見ものだ。

決定的瞬間

真空包装機によって空気を吸い出す前の気孔内の気圧は、わたしたちのまわりの大気と同じで、およそ1013ミリバール〔1気圧〕です。真空包装機を動かすと、気孔内の気圧はほとんどなくなります。真空状態を解放すると、空気が真空包装機のチャンバーに一気に戻ってきます。空気は、1013ミリバールの力で気孔を圧縮しようとします。これは、1平方センチ当たり10キログラムの力になります。それでも、気孔はつぶれず、この圧力によって液体——この場合はラム——が多孔質の固体であるパイナップルに注入されます。こうしてでき上がった真空インフュージョンのパイナップルは、本当に美味しくてすてきです。みなさんも、このインフュージョンの過程を実際に自分の目で見てみたいでしょう。わたしはもう10年近く真空インフュージョンをやっていますが、少しも見飽きたりしません。

1回のインフュージョンで十分に注入できていなかったら、同じ手順をくり返してください。リンゴのように固い材料や分厚く切った材料は、2回以上必要な場合もよくあります。液体がアルコール性で、注入を2、3回くり返した場合、もうそれ以上やると意図しない蒸留が起きて、フレーバーの一部が失われるおそれがあります。また、固形物のフレーバーをもっと液体に加えると、双方向的にインフュージョンをすることになります。

マシュマロ

わたしは、真空包装機を使って実演実験をするときは、いつも必ずマシュマロをふくらませます。もし真空包装機をお持ちなら、あなたもこの実験をやってみるといいでしょう——そうすれば、真空包装機の原理を実感できます。マシュマロを真空包装機のチャンバーに放り込むと、元の大きさの何倍にもふくれ上がります。これは、真空チャンバーの内部の気圧が低下するにしたがって、マシュマロの中に閉じ込められた空気が膨張し、マシュマロを風船のようにふくらませるからです。これはなかなかの見物ではありますが、この膨張は真空インフュージョンの重要な要素ではありません。マシュマロが膨張したあとも、そのまま空気を吸い出しつづけると、中に閉じ込められて膨張した空気が、徐々に漏れ出し、マシュマロは再び縮みはじめます。やがて、閉じ込められていた空気は大部分が抜けて、マシュマロは元の大きさに戻りますが、それには多少の時間がかかります。ここが重要なところです。この実験では、気孔から空気を抜くのに、思いのほか時間がかかります。これは、インフュージョンするすべての材料に当てはまります。空気を吸い出すには、思いのほか時間がかかるのです。

マシュマロならではのおもしろい現象があります。最終的に真空状態を解放して、空気がチャンバー内に戻るとき、マシュマロはつぶれます。マシュマロの中から空気を吸い出すのが難しいのとまったく同じように、マシュマロの中に空気を戻すのも難しいのです。突然、空気にさらされると、このふわふわの軟弱者は、押し寄せる空気の力に耐えられるようなしっかりした構造がないため、バッグに入れなくても自然に縮みます。自然に縮むものはごくまれです。わたしはこの実演実験が気に入っています。真空の原理を視覚的に実証するこの実験は、人々の心に焼き付いて離れないようです。

秒　0　　4　　8　　12　　16　　20　　24　　28

マシュマロを真空包装機に入れる：0秒は普通の状態のマシュマロである。真空包装機が運転を始めると、内部の気泡が膨張するためにマシュマロが膨張する。マシュマロの大きさは8秒後に最大になる。12後から24秒後の間の変化——マシュマロの収縮——をよく見てほしい。マシュマロが収縮するのは、内部の空気が徐々に抜けていくためである。真空包装機にかけると、フルーツや野菜でも同じ作用がはたらく。フルーツや野菜は膨張はしないが、内部に閉じ込められた空気が抜けていくには、時間がかかる。フルーツとは違って、マシュマロは、28秒後に空気がチャンバー内に戻ると、一気につぶれる。

圧縮

多孔性の食品から空気を吸い出す場合、液体を一切加えずにバッグに密封し、バッグに空気の圧力がかかるようにします。すると、1013ミリバールの大気圧がそっくり気孔にかかります。この場合、液体がありませんから、インフュージョンは起きません。気孔はただぺしゃんこにつぶれるだけです。見た目はインフュージョンした食材と似ていて、宝石やステンドグラスを連想させますが、フレーバーは一切加わりません。このテクニックは、真空圧縮またはテクスチャー改善といいます。もっとも、テクスチャーは大して変化しません。わたしはこのテクニックはめったに使いませんが、なかには大好きな人もいます。もし見映えのいいフルーツを一切れ作りたいが、フレーバーは一切加えたくないというときは、この圧縮がひとつのよい選択肢になります。いいですか、圧縮するには、材料をバッグに密封しなければなりません。厚みのあるものは、圧縮を何サイクルかくり返す必要があります。バッグを開く必要はありません。材料が（中の蒸気が抜け出ようとして）ふくれるまで密閉したバッグを真空にし、空気が戻るままにすればよいのです。これは、やわらかいレンガを持ち上げて、材料の上に何度も落とすのと同じです。前のサイクルでつぶれた気孔はもう圧縮できず、空気を吸い戻す次のサイクルでまた新たにいくつもの気孔がつぶれることになります。

真空を利用してインフュージョン液を作る

真空包装機を使ったインフュージョンを1サイクルしかやっていない場合、固形材料のフレーバーはごく少量しか液体には抽出されていません。インフュージョンした固形物は数分間液体に漬けたままにして、それからもう一度真空インフュージョンをしてください。材料の温度が1回目ほど冷たくなくても、心配しないでください。2回目は、実際に液体を少し沸騰させたいのです。それはなぜか？　今度は、沸騰させることによって、固形材料の気孔からフレーバーが混じった液体を抽出したいからです。

液体の沸騰の作用に加えて、どうしても材料の中には多少の残気が残りますから、この残気も膨張するときに、フレーバーがしみ出した**液体**を材料から押し出すために一役買います。このように、**液体中にフレーバーをしみ出させる**ためにも、真空包装機を利用できるのです。空気を中に戻すと、また新たに液体が固形物に再注入され、このプロセスをまたくり返すことができます。このプロセスは何度かくり返すことができますが、このサイクルが3回を超えた場合には注意してください。蒸留によってフレーバーの一部が損なわれているかもしれません。しかし、バッグを密閉していれば、注入のサイクルを何度でもくり返すことができます。バッグが密閉されていれば、フレーバーは少しも外に漏れ出すことはないからです。このプロセスで真空を利用するメリットは、チャージャーを買わなくても、一度に何リットルも作ることができることです。デメリットは、エスプーマを使うときのように圧力と温度をコントロールできないことです。

キューカンバー・マティーニの作り方：レシピでテクニックを解説する

これは、真空包装機を使うアルコール飲料のレシピとしてわたしが最初に考えたものです。

[材料]
冷やしたジン 200ml
冷やしたドラン・ブラン・ベルモット 50ml
冷やしたシンプル・シロップ 10ml
冷やした食塩水1ダッシュ
冷やしたキュウリ2本 (577グラム)
ライム1個
マルドンの塩
セロリ・シードまたはキャラウェイ・シード

[道具]
チャンバー真空包装機、またはこれに類する真空マシン
真空バッグ
マイクロプレイン

[作り方]
　このレシピにあげたすべての材料は、十分に冷却されている必要がある。ジンとベルモットとシンプル・シロップと食塩水を混ぜ合わせる。（通常マティーニには糖を一切加えないが、キュウリには苦味があるため、このレシピではシンプル・シロップを加える）。混ぜ合わせたものを0℃〜4.5℃に冷やす。

　キュウリは、冷蔵庫で冷やしてから切る。キュウリは、切り分けたりせず、冷蔵庫で冷やしておく。切ってしまうと、時間がたつにつれて気孔の一部がつぶれ、テクスチャーが損なわれて、注入の効果が低下してしまう。アメリカで市販されているキュウリの品種は、おもに2種類ある。ひとつはホットハウス・キューカンバー、別名イングリッシュ・キューカンバーともいわれる細長い品種で、1本ずつビニール袋に入れて売られている。もうひとつは、セレクトで、たいてい店の通路の量り売りの陳列容器に山積みにされている。このレシピでは、セレクトを使う。わたしは、正直なところホットハウスは嫌いだ。一般には、ホットハウスのほうが皮がいいと言われるが、この点はいまはどうでもよい。このレシピでは、皮はむいて使う。ホットハウスには、種がないという人もいるが、ホットハウスを食べたことがある人は知っているように、これは真っ赤な嘘である。

　それに、ホットハウスのほうが値段が高い。しかし、ホットハウスを使わない本当の理由は、フレーバーがごくにわずかしかなく、そのわずかなフレーバーも苦味だからである。

　冷やしたキュウリを28枚の長方形の板状に切

第9章　急速インフュージョンと圧力シフト

る。まず皮をむいて、長さが10mmくらいの円筒状にして、これを放射状に切り分けて、8個のくし形に切る。種は縦に切り離し、ひっくり返して、外側の曲面になっている部分を切り取る。ごらんの通り、キュウリの板ができた（写真参照）。これで210グラムぐらいになるはずだ。

真空バッグに、酒を混ぜた液とともにキュウリを入れる。液体はごく少量なので、バッグだけでよい。バッグに入れることによって、キュウリが液と密着するように浸されて、インフュージョンがしやすくなる。キュウリをたくさん使うなら、材料を鍋に入れてもいい。ただし、鍋は真空包装機に入るものでなければならない。

キュウリと酒を1分以上減圧し、それから機械を止めて、材料を真空状態のままにする。機械を止めたあともキュウリから気泡が出ているようなら、うまく行っている証拠である。気泡が出なくなるのを待って、真空包装機のスイッチを入れ、チャンバーの中に空気を入れる。それからどうなるかをよく観察する。空気が一気に流れ込むと、液がキュウリの内部に注入され、キュウリがマティーニに変わる。

キュウリを液から取り出す（酒は飲んでもよい）。タオルで軽くたたくようにして、キューカンバー・マティーニから水気を取る。ライムの皮を上に載せ、マルドンの塩とセロリ・シードまたはキャラウェイ・シード少々を振りかける。キューカンバー・マティーニは2時間以内に食べる。それ以上時間がたつと、歯ごたえが悪くなる。

キュウリを板状に切る
1) 皮をむいて、2つの円筒形にする。
2) それぞれの円筒形を8つのくし型に切り分ける。
3) 種を切り取って、片面を平らにする。種を食べる――なかなかいい味だ。
4) くし型をひっくり返して、外側の丸い部分を切って、平らにする。
5) 以上の工程の各段階のキュウリの状態を1枚の写真にまとめたもの。

エスプーマでキューカンバー・マティーニを作る

　亜酸化窒素のインフュージョンでは、高圧をかけることによって材料の気孔に液体を押し込みますが、そのあと圧力が解放されるとき、この同じ液体がわき出してきます。固形物の中に液を注入しようとするとき、このように液が出てきてしまうと困ります。液体は、こちらの期待通りに、固形物の中にとどまってはくれません。解決法：材料をジップロック・バッグに入れて、最初から亜酸化窒素に触れないようにします。このテクニックのデメリットは、一度にあまり多くは作れないことと、インフュージョンを行うたびにチャージャーの費用がかかること、エスプーマの口から入るものしかインフュージョンできないことです。おもなメリット：エスプーマを使えば、材料を氷のように冷たくする必要がないことと、そして——ここが重要なところですが——自前の真空包装機を持たなくてもよいことです。

[道具]
容量1リットルのエスプーマ
チャージャー2本（CO_2またはN_2O）
サンドイッチ・サイズのジップロック・バッグ　3枚
マイクロプレイン〔おろし器〕

[材料]
キューカンバー・マティーニと同じ。

[作り方]
　ジンとベルモットとシンプル・シロップと食塩水を混ぜ合わせる。キュウリの下ごしらえをして、酒と切り分けたキュウリを3つのジップロック・バッグに分けて入れる。バッグを水につけて、バッグから空気を抜く。そのために、水を入れる容器はバッグより大きなものを用意する。それぞれのバッグの口を、一方の端から閉じていき、反対側のすみのほうを閉じないで残す。口の閉じていない部分に指を入れて、袋をつまみ上げると、バッグはひし形になる。バッグを水につけて、口の開いている部分が水面すれすれになるところまで沈める。空いているもう一方の手で、沈めた袋の中にある空気をすべて押し出す。バッグの封を閉じる。これでバッグの中にはほとんど空気が残らない。

　バッグを丸めて、エスプーマに入れる。水を内側の線まで入れる（こうすると圧力解放のときに材料にかかる負荷が減る）。エスプーマを密閉して、1本目のチャージャーを注入する。2〜3秒間軽く振って、2分間そのまま置く。ゆっくりとエスプーマの圧力を解放する。ゆっくりやること。あわてて圧力を解放すると、インフュージョン自体が失敗する。キュウリの内部の空気が再び膨張して、ジンとベルモットの混合液の一部を押し出し、その結果フレーバーが減り、キュウリの見映えも損なわれる。

　バッグをエスプーマに入れたまま5分待つ。この間に、最初の圧力と解放のサイクルでできた経路を通って、空気がキュウリから抜けていく。5分たったら、2本目のチャージャーを注入し、軽く振って2分間置く。ゆっくり圧力を解放して、エスプーマからバッグを取り出す。もうこのときには、キュウリには液を押し出すほどの残気はない。

　キュウリを取り出して、水気を切る。ライムの皮を上に載せ、マルドンの塩とセロリ・シードを振りかける。キューカンバー・マティーニは2時間以内に使う。それ以上時間がたつと、歯ごたえが悪くなる。

　このテクニックは、バッグに液体を入れない圧縮にも応用できるし、分量を増やしてコーネリアス・ケグに応用することもできる（223ページの『分量を増やす』を参照）。

第9章　急速インフュージョンと圧力シフト

キューカンバー・マティーニをエスプーマで作る：マティーニの混合液とキュウリをジップロック・バッグに入れて、一方の端だけを残して口を閉じる。
1) バッグを写真のように持つ。
2) バッグを水につけ、バッグをゆっくり押して、中の空気を抜く。バッグが口のところまで水に沈む直前で口を閉じる。
3) バッグの中の空気はほとんどなくなり、写真のような感じになる。
4) ジップロックをエスプーマに押し込んで、内側の線まで水を入れる。
5) チャージャーを注入し、振って、2分間待つ。ゆっくりとエスプーマの圧力を解放する。
6) ここでやめると、写真のようにキュウリの見映えが悪くなる。
7) 5分待って、2本目を注入し、もう一度振って、さらに2分待つ。
8) ゆっくり圧力を解放したら、これででき上がり。

237

インフュージョンの活用法

最初にいくつかアドバイスをします。これから作るものは、単品でガーニッシュとして使うか、何種類か組み合わせてアルコール入りフルーツ・サラダの材料にしてください。

オールパーパス・スイートアンドサワー

これは、スイカの皮や未熟なナシなどのインフュージョンに使える甘酸っぱいシロップです。

1リットル分

[材料]

シンプル・シロップ 400ml（グラニュー糖250グラムとろ過水250グラム）

漉したてのライム・ジュースまたはレモン・ジュース 400ml、またはライム酸（61ページ参照）

ろ過水 200ml

塩 軽く1つまみ

[作り方]

材料を全部混ぜて、インフュージョンを行う。

スイカ

スイカは、驚くほどインフュージョンに適した材料です。スイカには気孔がとてもたくさんあります。スイカは自然にインフュージョンが起きるほどです。だから、フットボール・ファンの間で、スイカに穴をあけてウォッカをボトル1本分注ぎ込み、スタジアムにこっそり酒を持ちこむという慣習が、何世代にもわたって受け継がれているのです。わたしは、酒をインフュージョンしたスイカのフレーバーは、あまり好きではありません。スイカにスイカのジュースをインフュージョンすると、スイカを超えたスイカができ上がります。その味は、スイカというより、もう蜜の味です。スイカの皮は、オールパーパス（多目的）のスイートアンドサワー・ミックスをインフュージョンすると、本当に美味しくなります。歯ごたえがもう最高です！

カンタロープ・メロンとハネデュー・メロンはインフュージョンにとても適していますが、この2つはわたしが本当に嫌いな唯一の食材なので、わたしとしてはこの2つはおすすめできません。

トマト

チェリートマトに真空インフュージョンを行うと、香りの高いカクテルに適したすばらしい飾りになります。213ページのハラペーニョ・テキーラのレシピは、グラスを塩で縁取りし、塩や酢や砂糖を短時間インフュージョンしたチェリートマトを添えて出すと、すばらしいショットになります。インフュージョンの前に、トマトを沸騰した湯に20秒くぐらせて、直接氷水につけるといいでしょう。もし湯にそれ以上長くつけたままにすると、トマトが煮えてしまいます。一度にあまり多くのトマトを入れると、湯の温度が下がって、タイミングが狂ってしまいます。トマトを冷ましたら、よく切れる包丁で皮をむいてください。チェリートマトは、真空インフュージョンしなくても、冷蔵庫に2時間ほど入れておけば即席のピクルスになりますが、真空インフュージョンしたものほどのパンチはありません。

インフュージョン液

[材料]

グラニュー糖 100グラム
塩 20グラム
コリアンダー・シード 5グラム
イエロー・マスタード・シード 5グラム
オールスパイスの実 5グラム
赤唐辛子のフレーク 3グラム（ハラペーニョ・テキーラの飾りにする場合は不要）
ろ過水 100グラム
ホワイトビネガー 500グラム

[作り方]

乾燥した材料をすべて小さな平鍋に入れて混ぜ合わせ、水を加える。かき混ぜながら、沸騰するまで煮詰め、塩と砂糖を完全に溶かす。火から下ろして、酢を加える。ふたをして、冷蔵庫に入れて冷やす。通常の真空インフュージョンを行う。

洋ナシ

前にも言ったように、洋ナシをしっかりとインフュージョンするには、固いものでないといけません。洋ナシは、薄く細切りか輪切りにするのがいちばんよく、ガーニッシュとしても見映えがたいへんよくなります。洋ナシは、スイートアンドサワー・ミックスをインフュージョンするのにも適しています。わたしは、ポワール・ウイリアムズを洋ナシにインフュージョンしたことがありますが、うまくいきました。ポートワインをインフュージョンしたナシは期待するほどよくはなく、アジア産のナシは、洋ナシのようにうまくインフュージョンできません。

キュウリ

キュウリは、もういやになるほどインフュージョンをやってきました。ジンのほかに、アクアビット——とても美味しい——や、もっと甘い混合液もインフュージョンできます。その場合、フルーツのような味わいになるので、もっと酸味の強いフルーツと組み合わせて、アルコール入りフルーツ・サラダにすることもできます。わたしは、キュウリはなるべく提供する直前にインフュージョンすることにしています。

リンゴ

リンゴには多くのフレーバーは注入できませんから、味の強い液体が必要になります。通常インフュージョンしたリンゴは、料理に使うか、カレー・オイルのような風味のいいオイルとして使います。赤いリンゴは見映えがいいので、カンパリのような美しい赤色の酒をリンゴにインフュージョンしたいと思う人もいるかもしれませんが、カンパリの色では期待通りにはいかないでしょう。ビート・ジュースならリンゴに短時間でインフュージョンすることができます。これは、薄切りにするとてもすてきなガーニッシュになります。

パイナップル

すでにお話ししたように、インフュージョンする場合、熟したパイナップルはダーク・ラムがよく合いますし、パイナップルの芯にはシンプル・シロップがよく合います。熟したパイナップルには、リレ・ブランのような食前酒もよく合います。パイナップルがかなり未熟な場合を除けば、パイナップルそのものにシロップをインフュージョンすることは推奨しません。インフュージョンしたパイナップルは、オンザロックのビルド・ドリンク、とくにオールドファッション系に添えると、すばらしいガーニッシュになります。パイナップルに関する注意点：パイナップルは、下から上へと熟していきます。今度パイナップルを切って食べる機会があったら、下のほうに近い部分と、上の葉に近い部分とをそれぞれ味わってみてください。下のほうの部分が、段違いに甘いはずです。発酵も、下のほうから先に発酵していきます。わたしは、パイナップルのガーニッシュを切るときには、縦に切って、どれにもいちばん上の部分といちばん下の部分が含まれるようにします。そうしないと、パイナップルの味が人によって大きく違ってしまいます。もしいちばん上の部分がほんとうに未熟なままだったら、切り取って、この部分だけ別個に砂糖を足してインフュージョンをすればいいでしょう。同じように、下の部分が熟しすぎていたら、その部分を切り取ってください。インフュージョンしたパイナップルは、インフュージョン液につけたまま冷蔵庫に入れておけば、長期間保存できます。

パイナップルを切り分ける：このように切れば、捨てる部分がほとんどない。パイナップルは、上のほうよりも下のほうが熟していて甘い。左下のスピアは、どれも同じ味になるように、縦切りにして、上の部分と下の部分が含まれるようにしてある。上のほうが未熟で、下のほうが甘いからだ。右下はパイナップルの芯で、切ってインフュージョンすれば、ガーニッシュになる。わたしは、パイナップルは4つに切り分けてから、皮をむく。こうすれば、パイナップルの果肉をなるべくむだにしないですむ。

真空バッグに入れてラムをインフュージョンしたパイナップルのスピア。ラムを使いたくなければ、リレ・ブランでもよい。

同じパイナップル。このままお客様に出せる状態。

第10章
清澄化

定義と歴史とテクニック

清澄化とは何か

　液体は澄み切った透明にすることも、完全に不透明にすることも、その中間のどのような状態にすることもできます。透明とは、無色という意味ではありません。グラスに入れた赤ワインは、ワインに溶け込んでいる色素のために、濃い色合いをしていますが、透明です。不透明な液体とは、要するに懸濁液〔固体分子が分散した液体〕であり、そこに含まれる粒子が光を不規則に散乱させ、そのため液体をミルクのような外見にします。清澄化とは、こうした粒子を取り除くことです。液体に色はつけても濁らせない溶解物質と、実際には溶解していなくて光を散乱させる懸濁粒子との違いを理解しておいてください。

　液体を濁らせるには、ほんのちょっぴりの——1パーセントにも満たない——懸濁物があればいいのです。よい清澄化とは、この光を散乱させるものを、ほとんどではなく、すべて取り除くことです。

ベリーの実が透明な
ジュースになるまで

透明なグレープフルーツ・ジュースになるまでの過程

なぜ清澄化するのか

　なぜ清澄化するのか。それは、なぜ息をするのかと問うのと同じです。わたしは、透き通った液体の見映えが大好きです。わたしは、美しい透明なドリンクのほうが、濁ったドリンクよりもずっと好きなのです。(くり返しますが、透明ということは無色ということではありません——琥珀色の蒸留酒を思い出してください)。しかし、清澄化は見かけだけの問題ではありません。炭酸をうまく注入するためにも必要なのです。ドリンク中に粒子が浮遊していると、不要な泡が生じる場所ができます。こうした不要な泡を作る粒子は、ドリンクにやたらと大量の泡を立たせて、炭酸化のレベルを低下させます。ライムを絞ってジン・トニックに入れると、たちまち泡が立ちます。とてもがまんできません！

　清澄化を行うと、固形物が取り除かれ、こくが抑えられることによって、ドリンクのテクスチャーも変わります。口当たりは、しばしば見逃がされているカクテルの味の特徴のひとつです。わたしは、ドリンクを噛みながら飲みたくはありませんから、ピューレを使うときは必ず清澄化します。(わたしは伝統的なブラッディー・メアリーが好きですが、そういう理由からです)。

　わたしが清澄化のことを気にしはじめたのは、2005年のことです。このころわたしは、ジン・トニックのために、もうこれ以上ないというほど最高のライム・ジュースを作ろうと夢中になっていました。わたしは、当時はライム・ジュースの清澄化の難しさを知りませんでしたが、知っていれば清澄化のなかでもより難しいこの問題に進んで取り組んだりしなかったでしょう。ライム・ジュースは持ちが悪いので、すぐに清澄化する必要がありますが、多くの清澄化のテクニックは時間がかかります。加熱するとライムのフレーバーがだめになるので、あまり高い熱は使えませんが、ほとんどの清澄化では熱を使います。ライム・ジュースの粒子はひじょうに小さく、小さな粒子はろ過が困難です。ライム・ジュースは酸性度が高く、酸性によって清澄化が阻害される場合もあります。

　実を言うと、ライム・ジュースを清澄化できれば、ほかのほぼどんなものでも清澄化できるのです。わたしはライム・ジュースを清澄化するために苦心惨憺した末に、自分が求めていたジン・トニックやもっとそれ以上の多くのものを見つけました。この探求の旅では、ろ過作用についていろいろ調べたり、ゲルを固めたり、遠心分離機などの機械を使ったり、酵素やワインの清澄剤などの成分を探したり、いろいろなことに取り組みました。最近では、わたしはほとんどどんなものでも清澄化できますし、現にやっています。ちょっと病みつきになっています。

清澄化のテクニック：その理論

清澄化では、懸濁粒子を取り除き、濁りのもとになる固形物を透明な液体から分離することにすべてがかかっています。これは、本質的にはおもに力学的な問題です。基本的に3つの方法があります。ろ過は、粒子を押しとどめて、透明な液体を通します。ゲル化は、ゲルの中に粒子を閉じ込めて、透明な液体を引き出します。密度による分離は、重力を利用して、粒子を液体から沈殿させます。

まず、理論と歴史について少し説明しましょう。そうした勉強にはまったく興味がないという人は、この先は飛ばして、ハウツウを解説した255〜262ページの清澄化のフローチャートに進んでください。

ろ過清澄化

最初におことわりしておきます。わたしは、清澄化のテクニックとしてのろ過は大嫌いです。産業レベルでは、ろ過はひじょうに有効です。家庭のキッチンでは、それほど役に立ちません。清澄化には、コーヒーに使うフィルターよりずっと目の細かいフィルターが必要になりますが、そうしたフィルターはすぐに目詰まりして、いらいらさせられます。ろ過助剤を使ったり、複数のフィルターを組み合わせたりすれば、こうした目詰まりの問題も多少は解消できますし、目詰まりしにくい特別価格のフィルターを買うこともできますが、それでもやはり言わせてください。フィルターを使う清澄化は、めんどうでうんざりさせられます。

ゲル清澄化

ゲル清澄化はひじょうに効果的です。簡単に言うと、ゲルの中に液体を閉じ込め、液体をしみ出させるわけです。このプロセスは離漿（りしょう）と呼ばれます。液体を濁らせている粒子はゲルに閉じ込められたままになり、そこからしみ出す液体は透明です。ゲルは、絶対に目詰まりしない大きな3次元フィルターのようなはたらきをします。ゲル清澄化は、高価な道具類は必要ありませんし、大量に処理することもできます。

ゲルを使う清澄化には、いろいろな方法があります。

伝統的なゲル：卵白や赤身の脂肪分のないひき肉は、ブイヨンを清澄化してコンソメにするために伝統的に使われてきた最初のゲル性の澄まし剤です。タンパク質は凝固して、ゲル状のラフト〔機能や構造の上でまとまりを持つ分子の集合〕になるので、沸騰するブイヨンから絶えずおたまでこれをすくい取ります。最終的には、このゲル状のラフトが、濁りの原因になっているすべての微粒子をとらえ、あとには完全に澄み切ったコンソメが残ります。この方法は、カクテルの清澄化に利用するには、多くの問題があります。この方法は、退屈で、ミスが起きやすく、長い時間加熱する必要があり（その結果デリケートなフレーバーが変質したりこわれたりし）、おそらく望ましくない肉のにおいがついてしまいます。

凍結解凍ゼラチン：10年以上前、ヘストン・ブルメンソールをはじめとするヨーロッ

パのシェフたちが、ゼラチンを含むミートストック〔ブイヨン〕を冷凍して、そのあと冷蔵庫で解凍すると、どろりとしたゼラチンのラフトに濁りの粒子がとらえられ、滴り落ちる液体が透明になることに気づきました。凍結解凍清澄化の誕生です。今世紀に入って数年すると、アメリカでは、ニューヨークのシェフ、ワイリー・デュフレーヌが、このテクニックを応用できる範囲がストックだけではないことに気づきました。ゼラチンを加えて凍らせて解凍すれば、ほとんどすべてのものから透明な液体を作ることができるのです。この事実は、清澄化の世界を一変させました。わたしはすぐに、手に入るすべてのものに凍結解凍清澄化を行いました。

わたしはまもなく、凍結解凍によるゼラチン清澄化の主要な欠点に気づきました。いろいろと手間がかかって、手早くできないのです。ゼラチンを混ぜたものは凍結させなければ——つまり、固めなければ——なりません。これには1日かかります。この凍った固まりを冷蔵庫でゆっくり解凍しなければなりません。これには、さらに2日かかることもあります。もし手間を惜しんで、カウンターの上で解凍すれば、もろいゼラチンのラフト（じゃまな濁りの元になるすべてのものをとらえているもの）がこわれて、すべてが台なしになってしまいます。また、最初に融けて滴下してきたものをすぐに使うことはできません。残りが全部融けるのを待たなければならないのです。というのは、清澄化した液体は、最初のうちは濃度が高すぎ、最後のほうになると水っぽくなるからです。

この工程は、どうしてこんなにややこしいのでしょうか。凍結解凍ゼラチン清澄化には、1リットル当たり5グラムのゼラチンを使います。1リットル当たり5グラムのゼラチンを混ぜたものは、ジェロー（Jell-O）〔家庭用ゼリーミックス〕のようなゲル状とは違い、まだ液体です。ゼラチンを混ぜたものが凍る過程では、最初に水だけが凍りはじめ、ほかのすべてものも——ゼラチン、色素、フレーバー、糖、酸、その他のもの——が、凍る途中の水の中でどんどん濃度を増していきます。この溶液は高濃度になると、やがてラフトの元になるゲル網状組織を形成します。そして、この網状組織も凍って固まります。ゼラチン網状組織は、凍結する過程で、氷の結晶によって分解されます。この分解された網状組織は、解凍されるとき泥の固まりのようになり、それでも固体をとどめておけるくらいの構造はどうにか保っていますが、透明な液体はザルのように通過させます。

すべてが予定通りに行けば、この方法はひじょうに効果的ですが、この混合物は最初は液体なので、凍結する前に適正な濃度になっているかどうかは、簡単にはわかりません。固いゲルを作れば安心できるかもしれませんが、そんなわけにはいきません。混合物が最初からもっと固ければ——たとえばジェローのように1リットル中14グラムのゼラチンを含み、自己支持性〔自らの構造・形状を保持できる性質〕を有する濃度なら——扱いやすくはなりますが、解凍中に網状組織が十分に分解されず、ゲルのラフトが固すぎるために、わざわざ手間をかけた最終的な目的である肝心の透明な液体を滴下させることができません。

結論を言えば、すべてがうまく行ったかどうかがわかったときには、もう手遅れです。3日待たなければ、自分の苦心が実を結んですてきな透明な液体なっているか、それともどろどろのスープのようなものになってしまったかを確かめることはできませ

第10章 清澄化

凍結解凍による清澄化:
左上の凍ったグレープフルーツの固まりは、解凍すると、左下のような見苦しいラフトになる。滴下したものは、右のような美しく澄み切ったジュースになる。

ん。もっと良い方法が必要です。

凍結解凍寒天：凍結解凍清澄化に、ゼラチンの代わりに寒天を最初に使いはじめたのが誰なのか、わたしは知りませんが、実にすばらしいアイデアです。寒天とは、海藻をベースとしたゲル化剤です〔「アガー」という商品名で販売されているものもある〕。だから、ゼラチン〔牛や豚のコラーゲンから作られる〕と違って、菜食主義者の方でも使えます。寒天ゲルは、ひじょうに——ゼラチンよりもずっと——多孔質ですから、液体をよく通し、その結果自己支持性を有するゲルを形成しながら、同時に清澄化が可能です。本当のゲルは、凍結解凍のプロセスが始まる**前**に形成されますから、清澄化がうまく行っていることを、目で見て、手で触れて、確かめることができます——ゼラチンに対して、寒天の1ポイント・リードです。寒天はゲルを形成しますから、ゲルを完全に凍らせなくても、凍らない部分が清澄後のジュースを濁らせることはありません——寒天がもう1ポイント・リードです。寒天のラフトはかなり高温になるまで溶解しませんから、ゼラチンのラフトよりずっと早く解凍できます——これは大きなポイントです。寒天のメ

245

リットをもうひとつ。寒天は、わたしが見る限り、ゼラチンよりもずっときれいに澄み切ったジュースができます。

寒天には、ゼラチンと比較して、ただひとつ欠点があります。ゼラチンは、わずかな熱で液体に溶かすことができますが、寒天は、完全に混ぜるには、数分間煮立てなければなりません。これでは、多くのデリケートなジュースにとっては熱が高すぎます。解決策がひとつあります。255〜262ページのフローチャートを参考にしてください。

寒天による清澄化よりもすぐれた方法があるとすれば、もっと時間がかからない方法でしょう。寒天の凍結解凍はゼラチンの凍結解凍よりも時間がかかりませんが、それでも2日はかかります。ストロベリー・ジュースのようなものなら、それでもかまいませんが、ライム・ジュースのように作ったその日のうちに使わなければならないものだと、そういうわけにはいきません。

また、どのような凍結解凍清澄化であっても、滴下したものは時間とともに変化します。最初に融け出すものは、最後に凍結したもの（糖や酸、その他の濃縮されたフレーバー）です。解凍が進むにつれて、滴下するものに含まれるフレーバーの量はだんだん少なくなっていきます。解凍が始まってから終わるまでに滴下したすべてのものをひとつにまとめる必要があります。そうしないと、フレーバーがアンバランスになってしまいます。

時間がかかり、濃度にむらができるというこの問題は、何年もの間わたしにとって気がかりな問題でした。これは、実は簡単な方法で解決できたのです。

凍結解凍清澄化では、解凍の初めのほうで滴下したもの（左）は、終わりのほうで滴下したもの（右）よりもフレーバーや色の濃度が高くなる。

ゼラチン凍結解凍を使うとき

ブルショットのように肉のミートストックでドリンクを作る場合、必ずゼラチン凍結解凍清澄化を使います。これは、ストックの中にすでに存在するゼラチンを使うことに意味があるからだけではありません。ほかのどんな清澄化法を使っても、ミートストックのゼラチンは残りますし、カクテルを作るとき一般的にするように、フレーバーを濃縮するために煮詰める（わたしは通常4分の1以下にします）と、ストックはねばねばして使い物にならなくなります。ゼラチン凍結解凍法では、清澄化の際ストックからゼラチンを取り除くことによって、ストックをはなはだしいほど煎じ詰めることになりますから、冷たいカクテルに使っても、最終的にはカクテルを透明にすることができます。

ポイント：凍結解凍による清澄化を始める前に、おそらく少量の水をストックに加える必要があるでしょう。ほとんどのストックは、ゼラチンの含有量が多すぎて、凍結解凍清澄化を効果的に行うことができません。せいぜい、冷やしたときにぎりぎりゲル状になる程度のストックしか期待できません。ぎりぎりゲル状にならないようなストックだったら、ずいぶん良いほうです。透明なコンソメを滴下すれば、余分な水をすべて取り除くことができます。

わたしが香りのいいすてきなショットを作るために好んで使うのは、濃縮したゼラチンフリーのコンソメや、遠心分離機にかけたトマト・ウォーター、エスプーマで急速インフュージョンしたハラペーニョ・テキーラ、チェリートマトのピクルス、多めの塩などです。

クイック寒天清澄化：わたしは2009年に、寒天のゲルを泡立て器で砕くだけで清澄化ができることを発見しました。ゲルをこわすと、表面積が増え、しみ出しやすくなるのです。前に言ったように、寒天ゲルはひじょうに多孔質です——だから、中のものがしみ出しやすいのです。寒天から**しみ出さない**ようにするほうが、むずかしいくらいです。つまり、凍結解凍が必要ないことがわかったのです。余分な道具類も必要ありません。凍結したものを解凍させるわけではありませんから、このテクニックでは、最初に滴下したジュースと最後のほうで滴下したジュースは、味が変わりません。また、まったく凍結させませんから、ほかの方法では凍結しない**酒**もこの方法でなら清澄化することができます（まず最初に寒天を水と水和させることを覚えておいてください。酒はそれほど高い温度にはできません）。クイック寒天清澄化を使えば、誰でも1時間足らずでどんなものでも清澄化できます。これで——ついに！——ライム・ジュースも清澄化できるようになったのです。

　クイック寒天法は、完璧ではありません。多少の技能が必要ですし、コツをつかむには多少の時間がかかります。このあとのハウツウのフローチャートを読めばわかるように、布地を使っためんどうな手作業によるろ過を何度もくり返す必要があり、そのためクイック寒天法はまとまった量を加工したい場合には不向きです。また、凍結解凍法ほど完璧にうまく行くことはまれです。通常は、でき上がったジュースの中に多少の寒天が残り、一晩置くと薄い固まりになって目に見えるようになります。しかし、こうした欠点があっても、クイック寒天法は、遠心分離機を使わずに清澄化しなければならないときには、わたしにとってやはり頼りになるテクニックなのです。

ゲル清澄化のまとめ

　凍結解凍寒天は、クイック寒天清澄化と比較すると、いくつかのメリットがあります。それほど手間がかかりませんし、確実性が高く、でき上がったジュースが再び濁ったりすることは絶対ありません。ただし、大量に作るには冷蔵庫内にかなりのスペースが必要ですし、このテクニックには2日かかります。クイック寒天法は、少量のジュースを手早く清澄化してその日のうちに使う場合には、すばらしく有効な技法です。

　すべてのゲル清澄化のおもな欠点は、その回収率です。清澄化後に残るゲルのラフトにとらえられたまま回収できない液体がつねに生じます。全体の4分の1か、ときにはそれ以上のロスが出ると考えてください。

重力清澄化：ラッキング、遠心分離、清澄剤

　ほとんどの場合、懸濁粒子（けんだく）は、それが含まれている液体より高密度です。妨げるものがなければ、懸濁粒子はやがては液体の底に沈みます。この作用は、密度に基づく分離の基本です。

ラッキング

　大きな粒子が比較的自由に動き回っている液体の中では、もっとも簡単な密度分離の技法であるラッキング（澱引き（おりび））が使えます。液体を容器に入れて、自然に沈殿する

のを待ちます。すべての粒子が底に沈んだら、上澄みの透明な液体を別の容器に静かに移せば、それででき上がりです。

　実際には多くの場合、ラッキングだけでは十分ではありません。というのは、多くの液体は沈殿にひじょうに長い時間がかかりますし、なかにはまったく——少なくとも人の一生分の時間がかかっても——沈殿しないものもあるからです。ときおり沈殿しないことがあるのは、粒子が小さすぎる場合や、液体中の安定剤に動きを阻まれる場合があるからです。ニンジン・ジュースのようにかなり早く沈殿する液体でも、粒子が底に緻密層を作らないために、ラッキングがむずかしい場合もあります。こうした粒子は、層にならず、底に近いところで淀んでいます。この浮遊帯の部分には、清澄化できないジュースがかなりの量含まれているため、回収率はがっかりするくらいの量にしかなりません。ラッキングで清澄化する場合は、必ず丸い容器を使ってください。液体は、四角い容器の中で動くと、小さな粒子を舞い上げて、清澄化を損ないます。

遠心分離

　このラッキングの問題を回避するために、わたしは遠心分離機を使います。遠心分離機は液体を高速回転させます。遠心分離機の中のものはすべて外側へ押されます——これが遠心力です。遠心分離機は、重力を基準にしてその力が計られます。ほとんどの遠心分離機は、重力の数千倍から数万倍の力が出せます。この力は、液体とその中に浮遊する粒子の密度の違いを極度に増幅し、粒子が液体から沈殿する速度を大幅に速めます。また、この力は、粒子を押し固めてパックと呼ばれる固いケーキ状にするので、回収率は高くなります。実にすばらしい。

200ドル以下の遠心分離機のチューブ。中身は、ペクチネックス・ウルトラSP-Lで処理したクラブアップルのジュース。固形物はチューブの底から側面にかけて押し固められている。もっと大型の遠心分離機のバケット内で圧縮された固形物は、パックと呼ばれるが、小型の遠心分離機のチューブの場合にはペレットという。上澄みの透明な液体は簡単に移すことができる。

　遠心分離機の問題：前述したように、遠心分離機はいまだに一般の人には縁遠いものですが、それも変わりつつあります。2013年には、忙しいバーでも十分な量（3リットル）を処理できる遠心分離機が、8000ドルの価格で売り出され、そのサイズは電子レンジ2つ分くらいでした。家庭で使えるトースターくらいのサイズの小さな遠心分離機は、200ドルで売られています（性能は十分ですが、ごく少量しか入らないので、基本的にはおもちゃ同然です）。わたしは、これから10年の間に、遠心分離機の大ブームが到来すると思います。もっとずっと多くの人が遠心分離機を持つようになり、業務用の性能を十分に備えた電子レンジくらいのサイズの遠心分離機が、1000ドル以下で買えるようになるでしょう。遠心分離機は、ジュースの未来を大きく変える波になるでしょう。

　わたしが遠心分離機を使いはじめたのは、2008年でした。当時わたしは、親友のニューヨーク大学のケント・キルシェンバウム教授の研究室にある超高速遠心分離機を使わせてもらっていました。この機械は、500ミリリットルのジュースを重力の4

第10章　清澄化

万8000倍の力で回転させることができました！　ご存じのように、わたしの関心の的は、清澄化の最大の目標であるライム・ジュースでした。わたしはまだこのとき、クイック寒天法のアイデアを思いついていませんでした。わたしは、この遠心分離機について心躍るようなこととがっかりするようなことを学びました。ライム・ジュースは、遠心分離機が2万7000 g に達するまで清澄化が始まりませんでした。2万7000 g が出せる遠心分離機は、わたしがバーに置きたいと思うどんな遠心分離機よりも大きく、高価で、危険でした。さらに悪いことに、2万7000 g をかけたライム・ジュースは金臭い味がしました。4万8000 g をかけると、ライム・ジュースはすばらしい味になりますが、4万8000 g を達成できる遠心分離機は、バーの業務用としてはますます非実用的になります——価格は数万ドルもし、大きさは洗濯機並みになるのです。

　わたしは、ショウガ、グレープフルーツ、リンゴなどほかのジュースの清澄化も試してみました。そのどれもが最大出力の4万8000 g が必要だったわけではありませんが、ほとんどのジュースとピューレは、ほどほどの価格の遠心分離機の出力よりも大きな力を必要としました。バーやレストランで使える遠心分離機は、4000 g くらいが限界です。かなり小さな遠心分離機で期待する結果を出す方法を見つけなければなりませんでした。そして、見つけました。その方法をこれから紹介しましょう。

加工法の改良：カクテルを作るために清澄化するものは、ほとんどがフルーツや野菜のピューレやジュースです。こうしたピューレやジュースには、すべてに懸濁粒子となる細胞や細胞壁の固まりが含まれています。こうした細胞や細胞壁は、おもに多糖類〔401ページの巻末資料を参照〕であるペクチン、ヘミセルロース、セルロースからできています。このばらばらにされた細胞の固まりのために、ジュースは濃くねっとりとし、その結果流れが悪くなって、清澄化しにくくなります。とくにペクチンは、ジュースやピューレの中の粒子を安定させる傾向があり、ますます除去しにくくなります。懸濁粒子を解放して、分離できるようにするには、こうした安定剤をやっつける必要があります。

　ジュースの安定性を失わせるには、どうしたらいいのでしょうか。酵素を加えればいいのです。

左側のイチゴのピューレはペクチネックス・ウルトラSP-Lで処理したもの。右側のピューレは処理していないもの。

不安定化：SP-Lの魔法：清澄化したいと思うものの99パーセントは、ペクチンが安定剤の役目をし、ばらばらになった細胞の断片のために濃くなっています。さいわいなことに、こうした問題のいずれも、ペクチネックス・ウルトラSP-Lという酵素の調合薬ひとつで処理することができます。以後、SP-Lと略称します。わたしはこれを隠し味と呼んでいます。わたしが作るドリンクのうち75パーセントは、ある時点でSP-Lが添加されます。これ

は、土壌や腐敗した果実から見つかった真菌類のアスペルギルス・アクレアータスを精製した酵素の混合物です。あらゆるものの酵素的分解にかけて、菌類の右に出るものは、世界中探しても見つかりません。なかでもアスペルギルス・アクレアータスは、偉大な万能選手です。清澄化を阻害するほとんどのもの（ペクチン、ヘミセルロース、セルロース）を除去する酵素を作ることができるのです。

ペクチネックス・ウルトラSP-Lを使ってグレープフルーツの白い甘皮を溶かし、この美しいシュプレームを作った。このテクニックは、わたしが試したすべての柑橘類でうまく行った。それには――ライムを除けば――シュプレームにするのがむずかしいことで知られるザボンも含まれている。

　SP-Lは、幅広い温度、pH値、エタノール濃度で活性を保つことができます。エタノールの量はきわめて重要です。高濃度アルコール溶液中では、多くの酵素はうまく――あるいは、まったく――作用しません。SP-Lはこの点問題ありませんから、酒の清澄化に使えます。SP-Lで処理したジュースは、4000 g かそれより少し出力が落ちる遠心分離機でもひじょうによく清澄化しますから、SP-Lがあればほどほどの価格の遠心分離機でも十分有効です。SP-Lはよく作用するので、ジュースによっては遠心分離機を使わなくても清澄化できます。SP-Lで処理したアップル・ジュースは、そのままでも自然に沈殿するので、清澄化したジュースをラッキングすることもできます。それでもわたしは、回収率を上げるためにアップル・ジュースも遠心分離機にかけますが、ホームバーテンダーの方たちはそこまでする必要はないでしょう。

SP-Lの使い方：SP-Lを使っても、作業が簡単になるわけではありません。わたしはいつも、ジュース1キロまたは1リットル当たり2ミリリットル（約2グラム）のSP-Lを使います。これは工業的に用いられる量の2倍ですが、酵素の保存状態の良し悪しや保存期間の長さ、またはその両方の要素が酵素の効力に与える影響について、はっきりわからない場合があります。この比率を覚えておいてください。1リットル当たり2グラムです。ほかの人に説明するときに、0.2％のSP-Lを加える、という言い方は絶対しないでください。どういうわけかわかりませんが、0.2％と聞いた人はほとんどの場合1リットル当たりに20グラム入れてしまいます。さいわいなことは、2グラムという量が絶対ではないことです――少し多くても少なくても、問題はありません。でも、酵素マニアにはならないでください。酵素それ自体は、発酵した奇妙な味がします。ジュースにそれとわかるほどの量は入れないでください。ゲルで清澄化する場合にも、SP-Lを使うのはしばしば得策です。清澄化の前に安定剤をやっつけておくと、清澄化したジュースの回収率を30パーセント以上増やすことができます。なぜなら、薄いジュースのほうが濃いジュースよりもゲルからしみ出しやすいからです。

第10章 清澄化

柑橘類の小嚢のガーニッシュの作り方：ここではグレープフルーツを使うが、ブラッド・オレンジを使えばもっとずっと見映えがよくなる。
1) 柑橘類のシュプレームに液体窒素をかける。
2) シュプレームが凍ったことを確認する——思いのほか多くの液体窒素と時間がかかる。
3) マドラーでシュプレームをつぶす。
4) 見た目はこのような感じになる。
5) 解凍する。
6) ジンを使うドリンクならどんなものにでも優雅なガーニッシュとして使うことができる。

わたしは、初めてサンプルを手に入れたその瞬間から、SP-Lのとりこになりました。麻薬の売人と同じように、製造元のノボザイムズ社は最初のサンプルをただでくれましたが、その後は代金を支払わなければなりませんでした。ノボザイムズ社とその販売代理店は、普通の一般人に適量の品物を売るつもりはありません。彼らが——それもしぶしぶ——販売する最低の単位量は、25リットルなのです。25リットルのSP-Lといえば、1万2500リットル以上のジュースを清澄化できる量であり、価格は570ドルします。法外というわけではありませんが、普通に使うには多すぎます。さいわい、もっと少量ずつ販売するオンライン・ショップもできたようです。

SP-Lが効かない場合：ときには、SP-Lに対して抵抗性を持つ果肉を含むフルーツに出くわすこともあるでしょう。地元での呼び名は忘れましたが、コロンビア産のいくつかのジャングル・フルーツがそうです。タマリンドのようなほかのフルーツも、種を果肉ごと裏ごしすると、SP-Lに対して抵抗性を持つ場合があります。こうした場合、ペクチンとは別の親水コロイド〔水と親和性の高い粒子が分散した溶液〕の増粘剤（複雑な長鎖多糖）のために、SP-Lがジュースに溶けません。

SP-Lはデンプンを分解できません。サツマイモや未熟なバナナのようなデンプンを含むものは、わたしが使っている最大出力が4000gの遠心分離機にかけても必ず濁ります。

もっとも重要なことは、SP-Lは、pH値がひじょうに低いライム・ジュース（pH2強）のような溶液では、不完全なはたらきしかしないことです。pHがおよそ3のグレープフルーツの酸度が、SP-Lだけで安心して処理できるぎりぎりの線です。こうした酸性のジュースでも、SP-Lは使えますが、それだけではあまり効果がありません。さらに介入するものが必要になります。わたしはワイン清澄剤を使います。そして、これがライム・ジュースを清澄化するための最後のカギをわたしに与えてくれたのです。

清澄剤

ワイン作りにおいて、清澄とは、特殊な成分を少量ワインに加えて、ワインを濁らせるすべての不純物を凝集させ、質量の大きな固まりにして、重力の作用で比較的早く容器の底に沈むようにする工程です。ほとんどの清澄剤は、電荷を利用しています〔電荷については402ページの補足解説を参照〕。ご存じでしょうが、ワインやジュースの中に浮遊するほとんどの粒子は、何らかの電荷を帯びています。それと反対の電荷を持つ清澄剤を加えることによって、不純

わたしが使っている強力なワイン清澄剤キーゼルゾル——懸濁型シリカゾル——と、キトサン——多糖（この場合はエビの殻由来）の酸性水溶液に溶解したもの。

清澄剤の効能：左側が処理していない濁ったライム・ジュース。2番目の試験管は、SP-Lと負電荷を帯びたキーゼルゾルで処理したライム・ジュース。かなりの量の固形物が沈澱しているが、ジュースはまだ濁っている。15分後に正電荷を帯びたキトサンを加えたものが3番目の試験管。キトサンが負電荷を帯びたキーゼルゾルを固め、2番目の試験管と比べると沈澱はかなり進むが、ライム・ジュースはまだ濁っている。15分後にさらにキーゼルゾルを追加したものが4番目の試験管。ジュースは透き通ってきたが、濁りがあまり沈澱していないことに注意。これはよく生じる問題である。というのは、3番目の試験管を濁らせている最後の粒子は、もっと重くて先に固まった粒子ほど沈澱しやすくないからである。4番目の試験管を遠心分離機にかけると、すべての固形物が固まって、小さなペレットになり、回収率はほぼ100パーセントになる。このペレットがいかに小さいかを見てほしい。液体を濁らせるには大した量は必要ないことがわかる。

物を凝集させ、沈殿しやすくすることができるのです。濁りの粒子が沈殿するほど大きくならない場合には、清澄剤と反対の電荷を帯びた清澄剤を使うこともできます。反対の電荷を持つ清澄剤は最初に加えた清澄剤がとらえられなかったジュース内のものを残らず取り除き、そのうえ、すでに凝集したものをさらに凝集させてますます大きな粒子に変えます。

通常、ワインでは、2段階の清澄を行います。ライム・ジュースでは、これではうまくいきません。わたしは、ライム・ジュースを清澄化するには3段階が必要なことを発見しました。清澄剤（とSP-L）を添加し、反対の電荷の清澄剤を加え、それからもう一度同じ清澄剤を加えるのです。

わたしが使っている清澄剤は、キーゼルゾルとキトサンです。2つとも、自家醸造用品店に行けば手に入ります。キーゼルゾルは食品グレードのシリカ〔二酸化ケイ素（SiO_2）によって構成される物質の総称〕の懸濁物で、負電荷を帯びています。キトサンは、エビの殻から作る正電荷を帯びた親水コロイドです。自家醸造用品店で売っている溶液は、1パーセントのキトサンを弱酸性の水溶液に溶かしたものです。キトサンの原料となるキチンは、セルロースに次いで地球上で2番目に多い高分子化合物です。地球上のすべての昆虫や甲殻類は、キチン質の殻で体を保護していますし、キノコや菌類はキチンで細胞壁が作られています。キトサンがエビ由来であることは、わたしにとってすばらしい成果を上げた清澄化における唯一の欠点です。キトサンは、最終的に完成した（遠心分離機にかけた）ジュースには残りませんし、非アレルギー性です（わたしは甲殻類アレルギーのある人たちにキトサンで処理したライム・ジュースを飲んでもらってテストしました）が、それでもやはり動物性食品を使っていることになりますし、できれば動物性のものは使いたくありません。さいわいなことに、非動物性のキトサンが現在つくられており、いずれそのうち市販されるでしょう。

キーゼルゾルとキトサンは、どちらも使用量はわずかで、1リットル当たり2グラムです。SP-Lとは違い、清澄剤の使用量はきわめて重要です。量が多すぎれば、少なすぎる場合と同様によくありません。加える量が多すぎると、凝集させたい粒子を安定させてしまう可能性があります。

清澄化のテクニックとフレーバー

清澄化すると、材料のフレーバーが変化します。ええ、その通り——清澄化はものの味を変えるのです。ドリンクの中を浮遊して濁らせている粒子は、通常ある種のフレーバーの元にもなっています。粒子のフレーバーは、多くの場合その粒子が浮

SP-Lと温度

わたしは通常材料を温めてから、SP-Lで処理します。SP-Lは温度が高いほうがずっと反応が速いからです——ただし、温度が高すぎると、変性してしまいます。わたしは人肌（体温）を目安にしています。というのは、人肌の温度はほとんどの場合一定していて、判定しやすく、しかも、清澄化の効果を高めるくらいには高い温度で、材料のフレーバーを変質させたり、酵素をこわしたりしない程度には低い温度だからです。人肌くらいの温度なら、SP-Lは数分で効力を発揮します。冷蔵庫の温度では、酵素がはたらくまでに1時間以上かかります。ジュースや作り置きのピューレから始める場合には、ジュースやピューレに酵素を直接混ぜて、完全に混ぜ合わせてください。ブレンダーでピューレを作る場合には、フルーツや野菜といっしょにSP-Lを直接ブレンダーに入れてください。そうすると、ブレンドしている間にピューレが液化しやすくなります。わたしが愛用しているバイタプレップ・ブレンダーには十分なパワーがあり、高速回転する刃の摩擦がピューレをゆっくり加熱し、体温よりほんの少し高い温度まで上げます。バイタプレップをお持ちの方は、ぜひ試してください。ブレンダーを使って加熱するのであれば、どんなものだろうと焼け焦げたりする心配はいりません。これも、わたしが清澄化にブレンダーを好んで使う理由のひとつです。バイタプレップをお持ちでない方は、フルーツを切らずに温水に2〜3分つけて人肌よりちょっと高い温度まで温めるか、ピューレを1時間以上置いて酵素を反応させ、それから清澄化の工程に取りかかってください。

遊している液体のフレーバーと同じものではありませんから、粒子を取り除くと、残った液体のフレーバーが変わります。

フレーバーが変わることがよいか悪いかは、状況しだいです。グレープフルーツを清澄化すると、一部の苦味が取り除かれます。これは、多くのカクテルにとってはメリットですが、そのほかのカクテルにとってはデメリットです。オレンジ・ジュースを清澄化するときに得られるサニーD〔米国で販売されているオレンジドリンク〕のようなフレーバーは、ドリンクの味を引き立てることもありますが、それ以外のときはひどい味になります。

材料の味がどれくらい変わるかは、使う材料やテクニックによって違ってきます。一般に、ゲル清澄化では、機械的な（遠心分離機の）清澄化よりも多くのフレーバーが取り除かれます。SP-Lでジュースを処理しても、フレーバーにはあまり影響はありません——たんに味のないペクチンを取り除くだけです——が、SP-Lは、回収率を増やすことによってジュースのフレーバーを間接的に変えることもあります。たとえば、レッドプラムのジュースの味の特徴的のひとつは、皮の渋みです。この皮の渋味は、まだ清澄化していない段階では、ジュースの中にしみ込んでいます。清澄化したジュースの回収率が上がると、プラムの内部の果肉の部分から渋味のない果汁がしみ出して、全体の渋みが減ることになります。現実は決して単純ではないのです。

ワインの清澄剤は、味に大きな影響を与える可能性がありますが、わたしがキーゼルゾルとキトサンを使うのは、わたしが使う程度の用量なら多くのフレーバーを取り除く心配がないからです。ほかの清澄剤のなかには、フレーバー泥棒と呼ばれているものもあります。

SP-Lを使うほかのカクテル

SP-Lは、柑橘類の皮の白い筋のような部分——アルベド——を溶かします。果実をナイフでくし形に切り分けて、三角形の部分を取り除き、完全な柑橘類のピールを作るなら、水1リットル当たり4グラムのSP-Lを入れた溶液とこのピールをバッグに入れて真空インフュージョンし、数時間漬けこみます。ピールをバッグから出したときには、アルベドはドロドロになっています。この溶けたアルベドは、水と歯ブラシで洗い落としてください。

これと同じ方法で、しゃれたガーニッシュを作ることもできます。SP-Lは、ライムの皮には実際に効果がありません（もちろん）。X字に切ったキンカンなら、SP-Lに漬けむと、花に見立てたガーニッシュにすることができます。また、SP-Lを使えば、柑橘類の袋から簡単にシュプレームに作ることもできます。柑橘類のシュプレームとは、果実を取り巻いている結合組織をすべて取り除いてくし形にしたものです。伝統的な調理法では、ナイフでシュプレームを作ります——すばらしい技能ですが、捨てる部分が多く、ひとつひとつの袋に切り込むために果汁が漏れ出すという欠点があります。もっとよい方法は、果実の皮をむいて、4つに切り分け、水1リットル当たり4グラムのSP-L溶液に2時間ほど漬けこむことです。結合組織が完全に溶けずに残っていても、簡単にこすり落としたり、はがすことができます。こうしてできたシュプレームは見た目も美しいです。いちばんいいのは、果実を液体窒素で凍らせて、ばらばらにする方法です。こうすれば、中の果汁を漏らすことなく、個々の粒（果肉）にばらすことができます。そうすれば、カクテルの全体の見映えを損なうことなく、カクテルの表面にブラッド・オレンジの果肉を浮かせることができます。

清澄化のテクニック：基本的技法のフローチャート

理論の説明の部分を飛ばした人は、ここからもう一度読みはじめてください。わたしは、あなたが2つのコース、つまり遠心分離機を使うコースと使わないコースのどちらかを取ることを前提にして説明していきます。どちらかのコースを選んでください。そこから話を先へ進めることにします。

遠心分離機がない人のために：ステップ1

清澄化する材料はどんなものか。それは、かなり薄いだろうか。酸性度はグレープフルーツ・ジュースよりも低いだろうか。それ自体で自然に沈殿を始めるだろうか。冷蔵庫で1日保存しても品質は落ちないだろうか。低温殺菌していないアップル・ジュースやナシのジュース、ニンジン・ジュース、さらにはオレンジ・ジュースさえも、以上の条件に当てはまる。こうしたジュースは、しばしばSP-Lを加えるだけで清澄化できて、固形物を沈殿させることができる。沈殿後ラッキングする（上澄みをとる）だけでは、大した量は回収できないが、手順はほかの方法と比べて簡単というわけではない。3分の1から4分の1は、ロスが出ると考えてほしい（正確にはロスではなく、清澄化できないだけだが）。

1A：ジュースが薄く、簡単に分離できて、グレープフルーツより酸性度が低いなら、ラッキングする。

ジュース1リットル当たりにペクチネックス・ウルトラSP-Lを2グラム加える。かき回して完全に溶かす。ジュースを透明な丸い容器に移す。透明な容器にすると、どう変化するかがわかりやすくなる。また、四角い容器は動かすと粒子を巻き上げるので、丸い容器のほうがよい。ジュースを一晩冷蔵庫に入れて、沈殿させる。上澄みの透明なジュースを注意深く移しかえる。**これででき上がり。**

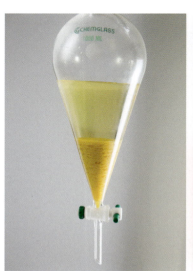

ここでは、オレンジ・ジュースの液体成分と固形成分を分離するために分液漏斗を使っている。分液漏斗は、いわば「逆ラッキング」の道具である。通常のラッキングでは、固形物が沈澱したあとで上澄みの透明な液体を移し替えるが、分液漏斗は下から固形物を抜き取る。

イチゴのピューレとリンゴのジュースを混ぜたものをSP-Lで処理し、ラッキングだけで清澄化してみた。SP-Lを添加した直後のジュースは(1)のようになる。2時間静置してもまだ(2)のような状態だが、これには2つの問題がある。ジュースはまだ濁っていて、果汁を絞ってブレンドしたときに生じた気泡がまだおさまっていない。どうすればよいか。キーゼルゾル(ワイン清澄剤)を少量混ぜればいい。かき混ぜると、気泡がはじけて、固形物が沈澱しやすくなり、キーゼルゾルが最後に残った濁りの粒子を取り除く(3)。清澄化にはそれなりの手間がかかる。最後のグラスの回収量はわずかである。

1B：ジュースが濃く、沈殿せず、グレープフルーツより酸性度が高いなら、寒天を使う。

寒天を使って清澄化を行う。粉末の寒天を買う。粉末がいちばん使いやすい。つねに同じ銘柄の製品を買う。銘柄が異なると、寒天の特性が微妙に違う。ひとつの銘柄を使い慣れたら、ずっとそれを使いつづける。わたしは、タイ製のテレフォン・ブランドを使っている。

清澄化するものが、レモン・ジュースやライム・ジュース以外なら、凍結解凍清澄化とクイック清澄化のどちらかを選択できる。ライムやレモンの場合は、クイック清澄化がよい。最初のステップはどちらも同じである。**ステップ2へ進む。**

テレフォン・ブランドのアガーアガー。大変すばらしい親水コロイドなので、アガー（寒天）を2度くり返して商品名にしている。

ステップ2：SP-Lで前処理する？

ジューサーで作った薄いジュースなら、SP-Lで前処理する必要はない。キュウリや柑橘類などがこれに当てはまる。こうしたジュースを扱うのなら、このまま**ステップ3へ進む**。濃いジュースやピューレを清澄化する場合には、SP-Lで処理する必要がある。SP-Lなしでは、回収率がはなはだしく悪い。ブレンダーにかけたトマトやイチゴやラズベリーなどがこれに当てはまる。前処理するには、ジュース1リットル（または1キロ）当たりにペクチネックス・ウルトラSP-Lを2グラム加える。ブレンダーを使う場合は、SP-Lを直接ブレンダーに入れる。ジュースの温度が低い場合は、SP-Lが作用するまで1時間ほどかかる。もしジュースの温度が人肌に近ければ、SP-Lはわずか2分くらいで作用する。**ステップ3へ進む。**

第10章　清澄化

ステップ3：1回分を分割する

　清澄化するジュースの体積または重量を算出する。重量でも体積でも、ここでは問題にならない。どちらでも、ほぼ同じ結果になる。都合のいいほうにする。まず、ジュースの温度を室温まで上げる。もしジュースが冷たければ、ステップ6のような問題が生じる。そして、次のどちらかを選択する。

3A：熱に極度に弱くはない薄いジュースの場合

　オレンジやグレープフルーツ、ショウガなどのジュースがこれに当てはまる。全体の4分の1を取り分けて、寒天を入れて加熱する。そのあと、残りのジュースに寒天を混ぜ合わせる。残りのジュースは加熱しないから、このままでよい。薄い液体に寒天を水和させるのは、比較的簡単である。たとえば、1リットルのグレープフルーツ・ジュースがあるとすると、750ミリリットルと250ミリリットルに分ける。250ミリリットルのほうに寒天を加える。**ステップ4へ進む。**

3B：ジュースが熱に弱い、またはアルコールを含む、または濃厚な場合

　ライム・ジュース、イチゴのピューレ、ラズベリーをブレンドしたジンなどが、このカテゴリーに入る。こうした場合、ジュースなどは直接加熱しないほうがいい。寒天は水に溶かして加熱し、この寒天が溶けた水をジュースに混ぜ合わせる。ジュースなどの液体材料750ミリリットルまたは750グラムに対して、水250ミリリットルを用意する。ステップ5では、250ミリリットルの水に寒天を加える。この追加の水がジュースを少し希釈することにならないか。その通り。ただし、わたしの経験上では、予想したほどではない。不思議なことだが、ライム・ジュースなどでは、その違いはしばしば取るに足らないほどでしかない。**ステップ4へ進む。**

清澄化する材料がアルコールを含んでいる場合や、熱に弱い場合には、純水に寒天を水和させるといい。写真は、ライム・ジュース750ミリリットルと水250ミリリットルと寒天2グラム。

ステップ4：寒天を計量する

　清澄化するジュースを計り分けたら、次はジュース1リットル当たり寒天2グラムの割合で、ジュースの総量に応じた必要な寒天の量を計る。グレープフルーツ・ジュースのようにジュースを全部清澄化する場合は、ジュース1リットルに対して寒天の量を2グラムにする。ライム・ジュースのように、ジュースと水の混合物を清澄化する場合は、ジュース750ミリリットルと水250ミリリットルに対して寒天2グラムを計量する。おわかりいただけただろうか？**ステップ5へ進む。**

寒天清澄化のステップ5、6、7
1) 加熱する前に、必ず泡立て器を使って寒天を液体に溶かし、寒天をちゃんと撹拌する。それから、かき混ぜながら加熱し、数分間沸騰させる。
2) 激しくかき混ぜながら、必ず熱い寒天にジュースを加える。その逆はいけない。
3) 寒天とジュースを十分に混ぜ合わせたら（できれば氷を下に敷いた）手ごろな容器に移し、そのまま静置する。文字通り、そっとそのままにして、固まるのを待つ。

ステップ5：寒天を水和させる

　温度の高い液体には寒天を加えないこと。温度が高いと、寒天が固まってしまう。寒天を入れるのは、人肌かそれ以下の温度の液体にする。ステップ3で室温に戻した少量の液体または水に、寒天を加え、粉末を撹拌するために、泡立て器で強く混ぜ合わる。粉末の寒天が溶けたら、火にかける。寒天は沸騰するまで加熱し、ちゃんと水和させるために2分間沸騰したままにする。（標高の高い土地に住む人たちのために一言。標高2625メートルのコロンビアのボゴタでは沸点が91℃になるが、わたしはこのボゴタでも寒天の水和に成功した。ただし、ずいぶん苦労した）。沸騰するまで液体をかき回し、それから火を止めて、鍋にふたをする。液体の量が多すぎると吹きこぼれることがあるので、注意する。**ステップ6へ進む。**

ステップ6：ジュースの温度を調節する

　熱い寒天の溶液に、加熱していない液体を加える。その逆はいけない。熱いものを冷たいものに加えると、温度が急激に下がり、寒天がゲル化するのが早すぎて、清澄化が台なしになってしまう。ゼラチンと異なり、寒天はゲル化温度を下回ると急激にゲル化し始める。ゲル化温度とは、35℃くらいで、人肌よりちょっと低い温度である〔ゲル化温度は製品によって異なる場合がある〕。清澄化する液体を全部加えるまで、寒天液は絶えず泡立て器でかき回す。全部入れたら、液体の温度は人肌よりちょっと高いくらいになっているはずだ。これで、ステップ3でわたしがジュースを室温に上げるように言ったわけがわかってもらえただろう！
ステップ7へ進む。

ステップ7：寒天を固める

　ジュースをボウルや鍋やトレイに移して、ジュースを固める。わたしは業務用として、深

さ5センチ程度のホテル・パンを使う。ヨーロッパの友人たちは、これをガストロノームと呼んでいる。容器は何でも好きなものを使えばよい。ジュースは最終的に室温でゲル化するが、容器を冷蔵庫に入れたり、氷水につけて冷やせば、反応を早めることもできる。固まる途中の寒天は、手を触れずにそっとしておく。もう一度くり返す。固まる途中の寒天には手を触れずそっとしておくこと。わたしが手ほどきした人たちの多くは、固まる途中のゲル状の寒天をかき混ぜたいという抗いがたい病的な欲望にかられた。そんなことはしてはいけない！　寒天が固まったと思ったら、表面に軽く触れてみる。ゲル状といっても、ずいぶんとゆるい手触りのはずだ。容器を少し──ほんの少し！──傾けてみる。ゲルになっていたら、流動しない。大きな決断するときがやってきた。凍結解凍にするか、クイック清澄化にするか。**ステップ8へ進む。**

ステップ8：凍結解凍とクイック清澄化のどちらにするか

　すぐに使いたいなら、クイック清澄化にする。時間と冷蔵庫のスペースに余裕があるなら、凍結解凍にしたほうが、わずかながら回収率を上げることができるし、頭を痛めずにすむ。また、クイック清澄化したジュースは、丸1日以上保存すると、寒天の薄い固

凍結解凍のアドバイス
1) ジュースが完全に固まっていることを確認する──あわてず落ち着いてやる。
2) 凍ったジュースをパンからはずすために、弓を引くような感じで強く引っ張る。それから90度回転させて、同じことをくり返す。
3) 布をかけてパンを逆さにし、力をこめて押す。
4) ジュースを布にくるんで、水を切るために、ラックか穴あきのパンに載せ、これを滴下するジュースを受けるための別のパンに載せる。しばらくカウンターの上で解凍し、そのあと冷蔵庫に入れて完全に解凍する。
5) 使用済みのラフト

まりのようなものができる。かき混ぜればまた溶けるが、めんどうだ。

8A：凍結解凍

寒天ゲルが固まったら、容器ごと冷蔵庫に入れて、凍らせる。ゲルの厚みが5センチ程度かそれ以下だったら、一晩で凍るはずだ。凍ったら、たたいて容器から取り出す。湯や火は使わないこと。細かくばらばらに砕いたりはしない。容器に向かってたまったうっぷんをぶつけるような気持ちで、凍ったゲルを型からはずす方法がある。容器の両端をつかんで反対方向に力いっぱい引っ張り、容器の縁に沿って引っ張っていく。それから、容器をひっくり返して、中身がはずれるまでしたたかに底をたたく。

中身のゲルがはずれたら、水切り用に使える布にくるむ。こういう場合一般的にはチーズクロスが使われるが、標準的なチーズクロスはまったく役立たずで、まるでガーゼのようだ。これでは使い物にならない！ 無漂白の綿のテーブルクロスを使うほうがいい。布にくるんだゲルを水切りのセットに入れ、これを収集容器に載せて解凍する。解凍にはずみをつけるために、2時間くらいならそのままにしておいてもかまわない。ゲルからさかんに液が滴るようになったら、冷蔵庫に移して、さらに解凍を続ける。ときおり収集容器に滴下してたまった液を回収する。寒天の見た目が残りかすのようになり、滴下したものから色やフレーバーがなくなってきたら、でき上がり。滴下したものを全部混ぜ合わせて使う。**これででき上がり。**

8B：クイック清澄化

泡立て器でゲルをそっと崩す。見た目は、崩したカード（凝乳(ぎょうにゅう)）に似ている。この崩したゲルを無漂白の布製ナプキンか漉し袋に入れると、透明なジュースが容器に流れ落ちる。ゲルを強く絞りたくなるかもしれないが、じっとこらえること。強く絞ると、濁った寒天が漉し布を通してにじみ出てきて、ジュースに混入する。これはまずい。フィルターがすぐに目詰まりしてしまう。にじみ出た寒天の断片はそっと指でつまんで取り、フィル

クイック寒天法
1）寒天が固まったら、このゲルを泡立て器でそっと崩す。するとカードのようになる。　2）ゲルを漉し布に注いで滴下させる。　3）布が目詰まりしたら、そっと「漉し袋をマッサージする」。強く絞ると布地を通して寒天が押し出されてしまうので清澄化が台なしになる。　4）クイック寒天法は凍結解凍と比べると透明度がやや落ちる。このジュースはコーヒーフィルターで漉して、誤って混入した寒天を取り除いてもよい。

ター同士をこすり合わせて、目詰まりをとる。わたしはこれを漉し袋のマッサージと呼んでいる。漉し袋のマッサージと圧力を適度に加えることは、このテクニックを正しくこなすために身に着けるべき技能である。これには多少の練習が必要だ。わたしが代替技術として推奨しているのは、漉し袋をひもでしばってサラダ・スピナーにかけるという方法である。スピナーを使えば、適度な力で液体を抜き取ることができる。サラダ・スピナーなら、過度な力が加わる心配はない。スピナーを使う場合も、途中で漉し袋のマッサージが必要になる！　**これででき上がり。**

遠心分離機を使う場合：
ステップ1：SP-Lを加える

　清澄化するジュースなどの液体1リットルまたは1キロに対して、ペクチネックス・ウルトラSP-Lを2グラム加える。イチゴやブルーベリー、モモ、プラム、アンズなどの――そのほかあらゆる――フルーツをブレンドする場合、SP-Lを直接ブレンダーに加え、人肌より少し高い温度になるまでブレンドする。覚えておいてほしいのは、このプロセスではデンプンを含むものは完全には清澄化できないことである。**ステップ2へ進む。**

ステップ2：酸性度を判断する

2A：酸性度がグレープフルーツ・ジュースより低い場合

　SP-Lを加えるとき、ジュースが人肌くらいの温度だったら、すぐに遠心分離機にかければよい。ジュースが冷蔵庫の温度だった場合は、SP-Lの効果が出るまで1時間かかる。**ステップ3へ進む。**

2B：酸性度がグレープフルーツ・ジュースと同じくらいか、もっと高い場合

　2B1　ジュースにSP-Lを加えるとき（ステップ1）、1リットル当たり2グラムのキーゼルゾル（シリカの懸濁物）を入れて、かき回す。分量はかなり正確に計る必要がある。わたしは、マイクロピペットを使って計量する。マイクロピペットを使えば手早くできるし、計量は何度もやるからである。
　2B2　15分待つ。
　2B3　1リットル当たり2グラムのキトサンを加えて（1％キトサン溶液）、よくかき回す。やはり、キトサンも分量は正確に計る必要がある。
　2B4　15分待つ。
　2B5　1リットル当たり2グラムのキーゼルゾルを（正確に計量して）加え、かき回す。**ステップ3へ進む。**

ステップ3：準備をして遠心分離機にかける

　遠心分離機を回しても、気泡は必ずはじけるとは限らない。気泡がはじけない場合、遠心分離機にかけている間液体の表面に浮遊物が生じる。わたしはこの浮遊物が大嫌いだ。この浮遊物は、バナナのときはできないが、トマトのときはできる。浮遊物ができるかどうかはなかなか予想できない。チャンバー真空包装機があるなら、その機械を

使って、遠心分離機にかける前にジュースから空気を抜いて、浮遊物を取り除くこともできるが、このステップは自由選択にまかせる。遠心分離機にかけるときには、バランスが適正にとれていることを確認し、重力の4000倍の力で10〜15分間回す。遠心分離機に冷却機能がついていない場合、回転させる前にバケットの温度を低くし、ジュースの温度が上がりすぎないようにする。**ステップ4へ進む。**

ステップ4：でき上がったジュースを移し替える

遠心分離機のチューブやバケットから中身を移し替えるとき、コーヒーフィルターや目の細かいストレーナーを使って、表面に浮いているものや、パックが崩れて清澄ジュースに混入したものを取り除くとよい。**これででき上がり。**

漉し袋のマッサージの代替法：漉し袋の口を縛って、サラダ・スピナー——予算がないコックのための遠心分離機——に入れる。この方法でも、スピンの合間に漉し布をマッサージして目詰まりを取る必要があるが、これはほとんどの人にできる確実な方法である。

グレープフルーツを遠心分離機にかける最新テクニック

遠心分離機で清澄化したグレープフルーツ・ジュースは、寒天で清澄化したグレープフルーツ・ジュースよりも苦味が強くなります。寒天ゲルは、グレープフルーツの苦味分子のナリンジンをとらえます。わたしが考案した炭酸入りカクテルのジン・アンド・ジュース（337ページ）では、苦味の少ないジュースのほうがよいと思いますが、わたしにとってバーで使うには、遠心分離機のほうがはるかに便利なテクニックです。回収率も高く、ずっと早くできます。ウォッシングに似たテクニックを使って、遠心分離機で清澄化したグレープフルーツ・ジュースに寒天を加えてナリンジンの一部を取り除くこともできます。

このために、寒天の流体ゲルを作ります。流体ゲルとは、自立的に形を保つという意味ではゲルの性質を示し、かき回したり、かき混ぜたりできるという意味では液体としての性質を示します。シェフたちは、流体ゲルを使って、ピューレのように皿に盛れて食感は液体のようなソースを作ります。もっと薄い流体ゲルは、ドリンクやスープの中で対象物を懸濁させるために使われます。いまここでは、そうした特性はいっさい使いません。寒天の流体ゲルは、液体中に懸濁する微小なゲル粒子の集まりです。こうした微小な粒子は、それぞれがひじょうに大きな表面積を持っているため、ナリンジンを吸収しやすく、遠心分離機にかければ懸濁物は簡単に取り除くことができます。流体ゲルを作るには、まず1パーセントの寒天（ジュース1キロ当たりに対して寒天10グラム）で普通のグレープフルーツのゲルを作って固めます。これは、ゲル清澄化で使うものよりずっと固いゲルです。ゲルをブレンダーに入れて、完全になめらかになるまでブレンドします。このステップでは流体ゲルを作りました。

普通のグレープフルーツ・ジュース900グラムに対して、グレープフルーツの流体ゲル100グラムを加え、同時に、遠心分離機の通常の手順に従って、SP-Lとキーゼルゾルを加えます。このあと通常の清澄化を行えば、苦味が薄くなったグレープフルーツ・ジュースができます。

写真の左上は、ジュース1リットル当たりに10グラムの寒天を加えて固めたグレープフルーツ・ジュースのゲル。右下は、同じゲルをブレンダーにかけて流体ゲルにしたもの。流体ゲルは、調理に応用すると、すばらしい効果がある。というのは、流体ゲルは見た目はピューレのようになるが、食感はソースのようになるからだ。ここでは、遠心分離機を使う清澄化の工程で、グレープフルーツ・ジュースからナリンジンを取り除くために使う。

遠心分離機で酒を清澄化する：フスティーノ

　まず悪いニュースです。これから説明するテクニックを試すには、遠心分離機が必要です。次によいニュースです。遠心分離機さえあれば、このテクニックはあなたのドリンク作りを変えてくれます。

　ストレートの蒸留酒とあなたの好きなフルーツや野菜やスパイスを使って、美しく透き通ったスピリッツを作ることができます。酒とほかの材料をブレンダーにかけて混ぜ、酵素のペクチネックス・ウルトラSP-Lを加えて、これを遠心分離機にかけると、わたしがフスティーノと名づけた透明なスピリッツができます。（この最後の説明が理解できない場合は、この『清澄化』の章内の前の部分を読み返してください）。フスティーノを成り立たせているのは、ブレンドしたフルーツの構造をこわして清澄化の効果を上げる酵素のペクチネックス・ウルトラSP-Lが、アルコール濃度の高い溶液中でひじょうによくはたらくという事実です。多くの酵素には、こうしたはたらきはありません。

　フスティーノは、次のようないきさつで誕生しました。わたしは、スムージーのように濃くてねばねばしていないバナナのカクテルを作りたいと思っていました。バナナのフレーバーのついた酒はたくさんありますが、わたしは天然果汁だけを使いたかったのです。それが、なかなかうまくいきませんでした。回収率は低く、味もよくありませんでした。回収率を上げるには、バナナに加える液体の量をもっと増やす必要があることはわかっていましたが、ノンアルコールの液体は加えたくなかったので、酒とバナナをブレンダーにかけて混ぜ合わせ、これを遠心分離機にかけて透明にしました。その結果、純粋なバナナのフレーバーがついたラムができました。それはもう美しいカクテルです！　取材の記者から、これはなんという酒か、と聞かれて、フスティーノという名前を思いつきました――そして、それがそのまま酒の名前になりました。

　ほとんどどんなものでも、ブレンドして酒に混ぜれば、フスティーノになりますが、わたしはアルコール度数が落ちないように、水分量の少ない材料を使います。アルコール度数の高いフスティーノは、度数の低いものよりも混ぜやすく、長持ちします。度数の低いフスティーノは、応用範囲が狭く、フレーバーが不安定です。ハネデュー・メロンのような水分量の多い材料でフスティーノを作りたい場合は、脱水機にかけてから酒に混ぜてください。市販品としてつくられたドライ・フルーツは、フスティーノの材料としてはたいへんすぐれています。

　デンプンを含むものはあまりよくありません。SP-L酵素はデンプンを分解できませんし、レストランやバーで一般に使われている低速の遠心分離機では酒を清澄化できません。たとえば、未熟なバナナでは――デンプンが多すぎるため――よいフスティーノを作ることはできません。

　フスティーノの基本的なレシピでは、酒1リットルに対してフルーツまたは野菜を250グラム、つまり1対4の割合で加えます。これは基本として適正です。水分量のひじょうに少ない材料を使い、混ぜた液体がピューレというよりペーストに近いような場合は、酒1リットルに対してフルーツや野菜を200グラム――1対5の比率――に落とします。場合によっては、1対6でもかまいません。遠心分離機にかける前のフスティーノが濃すぎ

第10章　清澄化

フスティーノの作り方
1）酒にフルーツを加える。
2）それから、ペクチネックス・ウルトラSP-Lを加える。
3）ブレンダーにかけて高速でかき混ぜ、刃の摩擦熱で材料を混ぜた液体が人肌に加熱されるまで回す。わたしは、手の甲でピッチャーに触れて、温度を計る。
4）ブレンダーの中身を遠心分離機のバケットに移し、それぞれのバケットの中身の量が均等になるようにする。
5）バケットを遠心分離機にセットして、重力の4000倍の力で10〜15分回す。
6）透明になったフスティーノを注ぐ。

る場合は、回収率が低くなります。ときとして、回収率が低すぎ、かといってフスティーノの比率を下げると、どうしてもフレーバーが損なわれてしまうこともありますが、その場合は、遠心分離機にかけた**あと**で、パックに水を加えてもう一度遠心分離機にかければ、この問題は解決できます（このテクニックについては、268ページのアプリコット・フスティーノのレシピを参照してください）。

遠心分離機にかけたあと、フスティーノの味を見てください。味は薄すぎるが回収率が高いという場合は、酒に対する固形物の割合を増やしてください。もし固形物の割合がすでに高く、それでもフスティーノの味が水っぽい場合には、フスティーノを作る前に固形物をもっと脱水してください。もしフスティーノのフレーバーが強すぎる（通常は甘すぎる）場合は、ストレートの酒を加えていって、自分の好きな味に調整してください。自分の好きな割合がわかったら、次に作るときには最初からその割合で試してもいいですし、フスティーノの作り方は元のままにして、最後に酒を加えてもかまいません。不思議なことに、この2つのテクニックで作ると、それぞれ味の違う酒ができます。ときには、どちらかがもう一方より味がよくなります。ともかくこれは実際に作って、味を見て、自分で確かめなければなりません。その一例をあげましょう。

たとえば、マジュール・デーツ（ナツメヤシ）をバーボンに入れてフスティーノを作るとしましょう。そして、デーツ対酒の割合を、わたしが勧める1対4にしてテストします。その結果、回収率は十分だけれど、フスティーノの味が甘すぎたとします。おそらく、いちばんいいのはフスティーノ750ミリリットルに対して生のバーボン250ミリリットルを加えて、フスティーノの当量比で1：5.3の比率にすることでしょう。奇妙なことに、やはり、最初から1：5.3の割合で同じフスティーノを作った場合は、1：4の割合で作ったフスティーノに生の酒を加えたものほどよい味にはなりません。理由はわたしにもわかりません。

わたしのお気に入りのフスティーノ

バナナ・フスティーノ：酒750ミリリットルに対して、皮をむいた完熟バナナ3本（250グラム）を加える。相性のいい酒は、熟成したラム（カラメル色をつけたものは除く。フスティーノを作る工程でこの色は抜けてしまう）やバーボンのほか、ヘンドリックス・ジンでもいい。くり返すが、バナナは熟したものでなければならない。黒くなる前の茶色ぐらいがいい。熟していないものを使うと、バナナに含まれているデンプンのせいで、ドリンクが濁り、デンプンの味がする。この酒は、氷の上から注ぎ、くし形に切ったライムを添えて、塩を1つまみ入れると、それはもうすばらしい味になる。本当に美味しく飲むには、ライムはそのままにして、高品質のココナッツ水で作った大きな角氷にフスティーノを注いで、スターアニス・ポッドを浮かべるといい。

デーツ・フスティーノ：酒750ミリリットルに対してマジュール・デーツ187グラムを加える。フスティーノにして、250ミリリットルの生の酒を加える。バーボン、スコッチ、ジャパニーズ・ウイスキーと相性がいい。ロックにして、ビターズを1ダッシュ加える。

バナナ・フスティーノ

レッド・キャベツ・フスティーノ：400グラムのレッド・キャベツを100グラムまで脱水し、500ミリリットルのプリマス・ジンに加えてフスティーノにする。脱水の手順を省くと、なんともひどいにおいになる。シェイク・ドリンクにすると美味しい。

アプリコット・フスティーノ：脱水したアプリコットを使う。わたしは、カリフォルニア産のブレンハイム・アプリコットを基本的な材料として使う。これは乾燥アプリコットの王様だ、とわたしは思う。ブレンハイムはフレーバーにあふれていて、酸味がはっきりしている。違うアプリコットを使えば、まったく違う味になる。酸化防止処理をしていないアプリコットは使わないこと。もっとも一般的な処理は亜硫酸処理だが、ほかにもいくつか方法がある。処理されていないアプリコットを見分けるのは簡単だ——色は茶色で、酸化された味がする。

ブレンハイム・フスティーノは、わたしが実際に糖が少ないと考えている少数のフスティーノのひとつである。でき上がったフスティーノに少量の砂糖を加えてもいいし、ブレンハイムの一部をふつうの（酸味が少ない）乾燥アプリコットで代用してもいい。アプリコットは、フスティーノを作る過程でかなりの量の酒を吸収するので、回収率は低い。

手順を説明する：脱水したブレンハイム・アプリコット200グラムと酒1リットルでフスティーノを作る。フスティーノの水分を取ったあと、遠心分離機のバケットに残ったアプリコットの固形物のパックを回収し、これを250ミリリットルのろ過水とともにブレンダーに入れて、さらに1〜2グラムのSP-Lを加えて、ブレンドする。わたしはこれをルムイヤージュと呼んでいる。この名前は、水を加えて使用済みの材料からもう一度抽出するフランス料理のテクニックにちなんでつけた。ルムイヤージュを遠心分離機にかけて、でき上がった透明な液体を、先にできたフスティーノに加える。この工程は、パックの中

レッド・キャベツでフスティーノを作る。
1) レッド・キャベツを脱水する。　2) 最初の重量の1/4になる。　3) レッド・キャベツ・フスティーノのでき上がり。

に閉じ込められているアルコールとフレーバーをかなり引き出すことができるので、これを最初に遠心分離機にかけたフスティーノに加える。

このレシピは、ジェネバー、ジン、ライ・ウイスキー、ウォッカと相性がいい……むしろ、合わないものを考えるほうがむずかしい。

パイナップル・フスティーノ: 酒1リットル当たりに200グラムの乾燥パイナップルを使う。アプリコットの場合と同じように、「ナチュラル」タイプの乾燥パイナップルは使わない。ナチュラル・タイプは茶色く、見た目も味もサラダのようだ。このレシピは、ダーク・ラムやホワイト・ラムと相性がいい——この点はみなさんもすでにご存じのことだろう。ウイスキーやブランデーで試せば、パイナップル・アップサイドダウンケーキのような感覚を楽しむことができる。

ティータイム

第11章
ウォッシング

　2012年、わたしはESPN（テレビ局）からアーノルド・パーマーのアルコール・バージョンを作ってほしいと頼まれました。アーノルド・パーマーとは、アイスティーとレモネードを混ぜたドリンクで、名前の由来はあの有名なゴルファーです。わたしは、アーノルド・パーマーはノンアルコールのドリンクとしては間違いなく最高のドリンクだ、と答えました。アルコール入りのティーカクテルを希釈・冷却すると、茶の渋みが強くなりすぎます。タンニンの味が強い赤ワインを冷やしすぎたときの味を想像し、その味のイメージを心の中でふくらませれば、どういう感じになるかわかるでしょう。わたしはアルコール入りのアーノルド・パーマーを何種類か作って、撮影スタッフに飲んでもらいました。感想は全員一致して、あまり美味しくない、でした。

　撮影スタッフが帰ったあと、わたしは考えました。イギリスをはじめとする多くの人たちは、紅茶にミルクを入れます。乳タンパク質——とくにカゼイン——は、紅茶の中のタンニン性の渋味の化合物と結合し、紅茶の味をまろやかにします。わたしは、紅茶をインフュージョンしたウォッカを作ってミルクを加え、このミルク入りウォッカを凝固させてから、清澄化して渋みを取り除くことにしました。ウォッカに紅茶をつけて濃く出し、このウォッカをミルクに加えて、少量のクエン酸溶液を混ぜてかき回しました。効果は抜群でした。ミルクは分離し、固形物が底に沈殿しました。このウォッカを遠心分離機にかけました（遠心分離機を持っていない人は目の細かい布で漉すだけでもかまいません）。紅茶の渋味をかなりとった結果、たとえ冷やしても、カクテルはひじょうにバランスがとれた味になり、それでも紅茶のフレーバーは強く残っていました。シンプル・シロップとレモン・ジュースをこの紅茶入りウォッカに加えて、氷を入れてシェイクすると、思わぬ副効果がありました。こうして酒をミルクでウォッシングした結果、きめ細かいテクスチャーになり、氷でシェイクすると、信じられないほど豊かな泡が立つのです。ウォッシングの過程で、乳タンパク質のカゼインは凝固して取り除かれますが、乳清（ホエー）に含まれるタンパク質は残ります。これがすばらしくよく泡を立てるのです。

　つまり、ミルク・ウォッシングには2つの効果があります。ひとつは渋味やとげとげしさをおさえる効果で、もうひとつはシェイク・ドリンクのテクスチャーを高める効果です。

　酒をウォッシングするという発想には、多少慣れが必要でしょう。衣類を洗濯して汚れを落とすのと同じように、材料をウォッシング（洗濯）して、フレーバーを取り除くわけです。このカクテルにおけるウォッシングには、2つの方法があります。ひとつは、アーノルド・パーマーでやったように、「洗剤」——通常はミルク、ゼラチン、親水コロイド〔水と親和性の高い粒子が分散した溶液〕、卵——を加えて、酒（ブーズ）の中の好ましくない成分と結合させて取り除く**ブーズ・ウォッシング**です。もうひとつは、脂肪（ファット）のよい

フレーバーを絞り出して酒に混ぜる**ファット・ウォッシング**です。そのファット・ウォッシングした酒を使って、美味しいドリンクを作るわけです。まず初めに、ブーズ・ウォッシングの例を取りあげ、それからファット・ウォッシングの例を取りあげることにします。

よいニュースです。このセクションで説明するすべてのテクニックは、高級な道具がなくても実践できます。ただし、なかには遠心分離機があるととても便利なものもあります。まず、ブーズ・ウォッシングから試してみましょう。

ポリフェノールの渋味と高プロリンタンパク質

ポリフェノールの渋味は、高プロリンタンパク質（PRP）と呼ばれる唾液タンパク質の特定のグループと結合するその強さと深い関係があります。こうしたタンパク質は、アミノ酸のプロリンを大量に含んでいます。プロリンは、タンパク質のポリフェノールに対する親和性を高めます。

植物が渋みのあるポリフェノールを産生するのは、自身を消化しにくくし、その結果食べられる可能性を低くするためです。唾液のPRPはポリフェノールと結合し、消化を阻害する特性を緩和します──これは、植物の防衛機構に対する草食動物の対抗手段です。肉食動物の唾液には、PRPは含まれていません。トラが食べるのは肉だけで、葉や木の皮は食べませんから、PRPは必要ありません。草食動物の唾液には、PRPが大量に含まれています。わたしたち人間は、雑食動物ですから、その中間です。

唾液以外の、たとえば乳タンパク質（カゼイン）、卵白、ゼラチンなどの多くの高プロリンタンパク質も、ポリフェノールと結合します。わたしたちがブーズ・ウォッシングに使うのは、こうしたタンパク質です。

ブーズ・ウォッシング

　蒸留が不十分なスピリッツから欠点を取り除くには、活性炭などの本格的なフレーバー媒体や脱色媒体を通常使います。ここでいまから説明するのは、その種の除去処理のことではありません。いまから話すのは、完全にでき上がった酒からフレーバーを選択的に取り除く方法です。どうしてそんなことをするのでしょうか。あるフレーバーが、それ自体はよくても、カクテルにすると、ほかの材料を圧倒してしまう場合があります。たとえば、バーボンは美味しいです。バーボンのカクテルも美味しいです。炭酸入りのバーボンのカクテルはどうでしょうか。美味しくないことがよくあります。バーボンの芳しい木の香りは、炭酸を入れると、とげとげしくなり、強くなりすぎてしまいます。たんにバーボンの量を減らしたり、ウォッカのような中性スピリッツでバーボンを薄めるなどの**方法もあるにはあります**が、それだったら、とげとげしさを和らげて、バーボンのほかのフレーバーはそのまま残したほうがよいのではないでしょうか。もうひとつ例をあげましょう。紅茶は美味しいです。紅茶入りウォッカも美味しいです。紅茶入りウォッカを使ったカクテルは、通常は美味しくありません──とげとげしく、渋味があって、なかなか適正なバランスのとれた味にできません。渋味が気にならなくなるまで、カクテルの中の紅茶のその成分だけを減らす方法があります。酒をウォッシングすれば、とげとげしさを和らげ、紅茶のほかの味はそのまま残すこともできるのです。だから、ウォッシングしてください！

ブーズ・ウォッシングの科学

　ブーズ・ウォッシングでわたしたちがターゲットとするフレーバーは、ポリフェノールと総称される一群の化学物質で、これは植物が捕食者やダメージから身を守るために産生するものです。ポリフェノールは、通常殺菌性や殺虫性や、動物を寄せつけないための消化阻害の特性を備えていて、防衛機構としてしかるべき機能を果たしています。多くのポリフェノールには渋味があります。たとえば、タンニンもポリフェノールですが、ブドウの種や皮にはタンニンが含まれており、これが赤ワインの渋味のフレーバーの元になっています。クランベリーやカシス、一部の品種のリンゴの渋味のフレーバーも同様です。オークの木のポリフェノールは、ウイスキーやブランデーにそのトレードマークとなる木の香りをつけます。本書の『ニトロマドリング』の章でもすでに説明しましたが、傷ついたハーブの葉は、ポリフェノール・オキシダーゼという酵素によって、小さなフェノール分子を結合して、大きな黒っぽい色のポリフェノールを作ります。紅茶では、こうしたポリフェノールは好ましい効果をもたらします。紅茶特有の渋味は、ポリフェノールが生み出すのです。

　ポリフェノールと闘うために、わたしはワイン醸造業者の技法からアイデアをもらいました。ワイン醸造家は、過剰な渋味やタンパク質混濁物、不快なにおい、濁りという問題と闘うために、清澄という方法を使います。清澄とは、認識済みの問題を解決するために、少量の成分をワインに加える方法です。わたしは、これと同じ成分を使って、ブーズ・ウォッシングをします。これはすべて、タンパク結合、電荷、吸着という3つの基本

原理の複合的作用によって成り立っています。

タンパク結合

　高タンパク物質——卵白、血液、ゼラチン、カゼイン（乳タンパク質）、アイシングラス（魚ゼラチン）——は、複雑な方法で不純物と結合します。タンパク質は、タンニンなどのポリフェノールを取り除く場合にはひじょうに高い効果を発揮します。タンパク質は色と一部のフレーバーを取り除きますが、これはメリットにもデメリットにもなります。

電荷

　清澄剤のなかには、電荷によってのみ効果を発揮するものもあります。キーゼルゾル（シリカ〔二酸化ケイ素（SiO_2）によって構成される物質の総称〕の懸濁物）とキトサン（すべての節足動物の外骨格と一部のキノコに含まれる多糖類）は、そうした物質の一例です。キーゼルゾルは負電荷を帯びていますから、正電荷を帯びた不純物を引きつけます。キトサンは正電荷を帯びているので、負の電荷を帯びた不純物を引きつけます（この2つの物質についてくわしいことは、241ページ〜の『清澄化』の章を参照してください）〔とくに252〜254ページを参照〕。ブーズ・ウォッシングで減らしたいポリフェノールは、負電荷を帯びていますから、正電荷を帯びたキトサンは、最高の武器になります。

吸着

　そのほか、表面にくっつく液体や気体を吸着する物質を利用する方法もあります。活性炭などの吸着剤は、不純物をとらえる小さな細孔の表面積がひじょうに広大です。吸着剤は、フレーバーを弱める効果がやや広範囲に及びます——つまり、切れ味が悪すぎる鈍器のようなものです。わたしは、吸着剤はあまり多用しません。

　ブーズ・ウォッシングに使える清澄剤は、それぞれみな、取り除くフレーバーの種類や量が異なりますし、なかにはそれ自体のテクスチャーやフレーバーを加えるものもあります。ワイン清澄には、いまだに謎めいた部分もありますが、ブーズ・ウォッシングの指針となる多くの情報を提供してくれます。わたしはいくつかの文献を参考にしました。わたしのブーズ・ウォッシングは、いくつか重要な部分でワイン清澄と異なっています。わたしが注目するのは迅速な結果ですが、ワイン清澄は通常時間がかかります。わたしはフレーバーを取り除くためにかなりの量の清澄剤を使いますが、ワイン生産者が求めるのはもっと微妙な効果です。ではこれから、わたしがブーズ・ウォッシングの3つのテクニック——ミルク・ウォッシング、エッグ・ウォッシング、キトサン／ゼラチン・ウォッシング——をどうやって開発したか、そしてそうしたテクニックがどのように役に立つかを説明していくことにしましょう。

ミルク・ウォッシング：故きをたずねて新しきを知る

　まずわたしが指摘しなければならないのは、わたしがアーノルド・パーマーでやったように、ミルクをアルコールに加える清澄化は、少しも新しいものではないということです。ミルク・パンチは、17世紀ごろからありました。ミルク・パンチとミルク・ウォッシングの違いは、ミルク・ウォッシングが、カクテルではなくストレートの酒に対して行うことと、シェイクしてすばらしい泡を立てることを前提としていることです。ミルク・パンチは通常シェイクしません。時間がたつと、ミルク・ウォッシングした酒のホエー（乳清）は分解して、泡を立てる力を失います。これは劣化したわけではなく、でき立てのすばらしさが失われるだけです。ミルク・ウォッシングした酒は、だいたい1週間くらいで使ってください。

　この章の冒頭で取り上げた紅茶入りドリンクは、なかなかうまくできたので、わたしはバーのメニューに載せました。次のページで紹介します。

ミルク・パンチ

　伝統的なミルク・パンチには、酒とミルクとそのほかのフレーバーが含まれます。ミルクを凝固させ、このカード（凝乳）を漉して取り除きます。ろ過すると、そのあとには透明な安定した飲み物ができます。次にあげるのは、1763年にベンジャミン・フランクリン〔アメリカの政治家。米国独立に多大な貢献をした〕が手紙に書いたレシピです。

　ブランデー6クォートを計り、44個のレモンの皮を薄くむく。その皮をブランデーに24時間漬けて、漉す。これに、4クォートの水と、大きめのナツメグ4個をすりおろしたもの、レモン・ジュース2クォート、二重精製された糖2ポンドを加える。砂糖が溶けたら、牛乳3クォートを温めて、火から下ろして温かいうちに加え、かき混ぜる。そのまま2時間置く。これを、透明になるまでゼリーバッグで漉す。瓶に詰める。*

　どうしてミルク・パンチを作るのでしょうか。ミルク・パンチは、そのやわらかくまろやかなフレーバーが知られています。味がやわらかくなるのは、ミルクが入っているからだけでなく、カゼインの豊富なカードによってブランデーのフェノール成分が取り除かれるからです。ベン・フランクリン翁が1763年に使っていたのはかなりきつめのブランデーだったかもしれませんから、ミルクを入れることによってとげとげしさがかなり取り除かれたはずです。ベン翁は、泡立ちのすごさについては触れていませんが、これは、当時はだれも氷を入れてシェイクしてカクテルを作ろうとはしなかったからです。残念！

*マサチューセッツ歴史協会の提供。ウィンスロップ家書簡集のボーディン・アンド・テンプル書簡集より。

ティータイム（アルコール入りアーノルド・パーマー）

わたしは、このドリンクにセリンボンの二番摘みのダージリンを使います。ダージリンは、インド北東部の山地の有名な茶所です。3月に、ダージリンでは最初の茶葉の収穫が行われます——これが一番摘み茶です。一番摘み茶はいちばん高価ですが、わたしが気に入っているのはこれではありません。それから数か月後、新たな葉の2度目の収穫が行われます。このダージリンの二番摘み茶は、お茶の世界ではユニークな存在で、業界ではマスカット・ワインのようなフルーティーな香りがすることで知られています。セリンボン茶園は、この二番摘み茶の品質の高さでとくに有名です。わたしがこれをウォッカにインフュージョン（浸出）するのは、スピリッツ固有のフレーバーよりも茶のフレーバーを強調したいからです。最初わたしは、このカクテルをレモン・ジュースとシンプル・シロップで作っていました。ブッカー・アンド・ダックスの従業員のパイパー・クリステンセンは、代わりにハチミツ・シロップを使ってみてはどうかと、わたしにアドバイスしてくれました。彼の言う通りでした。紅茶とレモンとハチミツが一般的な組み合わせだからというだけでなく、ハチミツのタンパク質がミルク・ウォッシュしたティー・ウォッカの泡立ちを促進するからです。ハチミツ・シロップのレシピは簡単です。ハチミツ300グラムに対して水200グラムを加えるだけです。このレシピが、体積ではなく、重量を基準にしていることに注意してください。

ティー・ウォッカ

[材料]

セリンボン茶園の二番摘みのダージリンティー 32グラム

ウォッカ（アルコール度数40％）1リットル

ホール・ミルク（全乳）250ml

15％のクエン酸溶液15グラム、または漉したてのレモン・ジュース33ml

茶浸出液を作る場合、色が濃くなるまでインフュージョンする。インフュージョンのしすぎは心配しなくてもいい。渋味はあとで取り除く。

[作り方]

　ウォッカを密閉容器に入れて、紅茶の葉を加え、よく振る。20〜40分ほど紅茶をインフュージョンさせて、その間ときおり容器を振る。セリンボン茶園の葉を使わない場合、使用する紅茶の葉の大きさとタイプによって、インフュージョン時間が変わる。重要なのは色である。色をみれば、紅茶のインフュージョンの程度がよくわかる。かなり濃い色になるまでインフュージョンさせる。十分濃くなったら、ウォッカを漉して、茶の葉を取り除く。

　容器にミルクを入れ、ミルクにティー・ウォッカを混ぜ入れる（この反対にティー・ウォッカにミルクを加えた場合、ミルクがすぐに固まってしまい、ウォッシングの効果が落ちる）。混ぜたあと2分ほど置いて、クエン酸溶液を混ぜ入れる。クエン酸を買うのがいやなら、レモン・ジュースを使ってもよいが、レモン・ジュースは一度に全部入れてはならない。3回に分けて入れる。ミルクが分離したら、入れるのをやめる。クエン酸を加えたあとは、あまり激しくかき回さない。ミルクが分離したら、もうそれ以上はカード（凝乳）をこわさない（再乳化しない）。そうしないと、漉しにくくなる。

　ミルクが分離したら、紅茶色のほぼ透明なウォッカの海に淡褐色のカードの小さな雲が浮んで見える。よく見ると、ウォッカはまだかすかに濁っている。ウォッカの中に、まだ固まってカードになっていないカゼインが残っているからだ。スプーンでそっとカードをかき回して、余分なカゼインを吸い取らせる。ウォッカは見た目にわかるほど透明度が増し、カードも見た目にわかるほどはっきりと見分けられるようになる。何度かそっとカードに吸い取らせたあとは、ウォッカをそのまま数時間静置して沈殿させ、そのあと目の細かいフィルターとコーヒーフィルターでカードを漉しとる（または、わたしと同じように、すぐに遠心分離機にかける）。

ティータイム

137mlのドリンク1杯分
アルコール度数14.9％、糖6.9g/100ml、酸0.66％

[材料]

紅茶をインフュージョンしたあとミルク・ウォッシュしたウォッカ 60ml

ハチミツ・シロップ 15ml

漉したてのレモン・ジュース 15ml

食塩水2ドロップまたは塩1つまみ

[作り方]

　すべての材料を混ぜ合わせ、氷を加えてシェイクし、あらかじめ冷やしておいたクープ・グラスに注ぐ。仕事を見事にやり遂げた誇りをガーニッシュにする。

ミルク・ウォッシング
1) 必ず酒をミルクに加える。ミルクを酒に入れてはならない。そうすると、ミルクがすぐに固まってしまう。酒によっては——コーヒー浸出液のように——自然に分離するものもある。なかには——ここであげた紅茶のように——分離しないものもある。
2) 酒をかき回して動かし、そのあとクエン酸溶液かレモン・ジュースを少量加える。
3) ミルクがすぐに分離し始める。スプーンでそっと酒をかき混ぜて、浮遊している濁りの粒子をカードに残らず吸い取らせる。
4) 酒を沈殿させたあと、コーヒーフィルターで漉すか、遠心分離機にかける。

ミルク・ウォッシングはすべてこのような手順をとりますが、酒の中には酸をまったく加えなくてもミルクを凝固させるものもあります。コーヒーのインフュージョン液の場合、通常はアルコールとコーヒーだけでもミルクを凝固させることが十分できます。クランベリーをインフュージョンした酒も同様です。ミルク・ウォッシングするときは、必ず前述のやり方に従ってください。たとえば、必ず酒をミルクに入れ、その反対は絶対にしないでください。また、カードをそっとかき回して、残っているカゼインをすべて吸い取らせてください。そうすれば、つねに良好な結果を得ることができます。

わたしは、ミルク・ウォッシングするときは、ほとんどの場合、紅茶のような渋味の強い成分に注目しますが、バーボンやライ・ウイスキーやブランデーのような渋味が少なくてポリフェノールが豊富な熟成したスピリッツを使って、ミルク・ウォッシングの実験をしたこともあります。こうしたスピリッツの場合、アルコールとオークが協力して、通常はそれだけでミルクを凝固させます。熟成したスピリッツのオークは、カゼインと結合するポリフェノールを加えることによってミルクを不安定化するうえに、pHを4〜4.5まで下げてミルクをより分離しやすくします。残念ながら、ミルク・ウォッシングをすると、オークのフレーバーと色が本当にすっかり抜け落ちてしまいます。わたしから見ると、効果が強すぎます。

ポリフェノールを含まないスピリッツをミルク・ウォッシングし、フレーバーを取り除かず、テクスチャーの効果を得ることもできます。ブッカー・アンド・ダックスでマネージャーをしていたロビー・ネルソンが、ミルク・ウォッシングしたホワイト・ラムでダイキリを作ったことがありましたが、これはすばらしい味でした！ わたしは、ミルク・ウォッシングしたホワイト・ラムで、オレンジ・ジュリアスをアレンジしたドクターJというドリンクを作ります。この場合、標準的なダイキリのスペック（ラム60ml、ライム・ジュース22.5ml、シンプル・シロップ22.5ml、塩1つまみ）を利用しますが、ライム・ジュースはライムと同じ強さのオレンジ・ジュース（オレンジ・ジュース1リットルに対してクエン酸32グラムとリンゴ酸20グラムを加える。くわしいことは50ページ〜の『材料』の章を参照のこと）に置き換えて、バニラエクストラクトを1ドロップ加えます。

エッグ・ウォッシング

　ミルク・ウォッシングで新しいティーカクテルを作るという課題に取り組んだあと、わたしは、自分が大好きなウォッシングしないティーカクテルのことを思い出しました。それは、わたしの友人のオードリー・サンダースが開発したアールグレー・マティーニです。オードリーは、ニューヨーク市内でもわたしのお気に入りのバーのひとつペグ・クラブのオーナーです。このマティーニは、アールグレー（柑橘類のベルガモットの皮の香りをつけたブレンド・ティー）をインフュージョンしたジンとレモン・ジュース、シンプル・シロップ、卵白を混ぜたものに、レモン・ツイストを飾りに添えたドリンクです。わたしはつねづね、マティーニの卵白はテクスチャーのために加えるのだと考えていましたが、やがて、このカクテルには紅茶のポリフェノールと結合して渋味を和らげるために卵白が**必要なのだ**、ということに気づきました。わたしがこの点についてオードリーにたずねたところ、「もちろん——だから卵白を入れているのよ」という答えが返ってきました。わかりきったことでした！　それから、わたしはもう少し考えなければなりませんでした。ウイスキー・サワーは卵白でシェイクするのに、糖と酸と酒の比率がだいたい同じほかのシェイク系のサワー（マルガリータやダイキリやフレッシュライム・ギムレットなど）はどうして卵白を使わないのか。答えはウイスキーだ！　卵白には、ウイスキー・サワーの温度と希釈では渋味が強すぎるドリンクの味をまろやかにするはたらきがあるのです。わたしは、カクテルを作らずに、エッグ・ウォッシングそれ自体を試してみることにしました。

　希釈していないカクテルの液体の分量において、卵1個分の卵白はかなり大きな割合を占めます。大きめの卵の卵白はおよそ30ミリリットルですが、これは希釈前の液体の総量の4分の1に——カクテルと卵白の比率は3：1に——なります。わたしは、エッグ・ウォッシングのために卵白の量をほんの少し減らしてみようと思い、酒を4、卵白を1の割合にしてみました。実験の対象として、バーボンを選びました。卵白はフォークでかき混ぜ、それにウイスキーを混ぜ入れました。ミルク・ウォッシングで酒をミルクに混ぜ入れたのと同じ要領です。卵白はすぐに凝固し、ろ過も簡単にできますが、卵白が酒のフレーバーと色を取り除いてしまうため、でき上がりはフレーバーの弱いウォッカのような感じになります。卵白のカクテルでは、卵白がドリンクの中に残るため、フレーバーは完全には取り除かれません。エッグ・ウォッシングでは、タンパク質がすべて取り除かれるため、除去効果はいっそう強くなります。わたしは8：1を試してみました。前よりはよくなりましたが、やはりフレーバーが除かれて、ややバランスを欠いた——バーボンのスパイシーさがない——味になりました。そのあと、20：1と40：1を試してみました。勝ったのは、酒：卵白の比率が20：1のほうでした！　この比率なら、ウイスキーの特性はまったく損なわれず、バランスのいい味のドリンクを作ることができます。

　注意してほしいのは、この20：1が、純粋な熟成した酒をウォッシングする場合の比率であるということです。コーヒーや紅茶をインフュージョンした酒のように、除去効果をもっと強くしたい場合には、8：1かそれより少し高い比率にしたほうがいいでしょう。このように卵白の比率を高くすると、ミルク・ウォッシングと同じくらいの除去力が得られます。ただし、覚えておいてほしいのですが、ミルク・ウォッシングの場合には泡立ちの効果が加わるのに対して、エッグ・ウォッシングでは泡立ち効果は得られません。

ティーカクテルをステアで作る場合は、エッグ・ウォッシングをしてください。シェイク・ドリンクの場合は、ミルク・ウォッシングをしてすばらしいテクスチャーを加えてください。

エッグ・ウォッシングのテクニック

[材料]

特大サイズの卵の卵白 1つ（卵黄を取り、殻にくっついたものを除くと、32グラム程度になる。実際に20:1にするために必要な37グラムよりやや少ない）

ろ過水 30ml

酒 750ml。アルコール度数40％以上の蒸留酒から自分が好きなものを選ぶ（アルコール度の低い酒では卵白があまり固く凝固しない。アルコール濃度が約22％以下になると、卵白はまったく凝固しない）。

[作り方]

　卵白と水を混ぜ合わせ、これに酒を加えながら、かき回す。水を加えるのは、卵液の体積を増やすことだけが目的である。1個分の卵白だけでは、酒を加えると、すぐに固まってしまうことが多い。酒と卵白の比率を8:1以上にするなら、水を入れなくてもよい。酒を加えると、卵白はかなり早く分離する。2分ほどそのまま置いて、それからそっとかき回して、まだ浮遊しているタンパク質を残らず固めて取り除く。1時間ほど置いて、コーヒーフィルターで漉す。透明な酒ができる。

第3部　新しいテクニックとアイデア

エッグ・ウォッシング、ブレンデッド・スコッチの場合
1）卵白と水を混ぜたものに酒を加えながら、かき回す。
2）卵白が凝固しはじめたところ。そっとかき回すと、3）のようになる。やがて、4）のように沈殿する。
5）コーヒーフィルターで漉す。
6）左側が未処理の酒。右側がエッグ・ウォッシングした酒。

　エッグ・ウォッシングのすばらしさのひとつは、どんな道具も必要としないことです。完全菜食主義者でない限り、どなたの家でも冷蔵庫にいまもきっと卵が入っていることでしょう。また、エッグ・ウォッシングでは酒の中にタンパク質がごく微量残留するために、本来なら炭酸を注入すると味がきつくなるドリンクをまろやかにすることができますし、炭酸化しても過剰な泡は立ちません。ミルク・ウォッシングは、泡立ちが激しくなりすぎるため、炭酸入りドリンクの場合には使えません。
　エッグ・ウォッシングした赤ワインとコニャックの炭酸入りカクテルのレシピを紹介します！　このドリンクは味を多少まろやかにする必要があります。

コニャック・アンド・カベルネ

　赤ワインにコニャックのようなスピリッツを混ぜるつもりなら、スイートワイン——両方に存在するタンニンを隠すことができるワイン——を選んでもよいでしょう。しかし、ここはあえて、辛口のままにして、代わりにタンニンを取り除くことにしましょう。このカクテルは、深いピンク色で、辛口で、干しブドウのような香りがし、満足できる味わいです。このドリンクは、カクテルというよりも、ワインのような感じです。ブーズ・ウォッシングをするには、卵1に対して酒6の割合——かなり大きな比率——にします。

145mlのドリンク2杯分
アルコール度数14.5％、糖3.4g/100ml、酸0.54％

[材料]

大きめの卵1個分の卵白（30ml）
コニャック（アルコール度数41％）60ml
カベルネ・ソービニョン（アルコール度数14.5％）120ml
ろ過水 60ml
清澄レモン・ジュースまたは6％クエン酸溶液 15ml
シンプル・シロップ 15ml
食塩水4ドロップまたは塩を多めに1つまみ

[作り方]

　小さなミキシング容器に卵白を入れ、バースプーンで完全に解きほぐす。コニャックとカベルネを混ぜ合わせ、これを卵白に加えながらかき回す。混ぜると液体は濁る。ゆっくりとかき回しつづけ、卵白がまんべんなく酒と触れ合うようにする。変性した卵白の断片が、混合液の中に見える。遠心分離機があるなら、混合液を分離機にかけて、ウォッシングして透明な酒にする。分離機がない場合は、混合液を数分置いて、それからまたかき回す。数時間かけて沈殿させ、まず布ナプキンで漉し、そのあとコーヒーフィルターで漉す。

　滴下した透明な液体に、水と、レモン・ジュースまたはクエン酸、シンプル・シロップ、食塩水または塩を加える。この混合液を−6℃まで冷やして、自分の好きな方法で炭酸を注入する（296ページ～の『炭酸化』の章を参照）。注意：このドリンクには多少の卵タンパク質が残留しているので、炭酸ガスを注入するとかなり泡が立つ。

第3部　新しいテクニックとアイデア

カベルネ・アンド・コニャックのエッグ・ウォッシング：このレシピは通常のエッグ・ウォッシングよりかなり多めの卵白を使う。
1) 卵には水はいっさい加えない。
2) カベルネとコニャックの混合液を、卵白に注ぎ入れながら、かき回す。
3) 一時的に濁る。
4) そのあと分離する。かき回して、濁りの粒子を残らず吸い取らせて沈殿させ、そのあとコーヒーフィルターで漉す。

わたしは、熟成した酒の味を和らげるためのもっとずっとよい方法も見つけました。この方法なら、炭酸化の前に過度の除去処理をしなくてもすみますが、いくつか特殊な材料（キトサンとゼラチン）が必要です。この方法を知りたければ、このまま読み進んでください。知りたくなければ、290ページの炭酸入りウイスキー・サワーまで飛ばして、エッグ・ウォッシングしたウイスキーでウイスキー・サワーを作ってください。

キトサンとゼラチンのウォッシング

　数年前アップル・ジュースの清澄化を始めたとき、わたしは、バーボンで清涼感のある炭酸入りアップル・カクテルを作りたいと思っていましたが、オークのフレーバーがリンゴのフレーバーを圧倒し、とげとげしい味になりました。この問題を解決するために、わたしは、ロータリー・エバポレーターでバーボンを再蒸留することを思いつきました。普通の蒸留器と違い、ロータリー・エバポレーターは低温で蒸留できるので、蒸留プロセスで高温のために失われてしまう揮発性のフレーバーを、ほぼ100パーセント回収することができます。わたしは、バーボンを2つに分離しようと考えました。この2つとは、オークとベースのスピリッツに含まれるすべてのアルコールとアロマを含む透明な液体と、炭酸ドリンクをまずくする非揮発性のオークの抽出物をすべて含む色の濃い不透明な液体です。熟成していない透明なバーボンをホワイト・ドッグと呼ぶことから、わたしは再蒸留したこの透明なバーボンをグレイ・ドッグと名づけました——これはこれで、それなりにいい味です。わたしは残ったオークの抽出物のほうを使って、美味しいアイスクリームを作りました。何物もむだにはしません！

　さて、再蒸留にはいくつかの問題があります。第1に、道具が高価で、学習曲線がかなり急です。第2に、もっと重要なことですが、アメリカではライセンスなしで酒を蒸留することは違法であり、バーではそうしたライセンスは絶対に取れません。バーで蒸留すると酒類販売許可証を取り上げられる危険がありますし、バーを所有しているわたしがそれをすると法に違反する行為ととられかねません。ブーズ・ウォッシングを始めたあと、わたしは、年代物のウイスキーやブランデーを炭酸化に適したものに作りかえるために、ウォッシングの材料をいろいろ組み合わせて、実験をしてみました。こうしたウォッシングは、誰にでもできて、手を加えていないウイスキーに炭酸を入れて飲んだときに喉の奥にカッとくるようなフレーバーだけを取り除くことができるものでなければなりません。最終的に、わたしは、キトサンとジェランガムを使う2段階の（完全に合法的な）方法に落ち着きました。

　すでに清澄化のセクションをお読みなら、わたしが遠心分離機でライム・ジュースを清澄化するときに使う不思議なワイン清澄剤のひとつキトサンについてはもうご存知でしょう。キトサンとは、正電荷を持つ長鎖の多糖であり、工業的にはエビの殻を原料として製造されますが、甲殻類アレルギーのある人たちにもアレルギーを引き起こしません。自家製ワインの店に行けば、キトサンの溶液を置いてあります。残念ながら、現在市販されているキトサンは菜食主義者向けではありませんが、いずれ状況は変わるでしょう。わたしが本書を書いている時点でも、ヨーロッパではすでに、菜食主義者にやさしい真菌キトサンが市販されています。キトサンは、正電荷を帯びた分子であり、ウイスキーやブランデーに含まれる負電荷を帯びたオークのポリフェノールを引きつけます。ここで問題となるのは、このキトサンをどうやって取り除くかです。わたしは、ジェランを使います。

　ジェランは、微生物発酵によって作られるゲル化剤で、おもに調理に使われます。ジェランには、いろいろおもしろい特性があります。液体にもなりますが、静止していると、固体粒子が浮遊するドリンクを作るためのゲルのような状態にもなります（おことわりして

おきますが、わたしはジェランをカクテルに応用するのは好きではありません)。ジェランは、やわらかくて弾力のあるものから固くてもろい感じのものまで、どんなテクスチャーにもなります。ジェランは耐熱性があります。しかし、こうしたすばらしい特性も、いまここでは重要ではありません。メーカーの心づもりとは関係なく、ここではジェランを使ってゲルを作ったりはしません。ブーズ・ウォッシングをするために着目すべき点は、キトサンを引きつけるジェランの負電荷だけです。また、ジェランは酒に溶けませんから、ろ過するのも簡単です。ジェランには2つのタイプがあります。低アシル・ジェランの別名ケルコゲルFと、高アシル・ジェランの別名ケルコゲルLT100です。どちらもCPケルコ社が製造しています。通常、ケルコゲルFは固くてもろいゲルを作り、高アシル・ジェランはやわらかくて弾力のあるゲルを作ります。ブーズ・ウォッシングには、ケルコゲルFを使ったほうがいいでしょう。高アシルのものと違い、ケルコゲルFは水の中でまったく膨張せず、とっても大切な酒をむだにしないですむからです。名称は変わっていて、わかりにくくて困りますが、これはわたしたちにはどうしようもないことです。ともかく覚えてください。ケルコゲルF＝低アシル・ジェランです。

左が手を加えていない元のままのブレンデッド・スコッチウイスキー、真ん中がキトサンとジェランでウォッシングしたスコッチ、右がエッグ・ウォッシングしたスコッチ。2つのテクニックの除去効果の違いに注目。

キトサン／ジェランのウォッシング・テクニック

[材料]
キトサン溶液 15グラム（酒の2％）
ウォッシングする酒 750ml
ケルコゲルF低アシル・ジェラン 15グラム（酒の2％）

[作り方]
キトサンを酒に加え、振ったりかき回したりして混ぜ合わせる。1時間そのまま置き、定期的にかき混ぜる。ジェランを酒に加え、振ったりかき回したりして、ジェランを懸濁する。15分か30分ごとに酒の中のジェランを再懸濁し、2時間ほどジェランを酒の中に留まらせ、それからコーヒーフィルターで酒を漉す。これでき上がり。

注意：このレシピでは、2パーセントのキトサンを使う。キトサンとしては、かなりの量になる。ちなみに、わたしが清澄化に使うキトサンの量は0.2パーセント——1ケタ小さい量——である。このレシピをもっと少ない量のキトサンで試したところ、不思議なことに、キトサンの使用量が少ないほうが、酒の除去効果が大きいように思えた。まあその、この理由もやはりわからないが、ともかく実験データを議論するというのはむずかしい。2パーセントのジェランも、ジェランの使用量としてはかなりの量であり、ジェランゲルを作るときに使う量（ハードジェルを作るときの0.5パーセントの低アシル・ジェラン）よりもずっと多い。これほど大量に使うのは、ここで利用するのがジェランパウダーの表面だけだからである。圧倒的に大量のジェランは、粒の内側にあるが、このレシピでは利用しない。粒子のサイズがもっと細かければ、ジェランの使用量をもっと減らすこともできるが、もっと細かいジェランは入手しにくい。

表面積について言うと、ワイン清澄の説明をしたときにも触れたが、活性炭のようにフレーバーを除去する吸収性の成分がその機能を発揮できるのは、フレーバー分子をとらえることのできる膨大な表面積があるからである。わたしは、フレーバーを取り除くジェランが表面積の効果によって単独でその効力を発揮するにはどれだけの量があればいいのだろうかと思い、キトサンを使わずに、ジェランだけで実験してみた。結果、多少のフレーバーを取り除くことはできたが、あまり大きな効果はなかった。

第11章　ウォッシング

トサン／ジェラン・ウォッシング
材料さえそろっていれば、このテクニックは実に簡単で、回収率も高い。
酒にキトサンを加える。かき回して、1時間置く。
と4）ジェランを加えて、かき回す。2時間の間にさらに2回かき回し、沈殿させる。
コーヒーフィルターで漉す。
残ったジェランを見る。この色はすべて、ウォッシングで取り除いた成分の色である。

炭酸入りウイスキー・サワー

　ここでは、ブーズ・ウォッシングの実験のために、簡単な炭酸入りドリンクを紹介します。キトサン／ジェラン・ウォッシングをしたくない場合は、エッグ・ウォッシングで代用してもかまいません。また炭酸注入のテクニックについては、『炭酸化』の章（296ページ〜）で解説していますから、まだ読んでいない人は読んでください。

162.5mlのドリンク1杯分
アルコール度数15.2％、糖7.2g/100ml、酸0.44％

[材料]
ろ過水79ml
キトサン／ジェラン・ウォッシングをしたバーボン（アルコール度数47％）52.5ml
シンプル・シロップ 19ml
食塩水2ドロップまたは塩1つまみ
清澄レモン・ジュース 12ml（または炭酸化したあとで清澄化していない同量のレモン・ジュースを加える）。

[作り方]
　すべての材料を混ぜ合わせる（ただし、清澄化していないレモン・ジュースは除く）。−10℃まで冷やし、自分の好きな方法で炭酸化する。

　わたしがブーズ・ウォッシングについてここで示したことは、可能性の表面を引っかくようなものにすぎません。もっとくわしいことは、自分自身で見つけていかなくてはなりません。しかし、このセクションのはじめにお約束したように、フレーバーを（取り除くのではなく）酒に加えるファット・ウォッシングについて少し説明することにしましょう。

ファット・ウォッシングに関する簡単な説明

　ファット・ウォッシングは簡単です。誰にでもできます。フレーバーの豊富なファット（油脂）やオイルを選んでください。一般によく使われるのは、バターやベーコンの脂、オリーブオイル、ピーナッツバター、ゴマ油などですが、ほかにもいろいろあります。どんな油脂を選ぶにしても、かならず味のいいものにしてください。もしベーコンが好きだったとしても、ベーコンの脂なら何でもいいというわけにはいきません。きちんとしたやり方で溶かしたベーコンの脂は美味しいです。焦げついたベーコンの脂は、それはもうひどい味です。ラップをしないで冷蔵庫に入れておいたバターも、ひどい味になります。使う油脂は、新鮮で美味しいものでなければなりません。次に、油脂の味がどれくらい強いかを、考えてみてください。スモーキーベーコンの脂肪は、強い香りがします。バターはもっと微妙です。フレーバーが強い油脂の場合は、酒750ml当たり油脂約120グラムの比率にしてください。バターの場合、わたしは750ml当たりに240グラム近く使います。

　使う油脂が室温で固形である場合は、溶かしてください。もし固形でないなら、そのまま使ってください。

　酒を広口容器に入れて油脂を加え、密閉して、容器をシェイクしてください。（シェイクすることによって、酒が油脂と接触する表面積が増えます）。広口容器を使うと、あとで油脂から酒を分離するときに便利です。酒を1時間くらい置き、そのうち最初の30分間は、ときどきかき混ぜます。そのあと、次のステップに進みます。

　この時点で、油脂を含む成分はほとんどが表面に浮かんできているはずです。酒と油脂が入った容器をそのまま冷凍庫に入れます。冷凍庫で2時間くらい冷やすと、ほとんどの油脂は表面できれいに固まります。この油脂の固まりに穴をあけて、そこから透明な香り立つ酒を注ぎ出し、コーヒーフィルターで濾して瓶に入れれば、でき上がりです。もし油脂が凝固しない場合は（たとえば、オリーブオイルは凝固しません）、グレービー・セパレーターか分液漏斗（わたしはこっちを使います）で、酒から油脂を分離します。

　ファット・ウォッシングはすばらしいテクニックですが、わたしはあまり多用しません。というのは、わたしの友人たち――元テイラーのサム・メイソンとエバン・フリーマン、元wd~50のトナ・パロミノ、元PDTのドン・リー――こそが真のパイオニアであり、この技法は彼らにまかせようと思っているからです。

第3部　新しいテクニックとアイデア

分液漏斗を使ってオリーブオイルでジンをファット・ウォッシングする
1）ジンとオリーブオイルを漏斗に入れて混ぜ合わせ、しっかりふたをする。
2）と3）強く振って混ぜ合わせる。これを2〜3分ごとに何度かくり返し、
4）沈殿させる。分液漏斗の中身がきれいに分離する。
5）上層の液状の油脂をそのままにして、下にたまった相対的に重い酒を抜き取る。
6）分液漏斗のとがった円錐形の形状によって、沈殿が促進され、ジンをほぼ完全に油脂から分離することができる。

ピーナッツバター・アンド・ゼリー・ウィズ・ア・ベースボール・バット

　2007年、当時の有名レストランwd〜50でバーを担当していたトナ・パロミノは、オールド・スクールという名前の炭酸入りピーナッツバター・アンド・ゼリーのカクテルを作りました。トナは、このカクテルを炭酸化していたので、酒を透明に保つために苦心していました。わたしたちがこれから作るのはシェイク・カクテルですから、この点は心配する必要はありません。もし炭酸化できる透明な酒にしたいなら、トナと同じことをしなくてはなりません。ホテル・パンの底にピーナッツバターを薄くのばして、その上に酒を注いで浅く浸すようにし、ふたをして冷蔵庫に数日間入れておきます。

ピーナッツバター・アンド・ゼリー・ウォッカ
[材料]
ウォッカ（アルコール度数40％）750ml
クリーミー・ピーナッツバター 120グラム
コンコード・ブドウ・ゼリー 125〜200グラム

[作り方]
　ウォッカとピーナッツバターを完全に混ぜ合わせる。混ぜたものをふた付きの容器に入れ、数時間冷凍庫に入れて沈殿させる。遠心分離機があるなら、混ぜたものを分離機にかける。回収率は、およそ85パーセント（635ml）になる。遠心分離機がない場合は、布製ナプキンで漉して大きな粒子を取り除き、漉した液体をもう一度コーヒーフィルターで漉す。コーヒーフィルターはすぐに目詰まりするので、何枚か必要になる。酒が透明になってくる。ナプキンとコーヒーフィルターを併用する方法を使うと、回収率は60〜70パーセント（450〜525ml）になる。高価なウォッカは使わないこと！　ピーナッツバター入りウォッカ100ml当たりにブドウ・ゼリー30g強を加えて、シェイクするか、ブレンダーにかけて、混ぜ合わせる。浮遊するゼリーの粒子を残らず漉しとれば、これででき上がり。

140mlのドリンク1杯分
アルコール度数17.3%、糖9.0g/100ml、酸0.77%

ピーナッツバター・アンド・ゼリー・ウィズ・ア・ベースボール・バット

[材料]
ピーナッツバター・アンド・ゼリー・ウォッカ（アルコール度数32.5%）75ml
漉したてのライム・ジュース 15ml
食塩水2ドロップまたは塩1つまみ

[作り方]
　材料をカクテル・シェーカーに入れて混ぜ合わせ、氷をたっぷり入れて6秒きっかりシェイクする。必要以上にシェイクしないこと。このドリンクは、過剰に希釈すると味が悪くなる。漉して、冷やしたクープ・グラスに注ぐ。

ピーナッツバター・ウォッカの作り方
1) ウォッカとピーナッツバターを混ぜて、冷凍庫に入れ、数時間沈殿させたもの。これを遠心分離機にかける。
2) または、布で漉してから、
3) コーヒーフィルターで漉す。

ピーナッツバター・アンド・ゼリー・ウィズ・ア・ベースボールバット

第12章
炭酸化

　二酸化炭素ガス（CO_2）は、泡立つドリンクに特有の味を加えます。炭酸化によって生じる味は、言葉ではなかなかうまく表現できません。わたしは、ピリピリする、という言い方をしていますが、ぴたりと言い当てた表現ともいえません。炭酸の味がうまく言い表せないのは、最近発見されたことですが、わたしたちの口の中にCO_2を感じる特異的要素があるからです。言い換えれば、炭酸は、塩辛さや酸っぱさと同じように、現実の味なのです。塩辛さや酸っぱさを説明するのは至難の業でしょう。最近の研究によると、わたしたちの炭酸に対する感覚は、酸味の感覚と関係しているようですが、炭酸の味は酸っぱくはありません。かつて、炭酸の味とは、（CO_2が水に溶けることによって生じる）炭酸の酸性によって感じる口の痛みと、気泡がはじけるときの機械的作用が混じり合った感覚と考えられてきました。これは明らかに間違いです。亜酸化窒素（N_2O）、別名笑気ガスを使えば、発泡性ドリンクを作ることができますが、N_2Oの味は甘く、ピリピリしませんから、たとえ酸を加えても、炭酸のような味はしません。炭酸は、塩や砂糖と同じように、材料のひとつなのです。

　炭酸飲料には、CO_2が過飽和されています。つまり、永久的に溶け込んでいられる量よりも多くのガスが溶けている状態です——だから、泡が出るのです。ドリンクに含まれているCO_2の量が多いほど、炭酸の味はきつくなります。このきつさをうまく調節することが、炭酸化の技術です。

　出来合いの発泡性の割材を使えば、カクテルの泡立ちの調整を割材まかせにすることになりますから、あまりよい方法ではありません。ほとんどの市販の割材は、低品質です。品質の高い割材を使っても、アルコールと溶けた氷で希釈されたあとの完成時のカクテルには、ごくわずかな泡しか立ちません。要するに、ちゃんと泡が立つようにしたければ、カクテルを自分で炭酸化しなければならないのです。

泡の原理

　わたしは、成長して発泡水を飲むようになると、それからは何十年もずっと発泡水を自分の基本的な水分補給源としてきました。発泡性でない水は、発泡水と比べて、気の抜けたような味がします。発泡水を飲もうと思うとき、豊富な炭酸で喉がひりつくような感触を期待します。これは、まさにアメリカ人的な好みだと、わたしは思います。だから、アメリカで生まれ育った人のなかに軽めの炭酸水を好む人がいるとは、わたしには思えません。とはいえ、どんなドリンクでも、可能な限り炭酸ガスを注入すればいいというものではありません。発泡性のカクテルのなかには、微量の泡で美味しいものもあります。

炭酸は材料ですから、多すぎれば、少なすぎる場合と同様によくありません。たとえば、多くのアメリカ産のスパークリング・ワインは、炭酸ガスを入れすぎているため、少し時間をおいたほうが味がよくなります。炭酸を入れすぎると、フルーツの微妙なフレーバーが台なしになり、オークやタンニンのフレーバーが過度に強調され、二酸化炭素のぴりぴりする感じがとげとげしく感じられます。

　炭酸化の目標は、ドリンクの泡を**調節できる**ようになることです。自分にとって望ましい炭酸の正確な量をイメージできるようになるといいでしょう。最近では、比較的安価で簡便な道具が増え、炭酸化も広く普及しましたが、バーで使っているほとんどの炭酸化のテクニックはまだ貧弱です。水を炭酸化するのは、けっこう簡単です。標準以下の道具やいいかげんな技能でも、まずまずのスパークリング・ウォーターを作ることができますから、同じように適当なやり方でも炭酸入りカクテル作ることができると思い込んでしまう人たちもいます。でも、それは違います。アルコール飲料をうまく炭酸化するには、大変な手間と完璧なテクニックが必要なのです。炭酸化の仕組みを理解できれば、自分の技術を磨いて、準最適な道具でも望ましい結果を得られるようになるでしょう。そこで、炭酸化の個々のテクニックについて解説する前に、泡がどういうはたらきをするかについて説明しておきましょう。説明は詳細にわたります。そんな説明を読むのはもどかしくてがまんでないという人は、ここは飛ばして、323ページの『炭酸化のまとめ』のセクションに進んでください。

泡の基礎知識

　瓶入り飲料に含まれているCO_2の量は、おもに2つのパラメーター、温度と圧力の関数です（ええ、たしかに、液体とヘッドスペース〔液面の上にできる空間〕の比率の関数でもありますが、この変数は無視しても問題ありません）。瓶の内部の圧力が高いほど、ドリンクに含まれるCO_2の量は多くなります。もっと正確に言えば、ドリンクの上のヘッドスペースにあるCO_2の圧力が高いほど、より多くのCO_2がドリンクに含まれます（化学ではこれをヘンリーの法則と呼びます）。ヘッドスペースにCO_2だけでなく通常の空気も含まれる場合は、ドリンクに溶けるCO_2の量は少なくなります。これが、空気が炭酸化の敵とみなされる理由のひとつです。

　圧力が一定なら、液体中に溶けることができるCO_2の量は、温度が低くなるほど多くなります。密封された瓶の中では、CO_2の量は変わりませんから、温度が上がれば、圧力も上がり、温度が下がれば、圧力も下がります。この2つは密接に結びついています。

　CO_2がドリンクに溶け込む速さは、また別の問題です。ドリンクの上の隙間の空間にCO_2を注入するだけでは、炭酸はあまり迅速にドリンクに溶け込みません。なぜなら、CO_2がドリンク中に溶けていく場所が、静止した液体の比較的表面積が小さな部分しかないからです。ドリンクを冷やすには、氷を入れてステアやシェイクをし、カクテルと氷が接触する面が絶えず変わるようにします。これと同じように、ドリンクとCO_2が接触する面が絶えず変わるようにして表面積を急激に増やすことができれば、炭酸ガスを溶かすことができます。これを実行する方法としては、ドリンクに圧力をかけてシェイクする方法や、CO_2の小さな泡を大量にドリンクに注入する方法、高圧のCO_2を封入した

容器の中にドリンクを霧状にして散布する方法などがあります。方法は何でもかまいません——とにかく、表面積を大きくすればよいのです。

小さな泡

多くの人たちは、小さな泡（tiny bubbles）を求めています。そうした人たちは、小さな泡を品質の証しと考えています。歌手のドン・ホーは「タイニー・バブルス・イン・ザ・ワイン」に永遠の命をあたえ〔タイニー・バブルスは1966年に米国でヒットした曲〕、一般消費者に否応なく小さな泡に対する偏見を植えつけました。ともあれ、泡のサイズがどんなふうに決まるのかを見ていきましょう。高濃度の炭酸を注入されたドリンクは、ある時点でCO_2が集まって泡になり、さらにより大きな泡になります。同じように、ドリンクの温度が上がると、より多くのCO_2が気化しようとして、さらに大きな泡ができます。最後にもうひとつ言うと、ドリンクを深い容器に入れると、泡が大きくなります。なぜなら、ドリンクの液面で泡がはじけるまでに、泡が長い時間をかけて上昇しながら、成長するからです。こうした泡のサイズを決める要素は、品質を保証するものにはなりえません。

ドリンクの成分組成も、泡のサイズに影響をあたえます。ドリンクの種類が違えば——たとえば、シャンパンとジン・トニックでは——同じ量の炭酸ガスを注入し、同じ温度で同じ種類のグラスに注いでも、泡の大きさは違ってきます。ドリンクの材料は、泡のできやすさや泡が成長する速さ、気化しようとするCO_2の量に影響します。かなり近い種類の液体でも、たとえば白ワインでも種類が違えば、ブドウの品種や酵母分解産物の量によって、泡のサイズが大きく違ってきます。こうした場合、泡のサイズの違いは、品質保証にはなりませんが、ドリンクの成分構成のはたらきを示すものにはなりえます。

では、小さいことはいいことだ、という神話的方程式はどこから生まれたのでしょうか。これには、シャンパンの熟成の分析が一役買っています。まだ若いシャンパンには、大量の炭酸が含まれていて、泡もかなりの大きさになります。シャンパンが熟成するにつれて、気密性が高くないコルクからCO_2が徐々に放散され、炭酸の含有量が下がり、より小さな泡ができていきます。だから、シャンパンは炭酸が少ないほど、熟成が進んでいることになるのです。普通、長い年月をかけて熟成されるのは高級なビンテージ物のシャンパンだけですから、熟成と小さな泡は品質の高さを示しています。さらに、

ル・シャトリエ

奇妙なことに、温度が低下するにつれてCO_2の溶解度は上がりますが、これはCO_2が液体に溶けるときにエネルギーを放出するからです。この反応は発熱性です。実際の話、大量の炭酸ガスがドリンクに溶け込むときに発する熱によって、その液体の温度が5℃以上も上がることがあるのです！

前提条件：CO_2の溶解エンタルピー＝1グラム当たり563カロリー。炭酸ガスの量＝1リットル当たり10グラム。飲料＝水

炭酸化の結果、温度が上昇することはまれですが、だからこそ、化学の基本法則のひとつル・シャトリエの原理が利用できるのです。フランスの化学者アンリ・ル・シャトリエの名をとったこの原理によると、化学系を平衡状態から変化させようとする力が加わると、系は平衡に戻ろうとします。ある温度の気泡混入水とCO_2があり、気泡混入水を冷やすことによって系から熱を取り除いた場合、ル・シャトリエの原理によると、系は新たに熱を作ろうとします。どうやって？　もっとCO_2を溶かすことによって、です。本当か、ですって？　ええ。気のせいじゃないか、ですって？　いいえ、違います。

最近の研究によると、シャンパンは熟成するにつれて、成分組成が変わり、CO_2の量が一定なら、古いシャンパンの泡は細かくなっていくことがわかっています。だから、シャンパンの泡が小さなことと熟成とは相互に関連があり、これがしばしば品質とも相互関連を持つことになるのです（熟成させるのは高級なシャンパンだけです）。はっきりいえば、泡の細かさは品質とは関係ありません。質の悪いスパークリング・ワインから一部の炭酸ガスを除去したとしても、泡が小さくなるだけで、品質は同じように悪いままのスパークリング・ワインです。もしビンテージ物の高級シャンパンに炭酸を注入したとしても、泡が大きくなるだけで、すばらしい味は変わりません。

シャンパンやスパークリング・ワインのサーベリング

実際には炭酸化のテクニックとは関係ありませんが、発泡に関するこのセクションが、シャンパンのボトルのサーベリングについて解説するには、もっともふさわしいセクションでしょう。

多くの人たちは、スパークリング・ワインをサーベリングするのは、むだでもったいないことだと感じています。わたしはそうは思いません。高価なシャンパンをサーベリングするのは（失敗したときのことを考えると）たしかにもったいない話です。7ドルのカバワインをサーベリングするのは、気分がスカッとするすばらしいパーティのかくし芸です。ボトルが刃物で切れるかどうかは、あくまでボトルしだいで、ワインの値段とは関係ありませんから、必ず安いワインにしてください。

サーベリングとは、スパークリング・ワインのボトルの口の部分をきれいに切り飛ばす技術のことです。シャンパン・ボトルの口のリップ部の下をたたいて、ボトルのネックから口の部分を切り落とします。そう、ガラスを割るわけです。いいえ、割れたガラスはドリンクに入ったりしません。切った勢いで、ガラスはネックから飛んでいきます。サーベリングがうまくいくのは、ボトルのリップ部とネックが接する部分に出っ張りがあるからです。この出っ張りに応力〔外力に応じて物体内部に生じる抵抗力〕が集中し、ボトルはきれいにすっぱりと切れるのです。小さなガラスの破片が床に落ちますから、気をつけてください。小さな子どもがいるなら、いっそう注意してください。ガラスの破片が翌朝小さな子どもの足に刺さったりすることもある、ということを、わたしは苦い経験から知っています。言うまでもないことですが、刃物は絶対に人に向けないでください。また、鏡や閉じた窓のほうにも向けないでください。また、サーベリングは食べ物の上でやらないでください。ガラスを食べるサーカス芸が大好きでまねしてみたい、というなら話は別ですが。

やり方

ボトルはごく普通の形のものを選ぶ。ネックが奇抜な形のものはやめたほうがいい——うまくサーベリングできないかもしれない。とても重要なアドバイス：見物人にアピールしたい場合は、サーベリングできることが**わかっている**ボトルを選ぶ。前にサーベリングしたことのあるブランドのシャンパン（たとえば、ポール・シュノー・カバやグリュエ・スパークリング）なら、成功する確率が高い。以前失敗したことがあるボ

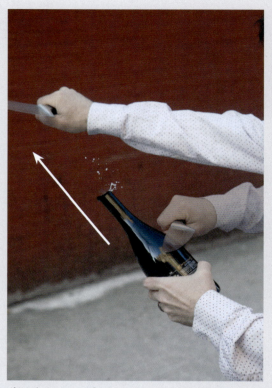

ボトルをサーベリングするときは、ナイフを弧を描くように振らないこと。ボトルのサイドシームに沿って、ナイフの背をまっすぐ一気に突き上げ、リップ部をねらってボトルの口をコルクごと「たたき切る」。このテクニックには力はまったく必要ない——ただし、意志の力は必要だ。ためらったり、怖気づいたりしないこと。

トル（クリスタリーノ・カバなど）は、たぶんまた失敗するだろう。とんだ赤っ恥だ！　このアドバイスに基づく対策：どのボトルならサーベリングしやすいかを知るために、まず試してみる。

ボトルを冷やす。サーベリングする前に、ボトルをしばらく立てて置き、そのままそっとしておく。ボトルの温度は高いほうが、サーベリングはしやすいが、中身が吹きこぼれやすくなる。サーベリングは完璧にやれば、中身は一滴も吹きこぼれない（サーベリングに反対する人たちには、この点をよく理解してほしい）。コルクが勝手に出てこないように、準備ができるまでは、ワイヤーケージははずさない。なかには、ケージをつけたままでサーベリングする人もいるが、わたしの考えでは、これはケージをはずしてサーベリングするよりもむずかしい。

ナイフを手にとる。ナイフは大きなものでなくてもよい。また、切れ味もよくなくてもよい。それどころか、刃物である必要もない——わたしは、パーティでサーベリングするときのためにステンレス製のリング状の器具を作った。ナイフは、鋭利な刃の側ではなく、(切れない) 背の側を使うこと。わたしは、ある夜、このルールを忘れた友人が自分のお客の高級な包丁を台なしにしてしまったのを見たことがある。

ボトルの側面を上に向かって延びるシームを見つける。このシームはボトルの弱点で、ナイフをリップ部に切りつけたとき、さらに応力がここに集中する。ボトルは、自分や自分以外の人、あらゆるガラス製のもの、あらゆる食品がある方向に向けてはならない。ナイフはシームのネックの付け根の部分に当て、ボトルに対してつねに刃を寝かせるような形にする。これをおこたると、ナイフがリップに当たったときはねあがってしまう。

決定的瞬間：ボトルのネックに沿って、なめらかに、かつ確実に、まっすぐナイフを滑らせて、口の部分を切断する。力はいらない。思い切りのよさがあればいい。もっとも広く信じられているもっとも大きな間違いは、ナイフを弧を描くように振ることである。弧を描くように振ると、それが小さな動きであっても、ガラスのボトルの正しい場所にナイフが当たらず、ネックを切断できない。みっともない。

もしうまくいかなかったら、もう一度、あるいは二度くらいなら、試してみてもいい。同じボトルで5回も6回も試すのはやめたほうがいい。ナイフがはね返されるようなら、たぶん無理だろう。切れないボトルを力ずくで切ろうとすると、ボトルが不自然な割れ方をして、粉々に砕けてしまうかもしれない。

先ほども言ったように、ボトルを切った勢いで、ガラスの破片はすべてボトルのネックやドリンクと反対方向に飛ばされる (ボトルを斜めに持つように言っているのはそのためである)。安心してドリンクを注ぎ、味わってほしい。

わたしは大事な瞬間にいつも目をつぶっていた。

第3部　新しいテクニックとアイデア

わたしが使っている二酸化炭素と亜酸化窒素の混合装置。溶接ガスを混合するスミス・ガス混合器を自分で分解して改造した。フローベースの装置を圧力ベースの装置に転換し、4.28バールまでの圧力ならCO₂とN₂Oがどんな比率でも炭酸化できる装置に作りかえてある。

混合装置の代替案。あらかじめ混合したガスを入れる円筒容器を作る。

　泡の大きさはともかく、ドリンクに含まれるCO_2の量は、炭酸化のもっとも重要な特性です。ドリンクから気化するCO_2の量によって、ドリンクの味のきつさやヒリつくような刺激がどの程度の強さになるか、また、揮発性アロマがどうやって空気中に放出されてグラスから鼻まで立ち上るかが、左右されます。ときおり、わたしは、泡の大きな極端に発泡性の高いドリンクを作りたくなることがあります。大量の泡が舌を刺激し、大量の芳香化合物が匂い立つドリンクです。こうしたドリンクをCO_2だけで作った場合、飲もうとしても鼻が痛いほど刺激が強くなります。そこで、わたしはガスを混合して、特大の泡を作ります。前にも言ったように、亜酸化窒素（N_2O）は水にひじょうに溶けやすく、味はとげとげしくなく甘味があります。炭酸化したドリンクに一定の比率で亜酸化窒素を加えると、大きな泡がさかんに立ちますが、痛いような刺激はありません。このガス混合法には、ちょっとややこしい問題があります。あなたが歯医者でない限り、ボンベに入るほどまとまった量のN_2Oはなかなか手に入りません（一部に、N_2Oを麻薬として乱用したり、N_2Oの吸入マスクをしたまま眠って死亡する人がいるからです）。そのため、わたしはガスの混合法については説明しませんが、わたしが使っている装置の写真からどんなやり方をしているかを読み取ることができたら、試してみてください。

ドリンクにどれだけのCO_2を入れるか

わたしは炭酸ガスの量について言うとき、飲料1リットル当たりのCO_2をグラム（g/l）で表します。炭酸水の関係の技術文献を読むと、CO_2の量は、「CO_2量」という難解な単位で計っています。CO_2量1単位は、2g/lのCO_2に相当します（305ページの補足記事を参照）。普通のコーラには、約7g/lが含まれています。炭酸入りオレンジ・ジュースやルートビアはそれより少なく、通常5g/l程度です。酒を割るためのトニック・ウォーターなどの割材や、泡の感触が喉にカッとくるようなセルツァー炭酸水の場合は、炭酸ガスの量がもっとずっと多く、約8〜9g/lです。ノンアルコールのドリンクの場合は、9g/lをかなり超えると、きつすぎて苦痛になります。しかし、アルコール飲料になると、話が違ってきます。

アルコールの重要な炭酸化特性

CO_2は、水よりアルコールのほうが溶けやすいので、酒から抜けて舌を刺激するCO_2の量は、水の場合よりも少なくなります。炭酸の味は、CO_2がドリンクから放出されて舌を刺激することによって生じますから、アルコール飲料の炭酸の味をノンアルコール飲料と同じくらいにするには、もっと多くのCO_2を注入する必要があります。文献によると、アルコール度数12.5パーセントの若いシャンパンには、11.5〜12g/lのCO_2を溶かすことができます。これだけの量のCO_2をセルツァー炭酸水に入れたら、ものすごい味になるでしょう。はっきり言えば、この量ではシャンパンでも多すぎますが、顔をしかめるほどではありません。

一般に、**ドリンクのアルコール含有量が多いほど、炭酸化の際により多くのCO_2を注入する必要があります。**

炭酸化を量的に計測するのは、いろいろと面倒なので、わたしはやりません。わたしは、ドリンクを炭酸化するとき、温度と圧力を一定に保つだけです。もし結果が思わしくなければ、温度をそのままにして、圧力を上げたり下げたりします。しかし、ときには、ドリンクに注入するCO_2の量を計測することが役に立つこともありま

アルコールのもうひとつの重要な炭酸化特性：炭酸化にかかわる責任

炭酸化したカクテルを飲むと、酔っぱらってしまう可能性があります。CO_2には、実際にエタノールが血液中に吸収されるのを助けるはたらきがあります。アルコールが吸収されるのは、おもに小腸からであって、胃からではありません。アルコールが小腸に達するのが早いほど、アルコールが吸収されるのが早くなり、それだけ血中アルコール濃度（BAC）の上昇もより急激に、かつより高くなります。最近の知見では、ドリンク中のCO_2は、小腸への胃内容排出を早め、BACを急激に上昇させます。この問題をさらに悪化させているのは、人々が炭酸飲料をわりと早めに飲むことになれているため、アルコール度数が高くても同じペースで飲んでしまうことです。

ここでわたしが言いたいのは、炭酸飲料はアルコール濃度を低めにしてほしいということです。わたしがドリンクの炭酸化を始めた当初、普通炭酸化したカクテルはシェイクやステアで希釈していましたが、アルコール濃度は20〜26パーセントでした。人々は、すぐに酔っぱらいました。人を酔っぱらわせることがわたしの目的ではありませんでしたし、みなさんもそうでしょう。現在、わたしが作る炭酸入りカクテルの平均的なアルコール度数は、14〜17パーセントです。こうしたドリンクは以前より洗練され、味もよくなっています。みなさんもやってみればわかりますが、アルコールが少なめのドリンクのほうが高めのものよりも、炭酸化しやすく、グラスに注いだあとも泡持ちがよく、味もくどくありません。

第3部　新しいテクニックとアイデア

ドリンクに注入したCO₂の量の計り方
1) キャップをはずした炭酸化ボトルに炭酸化していない液体を入れて、秤で重さを計る。
2) 炭酸化する。
3) キャップをはずしてもう一度重さを計る。秤に表示される重量が、注入されたCO₂の重さである——この場合は、500ml中に4.3グラムが注入された。ここで重要なことは、キャップをはずせば、秤に示される重さにはボトルの中に圧縮されたCO₂の重さが含まれないことである。

す。CO₂を計測するもっとも簡単な方法は、（キャップをはずした状態で）炭酸化を行う前と後のドリンクの重量を計ることです。増えた重量が、ドリンクに溶けたCO₂の量です。この測定値を、1リットル当たりのグラムに換算します。

泡立ちの問題と炭酸化の3つのC

　ボトルの中のCO₂には大きな意味がありますが、それも飲む人の舌に達さなければ、何の意味もありません。重要なのは、グラスに注いだドリンクに含まれているCO₂です。シャンパンのボトルの栓を開けて、グラスに注ぐと、炭酸ガスが——かなりの比率で——抜けていきます。シャンパン物理学（実在する研究分野です）の研究者であるジェラール・ライガーベルエア博士は、シャンパンのCO₂が抜ける現象をつぶさに研究してきました。博士の研究によると、冷蔵庫で冷やしたシャンパンの栓を抜いて、斜めに傾けたグラスの内側に沿ってそっと注いだ——最高条件の注ぎ方をした——場合、シャンパンのCO₂の量は、1リットル当たり11.5グラムから9.8グラムに減少します。これは、たぶんよい減り方です。1リットル当たり11.5グラムでは、炭酸が強すぎます。同じシャンパンを同じグラスにぞんざいに注いだ場合、炭酸は1リットル当たり8.4グラムまで減ります。これは、若いシャンパンを新しいグラスに注いだ場合に、炭酸を美味しく味わうことができるとわたしが考える下限値です。同じシャンパンを室温にして開けた場合、これよりさらに2グラム程度減ります。もしうかつな栓の開け方をして、中身があふれ出した場合には、事態はますます悪くなります。炭酸飲料業界でガッシング（噴き）とかホビ

理想気体の法則を愛する人たちのためのCO₂量

1800年代、アボガドロという名前のイタリア男が、温度と圧力が同じ場合、同じ体積の気体の中に含まれる分子の数は、分子の重さにかかわらず、同じである、という法則を見つけました。実に深い洞察力です。この法則は覚えておいてください。これに関連して、ある重要な数値にアボガドロの名がつけられました。このアボガドロ数とは、6.022×10^{23}という気の遠くなるほど大きな数字です。アボガドロ数が重要視されるのは、原子スケールと顕微鏡スケールの間で重量を切り換えるときに便利だからです。原子や分子は、種類が違えば、重さも違います。原子や分子の重さは、原子質量単位（amu）というあまり役に立たない単位で表します。アボガドロ数は、原子質量単位をグラムに換算する変換係数です。CO_2分子1個の質量が44.01amuであることがわかれば、6.022×10^{23}個のCO_2分子の重さがぴったり44.01グラムになることがわかります。残念ながら、もうひとつ別の単位も覚えなければなりません。アボガドロ数のCO_2分子が集まったまとまりは、CO_2のアボガドロとはいいません。モルといいます。モルは、化学ではもっとも重要な単位のひとつです。モルのおかげで、グラムを使って実際の分子の比率を扱うことができるのです。

まあ、そういうわけですから、1モルのCO_2には、44.01グラムの質量があり、6.022×10^{23}個の分子が含まれます。最初のアボガドロの仮説に戻りましょう。標準温度と標準圧力（以後STPと略します）の1モルの気体は、モルの重量に関係なく、同じ体積になります。理想気体の法則に関心のある人は、STPの気体1モルの体積が22.4リットルであることを覚えておいてください。だから、STPの1モルのCO_2は、22.4リットルの体積を占め、重量は44.01グラムになります。

ようやく、炭酸化の難解な単位、CO_2量に戻ることができます。CO_2量「1」は、STPである一定の体積（リットル）を占めるCO_2ガスの質量（グラム）で示されます。それは、44.01グラムを22.4リットルで割った数です。答えはおよそ2g/lです。おわかりいただけましたか？

ングと呼ばれる現象は、貴重な炭酸のシュワっとくる感じを台なしにしてしまいかねません。それどころか、泡立ちは、炭酸の最大の敵です。炭酸化がうまくできるかどうかは、泡立ちの制御が9割がたを占めます。

CO_2がドリンクから抜けるには、2つの形があります。ドリンクの表面から直接抜ける場合と、泡となって抜ける場合です。最初の抜け方については、グラスによって抑えることができます。大雑把にいうと、単位容積当たりについて空気と接している表面積が小さいほど、CO_2が抜ける単位時間当たりの量が少なくなります。そのため、フルート・シャンパンなどの背の高いグラスが炭酸入りドリンクに適しているのです。また、飲み干すまで時間がかかる場合に高めに注ぐのも、同じ理由（表面積が同じでも体積が大きくなる）からです。

泡になって抜けるCO_2の量を抑えるのは、もっと難しい問題です。完全に透明な炭酸飲料を、完全にきれいで完全になめらかなグラスに注ぐと、泡はまったく——本当にひとつも——立ちません。なぜなら、純粋な液体に含まれるCO_2は、極端に泡になりにくいからです。発泡飲料の中の泡がふくらむのは、風船がふくらむのと同じ理屈です。ドリンク中のCO_2の圧力は、泡の中のCO_2よりも高いので、泡は風船のようにふくらみます。泡の周囲の液体の表面張力は、風船のゴムと同じように、膨張に抵抗するはたらきをします。泡は、小さいほど膨らみにくいという点でも、風船と似ています。泡に関しては、形成された泡がこれより小さくはつぶされないという——液体の表面張力とドリンク中のCO_2の圧力で決まる——臨界半径というものがあります。この臨界半径より大きい泡は、必ず大きくなっていきます。驚くべきことに、圧力を上げるだけでは、泡を発生させることはできません。そのためには、普通の発泡性ドリンクで自然に泡が形成される場合の何百倍ものCO_2が必要になります。

泡を作るために必要とされるのは、**核生成部位**（かくせいせいぶい）です。液体中にあるものや液体に接触しているものは、どんなものでも泡を形成します。不連続のものや、すでに捕獲ガスを含むものの表面に形成しよう

第3部　新しいテクニックとアイデア

左の水にはかなりの量の炭酸ガスが含まれている。まったく泡が立っていないのは、グラスに核生成部位がまったくないからである。グラスは洗浄して、きれいなことを分析的に確認しているので、残留物はいっさいない。砂糖の固まりをドリンクの中に落とすと、たちまち泡が立つ。

としまず。グラスに関してこうした核生成部位になりえるものは、グラスの傷やへこみ、残留したミネラル、洗ったあとに残るゴミなどであり、そのなかでももっともよく知られているのが、布巾でグラスを拭いたり磨いたりしたときに残る繊維です。ドリンクそのものに関しては、懸濁粒子〔241ページ参照〕や溶存ガスや捕獲ガス、すでにできているすべての泡が、核生成部位になります。核生成部位が多すぎれば、CO_2が泡になる場所も多くなり、一気に泡が増えて、ガッシングを起こします。ガッシングが起きると、大量のCO_2が抜けてしまいます。それどころか、核生成部位は、ドリンクの命を引き換えにして核生成を続けていきます。核生成部位の多いドリンクからは、たちまち大量のガスが抜けていき、核生成部位が少ないドリンクよりも急速にどんどんガスが抜けていきます。

　核生成部位をなくすことはできませんが、炭酸化の3つのCに関する原則に従えば、核生成部位を減らし、その効果を抑えることができます。3つのCとは、清澄（clarity）、低温（coldness）、構成物（composition）です。

C#1：清澄

透明でないドリンクは、簡単には炭酸化できません。わたしは、炭酸化するすべてのドリンクを、先に清澄化します。市販されている炭酸飲料のなかには、オランジーナのように濁ったものもありますが、そうしたドリンクは炭酸の量もごく少量ですし、ノンアルコールです。かなりの量の炭酸を含むカクテルは、清澄化していないジュースを少量加えただけも、激しく泡立つことがあります。透明であることの反対は、色がついていることや色が濃いことではなく、濁っていることです。色のついているドリンクは、問題ありません。赤ワインやコーラのように、色の濃いドリンクは不透明に見える場合もありますが、光にかざして見て濁っていなければ、炭酸化しても問題ありません。炭酸化の専門家が真っ先にやるべきことは、清澄化です。清澄化の方法を学びたければ、『清澄化』の章（241ページ〜）を見てください。清澄化したくない場合には、もともと透明な材料を選んでください。もしどうしても濁った材料を使わなければならない場合は、ドリンクの大部分を炭酸化したあと、最後に少量だけ加えてください。

C#2：低温

温いドリンクは、栓を開けると、激しく泡立ち、吹きこぼれます。なかには、圧力を上げてもっと多くのガスを加えてことによって、泡立ちの問題を解決しようとする人もいます。これはうまくいきません。ドリンクの瓶を開けて、激しく泡が吹き出したら、ドリンクに注入可能なCO_2レベルをすでに上回っているということです。このポイント以上に圧力を上げても、泡立ちがますます激しくなるばかりなので、グラスに注いだときドリンクに含まれるCO_2の量は、実際には減ってしまいます。わたしが知る多くの人たちが、炭酸の圧力をどんどん上げていって、結局ドリンクがますます気の抜けた味になってしまった、という経験をしています。ドリンクは、まずちゃんと冷やしておくほうがよいでしょう。

ドリンクはどれくらい冷やすのがいいでしょうか。わたし自身の経験からいうと、できる限り冷たいほうがいいです。飲料の氷点か、それよりちょっと高いくらいです。ドリンクは冷たいほど、吹きこぼれたれせず、多くのCO_2を保持することができますし、グラスに注ぐときに抜ける炭酸も少なくなります。わたしは、水ベースのドリンクは0℃で炭酸化します。ほとんどのカクテルは、−6℃〜−10℃で炭酸化します。炭酸入りストレートショットのようにひじょうに大量の炭酸を含むアルコール飲料の場合は、−20℃で炭酸化します。

ドリンクを冷やしすぎると、ドリンクは凍結を始め、無数のごく小さな氷の結晶ができていきます。微細な氷の結晶は、核生成部位としてすばらしい力を発揮します。こうした氷晶が入った瓶を開けた場合、猛烈に泡が立って、吹きこぼれるでしょう。瓶を密閉しているかぎりは、心配いりません——炭酸ガスは抜けません。氷晶が融けるまで、瓶は開けないでください。氷晶が融けてしまえば、ドリンクはもうまったく問題はありません。

最後に温度について注意：炭酸化するときの温度をつねに一定に保てば、炭酸化のレベルをいっそう一定したものにすることができます。温度をおろそかにして炭酸化しようとしても、決して一定の結果は得られません。前にも言いましたが、温度が上下することで、炭酸化をある一定のレベルに保つために必要な圧力も上下します。

C#3：構成物

清澄化して冷やしたドリンクでも、構成物によっては、やはり泡が立つ場合があります。ここでは、構成物の問題を、泡、空気、アルコールの3つに分けて見ていきます。

泡：

材料によっては、完全に清澄化しても、猛烈に泡が立つものがあります。わたしが多くの無炭酸のドリンクに使う清澄化したホエー（乳清）には、豊富なタンパク質が含まれており、タンパク質はさかんに泡を立てます。わたしは、ホエーが原因で問題が起きはしないかといつも気にしていますが、キュウリのジュースのようなほかの成分にもがんこに泡を立てる性質があることに驚かされます。一般に、材料に大量のタンパク質や乳化剤や界面活性剤が含まれていたり、粘着性がある場合には、泡の対策を立てることもできます。問題があるかどうかを確かめるよい方法は、試しに適量の材料を透明な容器に入れて振り、泡立ちを観察することです。表面に泡の層ができますか。もしできたなら、その泡はすぐにはじけて消えますか。泡立ちが強いほど、またその泡が消えるまでに時間がかかるほど、その材料を炭酸化するのは難しいでしょう。そうした材料をあくまでも使うなら、泡立ちを抑える唯一の方法は、そのほかの手順をきちんとこなすことです。つまり、清澄化し、冷やし、注意深く炭酸化することです。わたしは、ポリジメチルシロキサンのような消泡剤を使って泡立ちを抑えられないかと思い、試したことがあります。だめでした。でも、むしろほっとしました。いったいどこのだれが、自分が飲むカクテルにポリジメチルシロキサンを入れたいなどと言うでしょうか。

空気：

前にも言いましたが、空気は炭酸化の敵です。瓶の中に空気が入れば、CO_2が占めるはずのスペースがその分とられるばかりでなく、泡立ちの原因になります。顕微鏡サイズのほこりの中に閉じ込められたわずかな空気が、大きな核生成部位になります。さらに、ドリンクそのものに溶けた微量の空気や、ドリンクをかき混ぜたときにできる小さな気泡は、炭酸飲料が開封されたとき、膨張して、泡を大量に立てます。さいわいなことに、これは簡単な方法で解決できます。炭酸注入をくり返すのです。

もう一度言います。うまく炭酸化するには、炭酸注入をくり返さなければなりません。手順を説明すれば、その理由がわかります。ドリンクに炭酸を注入します。すぐに瓶を開封して、泡を立たせてください。飛び散らしてはいけません——まわりが汚れますし、もったいないです——が、泡は立たせます。この時点では、ドリンクが**泡立つほうがいいわけです**。ドリンクが泡立つと、急速に膨張する大きなCO_2の泡ができますが、この泡には、ドリンク中に閉じ込められていた大量の空気や、そのほかの無用なものも取り込まれます。ドリンクから吹き出したCO_2は、瓶のヘッドスペースにあった空気も押し出します。泡がおさまりはじめたら、もう一度炭酸を注入し、また泡立たせます。今度は、泡立ちが少し弱くなります（たぶん）。もう一度炭酸を注入してください。今度は、泡がおさまってから、注意深くゆっくりと圧力を抜きます。3回炭

酸注入をくり返せば、保存性の高い強く安定した泡の立ちにくいドリンクができるはずです。

アルコール：
　アルコールを加えると、ドリンクは炭酸化しにくくなります。アルコールのせいで表面張力が低下し、同時に粘度が高まります——二重苦が生じます。表面張力が低下すると、泡ができやすくなります。粘度が高くなると、泡は表面ですぐに消えなくなります。結論を言うと、ほかのことをすべて適切にしていても、アルコールを加えるだけでドリンクは泡が立ちやすくなります。
　それだけではありません。前にも言った通り、舌で炭酸の味を水と同じ程度に感じられるようにするには、アルコールには水よりも多くのCO_2が必要になります。CO_2は、水よりアルコールに溶けやすいからです。だから、アルコールを加えると、本当に困ったことになります。アルコールはそれだけで水よりも泡を立てますし、水よりもCO_2を多く加えなければなりませんから、ますます泡が立ちやすくなります。なんてことでしょう。これが、わたしが炭酸入りドリンクのアルコール度数を14〜17パーセントに保つ理由のひとつです。アルコール度数を低くおさえるもうひとつの理由については、303ページの炭酸化にかかわる責任に関する補足記事を参照してください。

吹きこぼれについて最後に一言：
　どんなにうまく炭酸化しても、ドリンクは泡立つものだということを忘れないでください。栓を開けたときに、泡立ったドリンクのしぶきをあたり一面に飛び散らさないためには、炭酸化に使う容器のヘッドスペースに十分な余裕を残す必要があります。わたしと同じ失敗をしないように気をつけてください。

泡立ちを防ぐルールをすべて破ってみる。きちんと清澄化していない温度の高すぎるアルコール飲料を、振ってすぐにふたを開けると、当然の結果としてこうなる。

いよいよドリンクの炭酸化を実践しよう：道具とテクニック

　炭酸化の方法は、数えきれないほどあります。わたしがここで説明するのは、そのうちの3つです。3つのうちのどれかが、あなたが持っている道具で応用できれば、さいわいです。わたしが説明する技法は、いつかはきっと時代遅れになるでしょうが、炭酸化の原理とその応用法は、いつまでも変わることはありません。

テクニック1：ボトル、キャップ、ボンベ

　いちばん簡単な方法：専用のアダプターを使って、プラスチックのソーダ・ボトルを大型のCO_2ボンベに接続するだけです。わたしが自宅や店で使っているのが、このシステムです。アダプターは仕組みが単純で、比較的安価ですし、驚くほど質の高い炭酸化が思い通りにできるうえ、1本当たりのコストもごくわずかです。

機械設備

CO_2ボンベ：わたしがこのシステムで気に入っているのは、大きなボンベとレギュレータです。大きなCO_2ボンベは、カートリッジやミニボトルに比べて、ひじょうにすぐれています。というのは、ガスのコストはずっと安価ですし、ボンベが空になるまでに、大量のドリンクを作ることができます。CO_2ボンベのサイズは、安全に入れることができるCO_2の量を重量を単位にして計ります。わたしは、自宅や店では20ポンド〔約9キログラム〕のボンベを使い、出先で実演実験をするときには5ポンド〔約2.3キロ〕のボンベを使います。20ポンドのボンベは、標準的なアンダーカウンターキャビネットにちょうど入りますし、これで何百ガロン〔1ガロン=約3.8リットル〕もの水やワインやカクテルを炭酸化することができます。

CO_2ボンベは、近くの溶接用品販売店でレンタルすることもできますが、ともかく買ってください。いまわたしが本書を書いている時点で、新品の空の20ポンドのCO_2ボンベが、100ドル足らずで手に入ります〔日本では事情が異なる〕。地元の溶接用品販売店に行けば、空になったあなたのボンベを中身の入ったボンベと交換してくれて、料金は中身のガスの分しかとられません。あなたの住んでいる場所にもよりますが、炭酸ガスの料金は1ポンド当たり1ドル～2ドルです。ボンベは鎖などで縛って、倒れないように固定し、高温の場所から遠ざけておく必要があります。ボンベを使う前に、CO_2の基本的安全原則に習熟しておいてください——難解な理論ではありませんが、勉強しておく必要があります。インターネットで調べてください。多くの企業がアドバイスを掲載しています。

炭酸化用の用具：右側が標準的なソーダ・ボトル。真ん中は、約8.6バールの圧力を供給できるレギュレータ（圧力調整器）を接続した5ポンド〔約2.3キロ〕入りのCO_2ボンベ。レギュレータから延びるホースの反対側に灰色のボールロック・コネクタが付いている。使用時には、左側の赤いカーボネーター・キャップをソーダ・ボトルにはめ込んで、灰色のボールロック・コネクタに接続する。

レギュレータ：ボンベの高圧のガス——室温で約60バール——を、炭酸化に使うときの圧力——2.1から3.2バール——に下げるために、レギュレータが必要です。レギュレータがあれば炭酸化の際に容易に圧力を変えることができます。価格は実にさまざまです。家庭用としては、タップライト社（Taprite）製の0～4.3バールのレギュレータのように安価なレギュレータがあり、これならたったの50ドル程度ですみます。日常的にレギュレータを酷使するバーでは、圧力計（レギュレータのもっとももろい部分）に保護ケージのついたがんじょうなモデル使っています。CO_2レギュレータには、2つの圧力計がついています。ひとつはボンベ内の圧力を示すもので、もうひとつはレギュレータから送られるガスの圧力を示すものです。ボンベの圧力を見てもCO_2の残量を知ることはできません。ボンベ内のCO_2の大部分は液体です。ガスをボンベから取り出すときに、液体のCO_2の一部が気化するだけで、ボンベ内では圧力が一定に保たれます。だから、ボンベがほとんど空になるまで圧力計は全圧を示します。ボンベの重さやボンベ内で液体が揺れる音が、CO_2の残量を計る唯一の目安です。

ボールロック・コネクタ：強化ホースで、レギュレータとボールロッ

ク・ガスコネクタという特殊な取付具をつなぎます。ボールロック・コネクタは、5ガロン（約19リットル）のソーダ・ケグ（よく似た2つのシステムのうちのひとつで、もうひとつはピンロックといいます）から加圧・注入するために1950年代に作られた特殊な器具です。炭酸ガス業者は、プレミックス・ソーダという名称のソーダをこうしたソーダ・ケグに入れてバーやレストランに納入します。やはり1950年代に作られた、これと競合するシステムは、バッグインボックスといいます。バッグインボックス方式では、シロップは、ドリンクをグラスに注ぐ直前に炭酸水に加えます。この2つの方式はしばらく共存していましたが、最終的にはバッグインボックスが勝ち残り、ソーダ・ケグとそのコネクタは時代遅れのものになってしまいました。1990年代から今世紀の初めにかけて、バッグインボックスは、ファウンテン・ソーダ業界の主導権を確固としたものにし、市場には余剰のプレミックス・ソーダ・ケグとコネクタがあふれました。自家醸造家たちはこれに飛びつきました。自家醸造家たち（そう、わたしもそのひとり）は、そうした余剰の製品を買い、5ガロンという便利な量でビールを醸造し、ケグに詰め、ただ同然のコストで飲むことができました。いい時代でした。いまでは余剰の製品は姿を消しましたが、醸造家の愛は変わらず、ボールロックのソーダ用取付具とケグは生き残り、コストは高くなりましたが、いまでもまずまずの費用でビールが作れます。

　熱狂的な自家醸造家たちは、ボールロックへの愛情が高じて、標準的な炭酸飲料用のボトルに彼らの愛用のボールロック取付具を直接取り付けるためのキャップ——カーボネーター・キャップ——を作りました。彼らは、カクテルのためのすぐれた装置を作ろうとしていたわけではありません。ビールを少量ずつ炭酸化するための簡便な方法を求めていただけです。わたしは、ボールロックについて知るとすぐに使いはじめましたが、テクノロジーに強いカクテルファンもすぐにボールロックを利用するようになりました。コストは1個当たり15ドル程度で、何百回何千回と炭酸化をくり返すことができますし、ソーダ・ボトルも同じように使い回しができます。

　この炭酸化用の器具は一式——ガス入りのボンベ、レギュレータ、ホース、取付具、キャップ、ボトル——でも、200ドル足らずのはずです。では、使い方について説明しましょう。

ボトルとキャップとボンベで炭酸化する：CO_2 ガスボンベを開いて、圧力を調整してください（わたしはほとんどのカクテルを3バールで作っています）。よく冷やした飲料をソーダ・ボトルに3分の2〜4分の3程度まで入れてください。わたしの店では、専用の冷凍庫ランダルFXで、冷やしたい正確な温度——通常7℃——にドリンクを冷やしています。家庭では、ドリンクが（高アルコールの場合）甘ったるくなったり、（低アルコールの場合）氷の結晶ができはじめたりするまで、冷凍庫に入れっぱなしにしておいてもかまいません。この氷晶は、炭酸化すれば融けます。ドライアイスや液体窒素でドリンクを冷やすこともできますが、どちらもボトルの中には絶対に入れないでください。破裂する危険があります！

　では、ボトルから余分な空気——くり返しますが、空気は炭酸化の敵——を残らず絞り出してから、カーボネーター・キャップをはめます。ボールロック・コネクタの

リングを指で引き上げ、カーボネーター・キャップの上に強く押し込み、リングを離します。多くの人は、最初の2～3回は、コネクタをうまく扱えないこともありますが、じきにコツがつかめます。コネクタをはめこむと、たちまちボトルがふくらみます。これはちょっとした見物です。

では、ガスをつないで、ドリンクを死に物狂いで振ってください。音と感触で、ガスがボンベからドリンクへと流れ込んでくるのがわかります。船がきしむような音がします。シェイクするとき、ボトルをさかさまにしないでください。カクテルがガスライン（供給管）に入ると、べとべとして困ります。シェイクが終わったら、コネクタをはずし、カーボネーター・キャップをゆるめて、ドリンクを泡立ててください。キャップは全部開ききらないでください。そうしないと、あなたやまわりにいる人たちは、カクテルを浴びることになります。泡がおさまったら、もう一度炭酸を注入して、また泡立てます。炭酸注入を3回くり返したら、完了です。

ドリンクは、少なくとも30秒間はそのまま静置しておいてください——1分でも2分でも、長いほどよいです——ボトルを開いて注ぐのはそれからにしてください。ドリンクの表面に少し泡が残っているくらいならかまいません。問題は、ドリンクそのものに含まれている泡です。泡が全部液面に上がってはじけるまで待ってください。ドリンクが透明になったら、もうそろそろ開いてもいいでしょう。中身を注ぐときには、慎重にそっとキャップを開いてください。このときは、なるべく泡が立たないようにします。ドリンクを注いだあと、ボトルから余分なガスを（多少の空気も入っているといけないので）絞り出し、カーボネーター・キャップをはめて、もう一度ボトルにCO_2を注入します——わたしはこのプロセスをフラッフィングといいます。温度を適正に保ち、中身を注ぐたびにフラッフィングをすれば、ボトルから注ぐカクテルは最後の1杯まで、最初の1杯と同じように美味しくなります。

わたしの経験からいうと、ボトルには3分の2から4分の3まで入れるくらいが最適です。これより少しでも多いと、ドリンクの泡を取り除くのが難しくなります。これより少しでも少ないと、空気を追い出しにくくなります。ボトルの中身が少ないとうまく炭酸化できないことは体験的に実感していますが、なぜそうなるのかはわかりません。わたしはボトルの中身の比率をつねに最適にするために、いろいろなソーダ・ボトルを揃えています。サイズ別に内訳をいうと、2リットル、1.5リットル、1リットル、20オンス（591.5ml）、16.9オンス（500ml——ポーランド・スプリング製）、12オンス（354.9ml——なかなか見つかりませんが、コカコーラで製造しているものがあります）などです。わたしは、大きなイベントでは、短時間でたくさん注げる2リットルのボトルを使います。もっとも、2リットルのボトルの中ではドリンクが大きく揺れますから、慎重に注がなければなりません。わたしの店では、1リットルのボトルを使っています。16.9オンスや12オンスの小さなボトルは、レシピのテストの際に持ち歩くことができるので、とても重宝します。こうしたボトルでは、1杯分のドリンクが作れます。

このシステムには、欠点が2つあります。何度も再利用するプラスチック製のボトルは、バック・バーに並べると、見場がよくありませんし、炭酸化には時間がかかるので、個々の注文に合わせてドリンクを作ることはできません。それでもやはり、これはいまあるシステムのなかでは最良のシステムです。

ベルモット・カクテルをカーボネーター・キャップで炭酸化する。
1) ボトルの中の空気をすべて絞り出す。
2) カーボネーター・キャップを回して閉める。
3) ボールロック・コネクタのリングを引き上げて、カーボネーター・キャップに押し込み、リングを離して、ガスを供給する。人によって、このコツをつかむのに多少の時間がかかる場合もある。
4) ガスの圧力がかかると、ボトルはたちまちふくらむ。
5) 振る。

第12章　炭酸化

6) 空気を抜いて、泡立たせる。
7) 圧力をかけて、また振る。
8) 空気を抜いて、泡立たせる。
9) 圧力をかけて、また振る。
10) 泡がすっかりおさまるのを待ってから、そっとボトルを開ける。
11) グラスを傾けて、注ぐ。
12) でき上がり。

テクニック2：ソーダストリーム

　炭酸水製造機のソーダストリームは、家庭での炭酸化に革命をもたらしました。メーカーは、純水以外のものは炭酸化しないように警告していますが、注意深くやれば問題はありません。水を炭酸化する場合、ソーダストリームの使い方は驚くほど簡単です。専用のボトルに内側の線まで冷水を入れて、装置のボディにねじこんで、ブーっという音が鳴るまで、炭酸化のボタンを押します。ソーダストリームはいっさい振る必要はなく、ボトルのヘッドスペースを開けておく必要もありません。代わりに、炭酸ガスの注入ノズルを液面のすぐ下に沈めます。ボタンを押すと、ノズルからCO_2が水に注入されて、無数の小さな泡ができ、それにともなって表面積が増えるので、振る必要がなくなります。同時に、ドリンクからCO_2が吹き出して、ボトルのヘッドスペースにたまります。ボトル内の圧力が工場出荷時に設定された炭酸化圧力を超えると、安全弁が開いて、CO_2がヘッドスペースの空気を押し出し、いささか品の悪い音を立てます。実に高性能な装置です。ソーダストリームの圧力は調整できませんが、ほとんどのカクテルを作るのに十分な炭酸化が可能です。

　カクテルの炭酸化で問題になるのは、やっかいな泡立ちです。泡が立つものを炭酸化するときは、安全弁をふさいでおくこともできます。安全弁をふさぐと、発生した圧力のためにソーダストリーム本体が破損する危険がありますし、もしボトルが破裂したり、機械から飛び出したりすれば、近くにあるものにも被害が及ぶ可能性があります。

　ソーダストリームでワインやカクテルを炭酸化するためのポイント：泡立ちがボトルの口のところまでいっぱいにならないようにすること。ボトルの内側の線まで入れることはできません。それどころか、内側の線までの3分の1以上は入れてはいけません――それで330ml程度ですから、ドリンク2杯分くらいです。ドリンクから立つ泡のために、多くの余地を残しておく必要があります。3分の1しか入れないと、ノズルが液面の下まで届きません。それでもかまいません。CO_2を噴霧する力が強いので、ノズルが液面の下に沈んでいなくても、炭酸の小さな泡を作ることができます。水を炭酸化するときよりも、ボタンを押す回数が数回多くなり、むだになるCO_2の量も多くなりますが、それだけです。しかし、2杯分に足りない量しかできません。ボトルに入る量が少なすぎて、CO_2をうまく注入できないからです。

　つまり、一口で言うと、ソーダストリームの秘密は、**いつも正確に165mlのドリンク2杯分を炭酸化できる**ということです。

　ほかの炭酸化のテクニックとまったく同じように、ソーダストリームでも中の圧力を解放して、何度か炭酸化をくり返したほうがいいでしょう。念を押しますが、圧力を解放するときは気をつけてください。カクテルが泡立ちます。圧力解放は手早く止められることを確認してください。コツをつかむために、純水を炭酸化しながら、圧力を解放して再び密封する練習を何度かしてください。泡が、びっくりするような勢いで安全弁に流れ込むこともあります。泡が吹き上がって安全弁まで侵入するようなことにならないように、気をつけてください。ソーダストリームの内部には、粘り気のあるものは絶対に入り込ませないでください――どうしようもなくやっかいなことになってしまいます。最後の炭酸注入が終わったら、ドリンクが少し落ち着くのを待ってから、最後の圧力解放をしてください。泡立ちをおさえて、泡品質を高めるために、でき上がったドリンクはごく低温に、そ

プラスチック製ソーダ・ボトル

　プラスチック製ソーダ・ボトルの材質は、ポリエステルのなかでももっとも一般的なポリエチレン・テレフタレート、別名PET（またはPETE）です。これは、高級なレジャースーツと同じ材料です。PETソーダ・ボトルは、安価で、柔軟性に富み、炭酸化の際に生じる圧力に容易に対応できます。非発泡性飲料を入れるPETボトルは、圧力には対応できません。わたしは非発泡性用のPETボトルを使っていて、破裂させてしまったことがあります。炭酸化中にボトルの1本が破裂したくらいなら、とくにこれといった危険はありませんが、びっくりさせられます。想像してみてください。手狭な厨房で、壁の胸の高さに360度ぐるりと炭酸入りのアイスコーヒーが飛び散った惨状を。もっとも、炭酸化ボトルも破損しないわけではありません。ドライアイスをボトルにくっつけないでください。ボトルが破裂します。液体窒素の場合も同様です。煮立った液体をボトルに入れるのもいけません。ボトルが変形してしまいます。長期間入れたままにすると、中身の炭酸飲料に含まれているアロマや色がPETボトルに移ることもありますから、ルートビアやオレンジソーダのボトルは別にしておいてください。

　カーボネーター・キャップは、2リットルまでの標準的なソーダ・ボトルに合うように作られています。残念なことに、炭酸飲料業界は、数年前に新しいスタイルのキャップを導入しました。新しいキャップはサイズが短くなりました。短いほうがプラスチックの節約になるという点ではいいことですが、カーボネーター・キャップがボトルに合わなくなったという点では、よくありません。新しいスタイルのボトルでもカーボネーター・キャップを**使うことはできます**が、できたら古いスタイルのほうを使ってください。

　完全に気体を遮断するガラスと違って、PETソーダ・ボトルはゆっくりと気体が抜けていきます。漏れるガスの大部分は、ボトルの側面から直接抜けていきます。ソーダ・ボトルは気体に対して半透過性です。ですから、プラスチック・ボトル入りの炭酸飲料を買いだめして、何か月も食料庫に入れっぱなしにするのはよくありません。PETボトル入りソーダの賞味期限は、炭酸が抜け始めるまでを1週間単位で計算しています。ボトルは、サイズが小さいものほど、単位体積当たりのボトルの表面積が大きくなりますから、炭酸が抜けるのも早くなります。そのため、バーでは必ず小さなガラス瓶入りのソーダを買います——同じサイズのプラスチック製のボトルでは、本当にすぐに気が抜けてしまいます。もし自家製の炭酸入りドリンクを長期間保存したいなら、1週間ごとくらいにボトルにフラッフィング（CO_2の注入）をして、ドリンク中の炭酸を一定量に保つようにしましょう。

　新しいタイプのソーダ・ボトルは、PETとポリビニール・アルコール（PVA）の層でできています。PVAは、PETよりも気体遮断性がずっと高く、リサイクルのときに無害な生成物に分解されます。こうしたボトルはやはり再利用可能ですし、ふつうのPETボトルよりもずっと炭酸ガスの保存に適しています。あいにくなことに、このボトルにもPETボトルのリサイクルコードがついているため、どちらのボトルなのか見分けがつきません。

　環境と健康の観点からみてちょっと興味深いのは、（米環境保護庁のデータによると）2011年に実際にリサイクルされたPETボトルは全体の29パーセントにすぎないということです。どうしたことでしょう。しかし、全米PET容器資源協会（NAPCOR）によると、リサイクル率は上昇しつつあるようです。また、NAPCORが強く主張するところによると、PETは再利用しても、凍らせても、作ったものの保存容器として使っても、安全です。また、PETから飲料に何かがしみ出すことは絶対ありませんし、PETは有害なビスフェノールAをいっさい含みません。さらに、**フタル酸エステル**という語はプラスチックの別名のように思われていますが、PETボトルのフタル酸エステルはわたしたちが心配するようなものではありません。もちろん、PET容器の利用を後押しすることを唯一の目的とする業界団体が提供するデータを信じるかどうかは、読者のみなさんの自由です。わたし自身についていえば、わたしは生まれてからずっとPETボトルのドリンクを飲んできました。いまも使っていますし、PETボトルで作ったドリンクを家族に飲ませています。これは、わたしが確固たる信念を持ってPETボトルにはまったく問題がないと断言できるということではありませんが、わたしは、安全性に不安があるという確かな話を耳にするまでは、PETボトルを使いつづけるつもりです。

第12章　炭酸化

れこそ凍る直前くらいまで、キンキンに冷やしてください。

ソーダストリームは、実にさまざまな機種のものが発売されています。ここまで解説してきた使い方は、ほとんどの機種に当てはまります。カクテルの炭酸化には、ガラス製のものは買わないでください——操作法がちょっと違いますし、割れるおそれもあります。それに、わたしはガラス製のものを使おうとすると、緊張します。

ソーダストリームのメリットは、設置面積が小さいことと、使いやすいこと、どこでも手に入ることです。ただし、適正なボンベを使う場合に比べて、CO_2のコストがかかります。ワインやカクテルを炭酸化する場合には、水を炭酸化する場合よりも多くのCO_2が溶け込むからです。

テクニック3：エスプーマ

わたしは、エスプーマとCO_2カートリッジを使って炭酸化するのは、あまり好きではありません。わたしがやむを得ずこの方法を使うのは、ほかに選択肢がないときだけです。エスプーマは、同じようにカートリッジを使うとはいえ、炭酸水製造機とは別のものです。奇妙なことに、エスプーマのほうが、炭酸水製造機よりも泡立ちがいいそうですが、わたしは決してそういう使い方はしません。

エスプーマには、7.5グラムのガスが入ったカートリッジを使います。ソーダ用にはCO_2を、ホイップ・クリーム用にはN_2Oを使います。ほかのどんな方法と比べても、CO_2カートリッジが1個1ドルというのはあまりにも高すぎます。炭酸化のたびに、少なくとも2つは必要になります。もっと悪いのは、内部の圧力をコントロールできないことです。唯一選択できるのは、カートリッジをもうひとつ追加するかどうか、ということだけです。

エスプーマを使って炭酸化しなければならない場合には、炭酸化の前にしばらくエスプーマを冷凍庫に入れておいてください。なぜなら、エスプーマは、ドリンクの温度をかなり上げてしまうほど多くの量のスチールが含まれているからです。さらに、飲料を冷やし、角氷を1～2個エスプーマに放り込んでください。混ぜ合わせたドリンクがエスプーマの3分の1くらいになるように、レシピのそれぞれの材料の量を計算してください。エスプーマの半分以上になる量は入れないでください。中に入れる量は、つねに同じ量になるようにしてください。ボトルの中の圧力——つまり炭酸化のレベル——は、中身をどこまで入れるかによって左右されます。ふたを閉める前に、弁に汚れがない——エス

ソーダストリームを使う場合、泡が絶対にボトルのトップより上まで上ってこないようにすること——安全弁が詰まる可能性がある。ボトルをはずすときは、少しずつ回してはずすこと。

ソーダストリームでジン・アンド・ジュースを炭酸化する
1) 液体が冷たいことを確認する——写真はほぼ結晶しかけている。　2) 圧力弁が作動するまで、ガスを注入する。　3) 注意深く圧力を解放する。十分注意する——即座に閉めなおして、ボトルを密封できるようでなければならない。泡がボトルの口のところまでこないようにする。　4) 圧力弁が作動するまで、もう一度ガスを注入する。　5) 注意深く圧力を解放する。　6) 圧力弁が作動するまで、もう一度ガスを注入する。　7) 泡がおさまるまで待つ。　8) 最後にボトルのふたを開けるときには、泡が立たない。　9) これででき上がり。

プーマをインフュージョンに使っていると汚れが簡単にたまります――ことと、メイン・ガスケットが所定の位置にはまっていることを確認してください。もしこの2つのどちらかがちゃんとなっていなければ、エスプーマは加圧できず、カートリッジをむだにしてしまいます。

まず、1本目のCO_2カートリッジを注入して、エスプーマを強く振ります。振り終ったら、エスプーマを垂直に立てて、レバーを使ってヘッドスペースの空気を放出し、カクテルの核生成部位になりえるものから空気を除去します。もしふたからカクテルが吹き出したら、レバーを離して1秒くらい待ってから、再び圧力の解放を始めます。カクテルの圧力解放が終わったら、新しいCO_2カートリッジを付け替えて注入し、もう一度振ってください。エスプーマをそのまましばらく静置し、ドリンクが落ち着くのを待ってから、ゆっくりとガスを解放します。ふたをとって、グラスに注いでください。

> ### 炭酸化用の水
>
> 美味しいセルツァー炭酸水を作るには、まず美味しい水が必要です。もし水が美味しくなければ、セルツァー炭酸水はもっとまずくなります。もしあなたの町の水道水がまずければ、ろ過するか、天然水を使ってください。わたしが炭酸水のベースに使っているのはどんな水でしょう? ニューヨーク市の水道水です。軟水で、泡によって強まるような不快なにおいはまったくありません。多くの人は、ミネラルがたくさん溶け込んだ水を好みます。ミネラルは味わいを増し、実際よりも炭酸の味を弱めることによって、舌がCO_2を知覚する感じ方を調整します。わたしも、アポリナリス水やゲロルシュタイナー、ヴィッチーなどの鉱水をときおり楽しむこともありますが、いつも最大のリフレッシュ効果を与えてくれるのは、軟水で作ったセルツァー炭酸水です。
>
> たとえ美味しい水でも、塩素が含まれていないことを確認してください。塩素が炭酸水に含まれていると、ひじょうに不快な味がします。もし水に塩素が含まれていても、水道管が無鉛なら、加熱して塩素を飛ばすこともできます。その場合、冷たい水をコンロで沸かしたあと冷やした湯冷ましを使ってください。

エスプーマで炭酸化することには、ひとつだけメリットがあります。ホイップ・クリームを作るときに通常使う亜酸化窒素ガスの実験ができることです。ホイップ・クリームを作るときにはつねに亜酸化窒素を使いますから、クリームは炭酸の味がしたり、気が抜けた味になることはありません。亜酸化窒素は、膨張して外に抜けていくので、ホイップ・クリームにとくに香りをつけたりしませんが、あえていえば甘い香りがつきます。ドリンクに泡の素とし使用すると、かなり甘くなります。そのため、コーヒーやチョコレートの香りがするドリンクならうまく合うでしょう。亜酸化窒素なら、炭酸の味を全然つけずに、こくと泡立ちを加えることができます。こうしたドリンクにミルクを入れると、激しく泡が立ちますから、入れないでください。

もしガスを混合させてみたいなら、通常と同じようにCO_2カートリッジを2本使って炭酸化したあと、仕上げに亜酸化窒素を加えてください。氷水でキンキンに冷やした2本のCO_2と1本のN_2Oで炭酸化の工程を行うと、わたしが改良した混合ガスシステム($CO_2$80パーセントとN_2O20パーセントを混合した3.2バールの圧力のガスを氷水で冷やす方式)で作るわたしのお気に入りの炭酸水とほぼ同じものができます。

赤キャベツのフスティーノ・カクテルをエスプーマで炭酸化する
1) 冷やしたドリンクを、あらかじめ冷やしておいたエスプーマに入れる。 2) さらに角氷を2個加える。 3) CO_2を注入する。 4) 振る。 5) 圧力を解放する。 6) もう一度CO_2を注入する。 7) 振る。泡がおさまるまで1分待つ。 8) ゆっくり圧力を解放する。 9) これででき上がり。

炭酸水ディスペンサー

わたしは、自宅ではセルツァー炭酸水を専用のディスペンサーから注ぎ出しています。わたしの消費量を考えると、ほかのどんなシステムでも、桁違いのコストがかかってしまいます。わたしは、自宅の水道につないだ5.3リットルのビッグマック・マッキャン社製のビッグマック・カーボネーター（McCann's Big Mac carbonator）を使っています。このビッグマックは、レストランがバーで出すドラフトソーダ（draft soda）を作るために使っているタイプの装置です。この機械はたいへん役に立ちます。ほとんどのバーで出すソーダがまずい理由は、カーボネーター（炭酸水製造機）のせいではありません。水のろ過が不十分だったり、よく冷えてなかったり、ディスペンシング（取り出し方）がまずかったりするせいです。美味しい炭酸水を作るには、こういった問題を解消する必要があります。

まず、ろ過の問題から：わたしは、カーボネーターに給水する前に、塩素や沈殿物を取り除くために専用のフィルターに水を通します。地域によっては、美味しい炭酸水を作るために、もっと高性能なろ過器や水処理装置が必要になるかもしれません。ともかく覚えておいてほしいのは、もし水そのものがまずければ、炭酸を入れるともっとまずくなる、ということです。

次に、冷却について：わたしが使っているコールドプレートは、たいていのバーで炭酸水用に使っているのと同じようなものですが、少し違いがあります。コールドプレートは、ステンレス製チューブを通したアルミの箱状の道具で、ドリンクを急いで冷やすために、氷の中に入れておきます。ご存じのように、カーボネーターは、約7バールもの高圧をかけて室温で水を炭酸化します。水がコールドプレートの中を通ると、冷却されて動きが鈍くなり、その結果圧力が下がって炭酸水を注ぐときにあたりに飛び散るのを防ぎます。コールドプレートのチューブのサーキットはあまり長くないので、炭酸水を冷やして流れを十分に弱めることができません。そこでわたしは、セルツァー炭酸水を2つのサーキットに続けて通します。システムは、完全に使いこなせれば、方法としての確かさをきっと実感できます。必ず、サーキットが2つ以上あるコールドプレートを買ってください。

最後に、ディスペンシングについて：ほとんどの人が炭酸水を注ぐために使っているディスペンシング装置は性能が悪く、炭酸水が台なしになってしまっています。CMベッカー社（CMBecker）製のプレミックス・ソーダ・タップは、強炭酸水をディスペンスするために使える唯一の蛇口です。高品質のものがとくにお嫌でなければ、この目的のためにビールタップ、別名ピクニックタップは絶対に使わないでください。ベッカー社のプレミックス・バルブは、泡のロスを最小限におさえつつ、炭酸飲料を高圧の世界からわたしたちのいる低圧の世界へそっと戻してくれる圧力補正システムを備えています。また、このバルブは流量の調節も

自作の炭酸水ディスペンサー：普通の水道水をろ過して、マッキャン社製カーボネーターに送る（青いチューブ）。この水は、カーボネーターのポンプの圧力でステンレス製のカーボネーター・タンクに送られる。ガスと圧力を供給するためにステンレスのタンクにCO_2が7.1～7.9バールで送られる（黄色いチューブ）。室温の炭酸水がタンクから送り出されて、製氷機のコールドプレートへと送られる（緑のチューブ）。炭酸水は、コールドプレートを2度通過した（わたしが考案した秘訣のひとつ）あと、キャビネットの上の炭酸水用のタップへと送られる。

できます。わたしは、自宅でセルツァー炭酸水をくみ出すために、ベッカー社製のバルブを14年間以上もずっと使いつづけていますが、問題はまったくありません。わたしはいつも美味しい炭酸水を飲んでいます。

炭酸に対するこだわりが高じると、ドラフトソーダや、あるいはドラフト・カクテルまで作ってみようと思うかもしれません。品質の観点からいうと、これには危険が伴います。大げさに言えば、炭酸水に関するすべての問題を抱え込むことになります。もし本当にカクテルをディスペンサーから注ぎたければ、わたしがおすすめできるのは、炭酸を最小限にして、温かめの温度（2℃くらい）で飲むドリンクだけです。

炭酸化のまとめ

ここまで解説してきたことを簡単に参照できるように、要点を抜き出して短くまとめてみました。

以下の炭酸化の3つのCはつねに忘れないようにしてください。

- **清澄化**（Clarity）——炭酸化するドリンクは透明であるほうがよい。
- **低温**（Coldness）——ドリンクの温度は低いほうがよい。通常はなるべく氷点に近いほうがよい。
- **構成物**（Composition）——泡の核生成部位を取り除く。あまり泡立ちの激しい材料は使わない。ほとんどの場合、アルコール濃度は低めにする。ドリンクからできるだけ空気を取り除く。

炭酸化するときには、以下のアドバイスを思い出してください。

- **ドリンクを炭酸化する場合は何度かに分けて炭酸を注入し**、注入するたびに泡を立たせる。それは、核生成部位を取り除き、泡を長持ちさせる重要な技法のひとつである。

- **炭酸化容器に入れすぎない**。入れすぎると、泡立ちをおさえることができず、適正な炭酸化ができない。ヘッドスペースがどの程度あればよいかは、やり方しだいだが、振らなければならないボトルは、4分の3以上は絶対入れてはならないし、ソーダストリームのボトルは、（カクテルのように）泡の立つドリンクを炭酸化するときには、通常の容量の3分の1以上は絶対に入れてはならない。

- **炭酸化容器に入れる量が少なすぎてもいけない**。装置によって、それぞれもっとも適したレシピの分量がある。量が少なす

わたしが自作した炭酸水用のタップ。CMベッカー社製のプレミックス・ソーダ・バルブにアイビス社（Ibis）製水栓タワーを取りつけたもの。

ぎると、でき上がりの状態がそのつどまちまちになる。
- **圧力を強くしすぎない。**グラスに注いだとき、ドリンクがやたらと泡立って、気の抜けた味になるとしたら、それは炭酸化の圧力が高すぎる――ガッシングなしで注入可能な量よりも多くのCO_2を注入しようとした――せいである。圧力を下げてみる。それでもうまくいかない場合は、手順を振り返って、3つのC――清澄化、冷却、構成物――をもう一度確認する。圧力に関するアドバイスについては、以下のレシピのセクションを参照のこと。
- **表面積を増やす。**炭酸化では、ドリンクにCO_2を溶け込ますために、撹拌する必要がある。それには、通常加圧して振るか、泡を注入する。効果的な炭酸化の手順には、表面積を広げて撹拌する過程が含まれる。圧力をかけるだけではうまくいかない。

炭酸化の理論について覚えておくべき3つの重要ポイント。

- **圧力**――圧力が高くなれば、それだけドリンクに注入できるCO_2の量も増える。
- **温度**――温度が低くなるほど、液体中に溶けるCO_2の量も増える。
- **アルコール**――ドリンクのアルコール濃度が上がれば、同じ強さの炭酸の味を感じるためには、より多くのCO_2を加える必要がある。

レシピ：炭酸化するもの

以下のレシピでは、バーテンダーが通常行う計量法――ライム・ジュースを3/4オンス強など――と、もっとずっと正確なミリリットルによる計量法の両方を示します。標準的なバーテンダーの計量法は、ドリンクを1杯ずつ作る場合にはひじょうに有効ですし、大多数の一般の人がジガーを使うときの正確さの範囲内でレシピの内容を伝えることができます。一度にまとまった量のドリンクを何種類も作る場合には、わたしと同じように、ミリリットルの単位を基準にして、メスシリンダーを使ったほうがずっといいでしょう。

ノンアルコール・ドリンク

　ソーダ（炭酸入りソフトドリンク）のレシピは、きわめて単純です。ソーダの主要な材料はふつう水ですから、味の良い水を使います。塩素の味がしないことを確認してください。

　ほとんどのソーダには、飲料100ミリリットル当たり9〜12グラムの砂糖が含まれています。これは、飲み物としたらずいぶん甘くなります。残念ながら、わたしの経験からいうと、100ミリリットル当たりの糖の量を8グラムより大きく下げると、ソーダの味は甘味のない辛口になるというよりも、たんに香りのとぼしい水っぽい味になってしまいます。この原因はアルコールが入っていないせいではないかと、わたしは思います。アルコール飲料には、砂糖抜きでも固有のフレーバーの構造が存在しているので、アルコール飲料に甘味をつける場合は、ノンアルコール飲料ほどの量の砂糖は必要ありません。水の味は……まさに水でしかありません。味が苦かったり、酸っぱかったりしてもよいなら、少ない糖分量で香りの高いノンアルコール飲料を作ることもできますが、その場合一般の人々の味覚でいわゆるソーダと感じられるものとは違うものになります。それは、香りのついた炭酸水であって、同じものではありません。人々がソーダとして連想するのは、比較的甘い味で、そしてほとんどの場合、ピリッとくる味です。

　ソーダを作るとき、冷やす方法は2つあります。材料を混ぜてから、数時間冷蔵庫に入れるか、または氷を使います。氷のほうが早く冷やせます。また、氷なら、最大で0℃まで冷やすことができますから、ソーダをより低い温度まで冷やせますし、炭酸化もしやすくなります。ソーダを氷で冷やす場合、完成時のドリンクの全体積がわかる目盛のついた容器が必要になります。氷水——たんに冷たい水ではなく、氷の固まりが入った水——を適量用意してください。目盛のついた容器に、水を含まない材料をすべて入れてください。氷水から一部の氷を取り除いて材料に加え、かき回して、材料が0℃になるまで冷やします。容器の中にまだ氷が残っていたら、取り出して、わずかなかけらが残るだけにしてください。もし氷が全部融けたら、少し足してください。

　フレーバー・ベースが十分に冷えたと感じたら、氷水をかき回して（すべてをもう一度氷点まで冷やして）、ミキシング容器に目盛のところまで水を入れます。氷のかけらが1〜2個残るようにしてください——この氷は、炭酸化のときに融け、炭酸化の工程の際にドリンクを低温に保つために役立ちます。氷によってできる新たな核生成部位については心配いりません。氷のかけらが1〜2個あっても、微小な氷の結晶が大量にある場合と同じような問題は起きません。

シンプル・ライムソーダ

このレシピでは、清澄ライム・ジュースか、ライム酸を使います。ライム酸とは、リンゴ酸とクエン酸を（クエン酸4グラム、リンゴ酸2グラム、水94グラムの比率で）混ぜて普通のライム・ジュースに似た味にしたものです。このレシピを、すべてのサワー系のソーダの基本として使ってください。このレシピで使われるシンプル・シロップは、18.5グラムの砂糖を含みますから、全部で180mlになるレシピでは糖の量が（重量/体積で）10パーセントを少し超える量になります。

180ml分
糖10.5g/100ml、酸0.75%

[材料]
シンプル・シロップ 30ml
清澄ライム・ジュースまたはライム酸溶液 22.5ml
ろ過水 127.5ml
食塩水2ドロップまたは塩1つまみ

[作り方]
材料を全部混ぜ合わせて、冷蔵庫で数時間冷やし、2.5〜2.9バールで炭酸化する。または、前述の氷水を使う手順にしたがう。

ストバンクル・ソーダ

わたしが2年ほど前にこのレシピを作ったのは、息子のダックスがロアルド・ダール作の『オ・ヤサシ巨人BFG』を読んでいたときのことでした。BFGは、ストロベリーをはじめ多くのものの名前を言い間違えます。ダックスは、わたしも同じ言い間違いをしている——だからソーダの名前も間違っている——と指摘しました。清澄化したストロベリー・ジュースは、糖8％、酸1.5％ですから、酸がちょっと強すぎて、このままではソーダにできません。たとえ酸の濃度が適正でも、ストレートのストロベリーソーダは水分が多すぎて、味が強すぎます。わたしは、シンプル・シロップを加えて酸とのバランスを整え、水を加えてフレーバーをまろやかにします。

180ml分
糖10.1g/100ml、酸0.94％

[材料]
シンプル・シロップ 15ml（糖9.2グラムを含む）
清澄ストロベリー・ジュース 112.5ml
ろ過水 52.5ml
食塩水2ドロップまたは塩1つまみ

[作り方]
材料を全部混ぜ合わせて、冷蔵庫で数時間冷やし、2.5～2.9バールの圧力で炭酸化する。または、前述の氷水を使う手順にしたがう。

ワインと日本酒

シャンパンのような伝統的な炭酸入りワインは、フォース・カーボネーション〔外部からの炭酸添加〕によるものではなく、ナチュラル・カーボネーションによるものです。ワインの一時発酵のあと、瓶詰めにする前に糖を加えると、酵母菌が糖を分解して、自然に炭酸ガスが発生します。この引き続き行われる二次発酵から生じるフレーバーとコクは、フォース・カーボネーションとはまったく違うものになります。もっとよくなる、という意味ではなく、ともかく違うのです。炭酸化するワインを選ぶときには、そのワインを冷やすと美味しくなるかどうかを考えてください。夏場にボージョレワインをグラスで飲むときのようにちょっと冷やす、という程度ではなく、本当に冷たくするのです。ボトルを冷蔵庫に入れっ放しにしておいてください。そして、味見してください。冷えたワインが、炭酸を入れていない状態で味のバランスが悪く、渋味が強すぎるなら、炭酸化しても味はよくなりません。

カクテルと違い、スパークリング・ワインは、冷蔵庫内温度以下に冷やしたときがいちばん味がよくなるわけではありません。わたしは、炭酸化する予定のワインは、氷水に入れて過度に冷やします。冷たいほうが炭酸化しやすく、一定の効果が上がるからです。しかし、わたしは飲む前に2℃ほど温度を高くします。

炭酸化のときどの程度の圧力にするかは、ワインのアルコール濃度によって変わってきます。低アルコール——10～12パーセント——のワインを0℃で炭酸化するときには、CO_2の圧力は2.1～2.5バールの圧力にします。これ以上少しでも高いと、うまくいきません。アルコール濃度が14～15パーセントのワインは、0℃で2.9バールくらいの圧力で炭酸化するのがいいでしょう。アルコール濃度が最大で18パーセントになる日本酒は、0℃で3～3.2バールの圧力で炭酸化するといいでしょう。

最初ワインの炭酸化を始めたとき、わたしはどの実験もすべてうまくいくと思っていました。わたしは、自分を炭酸化の天才だと自負していました！　でも、このとき、厳密な試飲をくり返して、元の無炭酸のワインと炭酸化したワインの味を見比べました。どうだったと思いますか？　ほとんどの場合、炭酸化したワインは美味しかったけれど、無炭酸のワインはもっと美味しかったのです。元のワインと比較して、炭酸化したワインに目新しさを感じられたのは、ごくまれでした。

教訓ですか？　自分の能力におぼれるな、ということですね。材料を吟味して人に食べ物や飲み物を提供する者として、第一に守らなければならないことは、材料を損なわないことです。

炭酸入りカクテルをフラッフィングする

独自の割材を作るのはもどかしいが、炭酸化はできるという場合、ベースになるドリンク——ウイスキー・ソーダやウォッカ・トニックなど——を作って、それをそっくり炭酸化するだけで、炭酸入りカクテルの楽しみを簡単に広げることができます。ストレートの酒を冷凍庫（通常−20℃）で冷やし、割材を冷蔵庫で冷やしておけば、普通のカクテルを混ぜて作って、ほとんど手間をかけずにすぐに炭酸化することができます。わたしとしては、冷凍庫で冷やした酒60mlに対して冷蔵庫で冷やした割材105mlの比率をおす

第12章　炭酸化

ソーダストリームでジン・トニックをフラッフィングする。

自分で混ぜるには

　わたしは、炭酸入りドリンクのアルコール度数は14〜16パーセントになるようにします。フレーバーが強めのドリンクの場合には、アルコール度数を17〜18パーセントにすることもあります。アルコール度数を正確な範囲内にするために、わたしが考えた魔法の比率を使ってください。炭酸入りドリンク165ml当たりに、アルコール度数40〜50パーセントの酒を52.5ml〜60mlを加えてください。わたしの経験上、この比率でやればほとんどどんな場合でもうまく行きます。これはほとんどの場合正解です。炭酸を入れないと、こうしたドリンクはひどく薄味に感じます。水っぽい味がします。わたしを信じてください。こうしたドリンクは、炭酸化すると、味の強いものよりも美味しく感じるはずです。

　それどころか、炭酸飲料に含まれるフレーバーはどれもみな、同じドリンクに炭酸が入っていない場合には、少し薄く感じられるはずです。もっとも酸味の強いシェイク・ドリンクは、酸性度が0.8〜0.9パーセントです──完成時に160mlのドリンクにライム・ジュース22.5mlが含まれている場合と同じです。もっとも酸味の強い炭酸入りドリンクは、酸性度が0.4〜0.5パーセントです──完成時に165mlのドリンクに清澄化したライム・ジュース12mlが含まれている場合と同じです。シェイク・ドリンクには、通常6.5〜9.25パーセントの糖が含まれています。ほとんどの炭酸入りのドリンクには、5〜7.7パーセントの糖が含まれています。酸は、通常糖よりも比率が小さくなることに注意してください。また、糖の濃度がほとんどのソーダ（ソフトドリンク）よりもかなり低くなることにも注意してください。どうしてカクテルはソーダよりも甘味が少ないほうが好まれるのか、その理由はわかりませんが、ともかくそうなのです。

　炭酸の入っていないドリンクの味を覚えておいて、そのドリンクを炭酸化するとどんな味になるかを確かめてください。追加実験として、もっと炭酸が強いドリンクを作り、セルツァー炭酸水を少量加えて、味がよくなるかならないかを確かめてください。

　次のレシピでは、すべての材料を清澄化します。ジン・アンド・ジュースのように、一部のレシピには、清澄化しないと作れないものもあります。また、ジン・トニックのよう

329

に、最後にベースとなるライム・ジュースを加えるものもあります。しかし、こうしたレシピの目的からいって、ジュースを清澄化することが前提になります。

　わたしの店では、お客様に提供する前に、すべてのドリンクを何杯分もまとめて作り、炭酸化しておきます。あらかじめ作っておかないと、ドリンクを出すのがどうしても遅れてしまいます。炭酸入りドリンクはあらかじめ作っておくので、鮮度が問題になります。清澄化したライム・ジュースやレモン・ジュースは、ドリンクを炭酸化する前には絶対に加えません。わたしの店では、毎日新鮮なレモン・ジュースやライム・ジュースを作って清澄化します。ジュースは1日たったら捨てます。炭酸化する前にレモンやライムを加えると、その日の終業時間には、瓶の中に残ったドリンクはどれだけあっても捨てなければなりませんから、わたしは悲しい気分になってしまいます。もし捨てないとしたら、自分が誇りを持てない2日たったドリンクをお客様に出すことになりますから、もっとむちゃくちゃ悲しい気分になるでしょう。そうならないように、わたしの店では、ドリンクをグラスに注いでお客様に出す直前に、清澄化したレモン・ジュースやライム・ジュースを少量加えます。非炭酸のものを7.5〜15ml程度加えても、泡立ちに悪い影響が出ることはありません。炭酸化してすぐに提供するのなら、ライム・ジュースのようにひじょうに傷みやすい材料を入れることについても心配はいりません。ドリンクを2日ほど持たせたいなら、変質しやすいものはあとで加えましょう。

　わたしは、炭酸入りドリンクは液体窒素で冷やしたフルート・シャンパンに注いで出します。このやり方でサーブすると、もう後戻りはできません。見栄えもすばらしく、味もすばらしい。ドリンクは、そっとグラスの内壁に沿ってゆっくりと注いでください。ドリンクを作るには大変な手間暇がかかっています。不注意な注ぎ方をして、最後の瞬間にその努力を水の泡にするようなことはしないでください。

どの酒を選ぶか

　わたしの好みからいうと、ジンがいちばん炭酸化しやすい酒です。ジンを使うドリンクは、炭酸化するととにかく美味しくなります。際立った味のスピリッツに自己主張をさせずに、フルーツやスパイスを目立たせたい場合には、ウォッカを炭酸化すると効果的です。テキーラはむずかしいかもしれません。フレーバーの強いテキーラは、炭酸化するとますます強くなり、ほかの味を圧倒してしまう可能性があります。ひじょうに味の軽いテキーラなら、炭酸化すると美味しくなります。強いテキーラは、ウォッカで割ると、少しまろやかになります。ラムも炭酸化できますが、炭酸化したラムのドリンクは、ラム好きのわたしにとっては期待はずれでした。ともかく、炭酸化したラムを使ったほとんどのドリンクは、安っぽくて、わたしにとってはまがい物のように感じられました。わたしは、炭酸化したラムを使ったまずまずの味のドリンクを作りましたが、まだまだ改良の余地がありそうです。

　オークの香りがするスピリッツは、炭酸化すると、ますますオークの香りが強くなります。ウイスキー・ソーダが好きな人なら、きっとウイスキー系の炭酸入りドリンクも好きになるでしょう。わたしの経験からいうと、ウイスキー系の炭酸ドリンクは、味のバランスをうまく整えるのが容易ではありません。炭酸入りカクテルに使うと抜群にいいリキュールもたくさんあります。カンパリやその同類のアペロールからは、炭酸化してほし

いという声が聞こえてきそうです。リキュールを使ってまとまった量のカクテルを作るときは、甘くなりすぎないように気をつけてください。味がしつこくなってしまいます。

レシピを作るときやアレンジするときのために覚えておくべき単位

- 標準的な炭酸入りドリンク1杯分は165mlである。自分の作りたい量に合わせて、レシピの分量を決める。
- 1:1のシンプル・シロップには、15ml当たりに9.2グラムの糖が含まれ、標準的な量（165ml）の炭酸入りドリンクに入れると、糖の量が5.6パーセント増える。
- 清澄ライム・ジュースには、15ml当たりに0.9グラムの酸（0.6グラムのクエン酸と0.3グラムのリンゴ酸）が含まれ、標準的な量（165ml）の炭酸入りドリンクに加えると、酸性度が0.55パーセント上がる。

◯◯◯のソーダ割り

「◯◯◯のソーダ割り」をというドリンクを作るときは、いつも選択はいたって単純です。酒と水の比率を決めればいのです。ウイスキーのようにフレーバーが強めの酒の場合、わたしはスピリッツを57ml、水を108mlの割合にします。良質のろ過水を使い、ドリンクは氷の上から注がないでください——もうこれ以上水は必要ありません。ウォッカのようなかなり中性のスピリッツの場合には、アルコール度数を少し上げるために、最大で60mlを使います。とくにお客様からのリクエストがない限り、この比率を超えることはありません。わたしがこうした「◯◯◯のソーダ割り」を作るときの唯一の秘訣は、食塩水を1〜2ドロップ（または塩を2粒）加えることです。

クラシック・カクテルを炭酸化する

クラシック・カクテルを炭酸化するためのいちばんのコツは、正しいカクテルを選ぶことです。なかには、マンハッタンのように、炭酸化するとひどい味になるものもあります。わたしは、炭酸化すると悪くなるものの実物教育として、マンハッタンを炭酸化します。炭酸化したマンハッタンは、悲惨なまでにまずく、味がアンバランスです。さいわいなことに、マルガリータやネグローニのように、多くのクラシック・カクテルは、炭酸化するととても美味しくなります。以下に、この2つのレシピについて、炭酸化するためのアレンジの方法を説明します。わたしのアレンジの仕方を見てから、自分独自のアレンジ法を見つけてください。

炭酸入りマルガリータ

クラシック・カクテルのマルガリータは、アガベベースのスピリッツに、オレンジ・リキュール、ライム・ジュース、糖を加えて混ぜたものです。このレシピでは、オレンジ・リキュールを省きます。オレンジ・リキュールを入れると、味が濁るような気がします。代わりに、でき上がったドリンクの上でオレンジの果皮を絞ります。このレシピの比率は、多くのサワー・ドリンクにも当てはまりますから、これをマスターレシピとして利用してください。

165mlのドリンク1杯分
アルコール度数14.2%、糖7.1g/100ml、酸0.44%

[材料]
エスポロン・ブランコなどのライトボディの透明なテキーラ（アルコール度数40％）58.5ml
ろ過水 76ml
清澄ライム・ジュース 12ml
シンプル・シロップ 18.75ml
食塩水2〜5ドロップまたは塩を多めに1つまみ
オレンジ・ツイスト 1つ

[作り方]
　上から1〜5番目までの材料を混ぜ合わせ、氷点近くまで冷やす。3バールの圧力で炭酸化する。あらかじめ冷やしておいたフルート・グラスに注ぐ。ドリンクの液面の上でオレンジ・ツイストを絞って、ツイストは捨てる。このドリンクを数日間保存したいなら、ライム・ジュースを入れないで炭酸化し、お客様に出す直前にライム・ジュースを加える。

炭酸入りネグローニ

クラシックなネグローニのレシピは次の通り。

ジン（アルコール度数47％）30ml
カンパリ（アルコール度数24％、糖24％）30ml
ベルモット（アルコール度数16.5％、糖16％、酸0.6％）

　上にあげたレシピの総量は90mlになります。これに75mlの水を加えて、炭酸入りドリンク1杯分として適正な量のドリンクを作ると、アルコール度数16％、糖7.3％になります。これはどちらもたいへんよい数字です。酸の濃度はやや低めの0.18％ですが、ネグローニはそもそも酸味の強いドリンクではありません。もしこうした数字の求め方についておさらいしたいなら、本書の18ページから、または123ページ～の『カクテル計算法』の章をチェックしてください。
　ドリンクの清涼感をもっと高めたいなら、水を7.5ml減らして、代わりに清澄ライム・ジュースまたは好きな酸を使ってもかまいません。仕上げに、グレープフルーツの果皮を絞って果皮油を加えます。

165mlのドリンク1杯分
アルコール度数16％、糖7.3g/100ml、酸0.38％

[材料]
ジン 30ml
カンパリ 30ml
スイートベルモット 30ml
清澄ライム・ジュース 7.5ml
ろ過水 67.5ml
食塩水1～2ドロップまたは塩1つまみ
グレープフルーツのツイスト 1つ

[作り方]
　ツイスト以外のすべての材料を混ぜ合わせて、氷点近くまで冷やす。3バールの圧力で炭酸化する。冷やしておいたフルート・グラスに注ぐ。ドリンクの上でグレープフルーツの果皮を絞り、果皮は捨てる。このドリンクを数日間保存したい場合は、ライム・ジュースを入れずに炭酸化し、お客様に出す直前にライム・ジュースを加える。

シャンパリ・スプリッツァー

　カンパリ・ソーダは、夏向きの低アルコールのクラシック・カクテルです。炭酸入りネグローニではちょっときつすぎるけど、やっぱりカンパリの刺激がほしいという場合に適しています。カンパリはライムを絞って炭酸化すると、苦味とすがすがしさと爽快感がひとつになるとこうなる、という見本のような味になります。わたしは、ライムを絞る代わりに、シャンパン酸を加えます。シャンパン酸とは、シャンパンに自然に含まれているのと同じ酸を混ぜたものをライム・ジュースの強さ（酒石酸30グラムと乳酸30グラムと水940グラム）に希釈したものです。くわしいことは、58ページ〜の『酸味』のセクションを参照してください。シャンパン酸を加えると、ドリンクはわたしが本当に好きなすがすがしいシャンパンらしい味わいに変わります。このレシピを2時間以上前にあらかじめ作っておく場合、シャンパン酸を加えるのはお客様に出す直前にしてください。シャンパン酸はライム・ジュースほど傷みやすくはありませんが、時間がたつとカンパリの味をだんだん苦くし、まずくしてしまいます。理由はわたしにもわかりません。このカクテルは冷蔵庫に入れておけば、1週間保存できます。冷凍庫ではなく、冷蔵庫ですから、ご注意ください。このドリンクは低アルコール（アルコール度数7.2％）ですから、簡単に凍結してしまいます。

165mlのドリンク1杯分
アルコール度数7.2％、糖7.2g/100ml、酸0.44％

[材料]
カンパリ（アルコール度数24％、糖24％）48ml
シャンパン酸（酸性度6％）11ml
ろ過水 94ml
食塩水1〜2ドロップまたは塩1つまみ

[作り方]
　すべての材料を混ぜ合わせ、氷水で0℃まで冷やす。3バールの圧力で炭酸化する。冷やしておいたフルート・グラスに注ぐ。

ジン・トニック

わたしのジン・トニックのレシピの由来については、別のところでくわしく説明することにして、ここではわたしのレシピだけを紹介します。このアレンジは、わたしの好みに合わせて、きわめてドライで、苦味の強い味になっています。

165mlのドリンク1杯分
アルコール度数15.4%、糖4.9g/100ml、酸0.41%

[材料]

タンカレー・ジン（アルコール度数47%）53.5ml

キニーネ・シンプル・シロップ（糖61.5%；375ページ参照）12.5ml

ろ過水 87ml

食塩水1〜2ドロップまたは塩1つまみ

清澄ライム・ジュース（酸性度6%）11.25ml

[作り方]

すべての材料を（お好みでライム・ジュースは除いて）混ぜ合わせ、−5〜−10℃に冷やす。3バールの圧力で炭酸化する。もしライム・ジュースを加えて炭酸化した場合は、その日のうちにドリンクを使い切る。ライム・ジュースを入れずに炭酸化する場合は、ドリンクを冷やしておいたフルート・グラスに注ぐときに、ライム・ジュースを加える。ジン・トニックは無期限に保存できる。

シャルトルース

このドリンクは、わたしと同じくらいグリーン・シャルトリューズ（Chartreuse）が大好きな人なら、きっと気に入ってもらえるでしょう。まだグリーン・シャルトリューズのファンでない人のために説明すると、これは、沈黙の誓いを立てたフランスのカルトゥジオの修道士たちが作るハーブの味が効いた酒です。この酒は、それはもうすばらしく、この酒の名前がそのままこの酒の色の名前になりました。これほどシンプルな名づけ方はほかにないでしょう。シャルトリューズと水に、少量のライムを加えます。わたしはこれをシャルトルース（Chartruth）と名づけました。このドリンクは、ほとんどの美味しい炭酸入りドリンクと比べて、アルコール（アルコール度数18%）と糖（8.3%）がどちらも高めです。フレーバーが強いため、わたしは1杯分のドリンクを2つの小さなグラスに注いで、清涼感のあるミニドリンクとして2人の人に提供します。

165mlのドリンク1杯分
アルコール度数18.0%、糖8.3g/100ml、酸0.51%

[材料]
グリーン・シャルトリューズ（アルコール度数55%、糖25%）54ml
ろ過水 97ml
食塩水1〜2ドロップまたは塩1つまみ
清澄ライム・ジュース（酸6%）14ml

[作り方]
清澄ライム・ジュース以外のすべての材料を混ぜ合わせ、-5〜-10℃に冷やす。3バールの圧力で炭酸化する。冷やしておいたフルート・グラスにドリンクを注ぐときに、清澄ライム・ジュースを加える。ドリンクを作ってすぐにお客様に出す場合は、ライム・ジュースを加えて炭酸化してもよい。

シャルトルースに清澄ライム・ジュースを加える。

第12章　炭酸化

ジン・アンド・ジュース

　もし何かで自分の名前を人々に覚えてもらえるとしたら、わたしは、自分が考案したジン・アンド・ジュースで名前を覚えてもらいたいと思います。とくに、ジンと清澄グレープフルーツ・ジュースだけで作るカクテルは、シンプルで、満足のいく味です。

　グレープフルーツ・ジュースには、おもにナリンジンという化合物のために、特徴的な苦味があります。グレープフルーツのナリンジンの苦味は、糖（10.4％）と高い酸性度（2.40％）によって中和されます。わたしの味の好みからいうと、グレープフルーツ・ジュースの味のバランスは、炭酸の入っていないドリンクとしては完璧です。炭酸入りドリンクにすると、とくにジンを使うカクテルは、苦味が強くなりすぎます。さいわいなことに、清澄化すると、グレープフルーツの苦味が多少取り除かれます。ジュースにどれくらいの苦味が残るかは、どんな清澄化のテクニックを使うかによって変わってきます。このレシピを作るほとんどの人たちは、寒天ゲルを使います（241ページ〜の『清澄化』の章を参照してください）。寒天は、グレープフルーツ・ジュースから多くの苦味を取り除きますから、このドリンクの清澄テクニックとしてひじょうにすぐれています。

　わたしの店では、遠心分離機を使ってグレープフルーツ・ジュースを清澄化します。なぜなら、遠心分離機で清澄化したほうが、寒天を使うよりも回収率がずっと高いからです——ジュースはほとんどむだになりません。残念なことに、遠心分離機による清澄化は、グレープフルーツの苦味を取り除くことに関しては、寒天よりかなり劣ります。そこで、シンプル・シロップと微量のシャンパン酸を加えて苦味を中和します。ジン・アンド・ジュースのレシピについては、寒天で清澄化するものと遠心分離機で清澄化するものの両方を紹介します。

　グレープフルーツはひじょうに果汁が豊富なので、ドリンクには水を加えずに、そのまま使います。ドリンクに加える水の量は、ドリンクの水分を

ジン・アンド・ジュースの材料

ジン・アンド・ジュースの注ぎ方

どれくらいにしたいかによって変わります。

次のレシピは、わたしの店ではほぼ常備しているグレープフルーツ（カリフォルニア産ルビーレッド種）とのバランスを考えたものです。グレープフルーツの味は、品種や生産地、季節によって変わりますから、自分が使うグレープフルーツに合わせてレシピを微調整する必要があります。

ジン・アンド・ジュース：寒天で清澄化する場合

165mlのドリンク1杯分
アルコール度数16.9％、糖5g/100ml、酸1.16％

[材料]

タンカレー・ジン（アルコール度数47％）59ml

寒天で清澄化したグレープフルーツ・ジュース 80ml

ろ過水 26ml（もしやや甘めのドリンクにしたいなら、シンプル・シロップをバースプーン1杯分（4ml）加え、その分水を減らす。すると、糖6.3％、酸1.10％のドリンクになる）

食塩水1～2ドロップまたは塩1つまみ

ジン・アンド・ジュース：遠心分離機で清澄化する場合

165mlのドリンク1杯分
アルコール度数15.8％、糖7.2g/100ml、酸0.91％

[材料]

タンカレー・ジン（アルコール度数47％）55ml

遠心分離機で清澄化したグレープフルーツ・ジュース 55ml

ろ過水 42ml

シンプル・シロップ 10ml

シャンパン酸 3ml（乳酸30グラムと酒石酸30グラムと水940グラム）

食塩水1～2ドロップまたは塩1つまみ

[作り方]

すべての材料を混ぜ合わせ、−5～−10℃に冷やす。3バールの圧力で炭酸化する。冷やしておいたフルート・グラスに注ぐ。

最後に、わたしはいろいろなジンを使ってジン・アンド・ジュースを作ってきましたが、なかでもいちばんよかったのはタンカレーです。タンカレーには、グレープフルーツ・ジュースとの親和性があります。

ハイテク仕様のハバネロン・ジュース

グレープフルーツ・ジュースを使うわたしのもうひとつのお気に入りのレシピは、ハバネロン・ジュースです。レシピは同じですが、ジンの代わりに、再蒸留したハバネロ・ウォッカを使います。ハバネロ赤唐辛子400グラムを40プルーフのウォッカ1リットルに混ぜ、ロータリー・エバポレーターの冷却器の温度を−20℃に、バスの温度を50℃に設定して、生成物を650ml回収できるまで蒸留します。ハバネロは、ドリンクを美味しくするためには赤いものでなければなりません。ハバネロは、知られる限りでもっとも辛い部類の唐辛子ですが、すばらしいフレーバーとアロマを含んでいます。唐辛子の辛味成分であるカプサイシンは、重すぎて蒸留できませんから、蒸留物にはひりひりするような辛さはまったくありません。ロタバップにかけたハバネロは、わたしが長年重宝しているお気に入りの蒸留物のひとつです。これは、グレープフルーツと驚くほどよく合います。ハバネロを蒸留するときには、蒸留物の保存可能期間が短いことに注意してください。1か月くらいたつと、ハバネロの蒸留物のいかにも「赤」っぽいフレーバーは薄れ、ハラペーニョのような「緑」っぽい味がしはじめます。

ハバネロ・ウォッカを低温で真空蒸留して、辛味のないハバネロ・ウォッカを作っている。　ロタバップの稼働中。

最後の第4部で、わたしは、
3つの異なるテーマ（リンゴ、コーヒー、ジン・トニック）をもう一度取り上げ、
この3つがわたしをどこへ連れて行ってくれるかを見ていきます。
こうした旅から、わたしがカクテルの開発に
どんなふうに取り組んでいるかをくみ取っていただけたら、さいわいです。
わたしは通常、コンセプト、フレーバー、フルーツ、アイデア、記憶を出発点とします。
そして、目標をはっきりと定め、そこへ到達するために努力します。
このカクテルとの取り組み方は、人に教えるのがもっともむずかしいものです。
たいていの場合、カクテルの開発というと、
スピリッツとジュースのたんなる配合のしなおしのように思われがちです。
本書でここまで説明してきたテクニックやコンセプトについては、
すでにある程度理解していただいているものと考えて、
この第4部ではもっと簡潔な説明で進めていきたいと思います。

第4部
カクテルの
明日を求める
3つの旅

第13章
リンゴ

　わたしはリンゴが大好きです。わたしはニューヨーク州育ちですから、リンゴはわたしたちが本当に大好きなもののひとつなのです。リンゴは、カクテルの材料として正当な評価を受けていません。それは、ひとつには、アップル・ジュースがあまり濃縮されていないため、それらしいフレーバーを加えるには、カクテルレシピにかなりの量を使わなければならず——そうすると、標準的なシェイクやステアやビルドのドリンクでは使えないからです。しかしわたしは、その大きな理由はリンゴに対する認識不足だろうと思います。

　リンゴには赤リンゴと青リンゴの2種類のフレーバーがある、と思っている人がおおぜいいます。もちろん、これは間違いです。リンゴには、マルメロ、オレンジ、バラ、アニス、ワイン等々の風味を持つ驚くほど多様なフレーバーの何千種類もの品種があるのです。なかには、酸や糖の濃度がひどく高いものもあります。美味しくて、アロマの豊富なものもあれば、味わいのとぼしいものもあります。現存する何千という品種はそれぞれがどれも、いつの時代にか、何らかの理由で、誰かが名前をつけて繁殖させたものです。どのリンゴも、いつか誰かに愛されたものなのです。ポイントは、そのリンゴが好まれた理由を——そしてそれがカクテルに活用できるかどうかを、見極めることです。

　リンゴのなかには、現代のわたしたちには無意味な理由で愛されたものもあります。「ケントの花」は、ニュートンの頭に落ちてきたリンゴであったために、後世に残されました。味はまずいです。また、特定の地域でよく育つことで愛されたものもあります（アーカンソーブラックが最初どこで栽培されたかわかりますか）。ほかには、収穫の時期によって愛されるものもあります。冬の間蓄えていたリンゴが底をついたあとの6月の終わりから7月初めに、新鮮なアップルパイを作ることができたのは、この時期に早生リンゴが穫れるおかげでした。早生リンゴの必要性は、現代の貯蔵と輸送の技術によってなくなってしまいましたから、いまや早生リンゴはそれ自体のメリットによって生存競争を闘わなければならなくなりました。早生リンゴには、生き残れるものもあるでしょうし、生き残れないものもあるでしょう。

　わたしが本格的にリンゴのフレーバーの研究を始めた2007年に、わたしは、著名な料理評論家のハロルド・マギー博士とともに、ニューヨークのジェニーバにあるアメリカ・アップルコレクションを訪れました。そう、アメリカでは、何千種ものリンゴの木を——ノアの方舟のように1品種につき2本ずつ——いつの日かそうした木から農業関連産業に役立つ遺伝物質が見つかるかもしれないと考えて、保存しているのです。わたしたちはそこで、2日間に200品種ものリンゴの味見をしましたが、これはまさに宝の山でした。奇妙なことに、コレクションの管理人は、わたしたちがリンゴの**味見をする**とは予想してい

ませんでした。どうやら、ふだんそこを訪れる控えめな果樹園芸家たちは、木を見たがるだけのようです。管理人たちは、わたしたちの本当の目的を理解すると、顔に困惑の色を浮かべて、わたしたちの自由にさせてくれました。味見をした数百種類のリンゴのなかから、わたしは20種類を持ち帰ってジュースにすることができました。こうしたリンゴのジュースは、わたしの最初の本格的アップル・カクテルの基礎となり、そのうちのアッシュミーズ・カーネル（Ashmead's Kernel）を、わたしはオールタイム・カクテルに好んで使うようになりました。

　それ以来、わたしは、ニューヨーク市の品ぞろえのいい青物市場で地元の生産者のリンゴを買い求め、それからアメリカ全土の生産者からもリンゴを買い、さらにはイギリスで生産される何十種もの品種を試食してきました。わたしは、同じリンゴの品種であっても、経験的な印象が人によって違うこともあるということを学びました。リンゴは、栽培地や収穫時期、天候の変動にひじょうに大きく左右されます。温和な気候でよく育つリンゴは、より寒冷な地域ではよく成熟しないかもしれません。寒冷気候に向いた品種は、温暖すぎる土地で育つと、味がよくないかもしれません。最高のアップル・カクテルを作るには、最高のジュースを作る必要があります。最高のジュースを作るには、たくさんのリンゴを味見し、生産者の名前を覚えて、毎年同じ提供者のリンゴを買い求める必要があります。

市販のアップル・ジュース

　市販のアップル・ジュースは商品生産物であり、カクテルには使わないほうがいいでしょう。毎年、食用としては売れないあまりできのよくないリンゴから、膨大な量のアップル・ジュースが作られます。こうしたジュースは、清澄化され、低温殺菌され、しばしば濃縮されて、輸送され、また還元され、産地のわからない別の還元ジュースとブレンドされて、販売されます。この種の生産物は、紙パック入りのジュースとしてはけっこうでしょうが、酒のパートナーとしては十分な品質とはいえません。スーパーマーケット・アメリカンのスイート・サイダー（ノンアルコールの無発酵アップル・ジュース）は、普通のジュースよりもコクがあって、広い用途がありますが、カクテルの材料としては、やはりおすすめできません。

　専門店や農産物の直売店に行けば、単一の品種や慎重にブレンドされたアップル・ジュースやスイート・サイダーが見つかりますが、通常そうしたジュースは低温殺菌のために品質が損なわれています。わたしが目隠し味見テストを行った被験者全員が、低温殺菌したものではなく、低温殺菌されていないアップル・ジュースやスイート・サイダーを選びました。低温殺菌法のなかには紫外線を使う方法もあり、これなら加熱する方法と比べてあまりフレーバーを損なわずにすみますが、市場ではこの方法で作られた製品はなかなか見つかりません。

　最後に、ほぼ例外なく、店で買えるアップル・ジュースやサイダーは過度に酸化されて、茶色くなっています。新鮮なアップル・ジュースの色は、緑や黄色、赤、オレンジ、ピンクならあり得ますが、絶対に茶色くはなりません。アップル・ジュースは、酸素にさらされると、切ったリンゴと同じように、たちまち茶色く変色します。この酸化作用は、品種に

よって違う繊細なフレーバーを台なしにしてしまいます。

アップル・ジュースの正しい作り方

カクテルに使うには、自分でアップル・ジュースを作る必要があります。

リンゴを絞ってジュースにする前に、リンゴをきれいに洗い、虫喰いや腐敗、かび、大きなキズなどを調べます。加熱はしませんから、きれいにリンゴを洗うのは大事なことです。食べていいくらい清潔なリンゴでなければ、飲んでいいくらい清潔なリンゴとは言えません。かびが生えた部分や見た目がおかしい部分は、全部切り取ってください。カビの生えたリンゴを使うと、ジュースの味を大きく損ないますし、さらに悪いことには、発がんの可能性のあるパツリン〔カビ毒〕が含まれているかもしれません。

ジュースにするリンゴの皮は、絶対にむかないでください。それぞれの品種に特有のアロマやフレーバーやタンニン、リンゴの色素は、そのほとんどが皮のすぐ近くの果肉に集中しています。リンゴは、皮を残したまま細かく切り刻んで、ジューサーに入れてください。わたしが愛用しているチャンピオンのような低速回転式のジューサーは、皮の近くの果肉のフレーバーや色を抽出することに高い機能を発揮します。ジューサーについている小さな歯がリンゴを切り刻んでドロドロにし、その細片を間仕切りですりつぶして、ジュースにします。その昔、わたしは、ジュースにする前にリンゴの芯と種を取り除いていました。というのは、芯にはほとんどフレーバーがなく、種にはシアン化物が含まれてい

アップル・ジュースを作る：わたしは、チャンピオン・ジューサーを使い、ジュースが絶対に酸化されないように、あらかじめアスコルビン酸（ビタミンC）を入れた容器にジュースが入るようにセットする。

ジュースを作ったあと、液面の泡の大部分をすくい取り、ジュースを目の細かいストレーナーで漉す（漉し残った果肉も美味しい）。さらに清澄化する場合は、ペクチネックス・ウルトラSP-Lを加える。

第13章　リンゴ

アップル・ジュースの色のスペクトル（左から右へ）：名もないクラブアップル（野生のリンゴ）、ステイマン・ワインサップ、ハニークリスプ、サンクリスプ、グラニースミス。クラブアップルよりステイマン・ワインサップのほうが色が濃いが、ジュースにすると、クラブアップルのほうが赤みが強い。これは、クラブアップルのほうが小さいので、体積に対する表面積の比率が大きいからである。つまり、ジュースに色が染み出る皮の量が多くなるためである。

上のアップル・ジュースをペクチネックス・ウルトラSP-Lで処理したもの：固形物が液面に浮くのは、空気を含んでいるためである。テーブルの上のグラスを軽くたたいてかき回すと、固形物は沈殿する。注意すべき点は、それぞれのジュースに含まれている固形物の量が違うことと、清澄化の結果が異なることである。右のグラニースミスはほぼ完全に透明になっているが、左のクラブアップルはまだまったく沈殿していない。

るからです。いまではもうそんなことはしていません。わたしは、芯と種を取ったリンゴと取らないリンゴを使ってジュースを作り、比較味見テストをしましたが、わたしには区別はつきませんでした。チャンピオン・ジューサーでも、種から苦味はまったく抽出されないようでした。種はほぼ無傷のままか、たんに2つに割れるだけで、ドロドロにはならず（そのため消化吸収されないのでシアン化物の危険もなく）、芯の部分はジュースの量としてはわずかなので、フレーバーがなくてもまったく問題なかったのです。

酸化を防ぐには、ビタミンC（アスコルビン酸）を使います。材料のセクションでも触れましたが、ビタミンCとクエン酸は同じものでは**ありません**（60ページ参照）。クエン酸は、レモンの主要な酸味ですが、直接変色を防ぐわけではありません。アスコルビン酸のはたらきではレモンの酸味は変わりませんが、茶色に変色するのを防ぐ効果はほぼすべてがアスコルビン酸によるものです。ジュースにする前に切ったリンゴにアスコルビン酸の粉をまぶすか、ジュースを受ける容器に適量のアスコルビン酸を入れておきます。最初の1、2切れをジュースにしたあと、必ずかき回して、アスコルビン酸をジュースに溶け込ませてください。わたしは、ジュース1リットル当たりに、アスコルビン酸を約2.5グラム（1ティースプーン）使います。市販の商品に使われている量と比べると、かなり多い量です。

前出の写真のクラブアップル・ジュースを遠心分離機にかけたもの——美しいピンク色に変わっている。アップル・ジュースのなかには、清澄化すると、芳醇さが失われるものもある。これに対して、このクラブアップルは、食べてもあまり美味しくないし、ジュースにしても大してよくならないが、清澄化すると見映えがぐんとよくなる。

すると、まさに原料であるリンゴそのものの味の本物の新鮮なアップル・ジュースができ上がります。この種のアップル・ジュースをいままで飲んだことがないなら、いままでこの味を知らずに長年生きてきたことを腹立たしく感じることでしょう。しかし、このジュースはカクテルの材料として最適とはいえません。ジュースはこのままでは濁っています。そこで、清澄化するかどうかを決めなければなりません。

アップル・ジュースのフレーバーは、清澄化によって大きな影響を受けます。市販のアップル・ジュースとスイート・サイダーの違いを考えてみましょう。サイダーは、懸濁粒子〔241ページ参照〕のためにアップル・ジュースよりも粘度が高く、こくがある、というだけでありません。懸濁粒子にはそれ自体にフレーバーがあり、そのフレーバーはしばしばよいものなのです。では、どうして清澄化するのでしょうか。炭酸化する場合には、選択の余地がありません。ステア・ドリンクを作るつもりなら、清澄化した**ほうがいい**でしょ

第13章　リンゴ

う——スープのような見た目のステア・ドリンクが好きな人がいるでしょうか。清澄化してもそのすばらしい味わいを失わないリンゴを選んでください。シェイク・ドリンクを作るつもりなら、清澄化のことは忘れてください。ジュースを完全に漉して、グラスの横から見ても見苦しい果肉のかけらが見えないようになれば、もう使えます。

　カクテルに適した特別なリンゴについて取り上げる前に、スーパーマーケットで買える品種のリンゴの使い方を、清澄化する場合としない場合の両方に分けて、見ていくことにしましょう。

グラニースミス・ソーダ：清澄

　このドリンクはノンアルコールで行くことにします。グラニースミスは、オーストラリアではいちばんよく知られたリンゴの品種で、コックたちから重宝がられています。酸味があり、さわやかで、味にむらがなく、手に入れやすいからです。グラニースミスのジュースは、遠心分離機にかけなくてもかなりのレベルまで清澄化できます。絞ったジュースに、ペクチネックス・ウルトラSP-Lを加え、一晩置いて、上澄みの透明なジュースを移し替えてください（241ページ～の『清澄化』の章を参照してください。実をいえば、グラニースミスのジュースは長い時間静置すれば、ペクチネックスを加えなくても清澄化できます）。グラニースミスは、糖対酸が、ソーダにするには完璧な比率（糖が100ml当たりおよそ13グラム、酸が0.93％）です。残念ながら、このリンゴ自体はあまりおもしろみがありません。ただし、単調なフレーバーは、ジュースを酒と混ぜたときに酒に負けてしまいますから、カクテルの材料としてマイナスですが、ソーダにした場合にはその味が大いに引き立つ場合もあります。

180mlのドリンク1杯分
糖10.8g/100ml、酸0.77％

[材料]

グラニースミスの清澄ジュース 150ml
ろ過水 30ml
食塩水2ドロップまたは塩1つまみ

[作り方]

　すべての材料を混ぜ合わせ、冷やして、好きな方法で炭酸化する。

ハニークリスプ・ラム・シェイク：無清澄

ハニークリスプは、最近市販されるようになった比較的高級なリンゴの新品種です。酸味がひじょうに少ないので、このレシピでは、ライム・ジュースかストレートのリンゴ酸を使って、酸を加える必要があります。このリンゴのジュースは、氷を使ってシェイクするドリンクでは、希釈されて味が薄くなってしまうので、このレシピでは凍らせたジュースを使って、ジュース・シェイクにします（146ページ～の『カクテルの新しい冷やし方』の章を参照のこと）。

162mlのドリンク1杯分
アルコール度数14.8％、糖7.8g/100ml、酸0.81％

[材料]

すっきりした味のホワイト・ラム（アルコール度数40％）60ml

ライム・ジュース 12ml

または、水10mlにリンゴ酸0.7グラムを溶かしたものと、食塩水2ドロップまたは塩1つまみ

30mlのキューブに入れて凍らせた無清澄のハニークリスプ・アップル・ジュース3個（90ml分）

[作り方]

ライム・ジュース、またはリンゴ酸と塩を、ラムと混ぜ合わせ、アップル・ジュースを凍らせた角氷とともにカクテル・シェーカーに入れて、シェイクする。氷が完全に溶けてシャーベット状になったら（音で聞き分けることができる）、冷やしておいたクープ・グラスに注ぐ。

リンゴを知る

いまは、リンゴを楽しむにはたいへんよい時代です。興味深い品種を誰もが手に入れることができます。栽培業者の近くに住んでいなくても、オンラインで直接栽培業者から特産品のリンゴを買うことができます。リンゴの産地の直売店では、フルーツの品種に関心を示す人たちが増えるにつれて、店頭に並ぶ品種が年々増えています。実際に現地に出かけて、味を見てみるべきです。ひじょうに重要なリンゴに関しては、カタログやリストも見つかるでしょうが、そうした資料は、あなた自身が自分の舌で味を確かめた体験の代わりにはならない、ということを覚えておいてください。

リンゴを選んで味見する

野外市場で買うにしろ、木になっているリンゴをもぐにしろ、二、三、心に留め置いてほしいことがあります。ナイフを持って行ってください。リンゴを丸かじりするよりも、果

リンゴの食感はカクテルにどう影響するか

リンゴの食感はカクテルには影響しない——どうせ絞ってジュースにしてしまうのだから——と思う方が多いかもしれませんが、食感は間接的に影響を及ぼします。アメリカ人の食感の好みを基準にすると、カクテルに使えそうなリンゴは、ほとんどが除外されてしまいます。まずは、わたしの説明を聞いてください。

アメリカ人には偏見があります。アメリカでは、シャリシャリした歯ごたえのいいリンゴ**しか**受け入れられません。これはよいことではありません。どうしてリンゴはシャリシャリした歯ごたえでなくてはならないのでしょうか。サクサクしたようなほかの食感でもいいはずです。アメリカ人は、サクサクとパサパサの違いを見分ける能力を失っています。パサパサのリンゴというのは、そもそもはシャリシャリだったリンゴが、貯蔵期間が長すぎて劣化したものです。これはまずいリンゴです。しかし、サクサクのリンゴというのはまったく別です。熟した時点で、そもそも食感がシャリシャリしていないリンゴです。この違いを楽しんでください。

このことが、ジュースの品質にどういう影響を及ぼすでしょうか。先祖伝来の品種を育てているアメリカの栽培業者は、消費者がシャリシャリしたリンゴしか買わないことを知っていますから、しばしば未熟ですいリンゴを摘み取ってしまいます。完熟したリンゴは、やわらかいために好まれず、売れません。未熟なまま摘み取られるリンゴは、みじめです。その品種特有のフレーバーはほとんどありません。味は単調です。まだ糖が十分に生成されていませんし、味はびっくりするほど酸っぱくて、まだ転化されていないデンプンが大量に含まれています。未熟なまま収穫すると、食感はシャリシャリしていても、香りがとぼしく、酸味が強く、デンプン質の多いリンゴになります。早生リンゴは、このカテゴリーのいちばんの落ちこぼれです。というのは、1つのグループとして見た場合、早生リンゴはまず何よりもフレーバーがとぼしく、旬がひじょうに短く、ほかのどんなリンゴよりも早くカビ臭くなります。消費者の嗜好に従う以上、栽培業者がリンゴが熟してから収穫するようになることは、ほとんどありえません。

カクテルを楽しみたいわたしたちは、リンゴの食感は——ジュースを作るだけですから——気にしませんが、それでも手に入るのは、シャリシャリした食感のカクテルに適さないリンゴばかりです。美味しいカクテルの材料になるリンゴがほしいなら、地元の栽培業者に約束することです。もしリンゴを熟してから収穫してくれるなら、それを買うと。たくさん買うと！

第4部　カクテルの明日を求める3つの旅

リンゴの赤くなっている部分は味が違う。

　肉を皮ごと切り取ったほうが、リンゴの本当の味がよくわかります。何十個もリンゴを味見して、歯肉痛になりたくないなら、なおさらナイフは必携です。これは覚えておいてほしいことですが、カクテルに使うリンゴを味見するときには、食感は関係ありません！食感にかかわる知覚は消去して、ジュースにしたときにどんな味になるかということに意識を集中してください。これは、最初から簡単にできることではありません。とにかく、実践してみてください。

　リンゴを切るときには、ナイフが果肉の中に入っていくのを感じてください。味を見る前に、未熟なリンゴのデンプン質を感じる取ることができます。それは、固いジャガイモを切るような感触です。味見をするまでもなく、未熟なリンゴの断面ににじむ果汁を見れば、デンプンが含まれているのがわかります。そういうリンゴは使わないでください。箱詰めのリンゴや木にいっぱいなっているリンゴを見たら、そのなかから色合いの違うリンゴを2つ探してください。ずっと青いままのリンゴでさえ、熟してくると色が変わり、通常は色が濃くなって赤みが出てきます。同じ木になっていても、それぞれのリンゴは場所によって熟す段階が違ってきます。さらには、たんに熟すかどうかだけではなく、同じ木でも、日の当たり具合の違いや枝がどれくらい下のほうにあるかによって、リンゴのフレーバーが変わることがあります。同じ品種のいちばん色の違う2つのリンゴの味を比べれば、同じ品種のリンゴのフレーバーにどれくらいの幅があるかがわかるでしょう。同じリンゴでも、色の濃い部分や赤みが強い部分を探してください。まず、赤みのある部分からいちばん遠い部分の味を見てください。もし美味しければたいへんけっこうです。

次は、赤みのある部分の味を試してください——反対側よりももっと芳醇で、もっと甘く、もっと多く太陽の光を浴びています。このリンゴをジュースにすると、2つの味が混じった味になります。

こうしたテストをしたうえで、自分の条件に合うリンゴだけを選んでください。これは、果樹園まで行けば簡単ですが、スーパーではちょっと無理でしょう。興味を持った品種のリンゴをそれぞれ2個ずつ買って、その場で味見をし、それからカクテルを作るのに必要な数のリンゴを買ってください。アップル・ジュースは冷凍保存ができます。自分のお気に入りのリンゴを見つけたら、まとめ買いし、加工して冷凍しておいてください。

糖と酸

カクテルに適したリンゴは、たいてい糖と酸がどちらも高い濃度で含まれています。糖度が低いリンゴは、ほとんどの場合が未熟ですから、よいものはめったにありません。糖度が低いだけでなく、フレーバーもほとんどありません。酸性度が高ければ、酸を少しも追加することなくカクテルを作ることができるので、良質のリンゴといえます。酸性度の低いリンゴは、少量の酸を加えることによって大きく改善することができます。この酸は、ストレートのリンゴ酸でも、レモン・ジュースやライム・ジュースでも、ベルモットのような酸味のあるアルコール飲料でもかまいません。しかし、わたしはなるべく調整があまり必要でないリンゴを使います。そのほうが、余分な混ぜ物のないリンゴの純粋なフレーバーを活かすことができるからです。

商業的には、とくにハード・サイダー〔リンゴ酒〕の製造では、糖と酸の比率がリンゴの品種のデータとして示されます。その結果、1つの数値に基づいてジュースのバランスを判断することができます。つまり、糖含量（ブリックス値）がわかれば、ジュースの全体の味の強さを知ることができるのです。ほとんどの人たちは、ジュースを測定するための屈折計は持っていませんし、アップル・ジュースの酸性度を十分に測定できる人は（pH計はこの場合役に立ちませんから）なおさら少ないでしょうが、特定の品種に関するいろいろな評価基準は、オンラインで調べ

旬を過ぎて熟れすぎたリンゴ

しおれたリンゴはいらないでしょう。スーパーに並んでいるリンゴは、盛りを過ぎていれば、手にとったときもはや固さがありませんから、わかります。おそらく、そういうリンゴは少ししなびているでしょう。果樹園で木になっているリンゴは、手で触れてみてください。べたべたした感じがしたら、それは熟しすぎている証拠です。自然発生して多くのリンゴの表面を覆うエピクチクラワックスは、リンゴが熟すにつれてべたついてきます。（食料品店では、このテストはあまり役に立ちません。生産者は、洗浄のときにこの自然の被覆を取り除き、別の物を塗布しているかもしれません）。リンゴが熟しすぎているのではないかと思ったら、切って中を見てください。リンゴは熟れすぎると、多くの場合、みつができます。あたかも、凍ったものが溶けたように、中が湿り気を帯びているように見えます。全部ではありませんが、通常熟れすぎたリンゴは、リンゴらしくないほどやわらかくなります。

熟れすぎたリンゴや保存期限が過ぎたリンゴは、食用には適しませんが、適度に過熟のリンゴは、おもしろいカクテルの材料になる場合もあります。リンゴは熟れすぎると、酸味が弱くなり、そのためほどよく熟したリンゴよりも多くの酸を使って調整する必要があります。また、過熟のリンゴは、内部に発生するエチレンガスが過活動状態になり、揮発性のエステルをリンゴ内に発生させるため、ひじょうに興味深い香り立つ花のようなアロマを出すようになります。こうしたエステルは、少量なら、とてもすばらしい香りになります。量が多すぎると、溶剤のようなにおいになります。こうしたフレーバーを利用する場合、ひじょうに変質しやすいので、注意してください。

ることができますし、買う前に味見ができない場合にテストすべきリンゴを選ぶためのガイドラインとして利用できます。

カクテル用としては、わたしは糖対酸の比率が13〜15のアップル・ジュースが適していると思います〔たとえばブリックス値（糖度）が13、酸が1%なら糖対酸の比率は13になる〕。13は酸っぱく、15は心地よい酸味です。参考までにいうと、グラニースミスは14くらいです。酸味が弱く、かなり甘いガーラ・アップルは、21くらいです。糖のレベルについていうと、カクテルに使うアップル・ジュースはブリックス値が11以上が望ましく、14から15（ソフトドリンクと同じくらいか、もっと甘い）なら、なおさらけっこうです。

では、糖度と酸性度がともに高い2つのリンゴを使ったカクテルの実験について見ていきましょう。この2つとは、アッシュミーズ・カーネルとウィクソン・クラブアップル（Wickson crabapple）です。

アッシュミーズ・カーネル

アッシュミーズ・カーネルは、小豆色の黄色がかった皮のイギリス原産のリンゴで、その起源は18世紀初めにさかのぼります。わたしはこのリンゴを、ニューハンプシャーの栽培業者から仕入れています。この品種は、出来のよいものは本当によいリンゴです。ジュースにすると、芳醇そのものです。小豆色のリンゴの多くは、ナシのような味がしますが、酸味はとくに強くありません。アッシュミーズは、多少の酸味はありますが、普通のリンゴより味が濃厚です。ブリックス値は18近くとかなり高く、酸性度も合わせやすい高さです。糖対酸の比率に関する信頼できるデータは何もありませんが、14ぐらいだろうと思います。

アッシュミーズ・カーネルは、ぜひともウイスキーと組み合わせて、炭酸化してほしいリンゴですが、それにはひとつ問題があります。ウイスキーのオークの香りに、リンゴのフレーバーが負けてしまうのです。この問題を解決するために、わたしはウイスキーのウォッシングを始めました（273ページ）。しかし、ウォッシングによって味を和らげることを試みるずっと以前にも、わたしはロータリー・エバポレーターを使い、単純な再蒸留によって、すでにこの問題を解決していました。この再蒸留したウイスキーは無色透明でしたが、それでもやはりひじょうにプレーンな味のウイスキーでした。わたしは、これを清澄化したアッシュミーズのジュースと混ぜて、少量の水と塩1つまみを入れてドリンクの味を和らげ、冷やして炭酸化しました。わたしがケンタッキー・カーネルと名づけたこのカクテルは、まさにわたしがぜひとも作りたいと思う種類のドリンクです。たった2つの材料に、いろいろ手を加えて、混ぜ合わせ、人々がまだ経験したことのないフレーバーを作り出すのです。

わたしがこのドリンクを最初に作ったのは、2007年のことです。このときは、ジェニーバのUSアップル・コレクションからごっそりいただいてきたアッシュミーズ・カーネルを初めて使いました。いまわたしはバーを経営していますから、もう蒸留することは（めんどうな法的問題のために）できないので、以前と同じ方法でケンタッキー・カーネルを作ることはできません。だから、ケンタッキー・カーネルを作るには、もうおわかりのように、ウイスキーをウォッシングする方法を使います。そのレシピは次の通りです。

ケンタッキー・カーネル

157.5mlの炭酸入りドリンク1杯分

アルコール度数15％、糖8.6g/100ml、酸約0.6％（リンゴの平均の糖対酸の比率が14と仮定した場合：自分が用意したリンゴの味を見て、わたしのレシピを調整するかどうかを判断する必要がある）。

[材料]

キトサン／ジェラン・ウォッシングしたメーカーズ・マーク・バーボン（アルコール度数45％）52.5ml

アッシュミーズ・カーネルの清澄ジュース 75ml

ろ過水 30ml

食塩水2ドロップまたは塩1つまみ

[作り方]

材料を混ぜ合わせ、冷やして、炭酸化する。冷やしておいたフルート・グラスに注ぐ。

このレシピは、バーボンの代わりにオークの香りを除いたコニャックで作っても、同じように美味しくなります。あなたにとってオークの香りがまだ強すぎるなら、エッグ・ウォッシングを試してもいいでしょう（273ページ〜の『ブーズ・ウォッシング』のセクションを参照のこと）。

2種類の瓶入りカラメル・アップルティーニと
オート・フスティーノ

　ウィクソン・クラブアップルは、本当はクラブアップル〔野生のリンゴ〕などではありません。親品種はよく知られた由緒正しいリンゴで、決してまずくはありません。たんに実がひじょうに小さいというだけの理由で、クラブアップルと呼ばれているのです。わたしが集めた情報によれば、ウィクソンは、植民地時代に（ニューヨークで発見されて）初めてアメリカからヨーロッパに輸出されたニュータウンピピンと、同じく有名ですばらしい植民地時代のアメリカ産リンゴのエソパス・スピッツェンバーグ（やはりニューヨーク州原産）との交配種です。わたしは、こうしたリンゴを使っていろいろな美味しいカクテルを作ってきました。1944年にカリフォルニアで発見されたウィクソンは、小さいながらも強烈なパンチを秘めています。ブリックス値は20以上に達することもあります。ただし、わたしが使っているのは、15近くのものです。酸の濃度は、1.25パーセントに達します。カクテルの材料としてはすばらしい濃度ですし、フレーバーも豊かで、こくがあり、まろやかです。わたしはこれでアップルティーニを作ることにしました。

　ご存じの通り、アップルティーニは評判がよくありません。これは、通常材料として入れる酸っぱい青リンゴの味に似せたシュナップスのせいで、やむを得ぬことです。ウィクソンは、美しく洗練されたアップルティーニに仕上げることのできる酸と糖を含んでいますから、これならみなさんも誇らしげに注文することができるでしょう。このドリンクは、プリマス・ジンとウォッカを混ぜて作ることもできますが、わたしはこのドリンクでは純粋なウォッカにこだわることにし、仕上げにドラン・ブランのスイート・ホワイト・ベルモットを使います。ウィクソンにもちょっと手を加えます。すばらしい秋をたたえるために、カラメルアップルのフレーバーを作ることにしましたので、カラメル・シロップを少し加えます。

　このドリンクをステアで作ると、薄くなってしまいます。ステアはやめて、瓶入りカクテル（146ページ～の『カクテルの新しい冷やし方』の章を参照）にしてください。混ぜたカクテルを瓶に入れる場合は、液体窒素を使ってヘッドスペースの酸素を取り除いてから、キャップをしてください。これには少し時間がかかります。わたしは、ランダルFX冷凍庫の温度を正確に－5.5℃――提供温度――に設定して、瓶入りにしたカクテルを冷やしておきます。家庭用の冷凍庫しか持っていない場合は、瓶ごと凍らせてください！　瓶には口までいっぱいには入れないでください。凍ったとき、瓶が破裂します。飲むときには、水につけて解凍してください。これは、新しい冷やし方のところでわたしが瓶入りカクテルの作り方として説明した手順とは違っています。これは、前におおまかに説明した原理を基にして、少しアレンジを加えたテクニックです。わたしがこの方法をこういうやり方で説明するのは、どんなテクニックも杓子定規に従う必要はないということを示すためです。わたしは臨機応変にやります。本書で紹介するテクニックは、どれもみな、その原理さえ理解すれば、自分の手持ちの道具を使って応用してよいのです。

　このドリンクは、瓶詰めにして、塩を加えた氷に入れて冷やすこともできます。

瓶入りカラメル・アップルティーニ

　わたしが使ったウィクソンは、ブリックス値が15でした。もっとブリックス値が高い（報告によると20以上のものも多い）ウィクソンを使うなら、レシピを調整しなければなりません。そうでなければ、歯が痛くなるほど甘いドリンクになってしまいます。数値を計る屈折計は必要ありません。ドリンクが甘すぎたら、調整してください！　このドリンクは激甘ではありません。カラメル・シロップは、その原料の砂糖ほど甘くはありません。カラメル化反応のときに、砂糖の一部が分解するからです。

155mlのドリンク1杯分
アルコール度数16.5%、糖7.2g/100ml、酸0.45%

[材料]

ウォッカ（アルコール度数40%）60ml

ドラン・ブランのベルモット（アルコール度数16.5%）7.5ml

ろ過水 30ml

ウィクソン・クラブアップルの清澄ジュース 52.5ml

70ブリックスのカラメル・シロップ 1バースプーン（4ml）（下の「注意」を参照）

注意：70ブリックスのカラメルを作るには、まず少量——約30ml——の水を鍋に入れる。この水の上からグラニュー糖を400グラム加えて、焦げつく寸前まで加熱し、こってりした色の濃いカラメルにする。すぐに、水400mlを加える。水が激しく沸騰する。スプーンでかき回して、すべてを溶解させる。シロップが冷めたら、ブリックス値を測定する。66〜70くらいならよい。これより高いようなら、水を加える。もっと低い場合には、煮詰めて水分を飛ばす。

オレンジ・ビターズ（できれば217ページのレシピ）1ダッシュ

食塩水2ドロップまたは塩1ダッシュ

[作り方]

　すべての材料を混ぜ合わせて、瓶に詰めて冷やす。

アップルティーニを作る2つ目の方法を説明します。2つ目は、わたしが開発した新しいテクニックです。このセクションの冒頭でも言ったように、リンゴを清澄化すればジュースからフレーバーの一部を取り除くことになります。わたしは、清澄化していない果肉のフレーバーの一部を透明なドリンクの中に取り出すことができないものかと考えました。そこで、濁ったジュースに蒸留酒を加えてみることにしました。清澄化のときに失われるはずの果肉からフレーバーの一部を、このアルコールで引き出せないものかと思ったのです。また、清澄化のセクションで説明したフスティーノと同じように、でき上がった酒を常温保存可能なものにしたいので、酒はひじょうにアルコール度数の高いものを使うことにしました。わたしは、400mlの純粋エタノール（実験室グレード）を600mlの濁ったジュースに加え、清澄化酵素はまったく加えませんでした。すると、すばらしいことが起きました。エタノールは、本当に果肉から芳しい（かんば）フレーバーの一部を取り出してくれたのです。でも、わたしが驚いたのはこの

このオート・フスティーノは、アッシュミーズ・カーネルを材料にして、数か月熟成させたもの。

ことではありません。度数の高い酒は、アップル・ジュースの中のペクチンを即座に凝集させて、自然に清澄化します。時間もかからず、遠心分離機もいらず、澄み切った透明に変わり——しかも美味しいのです！　わたしはこれをオート・フスティーノと名づけました。オート・フスティーノは、アルコール度数が40％よりやや高く、常温保存が可能です。ドラン・ブランとビターズを加えてステアするだけで、アップルティーニが作れます。ウィクソンのオート・フスティーノは、シェイク・ドリンクにも使えます。オート・フスティーノのペクチンはほとんどが凝集され、漉しとられますが、酒の中に残留したペクチンだけでも、シェイク・ドリンクにしたとき液面にすてきな泡の層を作ることができます。

このテクニックの本当の問題は、アルコール度数96％以上の高品質の酒は手に入りにくく、質の悪いものは病院のようなにおいがし、希釈しても毒のような味がすることです。度数の低いアルコールでもこのテクニックが使えるかどうかを確かめるために、151プルーフ（アルコール度数75.5％）の熟成ラムのバカルディを半々の割合で混ぜたものを使ってテストしました。これは大変うまく行きました。そのうえ、でき上がった酒は37％以上ですから、まだけっこう高いアルコール度数です。バカルディの味とリンゴは、驚くほどよく合いました。わたしは、151という度数は、学生がパーティでバカ騒ぎをする

ための投下用燃料に等しい——火気厳禁の注意書きと金属の防火スクリーンが必要だ——と思いますが、驚くほどよくできた酒には違いありません。

151プルーフ、すなわちアルコール度数75.5％は、このテクニックを使えるアルコール濃度の下限に近い数字です。アルコール度数が57％になると、うまくいきません。アルコール度数96％の酒が少量でもあれば、この酒を使って、高品質のフレーバーの豊富な酒のアルコール度数を70％以上に高めて、このテクニックを活用することができます。たとえば、ジン（アルコール度数47.5％）を25パーセント、アルコール度数96％の酒を25パーセント、ジュースを50パーセントの割合で混ぜます。

オート・フスティーノを作るときには、スプーンを使って酒を混ぜると、ペクチンの固まりが互いに集まり、液体内を浮遊する濁りの粒子がすっかり取り除かれて、液体が透明になります。

オート・フスティーノには、多くのメリットがあります。時間がかからず、道具は何も（アップル・ジュースを作るジューサー以外には）いりませんし、果肉からよいフレーバーを抽出することができます。このテクニックが使えるのは、アップル・ジュースがやや薄い濃度で、ペクチンが含まれているからです。イチゴのようなもっと濃いピューレでもこのテクニックを試してみましたが、うまくいきませんでした。

これからの目標

シーズンの盛りや末期のリンゴがたくさんあれば、すばらしいカクテルが作れます——少なくとも数十個は必要ですが、温暖な気候帯に住む読者の方々なら手に入るでしょう。もっとずっとむずかしいのは、イエロートランスペアレントやロディのようなかなり早生のリンゴで美味しいカクテルを作ることです。こうしたリンゴは、なかなか手に負えません。フレーバーはほとんどありません。こうしたリンゴは、一部の老人たちから、ソルトアップル〔塩りんご〕と呼ばれていました。というのは、デザートというよりも、香りがよくて塩からい清涼感のある軽食として、塩をかけて食べていたからです。わたしはまだ、こうしたリンゴを使って美味しいカクテルを作ったことがありません。こうした早生リンゴたちが語りかけてくる声が、まだわたしにはよく聞こえていないのでしょう。リンゴたちがどうなりたいと思っているのか、わたしにはまだわかりませんが、その声も年々近くなってきています。わたしの推測では、軽くて、塩辛く、はかない味で、おそらくアガベ・ネクターを使って一気にきて一気に引いていくショ糖の甘味と、ジンを組み合わせるといいのではないかと思います。きっと来年ぐらいには、この暗号も解けるでしょう。これまでにも美味しいカクテルの材料になりそうな早生リンゴが手に入ったことはありましたが、定期的に調達することはまだできません。以前は、カロリーナ・レッド・ジューンとシェナンゴ・ストロベリー・アップルをバージニアから仕入れていました。この2つをブレンドすると、わたしがいままで作ったなかでいちばんおいしい早生リンゴジュースになりましたが、実際にテストができるほどの量が手に入ったことはありません。

わたしは、リンゴ酒用に栽培されるタンニンの多いリンゴがカクテルの材料として使えるかどうかについて、まだ確かめていません。これはつまらないうっかりミスなので、わたしも次のシーズンには必ず是正するつもりです。果樹園になっているこうしたリンゴ

を味見するときには、すぐに吐き出します。事実、味見をする人たちはスピッター〔唾を吐く人〕と呼ばれます。わたしは、果樹園になっているリンゴ酒用のリンゴは美味しくないという先入観を打ち消すような知覚的経験をしたことがありません。だから、そうしたリンゴがカクテルに使えるかどうか、もしミルクや卵やキトサンでウォッシングしてタンニンの一部を取り除いたらどんな味になるか、そうしたことが想像できません。

　最後に、わたしはリンゴの故郷であるカザフスタンへ旅をし、ティエン・シエンの果実の森に行ってみたいと思っています。誰に聞いても、カザフスタンから中国西部まで延びるこの森は、驚くべき場所です。この地域で野生状態で自生しているほとんどの果実は、同種の品種改良された栽培種と比べると、あまりよくありません。多くの人たちは、リンゴもそうだと思っています──が、実はそうではないのです。マギー博士とわたしは2007年にUSアップル・コレクションを訪れたとき、学芸員のフィル・フォスリンから、ティエン・シエンの森から野生のリンゴを集めるという計画を長年温めているという話を聞きました。マギーとわたしがその野生のリンゴの一部を味見したところ、ひじょうにすばらしい味で、名前をつける価値がありました。おそらく、わたしがその森へ行ったなら、美味しいカクテルを作るために必要な豊かな味わいと高い酸性度と高い糖度を持つリンゴの実がなる野生の木を見つけるまで、さまよい歩くこともできるでしょう。そして、文字通り自分のものと呼べる品種を作るでしょう。それができたら、まさにカクテル作りの醍醐味が味わえることでしょう。

第14章
コーヒー

わたしは、コーヒーが大嫌いで、コーヒーを薄くて苦い嫌悪すべき液体だと思って人生の大半を過ごしてきました。わたしが成長期のころ、母はカルーア・ミルクを寝酒として好んで飲んでいました。こんなに砂糖をたっぷり入れたものでも、わたしには耐えられませんでした。大学と大学院のころ、わたしはカフェインがほしいときには紅茶とダイエットコーラで欲求を満たしていました。

20代の終わりごろ、わたしはこうした状況を打開しようと思い立ちました。コーヒーを好きになろうと考え、さらに濃いコーヒーを好きになろうとしました。わたしはがまんしてエスプレッソを飲み下しました。2週間ほどすると、コーヒーが好きになってきました――やがて、大好きになりました。そのうち、自宅でプロ並みのエスプレッソを飲みたいと思うようになりましたが、いい機械を買う余裕はありませんでした。わたしは、閉店するレストランの中古機材を売るオークションを回るようになりました。わたしが掘り出し物を見つけたのは、麻薬取締局の強制捜索のあと何週間も密閉され、中で食べ物が腐っていた場所でした。わたしは、悪臭をいとわずオークションに参加した少数の有望な見込み客のひとりでしたから、80年代のすてきな2グループのランチリオ〔イタリアの老舗コーヒー機器ブランド〕を、たった100ドルで手に入れることができました。かくして、わたしの長年にわたるエスプレッソの世界への旅が始まったのです。

これが、1990年代の終わりのころのことです。それ以来、エスプレッソに関する技術は大きく進歩しました。多くの賢い人たちが、その小さなカップ1杯の茶色い飲み物のために長年研究を続けてきたのです。本書は、コーヒーではなくカクテルの本ですから、ここでくわしい話はしませんが、わたしが自分で立てた目標に到達するためにどういう道をたどったかを、みなさんにもぜひ知ってもらいたいと思います。その目標とは、わたしが好きなエスプレッソ特有の味わいをカクテルの味の要素として取り込んだコーヒーカクテル

エスプレッソを注ぐ。

を作ることです。こうしたカクテルには、必ずしもエスプレッソを入れる必要はありません。エスプレッソの旨みを感じさせるものにすればいいのです。

　エスプレッソ以外のコーヒーについて、手短に説明します。わたしは、ドリップコーヒーやアイスコーヒーやミルク入りコーヒーを心底美味しいと思ったことがありません。わたしは、コーヒーのフレーバーのついたものが好きではありません。コーヒー味のアイスクリームでさえもです。わたしは、コーヒー嫌いを自慢しているわけではありません——ただ、わたしの偏った嗜好について、読者のみなさんに知っておいてもらいたいのです。そのほうが、この章でこれから説明することをより正しく理解していただけるだろうと思います。

エスプレッソの持ち味：カクテルに活用できるポイント

　これからの説明に先立って、わたしはエスプレッソの定義を、押し固めた挽きたてのコーヒー豆15グラムから、92℃のお湯を使って、9.3バールの圧力で22秒間抽出した45mlのコーヒー、とします。わたしの淹れ方では、北イタリアの伝統的な淹れ方と比べて、コーヒー粉末が多めで、お湯は少なめになりますが、現代のアメリカのバリスタの淹れ方と比べると、コーヒー粉末は少なめで、お湯の量は多めになります。もしこの比率がお気に召さなければ、あなたの好きな比率にしてください。

　エスプレッソは、味が濃く、心地よい苦味がありますが、酸味はありません。砂糖は必要ありません。そこで、わたしは自分が作るコーヒー・カクテルは、コーヒーの味を強くし、えぐみや甘味は加えません。

　エスプレッソを抽出するときにかかる高圧のために、クレマと呼ばれる泡が液面にできます。この泡を形成する気泡は、実際にはエスプレッソの全体に生じます。また、この高圧は、コーヒー・オイルを液体中に乳化させます（エスプレッソは、ドリップコーヒーとは違い、乳濁液です）。泡立ちと乳化作用によって、エスプレッソの特徴となる濁りやこくやテクスチャーが生じます。エスプレッソのテクスチャーは、シェイク・カクテルのテクスチャーと同じように、わりと早く消えてしまいます。そのため、エスプレッソのこくをカクテルで再現する場合、ステアしてはいけません。ステアは透き通ったドリンクで使うテクニックで、コーヒー・カクテルはそれとは対極的なものです。わたしが求めるテクスチャーを得るには、シェイクと炭酸化が必要になります。

本当にエスプレッソを含むエスプレッソ・ドリンク

　エスプレッソは、カクテルの材料としては理想的です。なぜなら、カクテルに適したわずかな量で、かなりのフレーバーを加えることができるからです。ドリップコーヒーは、カクテルの材料としてはエスプレッソとは比べものになりません。ドリップコーヒーは水分が多すぎます。ドリップコーヒーを希釈に耐えられるほど濃くすると、味がえぐくなってしまいます。最近人気が出てきた水出しコーヒーの濃縮液ならよい代用品になると思う人もいるかもしれません。エスプレッソと同じように、水出しコーヒーの濃縮液はえぐみのない苦味です。しかし、味はそっくり同じというわけにはいきません。

第14章　コーヒー

ドリップコーヒーではなくエスプレッソを使うのは、コーヒー・カクテルの第一の基準であるえぐみのない濃さがあるからです。もっとやっかいなテクスチャーという問題に取り組むために、アイスコーヒーの作り方をざっと見てみましょう。

アイス・エスプレッソ

アイスコーヒーは、わたしが忌み嫌いながらもたくさん作る例外的な飲み物のひとつです。妻はアイスコーヒーが大好きなので、なぜわたしが嫌うのか、理解できません。わたしと妻の両方が好むアイスコーヒーを作ろうとするとき、わたしはテクスチャーの改善に集中します。テクスチャーの改善は、シェイクするだけでできます。エスプレッソに氷と少量の砂糖を入れてシェイクする――イタリア語でいうカフェ・シェケラートにする――と、テクスチャーはたいへんよくなりますが、すぐに飲んでしまわなければなりません。ミルクを加えると、テクスチャーの問題は完全に解消します。ミルクは、泡立て器の役目をします。ミルクを加えてシェイクして作るアイス・エスプレッソは、コーヒー嫌いの人間にとっても、たいへん美味しいドリンクです。あなたがまだ本書のほかのどのレシピも試してないとしても、もしアイスコーヒーが好きだったら、このレシピを試してみてください。きっと人生観が変わります。

ミルク入りシェケラート

197mlのドリンク1杯分

アルコール度数0%、糖4.7g/100ml、酸0.34%

[材料]

淹れたてのエスプレッソを60℃以下に冷ましたもの 45ml

ホールミルク 90ml

シンプル・シロップ 15ml

食塩水2ドロップまたは塩1つまみ

たっぷりの氷

[作り方]

材料を混ぜ合わせ、全力でシェイクする。漉してから冷やしておいたグラスに注ぐか、氷を入れた背の高いグラスに注いで長いストローをつける。もしミルクなしのエスプレッソのほうがお好みなら、ミルクは入れずに、少し長めにシェイクし、冷やしておいたクープ・グラスに注ぐ。

第4部　カクテルの明日を求める3つの旅

アルコール入りアイス・エスプレッソ

シェケラートに酒を加えると、希釈されて、こくがなくなります。酒を入れて、適正なテクスチャーにするには、ミルクの代わりにクリームを使い、エスプレッソをもう少し低い温度まで冷ますといいでしょう。

アルコール入りシェケラート

234mlのドリンク1杯分
アルコール度数10.2％、糖3.9g/100ml、酸0.29％

[材料]

淹れたてのエスプレッソを50℃まで冷ましたもの 45ml

ダーク・ラム（アルコール度数40％：かび臭くないもの）60ml

ヘビークリーム 45ml（もしライトクリームやハーフアンドハーフのほうが好きならば、それで代用してもかまわないが、ドリンクの味は落ちる）

シンプル・シロップ 15ml

食塩水2ドロップまたは塩1つまみ

たっぷりの氷

[作り方]

　材料を混ぜ合わせてシェイクする。漉して、ダブル・オールドファッションド・グラスに注ぐ（クープ・グラスでは容量が足りない）。

クリームを加えたアルコール入りシェケラート。普通の氷を入れてシェイクする。

ミルクを加えたアルコール入りシェケラート。クリームはなし。

アルコール入りシェケラート2

　クリームを入れないでテクスチャーを保つもうひとつのレシピ。ミルクを凍らせて角氷にして、シェイクに使います。これは、146ページ〜の『カクテルの新しい冷やし方』の章で紹介したジュース・シェイクのアレンジです。

225mlのドリンク1杯分
アルコール度数10.7％、糖4.1%/100ml、酸0.3%

[材料]

淹れたてのエスプレッソを50℃まで冷ましたもの 45ml

ダーク・ラム（アルコール度数40％：かび臭くないもの）60ml

シンプル・シロップ 15ml

食塩水2ドロップまたは塩1つまみ

ホールミルクを凍らせて角氷にしたもの105ml

[作り方]

　液体の材料を混ぜ合わせて、ミルクの角氷を入れて、シャーベット状になるまでシェイクする。氷がカクテル・シェーカーの中でシャーベット状になったことは、音で聞き分けることができる。漉して、冷やしておいたダブル・オールドファッション・グラスに注ぐ（クープ・グラスでは容量が足りない）。

ミルクの角氷で作るアルコール入りシェケラート2。

第14章　コーヒー

シェイクがいらないテクスチャー：気泡

エスプレッソは、最初泡だらけのドリンクです。これは、実際には二酸化炭素の泡です。コーヒーを焙煎すると、二酸化炭素が豆の内部に生じます。加圧したお湯をコーヒー粉末に通すと、抽出されたコーヒーにこのCO_2が溶け込みます。この熱いコーヒーが大気圧にまで下がると、ぬるくなったソーダが瓶の中で泡立つのと同じように、コーヒーに溶け込んでいたCO_2が気化して、エスプレッソを泡立たせます。コーヒー豆が古くなって鮮度が落ちると、豆の中のCO_2の量が減って味が落ち、テクスチャーを生み出す力も失われてしまいます。

エスプレッソの泡はただのCO_2なのに、わたしが求めるテクスチャーを加えるために、冷やしたエスプレッソ・カクテルを炭酸化するだけではなぜいけないのでしょうか？炭酸入りコーヒーというのは、それはもうひどい味です。だからです。（マンハッタン・スペシャルというコーヒーソーダが市販されていて、一部の人たちには受けているようですが、わたしは違います）。エスプレッソに含まれるCO_2の量が少ないのは、抽出されるコーヒーの温度が熱いからです。前にも言ったように、液体中に溶解可能なCO_2の量は、液体の温度と反比例します。エスプレッソが炭酸化された味など誰にもわからないでしょう？　CO_2のピリッとくる味がしない泡を注入するには、亜酸化窒素（N_2O）を使ってください。これなら、CO_2のように泡をたくさん立てますが、ピリピリしたりせず、甘い味がします。

わたしは、亜酸化窒素用の大きなボンベを持っていますから、CO_2と同じようにN_2Oをドリンクに注入することができます。歯科医を除けば、ほとんどの人は、亜酸化窒素を大量に買うことはできないでしょう。さいわいなことに、N_2Oはカートリッジなら簡単に買うことができます。195ページ～の『急速インフュージョン』についての記述を参照してください。つまり、このドリンクはエスプーマで作ることになります。

N₂Oエスプレッソ

　エスプレッソに泡を注入すると、ものすごく泡立つことがあるので、気をつけてください。だから、一度に2杯のドリンクを作れるとしても、エスプーマに入れすぎないように注意してください。また、N₂Oは甘いので、グラスに注いだあとそのままにしておくと、N₂Oが泡となって出て行き、甘味がだんだん落ちていきます。N₂Oドリンクを、飲み込む前に口の中でクチュクチュすると、液体から気化するN₂Oの量が増えて、甘味が一気に広がります。このドリンクについても、これまで通り1杯分のレシピを紹介しますが、このレシピは2杯分作るのがベストです。

165mlのドリンク1杯分
アルコール度数12.7％、糖5.6g/100ml、酸0.41％

[材料]

エスプレッソ 45ml

ウォッカ（アルコール度数40％）52.5ml

シンプル・シロップ 15ml

ろ過水 52.5ml

食塩水2ドロップまたは塩1つまみ

[道具]

7.5グラムのN₂Oチャージャー 2本

[作り方]

　すべての材料をエスプーマに入れて混ぜ合わせ、凍結する直前まで（エスプーマごと）冷やす。エスプーマのふたを閉じて、N₂Oチャージャーを注入する。振ったあと、圧力を解放する。このとき、タオルでノズルを押さえて、ドリンクからガスを抜く（コーヒーがあたりに飛び散らないようにする：本当に大変なことになるので注意）。2本目のチャージャーで注入して、12秒以上振る。エスプーマを置いて、約90秒間そのままにする。ゆっくりと──文字通り、ゆっくりと──エスプーマから圧力を解放する。この時点では、泡が残るようにする。冷やしておいたフルート・グラスに注ぐ。

エスプレッソを入れないエスプレッソ・ドリンク

　カクテルの実験を始めたころ、わたしは、アロマを残して苦味を取り除く方法として、蒸留に興味を持つようになりました。わたしは、苦味がなく、それゆえ砂糖が必要ないコーヒー入りカクテルを作るつもりでした。ことごとく失敗続きでした。わたしが蒸留して作ったものは、コーヒー粉末を使っても、抽出したコーヒーを使っても、美味しくて濃いコーヒーとはほど遠いものでした。重い苦味の成分がまったく蒸留されず、コーヒーのフレーバーが感じられないのです。

　蒸留が失敗したので、わたしはインフュージョンに切り替えましたが、やはり結果はかんばしくありませんでした……そしてようやく、亜酸化窒素による急速インフュージョンを考えついたのです。急速インフュージョン以外の方法で作ったコーヒー味のドリンクは、味が薄すぎるか、不快な苦味のある後味がしつこく残るのです。急速インフュージョンで作ったコーヒー抽出液は、エスプレッソ**のような**味がします。心地よい苦味のある濃い純粋なコーヒーの味がし、えぐみはまったくありません。この酒には、カクテルに使うときのように少量の砂糖しか必要ありません。わたしがインフュージョンしたコーヒー液の唯一の問題点は、適正なテクスチャーにするには、やはりミルクが必要だということです。これについてわたしがどう感じたかは、読者のみなさんにももうおわかりでしょう。わたしの2番目の突破口は、ミルク・ウォッシングのテクニックによって切り開かれました（275ページ〜の『ミルク・ウォッシング』のセクションを参照してください）。ミルク・ウォッシングでは、ミルク（牛乳）を酒に加えてミルクを凝固させ、固形物を漉しとります。ウォッシングで作った酒は、乳清タンパク質を含みながら、牛乳っぽい味のしないクリーム状の泡立ちのいいドリンクに仕上がります。

　最後に！　わたしは、冷たいコーヒー・ドリンクが本当に好きです。次に紹介するレシピは、『急速インフュージョン』のセクションで取り上げたレシピのアレンジです。このレシピでは、西アフリカのスパイスのジェルを使って、カフェ・トゥーバ（210ページ）を作ります。酒のベースは熟成ラムです。まず、インフュージョンしてください。

コーヒー・サカパのカクテル

コーヒー・サカパ

[材料]

ロン・サカパ23年ソレラ・ラム 750ml　500ml と250mlに分ける。

ろ過水 100ml

深めに煎った新鮮なコーヒー豆（まだ挽いていないもの）100グラム

ホールミルク 185ml

クエン酸またはレモンジュース　必要に応じて加える

[作り方]

　香料グラインダーで、ドリップ用よりもやや細かめにコーヒー豆を挽く。このコーヒーと500mlのラムを、容量0.5リットルのエスプーマに入れて、1本目のチャージャーを注入し、振ってから、2本目のチャージャーを加える。さらに30秒間振る。インフュージョンの合計時間は、1分15秒とする。圧力を解放する。ほとんどのインフュージョンの場合とは違い、泡立ちがおさまるまで待たない。おさまるまで待つと、インフュージョンが過剰になってしまう。ちょうど1分だけ静置して、コーヒーフィルターの上に細かい網目のフィルターを重ねて、その上から注ぐ。混合液をコーヒーフィルターに直接注ぐと、すぐに目が詰まってしまう。漉し終わるまで2分はかからない。もし2分以上かかるようなら、豆の挽き方が細かすぎたためである。漉し終わったあとコーヒーフィルターに残った粉末をかき混ぜ、粉末の上にまんべんなく湯を加えて、滴下させる（これをスパージング〔湯の散布〕という）。この湯が、インフュージョンのときにコーヒー粉末の中に閉じ込められていたラムの一部と入れ換わる。スパージングによってコーヒー粉末から滴下する液体は、約50パーセントが湯で、約50パーセントがラムである。

　この時点で、およそ100mlの液体がコーヒー粉末に吸い取られたことになる。この吸い取られた液体の半分が湯で、半分がラムである。そのため、最終的にでき上がったドリンクは、作りはじめた時点と比べてアルコール度数がやや低くなる。

　インフュージョンした液の味を見る。濃いようなら（それでよいが）、250mlのラムを追加で加える。コーヒーのフレーバーを失わずに味をやわらげることができない場合は、豆の挽き方が粗すぎたためである。それ以上はラムを加えず、ミルク・ウォッシングに使うミルクの量を122mlに減らす。

　かき回しながら、コーヒー入りラムをミルクに加える。ミルクをコーヒー入りラムに加えてはならない。ミルクがすぐに固まってしまうからだ。かき回すのをやめて、混合液が固まるままにしておく。だいたい30秒以内に凝固する。凝固しないときには、少量の15％のクエン酸溶液またはレモンジュースを、混合液が凝固するまで少しずつ加える。凝固している間は、かき回してはならない。ミルクが凝固したら、カード（凝乳）がこわれないようにスプーンでそっとかき回す。これは、ミルクからさらに多くのカゼインをとらえ、透明度を高めるためである。丸い容器に入れて、冷蔵庫で一晩寝かせる。カードが底に沈殿していたら、上澄みの透明な液を注ぎ出せばよい。カードをコーヒーフィルターで漉して、液体成分をできるだけ回収する。または、ミルク・ウォッシングで凝固したらすぐに、遠心分離機に4000g（ジー）で10分間かける。わたしは遠心分離機を使っている。

完成時のアルコール度数：約35%
117mlのドリンク1杯分
アルコール度数15.8%、糖7.9g/100ml、酸0.38%

コーヒー・サカパ・カクテル

[材料]

コーヒー・サカパ 60ml

シンプル・シロップ 15ml

食塩水2ドロップまたは塩1つまみ

氷

[作り方]

　すべての材料をカクテル・シェーカーに入れてシェイクし、漉して、冷やしておいたクープ・グラスに注ぐ。泡がたっぷりのクリーミーなドリンクになる。

これからの目標

　コーヒーの蒸留をもう一度試してみたいと思います。わたしは、最初の不運な試み以来、試していません。まず初めに、コーヒー入りの酒を蒸留してから、同じ酒をコーヒー粉末でインフュージョンすること——コーヒーのダブル効果——によって、コーヒー入りのスーパーカクテルができるかもしれません。

　エスプレッソ抽出をカクテル用に特化した方法に変えて、実験してみたいと思います。エスプレッソの泡の量は、すでにご説明したように、ローストした豆に含まれているCO_2の量に左右されます。ローストされた豆の色が濃いほど、CO_2の量が多く、そのため泡の量も多くなります。ところが、エスプレッソの泡は、中煎りの豆を使ったほうが安定するので、わたしは、中煎りの豆を使って、抽出の途中でCO_2を補完する方法を試してみたいと思っています。もしうまくいければ、45mlのエスプレッソを30mlの酒に直接抽出して、テクスチャーのいいホット・エスプレッソができるでしょう。わたしの自宅では、エスプレッソ・マシンを、炭酸水製造機（カーボネーター）と同じように、ろ過水供給器につないでいます。炭酸水製造機の出口とエスプレッソ・マシンの入り口を接続するのは、いたって簡単です。炭酸化した水で抽出すると——わたしの希望的観測では——もっと泡立ちがよくなるでしょう。自宅のエスプレッソ・マシンには、抽出に使う水を加熱するための熱交換器を使っています。だから、室温の水を急速に温め、9.3バールの圧力を加熱中から抽出中にかけることができます。これでうまくいくかもしれません。

　わたしはまた、水と混ぜた酒を使って、エスプレッソ・マシンでホット・カクテルを直接抽出する方法も実験したいと思っています。これはうまくいくかもしれないし、大失敗に終わるかもしれません。ともかく多くを知るためには、試してみなければなりません。

第15章
ジン・トニック

　本書の締めくくりに当たって、わたし自身のカクテルの旅の原点についてお話ししましょう。わたしのカクテルの原点とは、ジン・トニックです。わたしが記憶している中で、父親が作っていた最初のドリンクが、ジン・トニックです。父は、自分のためにジン・トニックを1杯作り、わたしのためにライム・トニックを作ってくれました。わたしがくわしく分析した最初のカクテルがジン・トニックでしたが、このときわたしは自分でいろいろなカクテル・テクニックを開発してみようと奮い立ちました。わたしは、いまでも日々ジン・トニックのことを考えています。ジン・トニックには、じっくり考えてみるだけの価値があります。

　ジン・トニックというのは、一見いたってシンプルなものです。ジンとトニック・ウォーターとライムの絞り汁があればできます。ジン・トニックらしい味については、かなり厳しい条件がつけられます。スカッとして、爽快感があり、辛口で、少し酸味があって、わずかに苦く、香りが豊かで、泡がいっぱいで透き通っていなければなりません。しかし、ジン・トニックには、必ずといっていいほどがっかりさせられます。ときには、ジンが多すぎて、そのため炭酸が少なすぎることがあります。ジンが少なすぎて、そのためアロマがとぼしく、甘すぎる場合もあります。たいていの場合は、ぬるいジンと気の抜けたトニック・ウォーターを水っぽいたっぷり氷の上から注ぐことによって、水っぽい味のドリンクになってしまっています。頭で考えるとこれほどシンプルなものが、実際に作ってみると、どうしてこんなにむずかしくなるのでしょうか。答えは簡単です。伝統的なテクニックで美味しいジン・トニックを作ることは、**不可能**だからです。そう、不可能なのです。フレーバーのバランスをうまくとって十分な炭酸を注入したジンとトニックの割合など、**存在しないのです**。わたしが変わり者で、父親といっしょにストレートのトニック・ウォーターを何年も飲みつづけたせいで舌がすっかりいかれてしまったんだろう、と言う人もいるかもしれません。でも、みなさんも自らの心に問いかけてみれば、やはり伝統的なジン・トニックの泡に満足していないことに思い当たるのではないでしょうか。それは、たとえジン・トニックがお気に入りのドリンクのひとつだったとしても――いや、もしそうだったらなおさら――そう感じるのではないでしょうか。

ありったけのもので作るベストなジン・トニック

　伝統的なテクニックで最高のジン・トニックを作るには、冷凍庫に貯蔵していたジンと、氷水で冷やした新鮮な瓶入りのトニック・ウォーターを使います。（どうしても仕方ない場合は、冷蔵庫で冷やしただけのトニック・ウォーターを使ってもかまいませんが、冷蔵庫でもいちばん冷たい――うっかりするとときどきレタスが凍りついてしまうような――場所に貯蔵してください）。わたしが「新鮮な瓶入り」といったのは、たんに未開封の瓶のことではなく、最近買ったトニック・ウォーターのことです。プラスティックのボトルは、驚くべき速さで炭酸が抜けていきますし、小さなボトルは大きなボトルよりも早く炭酸が抜けます。600mlのボトルの場合、室温に1か月置くと、かなりの量の炭酸が抜けてしまいます。ガラスの瓶や缶――どちらもガス不透性の容器――に入ったトニック・ウォーターを買うなら、貯蔵期間は重要ではありません。

　ドリンクを作る前に、そのドリンクをどんなグラスに入れるかを決めなければなりません。わたしは、普通ならジン・トニックをフルート・シャンパンに（氷なしで）注ぎますが、わたしはいつもフォース・カーボネーション〔外部からの炭酸添加〕をします。フォース・カーボネーションをしない場合は、シャンパン・グラスでは具合が悪いので、スタンダードなハイボール・グラスでオンザロックにするのがベストです。52.5mlのジンと97.5mlのトニック・ウォーターをグラスに加えて、150mlのドリンクを作ります。ジンはジガーで計量してもかまいませんが、トニック・ウォーターはそういうわけにはいきません――ジガーで計るとあまりにも多くの炭酸がむだになるからです。ジガーは使わず、150mlの水を計ってグラスに入れ、水面の高さ――ウォッシュライン――を記憶します。フリーポアリングでグラスの同じ高さまで目分量で水を入れ、それがどれくらい正確かをあとで計って確かめてください。2、3回試してみれば、毎回誤差を1/4オンス（7.5ml）以内に留めることができるようになるでしょう。1¾オンス（52.5ml）を愛用のグラスに入れたときウォッシュラインがどれくらいの高さになるかを知ることもできますから、ジンをフリーポアリングで計量することもできます。それでも、わたしはともかくジガーを使います。さて、ではいよいよドリンクを作ることにしましょう。

　ドリンクを作る数分前に、冷凍庫に冷やしたグラスが入っていることを確認してください。ライムを4つに切り分けてください。1/4個がドリンク1杯の必要量です。グラスとジンを冷凍庫から出して、**トニック・**

ウォーターを注ぐ前に、52.5mlのジンをグラスに注いでください。次に、グラスを45度に傾けて、氷のように冷たいトニック・ウォーターをゆっくりとグラスに注いでください。注ぎながら、ゆっくりとグラスを垂直に立て、あなたがあらかじめ覚えておいた150mlのウォッシュラインまできたら、注ぐのをやめてください。この手順は重要です。ステアのように泡を立てるような動きはいっさいしないで、2つの材料を完全に混ぜ合わせるのです。トニック・ウォーターをジンに注ぐと、ジンをトニック・ウォーターに注ぐよりもよく混ざります。トニック・ウォーターはジンよりも（ジンが冷凍庫と同じ温度であっても）密度が高いため、トニックがジンに染み透るようにして下に沈むからです。また、レシピ上では、ジンよりトニックのほうが量が多い

第15章　ジン・トニック

ものぐさな酒飲みのためのテクニックいらずのジン・トニック
1) 冷凍庫に入れてあらかじめ冷やしておいたグラスとジンを出して、グラスにジンを注ぐ。
2) グラスを傾けて、氷で冷やした新鮮なトニック・ウォーターを注ぐ。
3) 新鮮なライムを適量絞る。
4) 冷凍庫から出した温度調節をしていない氷をそっと入れる。
5) ライムを上に載せて、飲んでくつろぐ。

そのあとで、冷凍庫から出した氷を——温度調節しないでそのまま——加えます。氷は、手荒くドリンクの中に落としたりしないでください。バースプーンを使って、そっと滑らせるように入れてください。氷を最後に入れるという点が重要です。液体よりも先に氷をグラスに入れると、トニックを入れたときに激しく泡立ち、その泡がじゃまをして混ざりにくくなります。氷を最後に加えると、反対に**混ざりやすく**なります。冷凍庫から出した氷をすぐにそのまま入れると、ドリンクはあまり希釈されません。角氷は熱衝撃で割れることがありますが、この場合には問題ありません。お好みで、グラスの上から4分の1に切ったライムを絞ってください。ライムを直接入れると、気泡核生成が絶えず起きますが、オンザロックにすると、ライムがドリンクの上をおおう状態になるので、泡はそのまま保たれ、グラスを口元に持っていくとすてきなアロマが香ります。

もしソーダストリームなどのフォース・カーボネーション用の機械があるなら、このレシピ——52.5mlのジンと97.5mlのトニック・ウォーター——を使って、混ぜたものを冷凍庫に入れて氷晶ができ始めるまで冷やし、296ページの炭酸化のセクションの指示にしたがって、フォース・カーボネーションを行ってください（ソーダストリームを使う場合、レシピの分量を2倍にしなければなりません）。この場合、わたしは、冷やしておいたフルート・シャンパンに氷を入れずにドリンクを注ぎます——これででき上がりです。ドリンクをグラスに注いでから、ライムを絞ってドリンクに加えてください。フルート・グラスにライムを入れると、せっかくのカーボネーションがむだになってしまいます。清澄ライム・ジュースを使えば、いっそう美味しくなります。

ので、2つの液体を混ぜる場合、量の少ないものに量の多いものを加えるほうが効率よく混ざります。さらにいうと、ジンを先にグラスに入れると、グラスの内側にできてしまった氷の結晶——核生成部位になって、トニック・ウォーターと触れたとき大量の泡を発生させる結晶——が溶けてくれます。

次に、4分の1に切ったライムを絞って、ドリンクに入れたいだけのジュースを入れてください。トニックよりも先にライムを加えると、ドリンクは混ざりやすくなりますが、ライム・ジュースに含まれている気泡生成部位と気泡安定界面活性剤のために、ライムを先に入れた場合、トニックの炭酸がすっかり台なしになってしまいます。

ジン・トニックの作り方

　2005年に、わたしは、伝統的なジン・トニックでは決して満足できないことを実感しました。それは本当に意味深い瞬間でした。わたしは、炭酸がひとつの材料であることを学び、カクテルの泡の量とトニックの量（体積）とを個別に調整できるように、炭酸化を習得する必要があることを知りました。わたしは必要に駆られて、ジン・トニックを徹底的に分析し、基本原則から再構築しました。ここでは、炭酸化の苦労についてくわしい説明はしません。炭酸化のセクションで、もういやになるほど説明したからです。ここでは、ほかの材料——トニック・ウォーターとジン——について語ることにしましょう。

トニックの基礎知識

　トニック・ウォーターとは、水と甘味料（アメリカでは通常ブドウ糖果糖液糖）とクエン酸と硫酸キニーネと「フレーバー」を混ぜ合わせたものです。奇妙なことに、多くの人たちは、トニック・ウォーターを、セルツァー炭酸水と同じように無糖でノンカロリーだと信じています。これは間違いです。トニック・ウォーターはソフトドリンクのように甘く、通常は重量で9.5〜10パーセントの糖が含まれています。

　わたしはトニック・ウォーターが好きです。いつもストックしてあります。わたしは、トニック・ウォーターを作り変えたり、新しいフレーバーを加えたりしたくありません。わたしが求めているのは、たんに、新鮮このうえなく、パンチがきいていて、透き通り、完璧に澄みきった味のトニック——（セルツァー炭酸水に次いで）世界で2番目にさわやかな飲み物——です。

キニーネ

　トニック・ウォーターが、ほかのレモンライム・ソーダと違っているのは、材料にキニーネが入っていることです。キニーネとは、強烈な苦味のある植物性アルカロイドで、紫外線やブラックライトの下で強い蛍光を発します（このことは、クラブ通いする人たちの多くが気づいています）。キニーネは、南米産のキナの木の皮を原料としてつくられ、有史以前から現在までボリビアやペルーで薬草として利用され、16世紀以降はヨーロッパ人もマラリアの治療薬として利用してきました。おもな効能がプラシーボ効果にすぎない多くの薬草剤と違って、キニーネは正真正銘の薬です。1800年代、世界各地のマラリアがはびこる地域を支配下に置こうとするヨーロッパ人にとって、キニーネはひじょうに重要でした。19世紀の半ばに、毎週または毎日少量のキニーネを摂るとマラリアに対する抵抗力がつくことがわかり、トニック・ウォーターが生まれました。現在のトニック・ウォーターに含まれるキニーネの量は、予防効果を上げるには十分ではありませんが、マラリアの問題を抱える一部の国々では、人々はマラリアに対する予防効果を期待してトニック・ウォーターを定期的に飲んでいます。わたしは、そうした場面をセネガルで自分の目で目撃しました。

　マラリア予防についてわたしがこれまでに読んだ文献によると、有効毎日用量は硫酸キニーネ約0.3グラムです。アメリカの法律で定めるトニック・ウォーターの硫酸キニー

第15章 ジン・トニック

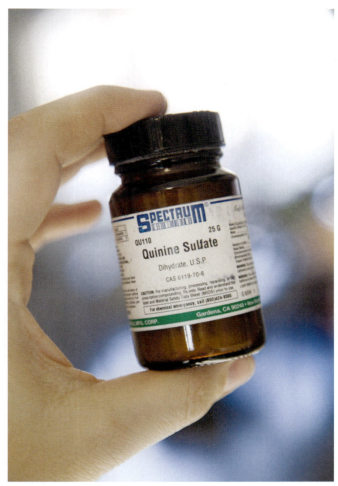

USP等級の硫酸キニーネ

ネの含有限度量は、1リットル当たり85ミリグラムですから、予防効果を得るには、3.5リットルを飲む必要があります。これは大変な量であり、市販のトニック・ウォーターには、法律が認める量よりもずっと少ない量のキニーネしか通常は含まれていません。

　わたしはキニーネを手に入れたいと思いました。キナの皮なら比較的簡単に手に入りましたから、キナの皮を浸して抽出することを考えましたが、キナ皮は煎じると茶色くなり、コーヒーフィルターで漉しても懸濁物(けんだく)のデトリタスが残ります。わたしの理想のジン・トニックは、透き通って透明でなくてはなりませんから、この方法ではうまくいきそうにありませんでした。実験の初期の段階では、わたしもまだ、効果的な清澄化のテクニックをひとつも見つけていませんでしたから、キナの皮を使うと炭酸化のじゃまになるだろうと思いました。キニーネは、キナの唯一の成分ではありませんから、キニーネ以外の不必要なフレーバーも入ってしまうにちがいないと確信していました。そこで、ぜひとも純粋な材料を手に入れようと決めました。

　純粋なキニーネを調達するのは、簡単ではありませんでした。キニーネは、夜間下肢(かし)こむら返りの治療にときおり使われるので、1994年以降は小売店でも買えるようになりました。わたしが実験を始めた初期の段階では、通常は医師の処方が必要でした。わたしの母親は医者です！　これは渡りに船だ！と思いましたが、母からは「絶対だめよ」の一言ではねつけられました。明らかな倫理的侵害というだけでなく、潜在的に有害な医薬品をカクテルの材料にするために処方箋を書くことなどでない、と言われました。キニーネを過剰に摂取すると、キニーネ中毒と呼ばれる症候を引き起こすようです。この中毒は、単純な吐き気やめまいから、もっと重くなると一過性の難聴や一過性盲といった症状を呈し、さらにひどい場合には心停止や腎不全によって死に至る場合もあります。さいわいなことに、キニーネはものすごく苦いので——適正に使用すれば——誤って過剰摂取することはまずありえません。キニーネを入れすぎたカクテルなど飲めるわけがないから心配はいらない、とわたしは食い下がりました。母は（当然のことながら）もうそれ以上耳を貸してくれませんでした。わたしは化学用品店からキニーネを買うのはやめにしました。化学製品供給業者を通して購入する品物については、極度に注意を払

わなくてはなりません。多くの化学製品は、異なる等級に分かれています。食品や飲料に使用される化学物質は、USP（アメリカ薬局方）等級、食品等級、またはそれに相当する等級である必要があります。等級の低い化学物質には、危険な不純物が含まれている可能性があります。これは、飲食物全般について注意すべき安全性の問題です。残念ながら、USP等級の硫酸キニーネは高価です。わたしが本書を書いている時点で、化学製品供給業者から買った場合、10グラムで100ドル近くしますし、100グラムでも500ドルくらいになります〔日本では薬事法でキニーネが劇薬指定されているため入手は実質的に不可能〕。

キニーネに関する安全事項

キニーネは、使い方を誤ると危険です。その昔マラリア予防に使われていた3分の1グラムという微量でも、人によっては、キニーネ中毒の軽度の症状を引き起こします。もう一度言います。3分の1グラムです。**安全性に対する配慮が欠けている人には絶対にキニーネを扱わせないでください。**キニーネは、摂取する前に希釈しなければなりません。わたしは、あらかじめ希釈するためにキニーネ・シンプル・シロップを作り、100分の1グラムまで計れる精度の秤を使います。最低でもこれくらいの精度の秤を持っていなければ、キニーネを扱う資格はありません。キニーネは、安全な濃度に希釈すれば、過剰摂取する危険は事実上ありません。キニーネ・シンプル・シロップをまるまる1リットル飲み干すような頭のおかしな人がいるなら、話は別ですが……

さらにもうひとつ：**不希釈の粉末のキニーネは使わないでください。**1杯のドリンクに必要な粉末キニーネは、あるかなしかのほんの微量なので、計量はほぼ不可能です。もし適正に計量できたとしても、固まりやすく、なかなかうまく溶かせません。固まりは、舌に触れなくては味がしないので、計量を間違えてもわからず、過剰摂取する危険があります。キニーネのシロップを作る場合は、すべてのキニーネが完全に溶けたことを必ず確認し、最後に細目ストレーナーを使って漉してください。

キニーネとキナ皮の使い方

実験を始めたころ、甘味や酸味などのほかの要素をいっさい変えることなく、苦味だけを変えることができるように、カクテル用のキニーネ水を作りました。長年レシピに改良を重ねた結果、いまではキニーネをそのまま直接シンプル・シロップに加えています。シロップに入れたほうが、使うにも、作るにも、貯蔵するにも、計量するにも、ずっと簡単です。わたしのレシピは次の通りです。

第 15 章　ジン・トニック

キニーネ・シンプル・シロップ

1リットル分

[材料]

硫酸キニーネUSP等級 0.5グラム

シンプル・シロップ 1リットル（615グラムの水に615グラムの砂糖を混ぜ、砂糖を完全に溶かす。材料は重量で計るが、でき上がったシロップ1リットルは体積で計ることに注意。

[作り方]

　完全に乾燥したフッ素加工の小さな非帯電性容器で、キニーネを慎重に計量する。どんなに微量でも、キニーネが計量容器に付着してはいけない。残ったキニーネは、誰も誤って手を触れることがない場所にしまっておく。ブレンダーにシンプル・シロップを入れ、ブレンダーを回しながら、キニーネをシロップに加える。中速で1分ほどブレンダーにかける。ブレンダーを止めて、シロップの溶液の泡がおさまるのを待つ。透明になり、キニーネが粒ひとつ残っていない状態が望ましい。もしまだ白い粉が見えるようなら、もう少しブレンダーを回す。シロップを目の細かいストレーナーで漉して、貯蔵容器に入れる。

　わたしがここに書いた通りのレシピを作って、少し実験してみてから、あなたなりのアレンジを加えてください。わたしのレシピでは苦すぎると感じた場合には、キニーネの量を減らすよりも、レギュラーのシンプル・シロップを足してください。0.5グラム以下を正確に計って加えるのは、バーで行う作業としては難しすぎます。もしシロップの苦味が足りないと感じたなら、問題はもっと複雑になります。シンプル・シロップ1リットル当たり0.5グラムという量は、ちょうどキニーネの溶解限度です。その限度以上に溶かさなければならないことになります。1:1の比率のシロップよりも砂糖の量が少ないシロップを作らなければなりません。あいにくなことに、薄いシロップは保存可能期間が短くなってしまいます。

　キニーネの溶解限界は、事実、このレシピの長所のひとつです。安全上のすべての予防措置——目視検査、ろ過——をするなら、このレシピでキニーネを過剰に加えることはまずありえません。トニック・ウォーターの標準的な甘さは、重量で10パーセントですから、わたしたちの手製のシロップで作るトニック・ウォーター1リットルには、キニーネ・シンプル・シロップが170ml（208グラム）含まれ、ゆえに0.069グラムのキニーネ——1リットル当たり0.083グラムという法的制限よりずっと少ない量——が含まれることになります。このシロップでこの制限に近づけようとしても、重量で13パーセントの砂糖を含むトニック・ウォーターを作る必要がありますが、これは甘すぎて飲めた代物ではありません。

　キニーネを使いたくなければ、キナ皮を直接使ってもかまいません。それには、次のような方法があります。

キナ皮シロップ

1.2リットル分

[材料]

キナ末 20グラム（約3テーブルスプーン）（キナ末はオンラインやハーブの専門店で買える。粉末が見つからない場合は、樹皮チップを香料グラインダーですりつぶして粉にする）

ろ過水 750ml

グラニュー糖 750グラム

[作り方]

　ソースパンに水を入れてキナ末を加え、中火で煮る。火を弱めて、さらに5分間煮詰めたあと、冷ます。目の細かいストレーナーで漉し、さらにコーヒーフィルターで漉す。キナ末を圧縮して液体を抽出する（または、キナの成分が溶けた水を遠心分離機にかける）。キナの水を750mlまで再度希釈して（インフュージョンの工程で多少の水分が失われる）、砂糖を加える。かき回して溶かす。

キナ皮

市販のトニック・ウォーターのキニーネはどこから仕入れるのか

インターネット上では、多くの人たちが、トニック・ウォーターに使われるキニーネはほとんどが合成だと主張しています。きっと、こうした人たちは、わたしが卸売業者から購入しているキニーネも合成だと主張することでしょう。わたしには、それが事実だと考える確かな証拠（確認可能な情報ソース）はまったく見つけることはできません。その反対の証拠ならあります。わたしがこれまでに読んだ資料では、いずれもみな、キナ皮からキニーネを抽出する方法がもっともコストのかからない製法であることが示されています。飲料メーカーがわざわざ高い金を出して合成製品を使うと思いますか。わたしは思いません。

ジン・ライム

トニック・ウォーターには、キニーネと砂糖のほかに、クエン酸と「フレーバー」が含まれます。わたしの好みからいうと、フレーバーはライムだけか、またはレモンとライムがいいです。わたしが市販のトニック・ウォーターに対して感じる大きな不満のひとつは、柑橘類のフレーバーが貧弱だということです。キニーネに取り組んだあと、もっと難しい問題が見えてきました。ライムです。2006年ごろ、わたしはまだジュースを含む液体を炭酸化するうまい方法を見つけていませんでした。わたしは、自分独自の清澄化のテクニックをまだひとつも開発していなかったのです。そのため、わたしにできるのは、完成までに何日もかかる凍結解凍ゼラチン清澄化か、高温で煮る伝統的なコンソメ方式の清澄化しかありませんでした。どちらの方法も使えませんでした。ライム・ジュースは作ったその日に使わなければなりませんし、絶対に加熱してはいけないからです。

わたしは、手製のつぎはぎのロータリー・エバポレーターで低温真空蒸留の実験をしていましたから、生のライムを室温で蒸留してみることにしました。わたしはストレートのライム・ジュースと皮ごと絞ったライム・ジュースと、このそれぞれをジンと混ぜたものを蒸留しました。わたしは、皮が入っていない蒸留物のほうがよいと思いましたが、それ以上に大きな発見は、ジンとライムを混ぜて蒸留したもののほうが、ライムだけを蒸留したものよりも比べ物にならないほどよいということでした。これは、エタノールのほうが水よりも揮発性物質を保持する力がずっと高いからです。（その数年後、わたしはエタノールなしで最高のフレーバーを蒸留する秘訣を見つけました。液体窒素コンデンサです。液体窒素はすべての揮発性物質をコンデンサの中で凍結してとらえます。しかし、これを発見したのは、まだずっと先の話です）。わたしの手製の真空装置では、蒸留したすべてのフレーバーを保存する能力はきわめてとぼしかったので、それから間もなく、eベイ〔オークションサイト〕で1980年代製の年代物のロータリー・エバポレーターを200ドルで購入し、技術の向上を図りました。

このロタバップによって、わたしのジン・ライムの技法は飛躍的に向上しました。手元に届いたロタバップは、汚くて、四塩化炭素のにおいがしました（少なくとも、わたしが記憶している四塩化炭素のにおいと似ていました。わたしの高校で化学を教えていたズック先生は、よく生徒に無極性溶媒の実験をやらせていましたが、そのとき四塩化炭素を入れていました）。わたしはロタバップを徹底的に洗いました。古い機械なので、手入れが大変でした。そして、何百時間もこの機械を動かしている間に、ロータリー・エバポレーターの活用法について多くを学んだのです。

まず第1に、蒸留**できない**ものを知りました。たとえば、ライム・ジュースの酸は蒸留できません。糖分もできません。自分で蒸留して作ったジン・ライムをライム・ジュースの

ような味にするには、ライム酸を加えなければなりませんでした。ライム・ジュースには、クエン酸とリンゴ酸が2:1の割合が含まれ、さらにごく微量のコハク酸が含まれています。これが、市販のトニック・ウォーターがどうしていまひとつなのかを知るための最初の手がかりになりました。メーカーはクエン酸しか使っていないのです。クエン酸だけでは、レモンの味しかしません。クエン酸にリンゴ酸（それ自体では青リンゴの酸っぱいキャンディーの味しかしない）を加えることによって、はじめてライムの味が出るのです。クエン酸とリンゴ酸はどちらも簡単に手に入りますから、トニック・ウォーターのメーカーがリンゴ酸を加えないのは、犯罪に等しいことです。しかし、酸の配合の本当のカギは、わたしが加えたごくごく微量のコハク酸です。コハク酸だけでは、ものすごい味がします。苦くて、塩辛くて、酸っぱくて、ともかく不快な味です。ところが、不思議なことに、微量（1パーセントの100分の2）を加えると、全体のフレーバーがずっとよくなるのです。

このころ、わたしは自分でジンを蒸留する実験も始めました。わたしは、自分の好きなフレーバーを何でも加えるつもりでした。通常はタイバジル、コリアンダー、ロースト・オレンジ、キュウリ、そしてジンと呼べるように多少のジュニパーを入れました。こうして蒸留したもののなかには、本当にいいものもありましたが、どれも本当のジンと呼べるものはありませんでした。蒸留について学ぶことによって、わたしはプロの蒸留酒の酒造家に本気で尊敬の念を抱くようになりました。わたしは、ジンはプロにまかせることにしました。

わたしの父が好きなジンは、ボンベイでした。ボンベイ・サファイアではなく、伝統的なボンベイ・ロンドン・ドライジンです。これは最高級品で、わたしはこっちのほうがサファイアより好きです。でも、わたしはジン・トニックを作るときにはタンカレーを選びます。以下は、わたしが2007年ごろに作っていたジン・トニックの作り方です。

　クエン酸とリンゴ酸を2対1の割合で混ぜ、これを水に溶かす。1:1の割合のシンプル・シロップを作る（このときはまだキニーネ・シンプル・シロップは作っていなかった）。薄いキニーネ水を作る。まとまった量のライム・ジュースを絞る。ライム・ジュースをタンカレーに加え、ロータリー・エバポレーターを使って室温で蒸留する。コンデンサは −20℃以下に冷やしておく。ジン1リットルにつき700mlの液体が蒸留される。氷を用意する。ジンを氷に注ぎ入れ、ステアして冷やし、少し希釈する（この時点では希釈しすぎないように注意する）。クエン酸とリンゴ酸を混ぜたものを加えて味を見て、それからシンプル・シロップ、キニーネ水、塩1つまみ、コハク酸1つまみの順に加えて、味を見ながら調整する。（いつもこれを4〜5回くり返して、ようやく納得できる味になった）。冷やしてから、炭酸化する（まだ液体窒素は使っていなかったので、ロータリー・エバポレーターのコンデンサを冷やすために使っていた冷却器で冷やした）。

ボトルストレングスのジン・トニック

　ジン・トニックを作るための蒸留実験では、失敗したアイデアもありました。ボトルストレングスのジン・トニックは、ジン・トニックのフレーバーをどこまで注入できるかを確かめる実験でした。ジンと同じアルコール濃度で、なおかつ美味しいジン・トニックのショットを作ることが課題でした。もちろん、できました。ロータリー・エバポレーターがあるのですから。ジンから一部の水分を取り除き、代わりにジンのフレーバーと置き換えることは簡単でしたが、問題がありました。

　いろいろな理由から、ジン・トニックのショットは、ひじょうに低い温度で提供しなければなりませんでした。第1に、冷やすことによって、鼻や舌で感じるアルコールの刺激が弱まり、結果ほかのフレーバーが力負けしなくなります。第2に、冷やせば、同じ圧力でも酒に注入できるCO_2の量が多くなり、高濃度のアルコール混合物の場合、実際に炭酸の味が感じられるようにするには多くのCO_2が必要になります。わたしは、テストの結果から、ストレートのウォッカをショットで飲む場合、−16℃から−20℃がいちばん美味しいことを知っていました。−20℃よりかなり低い温度になると、痛みを感じはじめます。痛みを感じないことが確かなもっとも低い温度−20℃に、目標を設定しました。これだけ冷たいショットを提供することには、それ自体の問題がありました。糖と酸のバランスは、温度に左右されます。甘さに対する舌の感じ方は、冷たさによって、酸の感じ方よりもずっと鈍くなります。同じ甘さを感じるようにするには、−20℃のショットは−7℃（わたしが作る炭酸ドリンクの標準的温度）のショットよりもずっと多くの糖を加える必要があります。つまり、ボトルストレングスのジン・トニックは、ひじょうに限られた温度の範囲内でなければ飲めないということです。冷やしすぎてこれよりもわずか2℃でも低い温度になると、それを飲んだ人は舌に凍傷を負ってしまいます。もし−16℃以上に温度を上げると、異常なほど甘く、アルコールの味とにおいが強くなりすぎます。ボトルストレングスのジン・トニックが美味しく感じられるのは、−16℃から−20℃──わずか4℃の温度差──の幅しかないのです。わたしが酒を提供するための完璧な方法を知っていても、わたしが酒を提供したお客様が、ただ酒を飲むだけでなく、おしゃべりをするなどのおろかなまねをすると、ドリンクはぬるくなってしまいます。お客様たちが突っ立っておしゃべりをしている間にその手の中でドリンクがだめになっていくのを見ていると、わたしはやきもきします。お客様にショットを速やかに完全な状態のままで飲むことを強制することはできないのだということを、わたしはつくづく実感しました。

　この実験の結果、わたしは高アルコールの炭酸ドリンクをあきらめました。いまでは、アルコール度数の低い炭酸入りカクテルを作っています。低アルコールなら、提供温度の幅にもっと余裕があり、それほど味もくどくなく、感覚を鈍らせることもありませんから、わたしにとってはそのほうがいいのです。ボトルストレングスのジン・トニックは、いわば曲芸であって、わたしはもう二度とやる気はありませんが、興味のある方のために、以下にやり方を説明します。

タンカレー1リットルに新鮮なライム・ジュース0.5リットルを混ぜ、蒸留して700mlにする。ロータリー・エバポレーターを使い、コンデンサの温度を−20℃以下に設定して、室温で蒸留する（アメリカではタンカレーのそもそものアルコール度数は47.3％である。ロタバップにはアルコールはほとんど残らないから、700mlの蒸留物のアルコール度数は約67％になる）。さて、再蒸留タンクに300ml弱のフレーバーを加える余裕があり、それでもなおボトルストレングスの47.3％が維持できる。濃縮したライム酸と、シンプル・シロップ、キニーネ、味付け用の塩を加え、混合液を−20℃まで冷やす。味のバランスを確かめ、調整し、また1リットルまで希釈する。もう一度冷やして、3.6バールで炭酸化する。炭酸化したジン・トニックは、提供するまで、−20℃に設定した冷却器に貯蔵しておく。かなり低い温度まで冷やしておいたショット・グラスに注ぐ。

清澄化すると生活に余裕ができる

　蒸留したライムのエッセンスは、生のライムを絞ったジュースと同じように持ちがよくありませんから、イベントの直前には大量の材料を蒸留するためにいつも汲々としていました。それこそもうきりきり舞いでした。蒸留できるのは1時間当たりたった1リットル程度ですし、その間はロタバップにつきっきりですから、ほかに何もできません。

　ようやくライム・ジュースを清澄化する方法を考え出して、生活そのものがぐんと楽になりました。もうジン・トニックを作るためにロタバップを使う必要はなくなりました！ライム・ジュースを**何リットルもまとめて**清澄化できるようになり、それを境に、イベント用のジン・トニックを大量に作ることができるようになったのです。生活が楽しくなりました。ドリンクも美味しくなりました。ただ一点問題がありました。わたしはまとまった量のドリンクを、炭酸化の前に液体窒素を使って手作業で冷やしていました。この手順では、**バーでは**ジン・トニックを最高の状態で提供するのがむずかしくなります。バーでは、個々のドリンクを液体窒素で冷やすことには問題があるのです（その理由は146ページ～の『カクテルの新しい冷やし方』の章を参照してください）。十分に冷たくない冷蔵庫にも、冷たすぎる冷凍庫にも、作り置きしたまとまった量のドリンクを入れておくことはできません。この問題を解決するために、わたしはランダルFX冷蔵／冷凍庫を購入しました。ランダルFXは、華氏で2度〔摂氏で約1℃〕以内の単位で温度を設定できます。わたしは−7℃に設定して、ドリンクを何時間かかけて冷やしてから、炭酸化します。そのあとランダルで、ドリンクを飲みごろの完全な状態に保ちます。

　ジン・トニックを作って、1日で全部飲みきるつもりなら、炭酸化の前に清澄ライム・ジュースを加えても一向にかまいません。もしジン・トニックを2日以上保存するつもり（バーの業務として通常のやり方）なら、ライム・ジュースは毎日絞って清澄化し（この点は絶対妥協しないこと）、ドリンクを提供するときに、あらかじめ炭酸化して冷やしておいたドリンクに加えたほうがいいでしょう。非炭酸の清澄ライム・ジュースを少量加えても、炭酸化には影響しません。以下が、わたしの現在のレシピです。

165mlのドリンク1杯分
アルコール度数15.4％、糖4.9g/100ml、酸0.41％

[材料]

タンカレー・ジン（アルコール度数47％）53.5ml

キニーネ・シンプル・シロップ（375ページ）またはキナ皮シロップ（376ページ）12.5ml

ろ過水 87ml

食塩水1〜2ドロップまたは塩1つまみ

清澄ライム・ジュース（酸6％）11.25ml

[作り方]

　ライム・ジュース以外のすべての材料を混ぜ合わせ、−5℃〜−10℃に冷やす。3.2バールの圧力で炭酸化する。冷やしておいたフルート・グラスにドリンクを注ぐときに、ライム・ジュースを加える。もしライム・ジュースを入れて炭酸化した場合には、ドリンクはその日のうちに使い切る。もしジュースを入れずに炭酸化し、ジュースはあとで加えるなら、ジン・トニックの保存期間に制限はない。

　みなさんがまだ物足りない気分でいるといけないので、次に酸味料を入れるトニック・ウォーターのレシピを説明します。鮮度が大切なライム・ジュースは、新鮮なうちに使わなければなりません。そのほかの材料については保存期間に制限はありませんが、品質は多少変化します。どちらの場合も、手順は同じです。このトニックは辛口です。

トニック・ウォーターの2通りの作り方

1021ml分
糖8.8g/100ml、酸0.75％

[材料]

キニーネ・シンプル・シロップ（375ページ）またはキナ皮シロップ（376ページ）142.5ml

清澄ライム・ジュース（酸6％）127.5ml

　または作り置きのライム酸（61ページ）（酸6％）、

　作り置きのライム酸がない場合は、クエン酸5.1グラムとリンゴ酸2.6グラムとごく微量のコハク酸を水120mlに溶かしたもの（酸6％）。

食塩水20ドロップ（1ml）または塩2つまみ

ろ過水750ml

[作り方]

　すべての材料を混ぜ合わせ、冷やしてから、2.9〜3.2バールで炭酸化する。

ジン・トニック

これからの目標

　目下のわたしの関心事は、ジン・トニックと同じ感じで、トニックをまったく含まない、つまりライムもキニーネもまったく含まないドリンクを見つけることです。その理由は何か？　ただ、見つけたいからです。これは挑戦です。もうあと一歩のところまできています。これまでわたしが探してきたなかで、トニックに代わるもっとも有力な2つの候補は、シサンドラ・ベリー〔チョウセンゴミン〕と南米産のフルーツのカムカムです。しかし、大きな難点があります。アメリカ国内の販売業者は、こうした実を薬剤やスーパーフードと考えているため、味をあまり気にしません。そうした態度を見ると、わたしは腹立たしくてしかたありません。

シサンドラ・ベリー

　シサンドラ・ベリー（シサンドラ・チネンシスの実）は、原産地の中国では五味子（5つのフレーバーのベリー）と呼ばれています。この名前にいつわりはなさそうです。酸味と苦味（トニックに似た風味）がありますが、やや甘く、ピリッとくる辛味もあります。フレーバーは4つです。おそらく5つめは塩辛さだろうと思いますが、わたしは実際に塩辛さを感じません。とても興味をそそられるフレーバーです。

　シサンドラは、中国では古くから薬草として使われています。アメリカでも、多種多様な薬効を持つドライベリーとして売られています。コショウの実に見えるほど乾燥させたものは、よくありません。きれいな赤い色のものを探してください。

　わたしは、シサンドラを水出し茶にしたり、直接ジンに漬けたり、ジンと混ぜてフスティーノにしたり、エスプーマでジンにインフュージョンしたりして、いろいろ試してみました。いままでのところ、直接インフュージョンする方法はうまくいっています。何度かのテストで、ジン・トニックにペッパーをプラスしたようなひじょうに爽快感のあるドリンクができて、わたしは大変気に入っています。しかし、わたしはまだ、ドリンクの味をつねに一定に保つことができません。これはおそらく、材料の加工にばらつきがあるせいでしょう。そのため、ここでご紹介できるレシピはありません。みなさんも、どうか実験してみてください！

カムカム

　2012年、わたしはボゴダで、コロンビアの熱帯雨林原産の珍しい産物の利用法を紹介する講演会に出席しました。通常、わたしは、どんなものでも新しい材料について学ぶ機会があれば、喜んで参加します。残念なことに、講演はスペイン語でしたので、さっぱりわかりませんでした。わたしはスペイン語が話せません。講演者によると、彼がプレゼンを始めたそのフルーツは、カムカム（学名ミルシアリアデュビア）という名前で、地球上のどんな食材よりも多くのビタミンCを含み、抗酸化物質にあふれているということでした。わたしが理解できたわずかなスペイン語から解釈したところでは、そのフルーツは、純粋なビタミンCを1.5パーセント含んでいるようでした。これは聞き逃せないところでした。わたしは、かのライナス・ポーリング博士〔ノーベル賞受賞科学者。ビタミンCを多量に摂取する健康法を提唱〕さえはるかにしのぐほどの大量のビタミンCを毎日摂取しているの

です。

　講演のあと、試食ができました。そこで出てきたのは、なんとカムカムのピューレでした。最初わたしは感激しませんでした。というのは、新鮮なフルーツを試食できると期待していたからです。しかし、どうやらカムカムの収穫は、雨期にカヌーに乗って半分水中に沈んだ野生の木から採集するしか方法がないようでした。新鮮なフルーツは都市に輸送するまで持たないので、現地でピューレに加工するのです。ピューレは鮮やかな赤色でした。わたしは味を見てみました。うわあ！　その瞬間に、ジン・トニックの完全な代用品を見つけたと確信しました！　想像してみてください。トニックと同じ苦味とライムと同じ酸味を持ち、さらにクリスマスみたいとしか表現のしようのない香辛料の香りも加わったフルーツの味とは、どんなものだと思いますか。わたしは大いに気に入りました。わたしはさんざん頼み込んで、ただ1瓶だけあったカムカムを手に入れました。わたしがボゴタにきていたのは、カクテルの実物宣伝のためでしたから、折よく、ペクチネックス・ウルトラSP-Lと200ドルの超小型の卓上型遠心分離機を携えていました。わたしはカムカムを清澄化して透明なジュースにし、これにジンと砂糖と塩を混ぜて、炭酸化しました。間違いなく、夢のようにすばらしいドリンクでした。わたしは有頂天になりました。

　わたしは帰国すると、カムカムについて調査を始めました。カムカムはアメリカでも**買えます**が、その多くは恐ろしいことに粉末なのです。前にも言いましたが、スーパーフードに分類されるものは、味がよくありません。わたしはやっとのことでピューレの販売元を見つけて、注文しました。注文先はコロンビアではなく、ペルーでしたが、果たして品質にどれほどの違いがあるでしょうか。注文品が届いたとき、わたしは早く中身を確かめたくて、やきもきしながらパッケージを引き破りました。ピューレを見たとき、わたしは真底がっかりしました。ピューレは赤色ではなく、黄色でした。これには3つの可能性が考えられました。フルーツの種類が違う（少なくとも栽培品種が違う）こと。未熟な状態で収穫したこと。加工中皮が果肉からはがされていたこと。ピューレの味を見たとき、不安は確信に変わりました。ピリッとくる香辛料の辛味も、強い苦味もありませんでした。なんということでしょう。コロンビア在住の方なら、このすばらしい材料を入手できる人もいるはずです。どうか後生ですから、カムカムのピューレを使ってみてください！

レシピ・リスト

ページ	レシピ名	材料	データ
51	シンプル・シロップ	重量で等量の砂糖と水を混ぜて溶かす。	
53	ハチミツ・シロップ	ハチミツ100グラム当たり水64グラム	
55	バター・シロップ	オールスパイスの実10個　つぶしたもの 水200グラム TIC Gums社のプレテスティッド・チカロイド210S 溶かしバター 150グラム グラニュー糖 200グラム オールスパイスを煎じて浸出させ、漉して、チカロイドを入れて水和させ、バターを入れて乳化させ、それから砂糖を混ぜる。	
56	コールド・バタード・ラム	セイラージェリーなどのスパイスドラム 60ml バター・シロップ 33.75ml 漉したてのライム・ジュース15ml 氷を加えてシェイクし、冷やしておいたシングルのオールドファッションド・グラスに注ぐ。	1杯分168ml アルコール度数16.4% 糖8.6g/100ml 酸0.54%
57	ナッツのオルジェー	ナッツ・ミルクの材料： 熱湯 600グラム ナッツ 200グラム ナッツ・ミルク500グラムに対して： チカロイド210S 1.75グラム キサンタン・ガム0.2グラム グラニュー糖500グラム 熱湯とナッツをブレンダーにかけ、ナッツ・ミルクを目の細かいフィルターで漉す。 チカロイドをナッツ・ミルクに入れてブレンダーにかけて水和し、さらに砂糖を入れてブレンドする。	
61	ライム酸	ろ過水94グラム クエン酸 4グラム リンゴ酸 2グラム コハク酸（任意）0.04グラム	
61	ライム酸オレンジ	絞りたてのオレンジ・ジュース 1リットル クエン酸 32グラム リンゴ酸 20グラム	
62	シャンパン酸	温水 94グラム 酒石酸 3グラム 乳酸 3グラム（粉末を使う）	
63	食塩水	塩（食塩）20グラム ろ過水80ml	
77	マティーニ	ジンまたはウォッカ 60ml 室温で ドラン・ドライ・ベルモット（またはお好みのベルモット）10〜14ml 室温で ピック（つまようじ）に刺したオリーブ1〜3個、またはレモン・ツイスト 氷を加えてステアし、冷やしておいたクープ・グラスに注ぐ。	
88	マンハッタン2杯分	リッテンハウスのライ・ウイスキー（アル度50%）120ml カルパノ・アンティカ・フォーミュラのベルモット（アル度16.5%）53ml アンゴスチュラ・ビターズ 4ダッシュ ブランデー漬けのチェリー 2つまたはオレンジ・ツイスト 氷を加えてステアし、冷やしておいたクープ・グラスに注ぐ。	129mlのドリンク2杯分 アルコール度数27%、 糖3.3g/100ml、 酸0.12%

レシピリスト

ページ	レシピ名	材料	データ
97	ウイスキーサワー卵白入り	バーボンまたはライ・ウイスキー（アル度50％）60ml 漉したてのレモン・ジュース17.5ml シンプル・シロップ 22.5ml 塩1つまみ 大きめの卵白 30ml 卵白以外のすべての材料をティンに入れて混ぜ、それから卵白を加えて、氷なしで10秒以上シェイクする。氷を加えてさらに10秒間シェイクする。ティーストレーナーで漉して、冷やしておいたクープ・グラスに注ぐ。	198mlのドリンク1杯分 アル度15.0％、 糖7.1g/100ml、 酸0.53％
101	クラシック・ダイキリ	透明なライト・ラム（アル度40％）60ml シンプル・シロップ 22.5ml 漉したてのライム・ジュース22.5ml 食塩水（20％）2ドロップまたは塩1つまみ 氷を加えてシェイクし、冷やしておいたクープ・グラスに注ぐ。	159mlのドリンク1杯分 アルコール度数15.0％、 糖8.9g/100ml、 酸0.85％
101	ヘミングウェイ・ダイキリ	透明なライト・ラム（アル度40％）60ml 漉したてのライム・ジュース 22.5ml ルクサルド・マラスキーノ（アル度32％）15ml 漉したてのグレープフルーツ・ジュース 15ml 食塩水2ドロップまたは塩1つまみ 氷を加えてシェイクし、冷やしておいたクープ・グラスに注ぐ。	174mlのドリンク1杯分 アルコール度数16.5％、 糖4.2g/100ml、 酸0.98％
106	ネグローニ2杯分	ジン 60ml カンパリ 60ml スィート・ベルモット 60ml オレンジ・ツイスト 2個 氷を加えてステアし、冷やしておいたクープ・グラスまたは大きな氷を入れたグラスに注ぐ。	127mlのドリンク2杯分 アルコール度数27％、 糖9.4g/100ml、 酸0.14％
111	クリフ・オールド ファッションド	バーボンのエライジャ・クレイグ12年（アル度47％）60ml コリアンダー・シロップ 11ml アンゴスチュラ・ビターズ 2ダッシュ オレンジ・ツイスト 約5センチ角の透明な角氷 1個 大きな氷1個を入れたオールドファッションド・グラスでビルドする。	90mlのドリンク1杯分 アルコール度数32％ 90ml、 糖7.7g/100ml、 酸0.0％
112	コリアンダー・シロップ	コリアンダー・シード 125グラム、できれば新鮮な柑橘系の香りがするものがよい。（ソーダ・シロップにする場合は100グラムに減らす） ろ過水 550グラム グラニュー糖 500グラム 塩 5グラム 赤唐辛子のフレーク 10グラム	
117	シェイクのマルガリータ	テキーラ（アル度40％）60ml コアントロー 22.5ml 漉したてのライム・ジュース 22.5ml シンプル・シロップ 7.5ml 食塩水5ドロップまたは塩を多めに1つまみ 氷を加えてシェイクし、冷やしておいたクープ・グラスに注ぐ。	178mlのドリンク1杯分 アルコール度数18.5％、 糖6.0g/100ml、 酸0.76％

ページ	レシピ名	材料	データ
120	ブレンダー・マルガリータ	コアントロー 30ml ラ・ピュリティータ・メスカル 22.5ml イエロー・シャルトリューズ 15ml 漉したてのライム・ジュース 15ml ヘルファイア・ビターズまたは自分の好みの酸味のないスパイス 10ドロップ 食塩水5ドロップまたは塩を多めに1つまみ 氷 約120グラム 材料をブレンダーに入れて混ぜ合わせ、軽くブレンダーにかける。	158mlのドリンク1杯分 アルコール度数17.2％、 糖7.9g/100ml、 酸0.57％
121	ジェネリック・ブレンダー・サワー	純粋エタノール27mlと糖12.75グラムを含む液体 67.5ml（下の「砂糖入りの酒」のレシピを参照のこと） 漉したてのレモンやライムなどの酸味のあるジュース 30ml 氷120ml 食塩水2～5ドロップまたは塩を多めに1つまみ 材料をブレンダーに入れて混ぜ合わせ、軽くブレンダーにかける。	
121	ブレンドドリンク用の砂糖入りの酒	上白糖 212グラム（普通のグラニュー糖でもかまわないが、溶かすのに時間がかかる） 80または100プルーフ（アルコール度数40％または50％）のスピリッツ 1リットル	アルコール度数44％または35％の酒1140ml
122	リッテンハウス・ブレンダー・サワー	砂糖入りリッテンハウス・ライ・ウイスキー 60ml（アルコール度数44％。上記の「砂糖入りの酒」のレシピを参照） 漉したてのレモン・ジュース 15ml 漉したてのオレンジ・ジュース 7.5ml 食塩水4ドロップまたは塩を多めに1つまみ 氷 120グラム 材料を混ぜ合わせ、軽くブレンダーにかける。	157mlのドリンク1杯分 アルコール度数16.7％、 糖7.8g/100ml、 酸0.61％
122	ブレンダー・ダイキリ	砂糖入りのフロール・デ・カーニャ・ホワイト・ラム（アルコール度数35％。上記の「砂糖入りの酒」のレシピ参照）67.5ml 漉したてのライム・ジュース 15ml 食塩水4ドロップまたは塩を多めに1つまみ 氷120グラム 材料を入れて混ぜ合わせ、軽くブレンダーにかける。	157mlのドリンク1杯分 アルコール度数15％、 糖8.1g/100ml、 酸0.57％
148	フローズン・ダイキリ2杯分	ホワイト・ラム（アルコール度数40％）120ml できれば、フロール・デ・カーニャのようなすっきりした味の安価なものがよい。 ろ過水120ml シンプル・シロップ 45ml 食塩水4ドロップまたは塩2つまみ 漉したてのライム・ジュース 52.5ml 材料を混ぜ合わせてジップロック・バッグに入れ、凍らせる。凍ったら、2秒間ブレンダーにかける。	169mlのドリンク2杯分 アルコール度数14.2％、 糖8.4g/100ml、 酸0.93％
150	エボニー2杯分	カルパノ・ベルモット（アルコール度数16％、糖約16g/100ml、酸約0.6％）150ml ウォッカ（アルコール度数40％）45ml ろ過水 75ml 食塩水4ドロップまたは塩2つまみ 漉したてのレモン・ジュース 21ml 材料を混ぜ合わせてジップロック・バッグに入れ、凍らせる。凍ったら、2秒間ブレンダーにかける。	145.5mlのドリンク2杯分 アルコール度数14.4％、 糖8.4g/100ml、 酸0.74％

ページ	レシピ名	材料	データ
150	アイボリー 2杯分	ドラン・ブラン・ベルモット（アルコール度数16%、糖約13g/100ml、酸約0.6%）165ml ウォッカ（アルコール度数40%）30ml ろ過水 60ml 食塩水4ドロップまたは塩2つまみ 漉したてのライム・ジュース 21ml 材料を混ぜ合わせてジップロック・バッグに入れ、凍らせる。凍ったら、2秒間ブレンダーにかける。	138mlのドリンク2杯分 アルコール度数13.9%、 糖7.9g/100ml、 酸0.81%
153	ストロベリー・バンディット	ストロベリー・ジュース（糖8g/100ml、酸1.5%）60ml （または凍ったイチゴ75グラムと氷15グラム）。 ハラペーニョ・テキーラまたは普通のブランコ・テキーラ（アル度40%）60ml 漉したてのライム・ジュース 7.5ml シンプル・シロップ 12.5ml 食塩水2ドロップまたは塩1つまみ 液体の材料にジュースの角氷を加えてシェイクし、冷やしておいたグラスに注ぐ。	140mlのドリンク1杯分 アルコール度数17.1%、 糖9.0g/100ml、 酸0.96%
155	シェイク・ドレーク	ヘルビング・キュンメル（アルコール度数35%）45ml ウォッカ（アルコール度数40%）15ml グレードBのメープル・シロップ（糖87.5g/100ml）1バースプーン（4ml） 食塩水5ドロップまたは塩を多めに1つまみ 絞って漉したばかりのグレープフルーツ・ジュース（糖10.4g/100ml、酸2.4%）60mlを30mlずつに分けて凍らせた角氷 液体の材料にジュースの角氷を加えてシェイクし、冷やしておいたグラスに注ぐ。	139mlのドリンク1杯分 アルコール度数15.6%、 糖10.2g/100ml、 酸1.03%
156	スコッチ・アンド・ココナッツ	アードベッグ10年スコッチ（アルコール度数46%）45ml コアントロー（アルコール度数40%）15ml 漉したてのレモン・ジュース 7.5ml 食塩水2ドロップまたは塩1つまみ 新鮮なココナッツ水（糖6.0g/100ml）75mlを37.5mlずつに分けて凍らせた角氷 オレンジ・ツイスト 1つ スター・アニス・ポッド 1つ 液体の材料にジュースの角氷を加えてシェイクし、冷やしておいたグラスに注ぐ。上からオレンジを絞り、スター・アニスを浮かべる。	142mlのドリンク1杯分 アルコール度数18.6%、 糖5.9g.100ml、 酸0.32%
159	マンハッタン・バイ・ザ・ピッチャー	リッテンハウスのライ・ウイスキー（アルコール度数50%）420ml カルパノ・アンティカ・フォーミュラ・ベルモット（アルコール度数16.5%、糖約16%、酸0.6%）187.5ml アンゴスチュラ・ビターズ 7.5ml 氷水（氷で冷やした水。氷は加えない）315ml 好きなガーニッシュ	132mlのドリンク7杯分 アルコール度数26%、 糖3.2g/100ml、 酸0.12%
161	ボトル詰のマンハッタン 業務用スタイル	リッテンハウスのライ・ウイスキー750ml入りのボトル3本分 カルパノ・アンティカ・フォーミュラ・ベルモット 1リットル入りのボトル1本 アンゴスチュラ・ビターズ 30ml ろ過水 1700ml	136mlのドリンク30杯分 アルコール度数26%、 糖3.2g/100ml、 酸0.12%

ページ	レシピ名	材料	データ
178	TBD：タイ・バジル・ダイキリ	タイ・バジルの葉 5グラム（大きめの葉7枚） フロール・デ・カーニャ・ホワイト・ラムまたはそのほかの透明なホワイト・ラム（アルコール度数40％）60ml 漉したてのライム・ジュース 22.5ml シンプル・シロップ 20ml 食塩水2ドロップまたは塩1つまみ バジルの葉をニトロマドリングまたはブレンダーマドリングして、ラムに混ぜる。氷を加えてシェイクし、冷やしておいたクープ・グラスに注ぐ。	160mlのドリンク1杯分 アルコール度数15％、 糖8.9g/100ml、 酸0.85％
179	スパニッシュ・クリス	生のタラゴンの葉3.5グラム（軽く一握り） ラ・ピュリティータ・メスカルまたは透明なブランコ・メスカル（アルコール度数40％）45ml ルクサルド・マラスキーノ（アルコール度数32％）15ml 漉したてのライム・ジュース 22.5ml シンプル・シロップ 15ml 食塩水3ドロップまたは塩を多めに1つまみ タラゴンの葉をニトロマドリングまたはブレンダーマドリングして、スピリッツに混ぜる。氷を加えてシェイクし、冷やしておいたクープ・グラスに注ぐ。	149mlのドリンク1杯分 アルコール度数15.3％、 糖10.0g/100ml、 酸0.91％
180	フラットリーフ	生のパセリの葉4グラムまたは生のラベージの葉4グラム（軽く一握り分） ジン（アルコール度数47.3％）60ml 漉したてのビターオレンジまたはサワーオレンジのジュース 30mlまたは漉したてのライム・ジュース 27.5ml シンプル・シロップ 15ml 食塩水3ドロップまたは塩を多めに1つまみ 葉をニトロマドリングまたはブレンダーマドリングして、ジンに混ぜる。氷を加えてシェイクし、冷やしておいたクープ・グラスに注ぐ。	164mlのドリンク1杯分 アルコール度数17.7％、 糖7.9g/100ml、 酸0.82％
181	ザ・カルボン	生のミントの葉 6グラム（たっぷり1つかみ分） リニア・アクアビット（アルコール度数40％）60ml シンプル・シロップ 13ml 食塩水3ドロップまたは塩を多めに1つまみ レモン・ツイスト 1つ 葉をニトロマドリングまたはブレンダーマドリングして、アクアビットに混ぜる。氷を加えてシェイクし、冷やしておいたクープ・グラスに注ぎ、レモン・ツイストを飾る。	117mlのドリンク1杯分 アルコール度数20.4％、 糖6.8g/100ml、 酸0％
193	レッドホット・エール、ポーカーで作るレシピ	コニャック30ml モルトの味はするがホップの味はしないアビーエール（たとえばオメガング・アビーエール）90ml シンプル・シロップ 7.5ml 漉したてのレモン・ジュース 7.5ml 急速オレンジ・ビターズ3ダッシュ 食塩水2ドロップまたは塩1つまみ オレンジ・ツイスト 1つ 材料を混ぜて、レッドホットポーカーで加熱する。	138mlのドリンク1杯分 アルコール度数15.3％、 糖3.5g/100ml 酸0.33％ 完成時の体積とアルコール度数はポーカーで加熱する時間によって変わる。

ページ	レシピ名	材料	データ
193	レッドホット・エール、ソテーパンで作るレシピ	グラニュー糖 2.5ティースプーン（12g） コニャック 30ml アビーエール 90ml 急速オレンジ・ビターズ 3ダッシュ 漉したてのレモン・ジュース 7.5ml 食塩水2ドロップまたは塩1つまみ オレンジ・ツイスト 1つ ソテーパンで砂糖が焦げる直前まで加熱し、酒を加える（火がつく）。ほかの材料を入れて火を消し、砂糖を溶かす。カップに注いで、ツイストを飾る。	138mlのドリンク1杯分 アルコール度数15.3%、糖は計量不可、酸0.33% 完成時の体積とアルコール度数は火を立たせる時間によって変わる。
194	レッドホット・サイダー、ポーカーで作るレシピ	レアードのボトル・イン・ボンドなどのアップル・ブランデー（アルコール度数50%）30ml ハード・アップル・サイダー（品質の確かなものを使う。わたしは通常ノルマン・スタイルのサイダーを使う） シンプル・シロップ 15ml 漉したてのレモン・ジュース 7.5ml 急速オレンジ・ビターズ 2ダッシュ 食塩水2ドロップまたは塩1つまみ シナモン・スティック 1つ 材料を混ぜて、レッドホットポーカーで加熱する。	138mlのドリンク1杯分 アルコール度数15.3%、糖6.5g/100ml、酸0.31% 完成時の体積とアルコール度数はポーカーで加熱する時間によって変わる。
194	レッドホット・サイダー、ソテーパンで作るレシピ	グラニュー糖 3ティースプーン（12.5g） アップル・ブランデー（アルコール度数50%）30ml ハード・アップル・サイダー 90ml 急速オレンジ・ビターズ 2ダッシュ 漉したてのレモン・ジュース 7.5ml 食塩水2ドロップまたは塩1つまみ シナモン・スティック 1つ 砂糖をソテーパンで焦げる直前まで加熱し、酒を加える（火がつく）。ほかの材料を入れて火を消し、砂糖を溶かす。カップに注いで、シナモン・スティックを飾る。	138mlのドリンク1杯分 アルコール度数15.3%、糖は計量不可、酸0.31% 完成時の体積とアルコール度数は火を立たせる時間によって変わる。
206	ターメリック・ジン	プリマス・ジン 500ml 生ターメリック 100グラム 1.6mmの厚さに輪切りにする。 2本のチャージャーを使って2分半インフュージョンする。	回収率：94%（470ml）
207	グロー・サワー	ターメリック・ジン 60ml 漉したてのライム・ジュース 22.5ml シンプル・シロップ 20ml 食塩水3ドロップまたは塩を多めに1つまみ 急速オレンジ・ビターズ 1〜2ダッシュ 氷を加えてシェイクし、冷やしておいたクープ・グラスに注ぐ。	160mlのシェイク・ドリンク1杯分 アルコール度数15.9%、糖8.0g/100ml、酸0.84%
209	レモングラス・ウォッカ	ウォッカ（アルコール度数40%）300ml 生のレモングラス 180グラム 輪切りにする。 2本のチャージャーを使って2分間インフュージョンする。	回収率：90%（270ml）

ページ	レシピ名	材料	データ
209	レモン・ペッパー・フィズ	レモングラス・ウォッカ 58.5ml 清澄レモン・ジュース 12ml シンプル・シロップ 18.75ml 急速ブラック・ペッパー・チンキ 1ダッシュ 食塩水2ドロップまたは塩1つまみ ろ過水 76ml 混ぜて、冷やして、炭酸化して、冷やしておいたフルート・グラスに注ぐ。	166mlの炭酸ドリンク1杯分 アルコール度数14.3%、 糖7.1g/100ml 酸0.43%
211 367	コーヒー・サカパ	ロン・サカパ23年ソレラ、またはそのほかの熟成したラム 750ml。500mlと250mlに分ける。 ろ過水 100ml 挽いていない生のコーヒー豆100g、濃いめに焙煎したもの。 ホールミルク 185ml 2本のチャージャーを使って1分15秒インフュージョンする。	完成時のおよそのアルコール度数：31% 回収率：およそ94%（470ml）
212	ジェル・シロップ	ろ過水 400グラム グラニュー糖 400グラム ジェル（セリムの粒）15グラムまたはグリーン・カルダモン・ポッド9グラムと黒コショウ5グラム 材料をブレンダーにかけて混ぜ合わせてから、漉す。	
213	カフェ・トゥーバ	コーヒー・サカパ 60ml ジェル・シロップ 15ml 食塩水 3ドロップ クリーム 15ml（ミルク・ウォッシュしたラムがない場合） 氷を加えてシェイクし、冷やしておいたクープ・グラスに注ぐ。	115mlのシェイク・ドリンク1杯分 アルコール度数16.1% 糖8.0g/100ml 酸0.39%
213	ハラペーニョ・テキーラ	グリーン・ハラペーニョ・ペッパー 45グラム　種と筋を取り除いて極薄切りにしたもの ブランコ・テキーラ（アルコール度数40%）500ml 2本のチャージャーを使って1分30秒インフュージョンする。	回収率：90%以上。
214	チョコレート・ウォッカ	中性ウォッカ（アルコール度数40%）500ml バローナ・カカオニブ　75グラム 2本のチャージャーを使って1分30秒インフュージョンする。	回収率：85%以上、425ml
215	ショコツィトローネ	チョコレート・ウォッカ 60ml 漉したてのレモン・ジュース 15ml シンプル・シロップ1：1 15ml 急速チョコレート・ビターズ 2ダッシュ 食塩水2ドロップまたは塩1つまみ ショウガの砂糖漬け 氷を加えてステアし、冷やしておいたクープ・グラスに注いで、ショウガの砂糖漬けを飾る。	128mlのステア・ドリンク1杯分 アルコール度数19.2%、糖7.4g/100m 酸0.70%

ページ	レシピ名	材料	データ
217	急速オレンジ・ビターズ	ホール・クローブ 0.2グラム（クローブ3つ） グリーン・カルダモン・シード 2.5グラム、さやから取ったもの キャラウェイシード 2グラム 乾燥オレンジ・ピール 25グラム（できればセビル・オレンジ） 乾燥レモン・ピール 25グラム 乾燥グレープフルーツ・ピール 25グラム ゲンチアナの乾燥根 5グラム カシア・バーク 2.5グラム 中性ウォッカ（アルコール度数40%）350ml 生のオレンジ・ピール（白い甘皮は含まない）25グラム チャージャー1本を注入し、沸騰する湯に20分間つけてインフュージョンする。冷ましてから、圧力を解放する。	回収率：52%（185ml）
219	急速チョコレート・ビターズ	メース 3.0グラム（3ホール） 中性ウォッカ（アルコール度数40%）350ml バローナ・カカオニブ 100グラム ゲンチアナの乾燥根 1.5グラム カシア・バーク 2本のチャージャーを使って60分間インフュージョンする。	回収率：85%（298ml）
220	急速ホットペッパー・チンキ	ハバネロ唐辛子（赤唐辛子）8グラム。種と筋をとったものを細かくスライスする。 シラノ・ペッパー（赤唐辛子）52グラム。種と筋をとったものを細かくスライスする。 ハラペーニョ（緑唐辛子）140グラム。種と筋をとったものを細かくスライスする。 純粋エタノール（200プルーフ。195プルーフでもよい）250ml ろ過水 100ml 2本のチャージャーを使って5分間インフュージョンする。	回収率：90％以上（315ml）
221	急速ブラック・ペッパー・チンキ	マラバル・ブラック・ペッパーコーン 15グラム テリチェリー・ブラック・ペッパーコーン 10グラム グリーン・ペッパーコーン 5グラム グレインズ・オブ・パラダイス 3グラム クベバ 2グラム 中性ウォッカ（アルコール度数40%）200ml 2本のチャージャーを使って5分間インフュージョンする。	回収率：80%（160ml）
223	急速ホップ・チンキ	中性ウォッカ（アルコール度数40%）250ml 生のシムコー・ホップ 15グラム 2本のチャージャーを使ってインフュージョンする。高温のチンキを作る場合は30分間沸騰した湯につけてから冷ます。低温のチンキの場合は、30分間インフュージョンする。	回収率：85%（212ml）
223	高温と低温の 2段階ホップ・チンキ	生のシムコー・ホップ 30グラムを15グラムずつに2等分する。 中性ウォッカ（アルコール度数40%）300ml 15グラムのホップを1本目のチャージャーを使ってインフュージョンし、沸騰した湯に30分つけて、冷ましてから圧力を解放する。さらに残りの15グラムのホップを加え、2本のチャージャーを使ってさらに30分インフュージョンする。	回収率：85%（212ml）

ページ	レシピ名	材料	データ
234	キューカンバー・マティーニ	冷やしたジン 200ml 冷やしたドラン・ブラン・ベルモット 50ml 冷やしたシンプル・シロップ 10ml 冷やした食塩水1ダッシュ 冷やしたキュウリ2本(577グラム) ライム1個 マルドンの塩 セロリ・シード	
238	オールパーパス・スイートアンドサワー	シンプル・シロップ 400ml(またはグラニュー糖250グラムとろ過水250ml) 漉したてのライム・ジュースまたはレモン・ジュース、またはライム酸 400ml ろ過水 200ml 塩 かなり多めに1つまみ	1リットル分
239	トマト・インフュージョン液	グラニュー糖 100グラム 塩 20グラム コリアンダー・シード 5グラム イエロー・マスタード・シード 5グラム オールスパイスの実 5グラム 赤唐辛子のフレーク 3グラム(ハラペーニョ・テキーラの飾りにする場合には不要) ろ過水 100グラム ホワイト・ビネガー 500グラム	
267	バナナ・フスティーノ	酒750ミリリットルに対して、皮をむいた完熟バナナ3本(250グラム) ペクチネックス・ウルトラSP-L 2ml	アルコール度数40%の酒を使った場合の完成時のアルコール度約32%
267	デーツ・フスティーノ	酒750ミリリットルに対してマジュール・デーツ 187グラム ペクチネックス・ウルトラSP-L 2ml 250ミリリットルの酒を追加する。	およそのアルコール濃度は変わらない。
268	レッド・キャベツ・フスティーノ	400グラムのレッド・キャベツを100グラムまで脱水する。 プリマス・ジン 500ミリリットル ペクチネックス・ウルトラSP-L 1〜2ml	およそのアルコール濃度は変わらない。
268	アプリコット・フスティーノ	脱水したブレンハイム・アプリコット 200グラム 酒 1リットル ペクチネックス・ウルトラSP-L 3〜4ml ろ過水 250ミリリットル	40%の酒を使った場合のアルコール度数は約35%
269	パイナップル・フスティーノ	乾燥パイナップル 200グラム 酒 1リットル ペクチネックス・ウルトラSP-L 2ml	およそのアルコール濃度は変わらない。
275	ベンジャミン・フランクリンのミルクパンチ	ブランデー6クォートを計り、44個のレモンの皮をごく薄くむく。その皮をブランデーに24時間漬けて、漉す。これに、4クォートの水と、大きめのナツメグ4個をすりおろしたもの、レモン・ジュース2クォート、二重精製された糖2ポンドを加える。砂糖が溶けたら、牛乳3クォートを温めて、火から下ろして温かいうちに加え、かき回す。そのまま2時間置く。これを、透明になるまでゼリーバッグで漉す。瓶に詰める。	
276	ティー・ウォッカ	ウォッカ(アルコール度数40%) 1リットル セリンボン茶園の二番摘みのダージリン・ティー 32グラム ホールミルク 250ml 15%のクエン酸溶液15グラム、または漉したてのレモン・ジュース 33ml ウォッカに紅茶を浸出させて、色がかなり濃くなったら漉す。かき回しながら、ウォッカをミルクに混ぜ入れ、クエン酸で分離させる。沈殿させて、カードをろ過して取り除く。	

ページ	レシピ名	材料	データ
277	ティータイム	茶浸出したあとミルク・ウォッシュしたウォッカ 60ml ハチミツ・シロップ 15ml 漉したてのレモン・ジュース 15ml 食塩水2ドロップまたは塩1つまみ 氷を加えてシェイクし、冷やしておいたクープ・グラスに注ぐ。	137mlのドリンク1杯分 アルコール度数14.9%、 糖6.9g/100ml 酸0.66%
279	ドクターJ	ラム60ml ライムと同じ強さのオレンジ・ジュース22.5ml シンプル・シロップ22.5ml 塩1つまみ バニラエクストラクト 1ドロップ 氷を加えてシェイクし、冷やしておいたクープ・グラスに注ぐ。	159mlのドリンク1杯分 アルコール度数15.0% 糖8g/100ml 酸0.14%
281	エッグ・ウォッシングのテクニック	アルコール度数40%以上のお好みの酒750ml 特大サイズの卵の卵白 1つ ろ過水 30ml	
283	コニャック・アンド・カベルネ	卵白30ml(大きめの卵1個分) コニャック(アルコール度数41%) 60ml カベルネ・ソービニオン(アルコール度数14.5%) 120ml ろ過水 60ml 清澄レモン・ジュースまたは6%のクエン酸溶液 15ml シンプル・シロップ 15ml 食塩水4ドロップまたは塩を多めに1つまみ	145mlのドリンク2杯分 アルコール度数14.5%、 糖3.4g/100ml 酸0.54%
288	キトサン/ジェランのウォッシング・テクニック	キトサン溶液 15グラム(酒の2%の量) 酒 750ml ケルコゲルF低アシル・ジェラン 15グラム(酒の2%の量)	
290	炭酸入りウイスキー・サワー	ろ過水79ml キトサン/ジェラン・ウォッシングしたバーボン(アルコール度数47%) 52.5ml シンプル・シロップ 19ml 食塩水2ドロップまたは塩1つまみ 清澄レモン・ジュース 12ml(または炭酸化したあとで清澄化していない同量のレモン・ジュースを加える)。 材料を混ぜ合わせ、冷やして、炭酸化する。冷やしておいたフルート・グラスに注ぐ。	162.5mlのドリンク1杯分 アルコール度数15.2% 糖7.2g/100ml 酸0.44%
293	ピーナッツバター・アンド・ゼリー・ウォッカ	ウォッカ(アルコール度数40%) 750ml クリーミー・ピーナッツバター 120グラム コンコード・ブドウ・ゼリー 125〜200グラム	回収率:不定　60〜85% 完成時のアルコール度数:32.5%
294	ピーナッツバター・アンド・ゼリー・ウィズ・ア・ベースボール・バット	ピーナッツバター・アンド・ゼリー・ウォッカ(アルコール度数32.5%) 75ml 漉したてのライム・ジュース 15ml 食塩水2ドロップまたは塩1つまみ 氷を加えて軽くシェイクし、冷やしておいたクープ・グラスに注ぐ。	140mlのドリンク1杯分 アルコール度数17.3%、 糖9.0g/100ml、 酸0.77%
326	シンプル・ライムソーダ	シンプル・シロップ 30ml 清澄ライム・ジュースまたはライム酸溶液 22.5ml ろ過水 127.5ml 食塩水2ドロップまたは塩1つまみ	180ml分 糖10.5g/100ml、 酸0.75%

ページ	レシピ名	材料	データ
327	ストロバンクル・ソーダ	シンプル・シロップ 15ml 清澄ストロベリー・ジュース 112.5ml ろ過水 52.5ml 食塩水2ドロップまたは塩1つまみ 材料を混ぜ合わせ、冷やして、炭酸化する。	180ml分 糖10.1g/100ml、 酸0.94%
331	○○○のソーダ割り	酒 57ml ろ過水 108ml 材料を混ぜ合わせ、冷やして、炭酸化する。冷やしておいたフルート・グラスに注ぐ。	
332	炭酸入りマルガリータ	エスポロン・ブランコ（アルコール度数40％）のようなライトボディの透明なテキーラ 58.5ml ろ過水 76ml 清澄ライム・ジュース 12ml シンプル・シロップ 18.75ml 食塩水2〜5ドロップまたは塩を多めに1つまみ オレンジ・ツイスト 1つ 材料を混ぜ合わせ、冷やして、炭酸化する。冷やしておいたフルート・グラスに注ぎ、オレンジ・ツイストを飾る。	165mlのドリンク1杯分 アルコール度数14.2％、 糖7.1g/100ml、 酸0.44％
333	炭酸入りネグローニ	ジン 30ml カンパリ 30ml スイート・ベルモット 30ml 清澄ライム・ジュース 7.5ml ろ過水 67.5ml 食塩水1〜2ドロップまたは塩1つまみ グレープフルーツのツイスト 1つ 材料を混ぜ合わせ、冷やして、炭酸化する。冷やしておいたフルート・グラスに注ぎ、グレープフルーツのツイストを飾る。	165mlのドリンク1杯分 アルコール度数16％、 糖7.3g.100ml、 酸0.38％
334	シャンパリ・スプリッツァー	カンパリ（アルコール度数24％、糖24％）48ml シャンパン酸（酸6％）11ml ろ過水 94ml 食塩水1〜2ドロップまたは塩1つまみ 材料を混ぜ合わせ、冷やして、炭酸化する。冷やしておいたフルート・グラスに注ぐ。	165mlのドリンク1杯分 アルコール度数7.2％、 糖7.2g/100ml、 酸0.44％
335 381	ジン・トニック	タンカレー・ジン（アルコール度数47％）53.5ml キニーネ・シンプル・シロップまたはキナ皮シロップ 12.5ml ろ過水 87ml 食塩水1〜2ドロップまたは塩1つまみ 清澄ライム・ジュース11.25ml 材料を混ぜ合わせ、冷やして、炭酸化する。冷やしておいたフルート・グラスに注ぐ。	165mlのドリンク1杯分 アルコール度数15.4％、 糖4.9g/100ml、 酸0.41％
336	シャルトルース	グリーン・シャルトリューズ（アルコール度数55％、糖25％）54ml ろ過水 97ml 食塩水1〜2ドロップまたは塩1つまみ 清澄ライム・ジュース 14ml 材料を混ぜ合わせ、冷やして、炭酸化する。冷やしておいたフルート・グラスに注ぐ。	165mlのドリンク1杯分 アルコール度数18.0％、 糖8.3g/100ml、 酸0.51％

ページ	レシピ名	材料	データ
339	ジン・アンド・ジュース：寒天で清澄化する場合	タンカレー・ジン（アルコール度数47％）59ml 寒天清澄グレープフルーツ・ジュース 80ml ろ過水 26ml（もしやや甘めのドリンクにしたいのなら、シンプル・シロップをバースプーン1杯分（4ml）加え、その分水を減らす。すると、糖6.3％、酸1.10％のドリンクになる） 食塩水1〜2ドロップまたは塩1つまみ 材料を混ぜ合わせ、冷やして、炭酸化する。冷やしておいたフルート・グラスに注ぐ。	165mlのドリンク1杯分 アルコール度数16.9％、 糖5.0g/100ml、 酸1.16％
339	ジン・アンド・ジュース：遠心分離機で清澄化する場合	タンカレー・ジン（アルコール度数47％）55ml 遠心分離機で清澄化したグレープフルーツ・ジュース 55ml ろ過水 42ml シンプル・シロップ 10ml シャンパン酸 1バースプーン弱（3ml）（乳酸30グラムと酒石酸30グラムを水940グラムに溶かしたもの） 食塩水1〜2ドロップまたは塩1つまみ 材料を混ぜ合わせ、冷やして、炭酸化する。冷やしておいたフルート・グラスに注ぐ。	165mlのドリンク1杯分 アルコール度数15.8％、 糖7.2g/100ml、 酸0.91％
347	グラニースミス・ソーダ	グラニースミスの清澄ジュース 150ml ろ過水 30ml 食塩水2ドロップまたは塩1つまみ 材料を混ぜ合わせ、冷やして、炭酸化する。	180ml分 糖10.8g/100ml、 酸0.77％
348	ハニークリスプ・ラム・シェイク	すっきりした味のホワイト・ラム（アルコール度数40％）60ml ライム・ジュース 12ml または、水10mlにリンゴ酸0.7グラムを溶かして、食塩水2ドロップまたは塩1つまみを加えたもの 清澄化していないハニークリスプ・アップル・ジュース 90ml を30mlずつ3つのキューブに分けて凍らせたもの 材料にジュースの氷を加えてシェイクし、冷やしておいたクープ・グラスに注ぐ。	162mlのドリンク1杯分 アルコール度数14.8％、 糖7.8g/100ml、 酸0.81％
353	ケンタッキー・カーネル	キトサン/ジェラン・ウォッシングしたメーカーズマーク・バーボン（アルコール度数45％）52.5ml アッシュミーズ・カーネルの清澄ジュース 75ml ろ過水 30ml 食塩水2ドロップまたは塩1つまみ 混ぜて、冷やして、炭酸化し、冷やしておいたフルート・グラスに注ぐ。	157.5mlの炭酸入りドリンク1杯分 アルコール度数15％、 糖8.6g/100ml、 酸約0.6％
355	瓶入りカラメル・アップルティーニ	ウォッカ（アルコール度数40％）60ml ドラン・ブラン・ベルモット 7.5ml ろ過水 30ml ウィクソン・クラブアップルの清澄ジュース 52.5ml 70ブリックスのカラメル・シロップ 1バースプーン（4ml） オレンジ・ビターズ 1ダッシュ 食塩水2ドロップまたは塩1ダッシュ 混ぜて、瓶に入れて、冷やす。あらかじめ冷やしておいたクープ・グラスに注ぐ。	155mlのドリンク1杯分 アルコール度数16.5％、 糖7.2g/100ml、 酸0.45％

ページ	レシピ名	材料	データ
355	70ブリックスのカラメル	ろ過水 約30ml グラニュー糖 400グラム 鍋でかなり濃い色になるまで、ただし焦げつかない程度に加熱する。熱い鍋に水400mlを加えて、火から下ろし、すべてが溶けるまでかき回す。	
361	ミルク入りシェケラート	淹れたてのエスプレッソを60℃以下に冷ましたもの 45ml ホールミルク 90ml シンプル・シロップ 15ml 食塩水2ドロップまたは塩1つまみ 氷を加えてシェイクし、冷やしておいたグラスに注ぐ。	197mlのドリンク1杯分 アルコール度数0.0%、 糖4.7g/100ml、 酸0.34%
362	アルコール入りシェケラート	淹れたてのエスプレッソを50℃まで冷ましたもの 45ml ダーク・ラム（アルコール度数40%）60ml ヘビークリーム 45ml シンプル・シロップ 15ml 食塩水2ドロップまたは塩1つまみ 氷を加えてシェイクし、冷やしておいたグラスに注ぐ。	234mlのドリンク1杯分 アルコール度数10.2%、 糖3.9g/100ml、 酸0.29%
363	アルコール入りシェケラート2	淹れたてのエスプレッソを50℃まで冷ましたもの 45ml ダーク・ラム（アルコール度数40%）60ml シンプル・シロップ 15ml 食塩水2ドロップまたは塩1つまみ ホールミルク105mlを凍らせて角氷にしたもの 液体の材料にミルクの角氷を加えてシェイクし、冷やしておいたグラスに注ぐ。	225mlのドリンク1杯分 アルコール度数10.7%、 糖4.1%/100ml、 酸0.30%
365	N_2Oエスプレッソ	エスプレッソ 45ml ウォッカ（アルコール度数40%）52.5ml シンプル・シロップ 15ml ろ過水 52.5ml 食塩水2ドロップまたは塩1つまみ 混ぜて、冷やし、N_2Oを注入する。冷やしておいたフルート・グラスに注ぐ。	165mlのドリンク1杯分 アルコール度数12.7%、 糖5.6g/100ml、 酸0.41%
368	コーヒー・サカパ・カクテル	コーヒー・サカパ 60ml シンプル・シロップ 15ml 食塩水2ドロップまたは塩1つまみ 氷を加えてシェイクし、冷やしておいたクープ・グラスに注ぐ。	117mlのドリンク1杯分 アルコール度数15.8%、 糖7.9g/100ml、 酸0.38%
370	ありったけのもので作るベストなジン・トニック	冷凍庫で冷やしたグラス 冷凍庫で冷やしたジン 52.5ml 氷で冷やした鮮度の高いトニック・ウォーター 97.5ml ライムの絞り汁 冷凍庫から出したばかりの氷	
375	キニーネ・シンプル・シロップ	シンプル・シロップ 1リットル（1230グラム）と硫酸キニーネUSP等級0.5グラム 混ぜたあと、溶けていないかもしれないキニーネを取り除くために漉す。	

ページ	レシピ名	材料	データ
376	キナ皮シロップ	キナ末 20グラム（約3テーブルスプーン） ろ過水 750ml グラニュー糖 750グラム キナ末を5分間煮詰めたあと、冷ましてから、コーヒーフィルターで漉す。750mlまで再度希釈して、砂糖を溶かし入れる。	1.2リットル分
381	トニック・ウォーターの2通りの作り方	キニーネ・シンプル・シロップまたはキナ皮シロップ 142.5ml 清澄ライム・ジュースまたは作り置きのライム酸 127.5ml 作り置きのライム酸がない場合は、クエン酸5.1グラムとリンゴ酸2.6グラムとごく微量のコハク酸を水120mlに溶かしたもの 食塩水20ドロップ（1ml）または塩2つまみ ろ過水 750ml 混ぜて、冷やして、炭酸化する。	1021ml分 糖8.8g/100ml、 酸0.75%

謝辞

　妻のジェニファーに感謝します。彼女は多大な時間を費やして、冗漫でちぐはぐな最初の下書きに徹底的に直しを入れてまともな文章に改め、いろいろ手を加えて磨きをかけた末に、本書を仕上げてくれました。初めて出会ったときから、妻の明晰な頭脳と無意味なことを許さない生真面目さが大好きでした。妻の助けがなかったら、わたしは、いかなる形であろうと、人が読みたいと思うような本を書き上げることはできなかったでしょう。

　担当編集者のW・W・ノートンとマリア・グアーナッシュエリに感謝します。二人は、3年前のある日ランチに招いてくれて、本を執筆するようにうながしてくれました。本を書いたことがある友人たちからは、昔気質の編集者などいないと聞かされていましたが、いまではそれが間違いだったと実感しています。熱意にあふれ、親身になって助けてくれる面倒見のいい編集者と出会い、本書をこの世に出すべき道を示してもらえたことは、この上ない幸運です。

　次の方々に感謝します。ナスターシャ・ロペスには、絶えず東奔西走してもらいました。かけがえのないパートナーのデビッド・チャンとドリュー・サーモンはわたしを信頼し、ブッカー・アンド・ダックスの繁栄を信じてくれています。二人への感謝の気持ちは生涯忘れません。トラビス・ヒューゲットには、本書に収録したすばらしい写真を撮ってもらいました。W・W・ノートンのスタッフのミッチェル・コールズは、多くの困難な仕事をやり遂げてくれました。ハロルド・マギーには絶えず励ましてもらい、本書の草稿についても思慮深い意見をもらいました。ジェームズ・カーペンターは、眼光紙背に徹する鋭さで原稿にすみずみまで目を通してくれました。ジョン・マギー、ポール・アダムス、アリエル・ジョンソン、ドン・リーからは、さまざまなアドバイスやアイデアをもらいました。

　そして、わたしが紆余曲折の道に踏み迷い、およそ成功の見込みのとぼしいビジネスにあくせくしていたとき、勇気づけ、支えてくれた次の方々にもお礼を申し上げます。わたしの母と、父のジェラルド、アドニジオとアーノルド両家のすべての人たちに。マイレ、リッジ、そのほかのカーペンター家の人たちに。資金援助していただいたアーリー、ルートビック、スウィーニー、ストラウスに。飲食業界に入るときに力になってくれたジェフリー・スタインガーテンとダナ・コーウィに。この業界で初めての本格的な仕事を見つけてくれたマイケル・バターベリーに。カクテルに新しいテクノロジーを導入するための道を切り開いてくれたワイリー・デュフレーヌに。わたしにとって最高の仕事のいくつかの相棒だったニルス・ローレンに――乾杯！　ともに暗中模索をくり返していたとき、多くのことを教えてくれたジョニー・イアジーニに。FCIで同僚だったシェフたちと、わたしの実習課程の受講生たちに（とくにミンディー・グエンに感謝します）。ブッカー・アンド・ダックスで働いてくれる優秀なスタッフ：パイパー・クリステンセン、トリスタン・ウィリー、ロビー・ネルソン、モーラ・マクギーガン、そのほかのすべてのバーテンダー、バーバックと接客係のスタッフ――そして、ッサム・バーのスタッフ一同にも！

　そして最後に、カクテル業界のすべての友人たちに――わたしに日々の活力をあたえてくれるのはみなさんです。

補足解説

糖について

人体・食品・飲料を形作っている基本的な元素

この世のあらゆる物質は、約100種類の元素からできています。とはいえ、約100種類の元素全部が同じ分量ずつ存在しているわけではありません。たとえば人体は、その大部分にあたる97.5%が、たった5種類の基本的な元素からできています（酸素65%、炭素18.5%、水素9.5%、窒素3%、カルシウム1.5%——およその重量比による）。

一般的な食品・飲料に含まれる元素も、人体に含まれる元素とかなり重なっており、酸素、炭素、水素、窒素などの基本的な元素が、その多くの部分を形作っています。

糖も3つの基本的な元素でできている

人体にとって必須の物質である「糖」も、前述の基本的な元素のうちの3つ——炭素、水素、酸素——が色んな形でくっつきあってできているものです。たとえば、もっとも基本的な糖である「ブドウ糖（$C_6H_{12}O_6$）」は、化学式の通り、炭素（C）6個、水素（H）12個、酸素（O）6個でできています。そしてその元素のつながり方（構造）は、右のような図で表されます。

糖の種類

ブドウ糖をはじめとする糖は、「単糖類」「二糖類」「多糖類」に分類されます。

ブドウ糖はもっとも基本的な、単体の糖ですから、「単糖類」に分類されます。

同じ単糖類に「果糖（$C_6H_{12}O_6$）」があります。果糖も化学式はブドウ糖（$C_6H_{12}O_6$）と同じです。これはつまり、含まれる元素の種類と数は同じ、ということです。ではどこが違うかというと、そのつながり方（構造）が違います（よって味も違ってきます）。

ブドウ糖や果糖などの単糖が2つつながってできるのが「二糖類」です。

表の、二糖類の欄の一番上にある「ショ糖（$C_{12}H_{22}O_{11}$）」は、砂糖の主成分です。たとえばグラニュー糖は全成分の99.9%がショ糖であり、日本でもっとも一般的な上白糖は全成分の約98%がショ糖です。

そして単糖がたくさん、鎖のようにつながってできているのが、「多糖類」です。

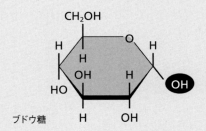

ブドウ糖

分類	種類	特徴
単糖類	ブドウ糖（グルコース）	穀物や果物に多く含まれる。人体のエネルギーになる
	果糖（フルクトース）	果物に多く含まれる
二糖類	ショ糖（スクロース）	ブドウ糖＋果糖の結合物。砂糖の主成分
	麦芽糖（マルトース）	ブドウ糖＋ブドウ糖の結合物。醸造中のビールなどに含まれる
	乳糖（ラクトース）	ブドウ糖＋ガラクトースという単糖の結合物。母乳や牛乳に含まれる
多糖類	セルロース	食物繊維の代表格
	デンプン	穀類や芋類に多く含まれる
	ペクチン	植物の細胞壁などに含まれる

糖の分類・種類　　　　　※図と表はロバート・ウォルク『料理の科学①・②』（楽工社）から引用

イオンについて
イオンとは

右の図は、水素原子、炭素原子、酸素原子を図化したものです。ご覧の通り、各元素の原子の中心には「原子核」があり、それぞれの原子核の周囲には「電子」が存在しています。

「電子の数」は元素ごとに異なります。図に示されているように、水素の電子の数は1つ、炭素の電子の数は6つ、酸素の電子の数は8つです（図にはありませんが、窒素の電子の数は7つ、カルシウムの電子の数は20です）。このように、各元素の原子が標準的な状態で持つ電子の数はそれぞれ決まっています。

そしてこの「電子」ですが、それ自体の性質として、負（マイナス）の電荷をもっています。

なんらかのきっかけで、ある原子が他の原子から電子を奪うことがあります。すると、標準的な状態ではプラスでもマイナスでもない中性の原子は、他の原子から奪った電子（マイナス）が1個増えることで、全体として負（マイナス）の電荷を帯びます。これを「負の電荷を帯びたイオン」といいます。一方、電子を奪われたほうの原子は、電子（マイナス）が1個なくなって全体としては正（プラス）の電荷を帯びます。これを「正の電荷を帯びたイオン」といいます。

水素イオンとは

水素イオンとは、下の水素原子の図にある1個の電子が、何らかの理由で奪われた（無くなった）ものをさします。本文にあるように、溶液中に、この「水素イオン」（標準的な水素原子から電子が無くなったもの）が多く含まれていればいるほど、その溶液の「酸性度」は高くなります。

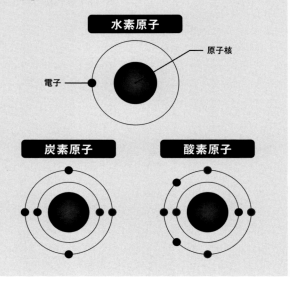

索引

*イタリックの数字は写真や図表のページ数、ボールド体はレシピのページ数です。

あ

アードベッグ・スコッチ、スコッチ・アンド・ココナッツの材料として　Ardbeg Scotch, in Scotch and Coconut ... 156
アーノルド・パーマー　Arnold Palmer ... 271, 275, 276-77
アールグレー・マティーニ　Earl Grey MarTEAni ... 280
アイシングラス　isinglass ... 274
アイス・エスプレッソ　iced espresso ... 361-63
　　アルコール入り――　alcoholic ... 362, 363
アイス・チッパー　ice chipper ... *44*
アイスティー　iced tea ... 271
アイスバケット　ice buckets ... 30, 48
アイスピック　ice picks ... 44, *44*, 48, *49*, 74
アイビス社製水栓タワー（セルツァー炭酸水用）　Ibis tower (for selzer) ... *323*
アイボリー、エボニーと――　Ivory, Ebony and ... **149**, *149*
赤唐辛子　habanero pepper ... 47
赤唐辛子　red pepper ... 112, 239
アガベ・ネクター　agave nectar ... 50, *51*, 53, 188, 357
アクアビット　aquavit ... 155, 181, 239
悪臭（のするビール）　skunking (in beer) ... 222
亜酸化窒素（N_2O；笑気ガス）　nitrous oxide (N_2O; laughing gas) ... 42, 196, 296, 320, 364
亜酸化窒素による急速インフュージョン　rapid nitrous infusion ... 196-223, 224, 236, 366
　　――で酒とカクテルを作る　in liquors and cocktails ... 204-215
　　――でビターズやチンキを作る　in bitters and tinctures ... 216-223
　　――における圧力　pressure in ... 195-203
　　――における固体から液体への抽出比率　solid-to-liquid ratios in ... 200
　　――における変数の制御　controlling variables in ... 199-200
　　――のための多孔性の固形材料を選ぶ　choosing porous solids for ... 199-200
　　――のための道具　equipment for　→エスプーマiSi cream whipperの項も参照 ... 197
　　――のテクニック　technique of ... 198-99
味と温度　taste vs. temperature ... 106
　　氷を入れるか入れないか　up vs. on the rocks ... 104-5, *105*
味見（の重要性）　tasting, importance of ... 18-20
アスコルビン酸（ビタミンC）　ascorbic acid (vitamin C) ... 60, *60*, 171, *344*, 346, 383
アスペルギルス・アクレアータス　Aspergillus aculeatus ... 249
アッシュミーズ・カーネル　Ashmead's Kernel apples ... 343, *352*
　　オート・フスティーノの材料　in Auto-Justino ... *356*
　　ケンタッキー・カーネルの材料　Kentucky Kernel ... 352
アップル（リンゴ）・ジュース　apple juice ... 151, 250, 255, *256*
　　グラニー・スミス・ソーダの――　in Granny Smith Soda ... 347
　　市販の――　commercial ... 343-44, 346
　　清澄――　clarified ... 286, *345*, 346-347, 356
　　――の色　colors of ... 345
　　――の作り方　making of ... 344-347, *344*
アップル・ブランデー、レッドホット・サイダーの材料として　apple brandy, in Red-Hot Cider ... 194

アップルジャック	applejack	188
アップルティーニ	appletini cocktail	**355**
──のビターズ	bitters of	**219**
圧力	pressure	
亜酸化窒素による急速インフュージョンにおける──	in rapid nitrous infusions	195-203
泡と──	bubbles and	297-98, 324
エスプレッソを抽出するときの──	in brewing espresso	367
エスプーマと──	whippers and	42
温度と──	temperature and	229-30
加圧下の液体窒素──	LN under	40
真空包装機内部の──	in vacuum machines	229-30, *229*
──の測定	measurement of	20
──を調整するガス・レギュレータ	gas regulators for	311-12
圧力計	pressure gauge	311
圧力チャート、エスプーマのための──	pressure chart, for iSi whipper	201
圧力調整器（レギュレータ）	pressure regulators	43, 49, 311-12, *311*
圧力を抜く（解放する）	venting	
エスプーマの──	of iSi whipper	199, 202, 203, *203*, *212*, 215, 218, 222
炭酸の──	of carbonation pressure	*315*, *319*
アドリア、フェラン	Adria, Ferran	197
アニス・ポッド	anise pod	
スコッチ・アンド・ココナッツの材料	in Scotch and Coconut	156
バナナ・フスティーノの材料	in Bananas Justino	267
アビーエール	abbey ale	193
アビエーション	Aviation	**135**
アプリコット（乾燥）	apricots dried	268
アプリコット・フスティーノ	Apricots Justino	**268-69**
アペロール	Aperol	104
──の炭酸化	for carbonation	330
アボガドロ数	Avogadro's number	305
甘味／カクテルの材料の──の比率	sweetness, percentage in cocktail ingredients of	141-42
アラビア・ガム	gum arabic	54, *56*
亜硫酸処理	sulfuring	268
アルコール　alcohol　→エタノールethanolの項も参照		
清澄剤としての──	clarifying agent	356-57
炭酸入りドリンクの──対水の比率	ratio of water to in carbonated drink	331
──による泡立ちの特性	foaming properties of	309
──の炭酸化	carbonation of	303-4, 316, 324, 330
──を炭酸化するための圧力	pressure for carbonating	328
アルコール入りシェケラート	Boozy Shakerato	**362**, *362*
アルコール入りシェケラート2	Boozy Shakerato 2	**363**, *363*
アルベド（中果皮）	albedo	34, 254
アレキサンダー	Alexander	**137**
泡	bubbles	
アップル・ジュースを作るときの──	in maiking apple juice	*344*
エスプーマと──	iSi whipper and	197-98, 365
エスプレッソの──	in espresso	360, 365

ミルクで――を立てる　milk as an agent for	320, 361
CO_2とN_2Oの混合による――　bubbles: CO_2- N_2O gas mix for	302
――ドラフトの　on draft	322
――によるCO_2の減少　CO_2 loss from	305-311, 313
――の原理　philosophy of	296-97
――のサイズ　size of	298-99, 302
――の調節　control of	297
――の膨張　inflation of	305
泡立ち　foaming	93-96, 98, 275, 276, 280, 282, 296, *319*
――によるCO_2の損失　CO_2 loss through	304-10, *310*, 313, 324
アンゴスチュラ・ビターズ　Angostura bitters	50, 87, 188
クリフ・オールドファッションの材料　in Cliff Old-fashioned	111
マンハッタン・バイ・ザ・ピッチャーの材料　in Manhattan by the Pitcher	159
マンハッタンの材料　in Manhattan	88, 90, 106, 161
安全上の問題　safety hazards	
液体窒素の――　from LN	39-42, 163-67, 174, *174*, 175, 312
エスプーマの――　in iSi whippers	202
遠心分離機の――　from centrifuges	38, 249
キニーネの――　of quinine	373-74, 375
シャンパンをサーベリングする際の――　of sabering champagne	300
卵の――　from eggs	95
ドライアイスの――　from dry ice	39, 42, 163, 168, 168, 312, 317
ホット・ドリンクの――　from hot drinks	187
ホット・ロックの――　from hot rocks	184
CO_2ボンベの――　of CO_2 tanks	311

い

イエーガーマイスター　Jagermeister	188
イエロー・シャルトリューズ／ブレンダー・マルガリータの材料として　Yellow Chartreuse, in Blender Marg	120
イエロートランスペアレント（リンゴ）　Yellow Transparent Apples	357
イグルー・クーラー　Igloo cooler	48, 70, *72*
石茶碗　Dolsots (hot stone bowls)	184
石焼ビビンバ　gobdol bibimbop	184
異性化（ホップの）　isomerization in hops	222
イソフムロン（ホップの）　isohumulones in hops	222
イチゴ　strawberries	
インフュージョンの材料として　for infusion	228
ストロベリー・バンディットの材料　in Strawberry Bandito	153
――をジュースにする　juicing of	37, 47
イチゴのピューレ　strawberry puree	*249*, *256*, 257, 357
イマージョン・サーキュレーター　immersion circulator	168
インコロイ　Incoloy	186
インフュージョン　infusion	
2段階の工程としての――　as two-way process	195-96, 224, 233
亜酸化窒素　→亜酸化窒素の急速インフュージョン rapid nitrous infusionの項を参照	
エスプレッソの代替案として　as alternative to espresso	366
真空――　vacuum	224-240

ジンに——する	into gin	383
伝統的——	traditional	196, 197
——のためのガス	gas for	42
——のための機器	equipment for	45

インフュージョンした固形物	infused solids	196, 199-200, 224, 228-29, 232
インプルーブド・ウイスキー・カクテル	Improved Whiskey Cocktail	**132**

う

ウィクソン・クラブアップル	Wickson crabapple	352
瓶入りカラメル・アップルティーニの材料	in Bottled Caramel Appletini	354, 355
ウイスキー	whiskey	86, 188, 267, 273, 279, 328
パイナップル・フスティーノの材料	in Pineapples Justino	269
——のウォッシング	washing of	352
——を炭酸化する	for carbonation	330
ウイスキー・サワーのカクテル	whiskey sour cocktails	280
卵白入りと卵白なしの——	egg white vs. eggless	96-97
ウィドウズ・キス	Widow's Kiss	**132**
ウォッカ	vodka	328, 331
アイボリーの材料	in Ivory	149, 150
アプリコット・フスティーノの材料	in Apricots Justino	328, 330
エボニーの材料	in Ebony	149, 150
急速オレンジ・ビターズの材料	in Rapid Orange Bitters	217
急速チョコレート・ビターズの材料	in Rapid Chocolate Bitters	219
急速ブラック・ペッパー・チンキの材料	in Rapid Black Pepper Tincture	221
急速ホップ・チンキの材料	in Rapid Hops Tincture	222-23
紅茶をインフュージョンした——	tea-infused	271, 276-77, *276*
シェイク・ドレークの材料	in Shaken Drake	155
炭酸化に使う——	for carbonation	330
チョコレート・ウォッカの材料	in Chocolate Vodka	214
ハバネロン・ジュースの材料	in Habanero-n-Juice	*339*
ピーナッツ・バター・アンド・ゼリー・ウォッカの材料	in Peanut Butter and Jelly Vodka	293
瓶入りカラメル・アップルティーニの材料	in Bottled Caramel Appletini	354, 355
マティーニの材料	in martinis	77
レモングラス・ウォッカの材料	in Lemongrass vodka	209
N₂Oエスプレッソの材料	in N₂O Espresso	365
——をドライアイスで冷やす	for dry ice chilling	168
ウォッシュライン	wash line	18, *19*, 370

え

液体窒素	liquid nitrogen (LN)	36, 39-45, *39*, 49, *172*, 380
ボトル詰めに——を利用する	in bottling	161, *161*, 354
——でグラスを冷やす	in chilling of glasses	164-67, *167*, 330
——で冷やす	chilling with	40-41, *46*, 79, 163-167, 164, *165*, *251*, 254
——の安全上の問題	safety hazards of	39-42, 163-67, 174, *174*, 175, 177, 313
——の取り出し	dispensing of	41, *41*
——を使うロック・アンド・ロールのテクニック	rock and roll technique for	*164*, 165-66
——を使ってマドリングする in muddling →ニトロマドリング nitro-muddling の項を参照		

液体窒素コンデンサ　liquid nitrogen condenser	377
液抽出　liquid infusion	196
エスプーマ　iSi cream whipper	48, *49*, *218*
——で亜酸化窒素の急速インフュージョンをする　in rapid nitrous infusion	196-223
——でキューカンバー・マティーニを作る　making Cucumber Martini with	236, *237*
——でコーヒー・サカパを作る　making Coffee Zacapa in	367
——でN₂Oエスプレッソを作る　making N₂O Espresso in	364, 365
——内部の圧力の調節　pressure control in	201-02
——の安全上の問題　safety hazards from	202
——の仕組みと用途　design and uses of	197-98
——のトラブルシューティングの実験　troubleshooting examination of	198
——のバルブの詰まりを取る　unclogging the valve of	199, *199*, 203
——よりも分量を増やす　scaling up from	223
——を使う炭酸化　carbonation using	42-43, 319-20, 323
エスプーマのヘッド　whipper head	*198*
エスプレッソ　espresso	359-68, *359*
アルコール入りシェケラートの材料　in Boozy Shakerato	362
アルコール入りシェケラート2の材料　in Boozy Shekerato 2	363
カクテルの材料　in cocktails	360-364
著者のこれからの目標としての——の実験　author's future experiment with	368
ミルク入りシェケラートの材料　in Shakerato with Milk	361
N₂Oエスプレッソの材料　in N₂O Espresso	365
エスプレッソのクレマ　crema in espresso	360
エスプレッソマシン　espresso machine	359, 368
エスポロン・ブランコ、炭酸入りマルガリータの材料として　Espolon Blanco, in Carbonated Margarita	332
エソパス・スピッツェンバーグ（リンゴ）　Esopus Spitzenburg apples	356
エタノール　ethanol	377
カクテルの成分として含まれる——の比率　percentage in cocktail ingredient of	141-42
カクテルのプロフィールの分析における——　in cocktail profile analysis	123-24
急速ホット・ペッパー・チンキの材料　in Rapid Hot Pepper Tincture	220
ジェネリック・ブレンダー・サワー　Generic Blender Sour	121
蒸留物に含まれる——　in distillation	47
純粋——の入手の難しさ　difficulty of procuring pure	220
清澄剤としての——　as clarifying agent	356-57
炭酸化の際の——と圧力　and pressure when carbonated	202
SP-Lと——　SP-L and	250
エッグ・ウォッシング　egg washing	271, 274, 280-285, *279*, 290, 353, 358
——のアルコールと卵白の比率　alcohol to egg white ratio in	280-81
——のテクニック　technique for	281, 282, 285
エボニー　Ebony	149, **150**
——とアイボリー　and Ivory	149, *149*
エライジャ・クレイグ、クリフ・オールドファッションの材料の材料として　Elija Craig bourbon, in Cliff Pldfashioned	111
エル・ブジ（レストラン）　El Bulli (restaurant)	197
エルダーフラワー・シロップ　elderflower syrup	224
塩化カリウム（KCl）　potassium chloride (KCL)	169
遠心分離機　centrifuges	37-39, *37*, *38*, *39*, 48, 83, 268-69
——でナッツ・ミルクを分離する　for separating nut milks	*57*, 271

——の安全上の問題 safety hazards of	38-39, 248
——の問題 problems with	28-49
——によるウォッシング in washing	271, 272
——を使う清澄化 clarification	242, 247-54, *248*, *252*, 261-63, 264-66, *265*, 286, *346*, 347
遠心力 centrifugal force	248
塩素 chlorine	75, 320, 322
エンタルピー enthalpy	78-80, 298
エントロピー entropy	78-80, 82

お

オート・フスティーノ Auto-Justino	356-57, *356*
オールスパイスの実 allspice berries	238
バター・シロップの材料 in butter syrup	55, *55*
オールド・スクール (WD-50のカクテル) Old School cocktail (from WD-50)	293
オールド・パル Old Pal	**133**
オールドファッションド Old-Fashioned	109-15, *110*, **132**
オールパーパス・スイートアンドサワー・シロップ All-PurposeSweet-and-Sour syrup	**238**
オイル、ファト・ウォッシングに使う—— oils, in fat washing	291
王冠 crown cap	161
オメガング・アビーエール、レッドホット・エールの材料として Ommegang Abbey Ale, in Red-Hot Ale	193
オランジーナ Orangina	307
オリーブオイル、ファット・ウォッシングに使う olive oil, fat washing with	291, *292*
オルジェー orgeats	57
オレンジ oranges	35, 59, 61, 378
ブラッド—— blood	*251*, 254
オレンジ・ジュース	254, 255, *255*, 257, 279
リッテンハウス・ブレンダー・サワーの材料 Littenhouse Blender Sour	122
オレンジ・ビターズ、瓶入りカラメル・アップルティーニの材料として orange bitters, in Bottled Caramel Appletini	355
オレンジX Orange X press	35
オンス、単位の使用法 ounces, use of term	20, 21
温度 temperature	
亜酸化窒素による急速インフュージョンにおける—— in rapid nitrous infusion	200
圧力と—— pressure and	229-30, 303-05, 307, 322-23, 324
甘味と—— sweetness and	50-51
泡と—— bubbles and	297-98, 364
真空インフュージョンの—— for vacuum infusion	228-29
ジン・トニックの—— for gin and tonic	379-80
ドリンクを発火させる—— for igniting drinks	185-86
熱と—— heat vs.	78-79
水の氷点より低い—— lower than freezing point of water	78-81, *85*
SP-Lと—— SP-L and	253
——によるカクテルの比較 cocktails compared for	124-25
——の重要性 importance of	23, 44-45, 106-7, *107*, 114
——の測定 measurement of	*20*
温度計 thermometers	32, 48, 88, 186

か

- カートリッジ（チャージャー）　gas cartridges (chargers) 42, 233, 236
  - 大きなボンベと——　large tanks vs. 311
  - CO₂の——　CO₂ 197, 223, 320
  - N₂Oの——　N₂O 197, 198, 201, 223, 320, 364, 365
  - ——によるエスプーマの圧力の調節　iSi whipper pressure control through 202
- ガーニッシュ（飾り）　garnishes 28, 87, 159, 224-40, *251*, 254
- カーボネーター　carbonator rig *311*
- カーボネーター・キャップ　carbonator caps 43, 49, *311*, 312, 313, *314-15*, 317
- ガーラ・アップル　Gala apples 352
- 香りのいいショット　savory shot 246
- カカオニブ　cocoa nibs 199, 203, 214
  - 急速チョコレート・ビターズの材料　in Rapid Chocolate Bitters 219, *219*
- カカオの蒸留物　cacao distillates 47
- かき氷　shaved ice 44, 103, 116
  - ——のドリンク　drinks 116, *118*
- かき混ぜ棒　stir rods 114
- 角氷　cube ice
  - 大きな——　large 44, 49, 75, 85, 98, 99, 103, 105, 112, 114, 267
  - 刻み目を入れて切る　scoring and cutting 73, *73*, 74
  - ジュースで作る——　made of juice 151-52, *153*, 155, *154*, 156, 267
  - ドリンクを作る際の——の重要さ　importance of rocks 112
  - ミルクの——　milk *363*, 363
  - 冷凍庫の——　in freezer *69*, 75
  - ——の形と大きさ　size and shape of 75
  - ——のサイズと泡　and foam affected by size 98, *98*
  - ——の表面積　surface area of 67-68, *67*, 82-84
- 核生成、核生成部位　nucleation, nucleation sites 69-70, 305-306, *306*, 308, 320, 323, 371
- カクテル　cocktail
  - アルコール含有量の比較　comparative alcohol content of 124
  - クラシック——　classic 331
  - 炭酸入り——　carbonated 328-39
  - トラディショナル——　traditional 65-142
  - ドラフト——　draft 323
  - ホット・エスプレッソの——　hot brewed 368
  - ——急速インフュージョンで作るカクテル　rapid infused 204-215
  - ——の明日を求める3つの旅　little journeys in 341-84
  - ——の新しいテクニックとアイデア　new techniques and ideas for 146-339
  - ——の構造　structure of 126-41
  - ——の材料　ingredient for 50-63
  - ——の準備　preliminaries for 18-63
  - ——のプロフィール分析　analysis profiles of　→カクテルの計算法 cocktail calculusの項を参照
  - ——の魔法の比率　magic ratio for 329
  - ——を開発する著者の取り組み　author's approach to development of 341-358
  - ——を氷で冷やす　ice chilling of 76-81
- カクテル・キングダム　Cocktail Kingdom company 27, 29, 75, 175
- カクテルの計算法　cocktail calculus 123-41

材料の成分比率（の表）　ingredient percentages table	*141-42*
さまざまなタイプのドリンクの構造　structure of different types of drinks	126-142
——におけるカクテルのプロフィールの分析　analysis of cocktail profiles in	123, 126-41
——のためのバランスの一覧チャート　balance chart for	130-31
カクテルのバランスの一覧チャート　cocktail balance at a balance chart	*130-31*
加工スピリッツの成分比率　modified spirits, ingredient percentages in	142
カザフスタン、リンゴの産地として　Kazakhstan, apples from	358
カシア（カシア・バーグの葉、チップ）　quassisa bark	219, *219*
急速オレンジ・ビターズの材料　in Rapid Orange Bitters	217
急速チョコレート・ビターズの材料　in Rapid Chocolate Bitters	219, *219*
カシス　cassis	273
過剰にインフュージョンする　overinfusion	211
カゼイン　casein	271, 272, 274, 277, 279
固まり／ファット・ウォッシングの脂肪の——　puck: in fat washing	291
ガッシング（炭酸化の）　gushing (in carbonation)	305-306, 324
果糖　fructose	50, 51, 188
加熱素子　heating elements	185
加熱素子をらせん状にしたポーカー　bent-helix pokers	186
カフェ・シェケラート　caffe shakerato	**361**
カフェ・トゥーバ　Café Touba	**210**, *210*, 213, 366
カプサイシン　capsaisin	47, 220, 339
カベルネ・ソービニョン、コニャック・アンド・カベルネの材料として　cabernet sauvignon, in Cognac and Cabernet	283
カムカム（ミルシアリアデュビア）、トニックの代用品として　camucamu (Myrciaria dubia), as tonic replacer	383, 385
カラザ　chalaza	95
カラメル・シロップ、瓶入りカラメル・アップルティーニの材料として　caramel syrup, in Bottled Caramel Appletini	354, **355**
カラメル化　caramelization	*191*, 193, 355
カルダモン　cardamom	210, 216, *216*
急速オレンジ・ビターズの材料　in Rapid Orange bitters	217
ジェル・シロップの材料　in Djer Syrup	212
カルパノ・アンティカ・フォーミュラ・ベルモット　Carpano Antica Formula vermouth	86
エボニーの材料　in Ebony	149, 150
マンハッタン・バイ・ザ・ピッチャーの材料　in Manhattan by the Pitcher	159
マンハッタンの材料　in Manhattan	88, 90, 161
過冷却（氷の）　supercooling, of ice	69
カレー・オイル　curry oil	239
カロリー　calories	20, 79
カロリーナ・レッド・ジューン（リンゴ）　Carolina Red June apples	357
柑橘類の小嚢のガーニッシュ　citrus vesicle garnish	*251*
寒剤　cryogens　→ドライアイス dry ice、液体窒素 liquid nitrogen の項を参照	
寒剤の（超低温）相分離器（焼結されたブロンズのマフラー）　cryogenic phase separator (sintered bronze muffler)	*41*
カンタロープ・メロン、インフュージョンのための　cantaloupes for infusion	238
寒天　agar	
——によるウォッシング　washing with	263
——の温度調節　tempering of	258
——の計量　measuring of	257
——の水和　hydration of	258
——を固める　setting of	258-59

寒天清澄化　agar clarification 245
　　クイック——　quick 247, 249, 256, 259, *259*, 260
　　凍結解凍——　freeze-thaw 245-246, 247, 256, 259-60, *259*
寒天のラフト　agar raft 245
カンパリ　Campari 239
　　シャンパリ・スプリッツァーの材料　in Champari Spritz 334
　　炭酸入りネグローニの材料　in Carbonated Negroni 333
　　炭酸化のための——　for carbonation 330
　　ネグローニの材料　in Negronis 104, 106
甘味料　sweeteners 50-54
　　——の成分比率　ingredient percentages in 142

き

キーゼルゾル　kieselsol *252*, 253, 254, *256*, 261, 263, 274
気化冷却　evaporative cooling 46, 229
キサンタン・ガム　xanthan gum 54
　　ナッツのオルジェーの材料　in Any Nut Orgeat 57
希釈　dilution 23, 27, 51
　　カクテルのプロフィールの分析における——　in cocktail profile analysis 123-24
　　ジュースによる——　with juice 151-52
　　ステアと——　stirring and 158
　　——と冷却　and chilling 82-84, 85, 93, 96, 98, 103, 104, 125
　　——度の計算の方程式　equation for calculating 125
　　——における水　water in 31, 83-84, 85
　　——を最小限に抑える　minimal 109
キチン　chitin 253
木槌（氷を砕く）　ice mallets 43, 44
キトサン　chitosan *252*, 253, 254, 274, 285, 286, 287, *287*
キトサン／ジェラン・ウォッシング　chitosan/gellan washing 288-290, *289*, 353, 358
キナ皮　cinchona bark 216, 373, 374
　　キナ皮シロップの材料　in Cinchona Syrup **376**
　　キニーネの代用として　in place of quinine 374-75
キナ皮シロップ　Cinchona Syrup **376**
　　ジン・トニックの材料　in Gin and Tonic 381
　　トニック・ウォーターの2通りの作り方の材料　in Tonic Water Two Ways 381
キニーネ　quinine 372
　　キニーネ・シンプル・シロップの材料　in Quinine Simple Syrup 376
　　硫酸——　quinine sulfate 22, 216, 372-74, 375
　　——の安全性の問題　safety hazards of 372-374
　　——の入手先　sources of 373
キニーネ・シンプル・シロップ　Quinine Simple Syrup 53-54, 335, **375**
　　2通りの作り方のトニック・ウォーターの材料　in Tonic Water Two Ways 375
　　ジン・トニックの材料　in Gin and Tonic 335, 381
キニーネ中毒　cinchonism 373-74
逆浸透システム　reverse osmosis system 75
キャップシーラー　cap sealer 161
キャベツ、レッド・キャベツ・フスティーノの材料として　cabbage, red, in Red Cabbage Justine 268, *268*

キャベツのジュース　cabbage juice	94
キャラウェイ・シード　caraway seeds	181, *216*
キューカンバー・マティーニの材料　in Cucumber Martini	234, 235
急速オレンジ・ビターズの材料　in Rapid Orange Bitters	271
キャンバスの袋　Lewis bag	44, *44*, 48
キューカンバー・マティーニ　Cucumber Martini	225, **234-35**, 236-237, *237*
急速オレンジ・ビターズ　Rapid Orange Bitters	204, *216*, **217-18**
グロー・サワーの材料　in Glo-Sour	207
瓶入りカラメル・アップルティーニの材料　in Bottled Caramel Appletini	355
レッドホット・エールの材料　in Red-Hot Ale	193
レッドホット・サイダーの材料　in Red-Hot Cider	194
急速チョコレート・ビターズ　Rapid Chocolate Bitters	**219**, *219*
ショコツィトローネの材料　in Schokozitrone	215
急速チンキ　rapid tinctures	216-23
急速ビターズ　rapid bitters	200, 202, 216-221
急速ブラック・ペッパー・チンキ　Rapid Black Pepper Tincture	**221**, *221*
レモン・ペッパー・フィズの材料　in Lemon Pepper Fizz	215
急速ホット・ペッパー・チンキ　Rapid Hot Pepper Tincture	**220**, *220*
急速ホップ・チンキ　Rapid Hops Tincture	**222-23**
吸着　adsorption	274
キュウリ　cucumber	378
キューカンバー・マティーニの材料　in Cucumber Martini	234-236
――の真空インフュージョン　vacuum infusion of	224, 225, *231*, 236, 239
キュウリのジュース　cucumber juice	94, 256
――の泡　foaming of	308
キュウリを板状に切る　cucumber planks	235, *235*
凝固　curdling	95, 271, 279, *282*, 366
凝縮器（蒸留物の）　Condenser for distillation	*46*, 47
共晶凍結　eutectic freezing	169
キラリティー（分子の非対称性）　chirality	181
霧吹き　misters	30
キルシェンバウム、ケント　Kirschenbaum, Kent	248
ギルバート、クリフ　Guilbert, Cliff	109
キンカン　kumquats	254
菌類　fungi	250, 253

く

クイック（寒天）清澄化　quick agar clarification	246, 247, 259, 260, *260*
空気、炭酸化の敵として　air, in CO_2 loss	308, 312
クエン酸　citric acid	59, 60, 271, 326, 346, 372, 377, 378
コーヒー・サカパの材料　in Coffee Zacapa	367
コニャック・アンド・カベルネの材料　in Cognac and Cabernet	283
ティー・ウォッカの材料　in tea vodka	276
屈折計　refractometers	31-32, *31*, 49, 58, 114, 351, 355
屈折率　refractive index	31
クベバ　cubebs	210
急速ブラック・ペッパー・チンキの材料　in Rapid Black Pepper Tincture	221, *221*

クラシック・ダイキリ　Classic Daiquiri		**101-02**, 137
グラス　glasses		
	シェーカーの一部として使う——　in shakers	26
	塩で縁取りした　salt-rimmed	116, 155, 239
	ジン・トニックのための——　for G & T	370
	ステア・ドリンク用の——　for stirred drinks	23
	冷やしておいた——　chilled	42, 111, 166-67, *167*, 380
	フルート・シャンパン　champagneflutes	167, 305, 330, 370, 371
	——とCO₂の減少　in CO_2 loss	305
クラッシュド・アイス　crushed ice		44, *44*, 98
グラニースミス（リンゴ）　Granny Smith apples		345, 347, 351-52
グラニースミス・ソーダ（の清澄ジュース）　Granny Smith Soda (Clarified)		**347**
クラブアップルのジュース　crabapple juice		*248, 345*
グラム　gram		30
クランベリーのインフュージョン　cranberry infusion		279
クランベリーの渋味　cranberries and astringency		273
クリーム　cream		
	アルコール入りシェケラートの材料　in Boozy Shakerato	362, *362*
	カフェ・トゥーバの材料　in Café Touba	213
	テクスチャーを加えるための——　as texturizer	94, 211
	ホイップ・クリーム　whipped	319, 320
グリーン・シャルトリューズ、シャルトルースの材料として　Green Chartreuse, in Chartruth		336
グリーン・ペッパーコーン、急速ブラック・ペッパー・チンキの材料として		
green peppercorns, in Rapid Black Pepper Tincture		221
クリフ・オールドファッションド　Cliff Old-Fashioned		*104*,109, **111-12**, 114
クリンベル・フリーザー　Clinebell freezer		70
グレービー・セパレーター　gravy separator		291
グレープフルーツ　grapefruit		34, 59, **245**, 254, 337
グレープフルーツ・ジュース　grapefruit juice		101, 151, 222, **242**, 255, 257, 261, 263
	シェイク・ドレークの材料　in Shaken Drake	155
	ジン・アンド・ジュースの材料　in Gin and Juice	337, 339
	ハバネロン・ジュースの材料　in Habanero-n-Juice	339
	清澄——　clarified	249
	流体ゲル　fluid gel	**263**
グレインズ・オブ・パラダイス、急速ブラック・ペッパー・チンキの材料として		
grains of paradise, in Rapid Black Pepper Tincture		221, *221*
グレイ・ドッグ　gray dog		286
クレム、エベン　Klemm, Eben		93
グロー・サワー　Glo-Sour		204, 207, 217
クローバー・クラブ　Clover Club		**134**
クローブ、急速オレンジ・ビターズの材料として　clove, in Rapid Orange Bitters		217
黒コショウ、ジェル・シロップの材料として　black pepper, in Djer Syrup		212
グロッグ　glogg		184

け

蛍光発生とキニーネ　fluorescence and quinine	372
計量　measurement	

カクテル計算法における—— in cocktail calculus	124
炭酸化のための—— of carbonation	303-04, *304*
糖の—— of sugar	53
糖度の—— of sugar content	31-32, 58
バーテンダーの bartender	324
レシピの分量を調整するための—— for recipe adjustment	331
——の重要性 importance of	18-20, 261
——の道具 equipment for	21-22
計量の単位 measurement units	20
血中アルコール濃度 (BAC) blood alcohol content (BAC)	303
ゲル化 gelation →ゲル清澄化 gel clarification の項を参照	
ケルコゲルF (低アシル・ジェラン) Kelcogel F (low-acyl gellan)	287, 288
ケルコゲルLT100 (高アシル・ジェラン) Kelcogel LT100 (high-acyl gellan)	287
ゲル清澄化 (ゲル化) gel clarification (gelation)	243-47, 250, 254
ゲルのラフト gel rafts	243, 244, 247
ゲルを固める setting gels	242
懸濁液 suspensions	241
ケンタッキー・カーネル Kentucky Kernel	352, **353**
ゲンチアナ gentian root	216, *216*
急速オレンジ・ビターズの材料 in Rapid Orange Bitters	217
急速チョコレート・ビターズの材料 in Rapid Chocolate Bitters	219, *219*

こ

コーネリアス・ソーダ・ケグ Cornelius soda kegs (Corny kegs)	223
コーヒー coffee	195, 199, 203, 320
アイス—— iced	361-63
ドリップ—— drip	360
挽きたての—— freshly ground	*210*, 211
——カクテル cocktails	359-68
——の焙煎 (煎り方) roasting of	364, 368 (中煎り)
コーヒー・カクテル coffee cocktails	359-68
エスプレッソのコーヒー・カクテル with espresso	362-67
コーヒー・サカパ Coffee Zacapa	210, **211**, 366-67
カフェ・トゥーバの材料 in Café Touba	213
コーヒー・サカパ・カクテル Coffee Zacapa Cocktail	**368**
コーヒーのインフュージョン液 coffee infusions	279
コーヒーフィルター coffee filters	*36*, 37, 243, 283, *284*, 288, *289*
コーヒー豆 coffee beans	367
コーヒー・サカパの—— in Coffee Zacapa	211, 367
コープス・リバイバー #2 Corpse Reviver #2	136
コールド・バタード・ラム Cold Buttered Rum	**55**
コールドプレート cold plate	322
ゴールド・ラッシュ Gold Rush	**136**
コアントロー Cointreau	
シェイクのマルガリータの材料 in Shaken Margarita	117
スコッチ・アンド・ココナッツの材料 in Scotch and Coconut	156
ブレンダー・マルガリータの材料 in Blender Marg	120

| 索引

高アシル・ジェラン（ケルコゲルLT100） high-acyl gellan (Kelcogel LT100) ... 287
高温のカートリッジ・ヒーター high-temperature cartridge heater ... 186
高温のホップ・チンキ hot hops tincture ... 222-23
抗酸化物質 antioxidants ... 171
構成物（CO_2の損失を抑えるために） composition, in controlling CO_2 loss ... 308-309, 323
酵素 enzymes →ペクチネックス・ウルトラSP-L Pectinex Ultra SP-Lの項も参照
    清澄化の—— in clarification ... 242, 249-50
紅茶入りウォッカ（のウォッシング） black tea vodka, washing of ... 271
高プロリンタンパク質（PRPs） proline-rich proteins (PRPs) ... 272
凍らせたフルーツ fruit, frozen ... 152
氷 ice
    カクテルの—— in cocktail ... 67-91, 371
    超低温の—— superchilled ... 83
    ドリンクの提供時間を調節するための——の使い方 serving rounds of drinks ... 89
    ビルド・ドリンクの—— in built drinks ... 111, 114
    濁った—— cloudy ... 68, 70, 75
    マンハッタンを作って——の実験をする Manhattans in experiment with ... 88-91
    冷凍庫の——と湖の—— freezer vs. lake ... 67-68, 69-70
    ——から水を切る snapping the water off ... *85*, 98, 103
    ——とシェイク・ドリンク and shaken drinks ... 93-95, 98, *98*
    ——とステア・ドリンク and stirred drinks ... 103
    ——と注ぎ残し and holdback ... 84
    ——による冷却の熱力学 thermodynamics of chilling with ... 78-81, 84-85
    ——の結晶 crystals ... 27, 307, 312
    ——の貯蔵 storage of ... 30
    ——の融解 melting of ... 67-70, 78-81
    ——はどうやってできるのか science of formation of ... 68-70
    ——を扱うための道具 tools for ... 44-45, *44*
    ——を砕く crushing of ... 44-45, *44*, 48
氷かき器 ice shavers ... 44, 49, 118, *118*
氷が融けた水 meltwater ... 82-83, 111
氷の切り方 ice carving ... 68, 71, 74
氷の結晶（炭酸入りドリンクの場合） ice crystals, in carbonated drinks ... 307, 312
ココナッツ水 coconut water
    スコッチ・アンド・ココナッツの材料 in Scotch and Coconut ... 156, *156*
    バナナ・フスティーノの材料 in Banana Justino ... 267
漉し袋 straining bags ... *36*
漉し袋のマッサージ（清澄化の手順として） massaging the sack (in clarification) ... 261
    ——の代替案 alternative to ... *262*
漉す straining ... 24, 35, *57*, 261, 271, *344*, 374
    コーヒーを—— of coffee ... 210
    ジュースを—— of juice ... 94, 347
    マドリング後に—— after middling ... 171, 172, *175*
    ——テクニック techniques for ... 100
コスモポリタン Cosmopolitan ... **136**
コスモポリタンTC（トービー・チェッキーニ） Cosmopolitan TC (Toby Cecchini) ... 137
固体（固形物） solids

亜酸化窒素による急速インフュージョンに使う── for rapid nitrous infusion ... 196-97
　　　真空インフュージョンに使う── in vacuum infusion ... 224, 228, 231-232
固定式ローターの遠心分離機　fixed rotor centrifuges ... 37
コニャック　Cognac ... 188
　　　ケンタッキー・カーネルの材料　in Kentucky Kernel ... 353
　　　レッドホット・エールの材料　in Red-Hot Ale ... 193
コニャック・アンド・カベルネ　Cognac and Cabernet ... **283**, *284*
コハク酸　succinic acid ... 59, 61, 378, 381
コブラー・シェーカー（スリー・ピース）　cobbler (three-piece) shaker ... *25*
ゴマ油　sesame oil ... 291
コリアンダー　cilantro leaf ... 378
コリアンダー・シード　coriander seeds ... 112, 239
コリアンダー・シロップ　Coriander Syrup ... **112**, 113
　　　クリフ・オールドファッションの材料　in Cliff Old-Fashioned ... 111
コリアンダー・ソーダ　coriander soda ... 109
コロンビアの熱帯雨林　Colombian rainforest ... 383
コンコード・ブドウ・ゼリー、ピーナッツバター・アンド・ゼリー・ウォッカの材料として
　　Concord grape jelly, in Peanut Butter and JellyVodka ... 293
コンソメ　consommé ... 243, 246

さ

ザ・カルボン　Carvone, The ... **181**
サーベリングのテクニック　sabering technique ... 300-301, *301*
　　　──の安全上の問題　safety hazards of ... 300
再蒸留　redistillation ... 286, 339, 352
サイダー　cider ... 346
　　　市販の──　commercial ... 343
　　　──の材料となるリンゴ　apples for ... 357
ザイロピア・エチオピカ　Xylopia aethiopica tree ... 210
サウスサイド　Southside ... **136**
酢酸　acetic acid ... 60
ザクロ（をジュースにする）　pomegranates, juicing ... 35
酒　liquors
　　　急速インフュージョンした酒　rapid infused ... 204-215
　　　ホット・ドリンクに合う──　for hot drinks ... 185
　　　──から選択的にフレーバーを取り除く　selective flavor stripping of
　　　　→ブーズ・ウォッシングbooze washingの項を参照
　　　──の清澄化　clarification of ... 250, 264-267
　　　──の炭酸化　carbonation of ... 297
　　　──を使ってマドリングする　in muddling ... 173
サトウキビ・シロップ　cane syrup ... 52
サボン（のシュプレーム）　pomelos, (supreming) ... *250*
サラダ・スピナー　salad spinners ... 83, 261, *262*
サルモネラ菌　salmonella ... 95
酸　acid
　　　アスコルビン酸　→アスコルビン酸ascorbic acidの項を参照
　　　温度と──に対する味覚　temperature and perception of ... 125

カクテルのプロフィールの分析における―― in cocktail profile analysis	123-124
クエン酸 →クエン酸citric acidの項を参照	
コハク酸 →コハク酸succinic acidの項を参照	
材料における――の成分比率 ingredient percentage in	141
酸性・酸性度・酸味 acidity	32, 58-59, 95, 115, 156, 175, 181, 242, 253, 268, 329, 331, 348
酸性度を判断する assessing	261
酒石酸 →酒石酸tartaric acidの項を参照	
滴定酸 →滴定酸titratable acidの項を参照	
乳酸 →乳酸lactic acidの項を参照	
ホット・ドリンクにおける―― in hot drinks	188
リンゴ酸 →リンゴ酸malic acidの項を参照	
リン酸 →リン酸phosphoric acidの項を参照	
――と清澄化 and clarification	242
――対糖の比率 sugar ratio	125, 347, 352-53
――の組み合わせ combination of	60
酸化 oxidation	268, 343, *344*, 346
酸化マグネシウム（絶縁材料） magnesium oxide insulation	186
サンキスト電気ジューサー Sunkist electric juicer	34
サンクリスプ（リンゴ） Suncrisp apples	*345*
酸欠死と液体窒素 asphyxiation and liquid nitrogen	40
サンダース、オードリー Saunders, Audrey	280

し

シアン化物（リンゴの種の――） cyanide in apple seeds	344
シェーカーのさまざまなタイプ shakers, types of	**25**, 24-26
シェイク・ドリンク（カクテル） shaken drinks	93-102, 116, 125, 158, 281, 293, 329, 346-47
マドリング後に作る―― after muddling	173, 175
――に使うコーヒー coffee in	360, 361-63
――に使う氷 ice in	75, 82, 89
――に使うジュースの角氷 frozen juice in	151-52, 155, 156
――の温度 temperature for	50-51, 86
――の構造分析 structural analysis of	127, 134-38
――のためのシェイクのテクニック shaking technique for	93, 99-100, 100
――のためのミルク・ウォッシング milk washing for	281
――を漉すテクニック straining techniques for	*100*
――を作る道具 equipment for	24, *25*, 26, 48
シェイク・ドレーク Shaken Drake	**155**, *155*
シェイクのマルガリータ Shaken Margarita, The	**117**
シェイク用のティン（金属製のシェーカーのセット） shaking tins (metal shaker sets)	23, *24*, *25*, 24,-26, 48, 93, 95
ステアに使う―― stirring in	104
ニトロマドリングに使う―― for nitro-muddling	174, 177
――のテクニック techniques for	100
――のはずし方 breaking of (separating)	*25*, 26, 96, 100
シェナンゴ・ストロベリー・アップル Chenango Strawberry apples	357
ジェニーバ、N.Y.、USアップル・コレクションの所在地 Geneva, N.Y. apple collection in	342, 352
ジェネバー、アプリコット・フスティーノの材料 genever, in Apricot Justino	269
ジェネリック・ブレンダー・サワー Generic Blender Sour	**121**

ジェラン（ガム）	gellan	286, 287, 287 →キトサン／ジェラン・ウォッシング chitosan, gellan washing の項も参照
ジェル（セリムの粒）	djer (grains of Selim)	210, *210*, 366
ジェル・シロップの材料	in Djer Syrup	212
ジェル・シロップ	Djer Syrup	**212**
カフェ・トゥーバの材料	in Café Touba	213, 366
塩	salt	63
食塩水としての――	as saline solution	49, 63, *63*
――で氷点を下げる	in lowering freezing point	81, 161, *162*, 169, 354
――で縁取りする	on rim	116, 155, 239
――の共晶点	eutectic points of	169
塩りんご	salt apples	357
ジガー	jigger	20, 21, *21*, 48, 51, 370
紫外線、悪臭対策として	UV light, in skunking	222
シサンドラ・ベリー（シサンドラ・チネンシス）、トニックの代用物として schisandra berries (Schisandra chinesis), as tonic replacer		383
室温	room temperature	200, 257, 304, 322, 377
ジップロック・バッグ	Ziplock bags	147, 149, *150*, 236, *237*
シナモン・スティック、レッドホット・サイダーの材料として	cinnamon stick, in Red-Hot Cider	194
シノア	chinois	35, *36*, 37, 173
渋味	astringency	254
――の除去	stripping of	271-74, *276*, 279, 280
脂肪	fats	57, 291
絞り器（柑橘類の）	citrus press	33-34, 48, *49*
シミ、ターメリックの――	staining, from turmeric	204, *206*
シムコー・ホップ、急速ホップ・チンキの材料として	Simcoe hops, in Rapid Hops Tincture	222-23, *223*
ジャッキー・チェンさながらの激しいシェイク	"crazy monkey" shaking style	99
ジャック・ローズ	Jack Rose	**135**
ジャパニーズ・ウイスキー、デーツ・フスティーノの材料として	Japanese whiskey, in Dates Justino	267
シャルトルース	Chartruth	12, 139, **336**
シャンゼリゼ	Champs-Elysees	**135**
シャンパリ・スプリッツァー	Champari Spritz	**334**
シャンパン	champagne	62, 328
――のサーベリング	sabering of	300-301, *300*
――の熟成	aging of	298-99
――のCO_2の減少	CO_2 loss in	304-05
――のCO_2の量	CO_2 levels in	298
シャンパン酸	champagne acid	**62**
シャンパリ・スプリッツァーの材料	in Champari Spritz	334
ジン・アンド・ジュースの材料、遠心分離機で清澄化する場合 in Gin and Juice, Centrifugally Clarified		337
ジューサー	juicers	34-35, *49*, 344
ジュース、材料の比率として	juices, ingredient percentages in	141-42
ジュース・シェイク	juice shakes	151-55, 165, 348, 363
ジュール	joules	20, 79
重量（で計量する）	weight, measurement by	30-31, 53, 58, 257, *304*, 305
重力清澄化	gravitational clarification	247-54
酒石酸	tartaric acid	59, 60
手動の絞り器（ジューサー）	hand press juicer	34, 48, *49*

索引		
ジュニパー	juniper	378
シュプレーム	supremes	*250*, *251*, 254
ジュレップ・ストレーナー	julep strainer	26, *26*, 27, 48
ショウガ	ginger	199, 249, 257
ショコツィトローネの材料	Schokozitrone	215
昇華	sublimation	167
焼結されたブロンズのマフラー（超低温分離機）	sintered bronze muffler (cryogenic phase separator)	*41*
消泡剤	antifoaming agents	308
蒸留	distillation	45-47, 286, 352, 377
コーヒーの──	of coffee	366, 368
真空による──	vacuum	339, *339*
ジンの──	of gin	378-80
食塩水	saline solution	*49*, 63, *63*
ショコツィトローネ	Schokozirone	**214**, 215, 219
ショ糖	sucrose	31, 50, 51
シラノ・ペッパー、急速ホット・ペッパー・チンキの材料として	serrano peppers, in Rapid Hot Pepper Tincture	220
白ワイン	white wines	62
ジン	gin	172, 224, *231*, 239, *251*, 257, 329, 357
アールグレーをインフュージョンさせた	Earl-Gray infused	280
アプリコット・フスティーノの材料	in Apricot Justino	269
キューカンバー・マティーニの材料	in Cucumber Martini	234, 236
ジン・アンド・ジュースの材料	in Gin and Juice	337
ジン・トニックの材料	in Gin and Tonic	369
ジン・ライムの材料	in lime and	377-78
炭酸入りネグローニの材料	in Carbonated Negroni	333
炭酸化する酒としての──	for carbonation	330
ネグローニの材料	in Negronis	104, 105
フレーバーを加えた──	flavored	378
マティーニの材料	in martinis	77
マドリングに使う──	in muddling	171
──トニック	and tonic	242, 329, *329*
──にターメリックをインフュージョンする	turmeric infused into	198
──の蒸留	distillation of	378-80
──のファット・ウォッシング	fat washing of	*292*
ジン・アンド・ジュース	Gin and Juice	337, 337
遠心分離機で清澄化する──	Centrifugally Clarified	139, 337, **339**
寒天清澄化する──	Agar-Clarified	139, 337, **339**
──の注ぎ方	pouring of	*338*
ジン・トニック（G&T）	Gin and Tonic	242, 298, 329, *329*, **335**, 369-81
ボトルストレングスの──	bottle-strength	379-80
まとめて作る──	large batches of	380
──の構造分析	structural analysis of	140
──のためのトニックの代替案	tonic replacers for	375-84
──の伝統的（テクニックいらずの）作り方	traditional (no-tech) methods	370-71, *371*
真空圧縮	vacuum compression	233
真空インフュージョン	vacuum infusion	224-240
──するフルーツや野菜を選ぶ	choices of fruits and vegetables for	238-40

──における真空状態の解放　releasing the vacuum in		231-32
──における注入時間　sucking time for		230-32
──に使う材料　ingredients for		228-29
──の技術的検討事項　technical considerations for		228-33
──の保存期間　shelf life in		228-29

真空蒸留　vacuum distillation 45-46, *46*, 377
真空包装機　chamber vacuum machine 45, 49, 196, 224, 225, *225*, 229, 261
　　──でマシュマロを膨張させる　blowing up marshmallows in 232, *232*
　　──の掃除　cleaning of 230, *230*
　　──の代替案　alternatives to 236
真空包装機のオイル　vacuum machine oil 230, *230*
真空ポンプ　vacuum pumps 225, 230, 231
親水コロイド　hydrocolloids 31, 253, *256*
　　ウォッシングに使う──　in washing 271
親水コロイドの増粘剤　hydrocolloid thickener 252
浸透　osmosis 228
シンプル・シロップ　simple syrup 51
　　キニーネ・シンプル・シロップの材料　in Quinine Simple Syrup 374
　　炭酸入りドリンクの材料　in carbonated drinks 331
　　ビルド・ドリンクにおける──とグラニュー糖　versus granulated sugar in built drinks 109
　　──の砂糖対水の比率　sugar to water ratio in 31, 51
　　──の貯蔵　storage of 52
　　──の作り方　how to make 51-52
シンプル・ライムソーダ　Simple Lime Soda **326**

す

スーパーバッグ　superbags 37
ズーメックスの自動ジューサー　Zumex automatic juicer 34
スイート・サイダー　sweet cider 343, 346
スイカの皮　watermelon rind 224, 226, *226*, 238
スイカのジュース　watermelon juice 151, 238
スイカを超えたスイカ　superwatermelons 238
水素イオン　hydrogen ions 58
スイング・バケット（型）遠心分離機　swinging-bucket centrifuges 37-38, *37*
透き通った氷　clear ice 44, 68-69, 115
　　──の温度調節　tempering of 71, 74, 75
　　──の作り方　how to make 70-71, 72-73, 74, 75
スコッチ　Scotch
　　ウォッシングした──　washed 287
　　デーツ・フスティーノの材料　in Dates Justino 267
スコッチ・アンド・ココナッツ　Scotch and Coconut **156**, *156*
ステア・ドリンク　stirred drinks 103-07, 124
　　清澄化と──　clarification and 346
　　──に入れる氷　ice in 75, 82, 89
　　──のいろいろな作り方　making multiple 103
　　──の温度　temperature for 50, 84
　　──に氷は入れるか、入れないか　up vs. on the rocks 104-5

──の構造分析　structural analysis of	126, 132-34
──の高いアルコール濃度　high alcohol level in	104
──のためのエッグ・ウォッシング　egg washing for	281
──のテクニック　technique for	*28*, 77
──を作る道具　equipment for	23-24, *24*, 28
──を作る容器　vessels for	104
──をボトルに詰める　bottling of	161
──をまとめて作り置きする　making large quantities of	158-62
スティック・ブレンダー　stick blenders	*57*
ステイマン・ワインサップ（リンゴ）　Stayman Winesap apples	*345*
ステム・グラス　stemmed glasses	167
ストック（ミートストック）　stocks (meat)	244, 246
ストレーナー　strainers	26-28, *26*, *27*, 36, 48, 96
亜酸化窒素の急速インフュージョンのための──　for rapid nitrous infusion	198
ストロベリー・ジュース　strawberry juice	151, 246
ストロバンクル・ソーダの材料　in Strawbunkle Soda	327
ストロベリー・バンディットの材料　in Strawberry Bandito	153
ストロベリー・バンディット　Strawberry Bandito	**153**, 153
スパニッシュ・クリス　Spanish Chris	**179**
スピードポア・ボトルトップ　speed-pour bottle tops	18
スピッター　spitters	358
スポイト（点眼器）　eyedropper	*29*, 30, 48, *49*
スミス・ガス混合器　Smith gas mixer	302
スラーピー　slurpees	*147*
スラッグ（質量の単位）　slug (unit of mass)	20
スラッシー　slushies	147-50

せ

清澄　fining　→ワイン清澄 wine-fining の項を参照	
CO_2のロスを抑えるための清澄　in controlling CO_2 loss	306, 307, 323
清澄化　clarification　→フィルターを使う清澄化 filter clarification、	
ゲル清澄化 gel clarification、重力清澄化 gravitational clarification の項も参照	241-269
アルコールと──　of alcohol	250
遠心分離機による──　with centrifuge	242, *248*, *252*, 249-261, 261-62
遠心分離機を使わない──　without centrifuge	255-61
ジュースの──　of juices	22, 241-42, 249, 330, *344*, *345*, 346-47, *346*, 355, 371, 380, 385
清澄剤としてのアルコール　alcohol as agent for	356-57
炭酸入りドリンクの──　of carbonated drinks	307, 329
テクスチャーと──　texture and	94, *94*
フレーバーと──　flavor and	254
──における沈殿　flocculation in	252
──の回収率　yield in	247, 248, 250, *252*, 254, 256, 259, 263, 266, 337
──の材料を評価する　evaluationg ingredients for	255-57, *257*
──の道具　equipment for　→遠心分離機 centrifuges の項も参照	242
──の美意識　aesthetics in	241-269
──の理由　reasons for	241-42
──の理論　theory of	243-54

セイラー・ジェリー・ラム、コールド・バタード・ラムの材料として　Sailor Jerry rum, in Cold Buttered Rum......56
「セット・オブ・ティン」　"set of tins"......26
セネガル　Senegal......210, 372
セビル（オレンジ）　Sevilles (orange)......180
ゼラチン　gelatin
　　──と寒天　agar, vs.......245-46
　　──による凍結解凍清澄化　freeze-thaw clarification with......243-47
　　──を使うウォッシング　in washing......272, 274
セリムの粒　grains of Selim　→ジェルdjerの項を参照
セリンボンの二番摘みのダージリン・ティー、ティー・ウォッカの材料として
　　Selimbong second-flush Darjeeling tea, in tea vodka......276
セルツァー炭酸水　seltzer......222
　　泡立ちのテストに使う　in foam test......94
　　専用ディスペンサーから注ぐ──　on draft......322, 323
　　トニックvs──　tonic vs.......372
　　──に適した水質　water quality for......320
　　──の炭酸化のレベル　carbonation levels of......303
セロリ・シード、キューカンバー・マティーニの材料として　celery seeds, in Cucumber Martini......234, 236
潜水病　bends (diving disease)......200
全米PET容器資源協会（NAPCOR）　National Association for PET Container Resources......317

そ

ソーダ　sodas......113, 325
　　──（ドリンク）の炭酸化のレベル　carbonation levels of......303
ソーダ・ケグ　soda keg......312
ソーダ・サイフォン　soda siphons......43
ソーダストリーム（を使う炭酸化）　Sodastream, carbonating with......316-19, *319*, 323, *329*, 371
注ぎ方　pouring
　　2杯以上のドリンクを一度に注ぐ　of multiple drinks at once......27, *27*, 336
　　遠心分離機から移し替える　from centrifuge......262
　　かき氷のドリンクの──　of shaved ice drinks......*119*
　　シャンパンの──　of champagne......304-05
　　炭酸入りドリンクの──　of carbonated drinks......312, *315*, 330
　　トニック・ウォーターの──　of tonic water......370
　　──のテクニックの重要さ　importance of technique in......84

た

ダージリン、二番摘み　Darjeeling tea, second flush......276
ターメリック　turmeric
　　ターメリック・ジンの材料　in Turmeric Gin......206
　　──の特性　properties of......204, *206*
　　──を（ジンに）インフュージョンする　gin infused with......198, 204
ターメリック・ジン　Turmeric Gin......204, 205, **206**
　　グロー・サワーの材料　in Glo-Sour......207
タイ・バジル　Thai basil......*172*
　　TBDの材料　in TBD......178
タイ・バジル・ダイキリ（TBD）　Thai Basil Daiquiri (TBD)......178

大気圧　atmospheric pressure		203
——蒸留　distillation		45-48
——と沸騰　and boiling		229
ダイキリ　daiquiri cocktail		82, 279
ダイキリ（ウィズ・モア・ライム）　Daiquiri (More Lime)		138
フローズン——　frozen		148, *148*
——に入れるミルク・ウォッシングしたラム　milk washed rum in		279
体積　volume		
単位の使用法　use of term		20
——で計量する　measurement by		18, 30, 124, 257
タイマー、亜酸化窒素の急速インフュージョンに使う——　timers, for rapid nitrous infusion		198, 202
多孔性　porosity		228
ダッシュ、用量の単位として　dash, volume of		20, 30
ダッシュ用の瓶のふた　dasher top		30, 48, *49*
脱水　dehydration		266, 268
縦置きのレバーを引く絞り器　vertical level-pulled citrus press		35
多糖（類）　polysaccharides		94, 249, 252, *252*, 274, 286
タップライト社製CO_2レギュレータ　Taprite CO_2 regulator		311
卵、フリップの材料として　egg, in flips		182
「食べられるカクテル」　"edible cocktail"		225
タラゴン、スパニッシュ・クリスの材料として　tarragon: in Spanish Chris		179
タンカレー　Tanqueray		
ジン・アンド・ジュースの材料　in Gin and Juice		339
ジン・トニックの材料　in Gin and Tonic		335, 378, 380-81
炭酸入りウイスキー・サワー　Carbonated Whiskey Sour		140, **290**
炭酸入りドリンク（炭酸・炭酸水・炭酸飲料）　carbonated drinks		62, 104, 113, 124, 209, 273, 283, 293, 330
ノンアルコールの——　nonalcoholic		325-27
ワインと日本酒の——　wines and sake		328
——による酩酊　intoxication from		303
——のウォッシング　washing of		282, 290
——のカクテル　cocktail		328
——の構造分析　structural analysis of		128, 139
——の清澄化　clarification of		307
——のためのロック・アンド・ロール　rock and roll technique for		165
——の作り置き　premade		330
——のディスペンシング　dispensing		322
——の冷やし方　chilling of		165, 168
——のCO_2　CO_2 in		296-324
炭酸入りネグローニ　Carbonated Negroni		140, **333**, 334
炭酸入りマルガリータ　Carbonated Margarita		140, **332**
炭酸化　carbonation　→泡 bubbleの項も参照		286, 296-339
味を持つ材料としての炭酸　as a taste and an ingredient		296-97
アルコール・ドリンクの——　alcohol drinks for		313, 323, 330
エスプーマを使う——　with iSi whipper		*320*, *320*, 322-23
カクテルの——　in cocktail		328
コーヒー・ドリンクの——　in coffee drinks		360, 364
清澄化と——　clarification and		307, 346

ナチュラル・カーボネーション　natural 328
　　　ワインと日本酒の──　of wines and sake 328
　　　──するためのノンアルコール・ドリンク　nonalcoholic drinks for 325-27
　　　──するドリンク　choosing drinks for 324-31
　　　──の3つのC　three C's of 304-09, 323
　　　──の泡　bubbles in　→泡 bubblesの項を参照
　　　──の泡による減少　loss of 304, 308
　　　──の温度と圧力　temperature and pressure in 297-98
　　　──のためのガス　gas for 42, 296
　　　──のテクニック　techniques for 310-20, *314-15*
　　　──のまとめ　easy reference list for 323-24
　　　──の用具　equipment for 48, 297
　　　──の量的計測　measuring of 303-04, *304*
　　　──用の水　water for 319
炭酸ガスの入れすぎ　overcarbonation 297
炭酸水製造機（セルツァー炭酸水を作る）　draft, seltzer on 322, *323*
タンニン　tannins 271, 283, 357-58
タンパク結合　protein binding 274
暖炉で熱したレッドホット・ポーカー　fire-place pokers 182

ち

チェリートマト　cherry tomatoes
　　　ブルショットに使う──のピクルス　pickled in bullshot 246
　　　──の真空インフュージョン　vacuum-infused 228, **239**
チェリーのブランデー漬け　cherries, brandied 196
チカロイド210S　Ticaloid 210S 54, 56
　　　ナッツのオルジェーの材料　in Any Nut Orgeat 57
　　　バター・シロップの材料　in butter syrup 55, *55*
窒素ガス（N₂）、とLN　nitrogen gas (N$_2$), and LN 39, 164
窒素キャビテーション　nitrogen cavitation 200
チャージャー　charger　→カートリッジ gas cartridgesの項を参照
チャイナ・キャップ　china cap strainers *36*, 37
チャンバー真空包装機　chamber vacuum machines　→真空包装機 vacuum machinesの項も参照
チャンピオン・ジューサー　Champion juicer 35, 48, *49*, *344*, 346
鋳鉄のレッドホット・ポーカー　cast iron pokers 184
注入液、真空包装機を使う　infused liquids, using vacuum machine for 233
調剤用の秤　drug scale 31, 48
貯氷庫　icehouses 67
チョコレート　chocolate 214, 219, 320
チョコレート・ウォッカ　Chocolate Vodka **214**
　　　ショコツィトローネの材料　in Schokozitrone 215
チンキ　tincture
　　　急速インフュージョンした──　rapid infused 222-223
　　　──の定義　defined 216
沈殿による清澄化　settling, clarification through 247, 252

つ

冷たい(低温の)ホップ・チンキ　cold hop tincture ... **222-23**

て

デーツ・フスティーノ　Dates Justino ... **267**
デ・ラ・ルイジアン　De La Louisine ... **131**
ティー・ウォッカ　tea vodka ... **276**
　　ティー・タイムの材料　in Tea Time ... 277
ティーカクテル　tea cocktails ... 276-77, 280, 281
ティー・ストレーナー　tea strainers ... *26*, *27*, *28*, *35*, *48*, *95*, *96*, 172, 175, *176*, 177
ティー・タイム　Tea Time ... **276-77**
ティーカップ　tea cups ... 187-88
低アシル・ジェラン(ケルコゲルF)　low-acyl gellan (Kelcogel F) ... 287, 288
ティエン・シエンの果実の森　Tien Shien fruit forest ... 358
低温、CO_2の損失を押さえるために　coldness, in controlling CO_2 loss ... 306, 307, 323
低温殺菌、アップル・ジュースの──　pasteurization, of apple juice ... 343
抵抗線ヒーター　wire resistance heater ... 186
低速回転式ジューサー　masticating juicers ... **344**
テイルズ・オブ・カクテル(イベント)　Tales of the Cocktail convention ... 34, 93
ティン tins　→シェイク用ティンshaking tinsの項を参照
テキーラ　tequila ... 120, 213
　　シェイクのマルガリータの材料　in Shaken Margarita ... 117
　　炭酸入りマルガリータの材料　in Carbonated Margarita ... 332
　　ハラペーニョ(をインフュージョンした)テキーラ　jalapeno-infused ... 153, 246
　　ハラペーニョ・テキーラの材料　in Jalapeno Tequila ... 213
　　──の炭酸化　carbonation of ... 330
滴定酸　titratable acid ... 59
　　カクテルの材料に含まれる比率　percentage in cocktail ingredients of ... 141-42
テクスチャー　texture
　　エスプレッソ・ドリンクの──　in espresso drinks ... 360-66
　　カクテルの材料としてのリンゴの──　of apple for cocktails ... 349, 350
　　シェイク・ドリンクの──　in shaken drinks ... 86, 94-95, 360-63
　　ジェランの──　of gellan ... 287
　　清澄化と──　clarification and ... 242
　　ミルク・ウォッシングと──　milk washing and ... 271, 279, 366
　　──のための炭酸化　carbonation for ... 360, 364
　　──を加えるためのミルク　milk as agent for ... 94, 320, 361, 366
　　──を台なしにする　damage to ... 228
テクスチャー改善(真空圧縮)　texture modification (vacuum technique) ... 233
手袋とターメリック　Gloves and turmeric ... 204, *206*
デメララ・シュガー・シロップ　demerara sugar syrup ... 52
デュフレーヌ、ワイリー　Dufresne, Wylie ... 244
デュワー瓶、液体窒素　dewars, liquid nitrogen ... 41
テリチェリー・ブラック・ペッパーコーン、急速ブラック・ペッパー・チンキの材料として
　　Tellicherry black peppercorns, in Rapid Black Pepper Ticture ... 221, *221*
テレフォン・ブランドのアガーアガー　Telephone Brand agar-agar ... 256, *256*
電荷　electric charge ... 252, 273, 274

伝統的なゲル　old school gels ... 243
デンプン（清澄化における）　starch (in clarification) ... 252, 261, 264

と

糖（糖分・砂糖）　sugar ... 30, 50, 329
　温度と甘味に対する味覚　temperature in perception of ... 125
　カクテルのプロフィールの分析における――　in cocktail profile analysis ... 123-24
　ジェル・シロップの材料　in Djer Syrup ... 212
　上白糖　superfine ... 52
　シロップ　syrup　→シンプル・シロップ simple syrupの項を参照
　スピリッツに――を加える　added to spirit ... 121
　ソーダの材料　in sodas ... 325
　バーで使う――　at the bar ... 51-54
　――対酸の比率　-acid ratio ... 125, 351-52, 379
　――と凍結　and freezing ... 147
　――と熱　and heat ... 188
　――と濃度　and concentration ... 51
　――の含有量（糖度）の測定　content, measurement of ... 31-32, 58
　――をソーテーパンで加熱する　pan burning of ... 190-91
糖液　molasses ... 52
トウェンティース・センチュリー・カクテル　20th-Century Cocktail ... **136**
道具　equipment
　基本的なバーの用具一式　for basic bar kit ... 49
　計量のための――　for measuring ... 21-22, 30
　ドリンクを作るための――　for making drinks ... 22-30
　――の買い物リスト　shoppinglist for ... 48
凍結解凍寒天　freeze-thaw agar ... 245, 247, 256, 259, 260
凍結解凍清澄化　freeze-thaw clarification ... 246
　――のアドバイス　tips for ... 259
凍結解凍清澄化ではずして解凍するテクニック　freeze-thaw clarification: releasing and thawing technique ... 260
凍結解凍ゼラチン　freeze-thaw gelatin ... 243-44, 377
凍傷　cold-burn ... 39, 379
凍傷と液体窒素　Frostbite and liquid nitrogen ... 165
投入電熱器　immersion heaters ... 185-86
透明　clear
　濁りと――　cloudy vs. ... 307
　無色と――　colorless vs. ... 241-42
ドクターJ　Dr. J cocktail ... 61, **279**
トニック・ウォーター　tonic water ... 370, **381**
　ジン・トニックの材料　in Gin and Tonic ... 369, 372-78
　――の構成物　composition of ... 372
　――の炭酸化のレベル　carbonation levels of ... 303
トニック・ウォーターの2通りの作り方　Tonic Water Two Ways ... **381**
トマト　tomatoes ... 228, 239, 246, 256, 261
ドライアイス　dry ice ... 42-43
　――による冷却　chilling with ... 167-68
　――の安全上の注意、問題等　safety hazards of ... 42, 163, 168, 312, 317

索引

ドライ・シェイク（卵白を使う）　dry shake (with egg white) 95, *96*
ドライ・フルーツ　dried fruits 264
トラディショナル・カクテルの基本法則　Fundamental Law of Traditional Cocktail 85, 124
ドラン・ドライ・ベルモット、マティーニの材料として　Dolin dry vermouth, in martinis 77
ドラン・ブラン・ベルモット　Dolin Blanc vermouth
 アイボリーの材料　in Ivory 150
 オート・フスティーノの材料　in Auto-Justino 356
 キューカンバー・マティーニの材料　in Cucumber Martini 234, 236
 瓶入りカラメル・アップルティーニの材料　in Bottled Caramel Appletini 354, 355
ドロップ、用量の単位として　drop, volume of 20, 30

な

ナイフ　knives
 サーベリングのための――　for sabering 300-01
 のこぎり状の歯の――　serrated 73
 パーリング――　paring *29*, 30, 48
ナシ（洋ナシ）　pears
 ――のインフュージョン　infusing 224, 228, 238, 239
 ――の清澄化　clarifying 255
ナッツ・ミルク　nut milk 56-57, *57*
ナッツ油　nut oils 56
ナッツのオルジェー　Any Nut Orgeat **57**
ナリンジン（グレープフルーツの成分）　naringin (in grapefruit) 263, *263*

に

苦味　bitterness 53-4, 123, 155, 215, 222, 254, 263, 366, 374, 375, 383, 385
苦味物質　bitter agents 216
二酸化炭素（CO_2）　carbon dioxide (CO_2) 40, 42, 167, 197, 368
 亜酸化窒素の混合ガスシステム　Nitrous mixing rig 302, *302*, 320
 泡立ちによって減少する――　loss through foaming of 304-09, *310*, 313, 323
 炭酸入りドリンクに含まれる――　in carbonated drink 296-324
 CO_2量　volumes of 305
 ――の炭酸化レベル　carbonation level of 307
 ――の用具一式　paraphernalia for 43
煮立った液体によるプラスチック製ボトルの変形　boiling: bottle, plastic, deformed by 317
ニトロマドリング　nitro-muddling 28, 171-81, *172*, 251, 273
 ブレンダーマドリング vs. ――　blender-muddling vs. 173, *175*
 ――に関するアドバイス　tips for 174-77
 ――の手順　steps in *176*
ニトロマドリングしたバラのカクテル　nitro-muddled rose cocktail *172*, 173
日本酒（の炭酸化）　sake, carbonated 328
日本製のミキシング・カップ　Japanese mixing cup 23
乳化　emulsification 360
乳化シロップ　emulsified syrup 54
乳酸　lactic acid 60
ニュータウンピピン（リンゴ）　Newtown Pippin apples 354
ニュートリファスター社のジューサー　Nutrifaster juicer 35

煮る　boiling
　　清澄化のために——　in clarification ... 246, 377
ニンジン・ジュースと清澄化　carrot juice and clarification ... 248, 255

ね
ネグローニ　Negroni ... 103, **106**, 134
　　炭酸入り——　Carbonated ... **333**
　　マンハッタンvs. ——　Manhattan vs. ... 103-07, *107*
熱　heat
　　インフュージョンの際の加熱　in infusion ... 216
　　エンタルピー、エントロピーと——　enthalpy, entropy and ... 78-81
　　寒天清澄化のための加熱　in agar clarification ... 258
　　ブレンダーから生じる——　generated by blenders ... 253, 265
熱電対温度計　thermocouple thermometers ... 186
熱力学　thermodynamics ... 78-79
ネルソン、ロビー　Nelson, Robby ... 279

の
ノーレン、ニルス　Noren, Nils ... 156, 184
ノボザイムズ　Novozymes ... 252

は
バー・マット　bar mats ... 29, 48, *49*, 74
バースプーン　bar spoons ... 48, 103, 371
　　ステアの道具としての——　for stirring ... 28-29, *28*
　　容量の単位としての——　volume of ... 20, 29, 30
ハード・アップル・サイダー、レッドホット・サイダーの材料として　hard apple cider, in Red-Hot Cider ... 188
ハード・サイダー　hard cider ... 351
ハーブ　herbs ... 28, 31, 216, 376
　　——のマドリング　muddling of ... 171-72, *176*, 273
バーボス（ブレンダー）　BarBoss blender ... 36
バーボン　bourbon ... 86, 111, 279, 286
　　ウイスキー・サワーの材料　in whiskey sours ... 96, 290
　　エッグ・ウォッシュした——　egg washed ... 280
　　キトサン／ジェラン・ウォッシングした——　chitosan/gellan washed ... 290
　　炭酸入りウイスキー・サワーの材料　in Carbonated Whiskey Sour ... 290
　　デーツ・フスティーノの材料　in Dates Justino ... 267
　　バナナ・フスティーノの材料　in Banana Justino ... 267
　　——のウォッシング　washing of ... 273
バール（圧力の単位）　bars (pressure measurement) ... 20
バイタプレップ・高速ブレンダー　Vita-prep high-speed blenders ... 35-36, 48, *49*, 117, 253
バイタミックス（ブレンダー）　Vitamix blenders ... 35, *49*
パイナップル、乾燥——　pineapple, dried ... 269
パイナップル・フスティーノ　Pineapples Justino ... **269**
パイナップルの芯のガーニッシュ　pineapple core garnishes ... 224, *224*, 240
パイナップルのスピア（真空インフュージョンした）　pineapple spears, vacuum infused ... 230, 240, *240*
パイント・グラス　pint glass ... 167, 187

| 秤　scales | 31, 48 |

バカルディ（ラム）　オート・フスティーノの材料として　Bacardi rum, in Auto-Justino	356
バキュバンのワイン・セーバー　Vacu Vin wine saver	225
バジル　basil	171, 172, 173
TBDの材料　in TBD	178
パセリ、フラット・リーフの材料として　parsley, in Flat Leaf	180
バター　butter	291
バター・シロップ　butter syrup	54, **55**, 56
コールド・バタード・ラムの材料　in Cold Buttered Rum	56
ハチミツ　honey	50, 52-53, *52*
ハチミツ・シロップ　honey syrup	31, *53*, 95
ティー・タイムの材料　in Tea Time	277
──の作り方　how to make	53, 276
パック　pucks	
遠心分離器の──　in centrifuging	248, *248*, 262
バッグインボックス　bag-in-box	312
バッド・アス・マドラー　Bad Ass Muddler (BAM)	29, *29*, 175
発熱性の反応　exothermic reaction	299
はつゆき（氷かき器）　Hatsuyuki ice shaver	44, *44*
パツリン　patulin	344
バナナ　bananas	261, 264
バナナ・フスティーノの材料　in Bananas Justino	**267**
バナナ・フスティーノ　Bananas Justino	264, 267
ハニークリスプ（リンゴ）　Honeycrisp apples	*345*, 348
ハニークリスプ・ラム・シェイク（無清澄）　Honeycrisp Rum Shake (Unclarified)	**348**
ハニーサックル　Honeysuckle	138
バニラエクストラクト　vanilla extract	279
ハネデュー　honeydews	238, 264
ハバネロ（赤）唐辛子、急速ホット・ペッパー・チンキの材料として　habanero peppers, in Rapid Hot Pepper Tincture	220
ハバネロ・ウォッカ、ハバネロン・ジュースの材料として　habanero vodka, in Habanero-n-Juice	*339*
ハバネロン・ジュース　Habanero-n-Juice	*339*
バラ（を冷凍する）　roses, freezing of	172, 173
ハラペーニョ・テキーラ　Jalapeno Tequila	213, *214*, 239
ストロベリー・バンディットの材料　in Strawberry Bandito	153
急速ホット・ペッパー・チンキの材料　in Rapid Hot Pepper Tincture	220
ハラペーニョ・テキーラの材料　in Jalapeno Tequila	213, *213*
パリジャン・シェーカー　Parisian shaker	*24*, 25
バローナ・カカオニブ　Valrhona cocoa nibs	214
急速チョコレート・ビターズの材料　in Rapid Chocolate Bitters	219
パロミノ、トナ　Palomino, Tona	291, 293
ハンキー・パンキー　Hanky Panky	**134**
はんだごて（レッドホット・ポーカーとして）　soldering copper (as red hot poker)	182, *183*, 184, 190

ひ

ビーカー、ドリンクをステアする容器として　beakers, for stirred drinks	23
ビーズ・ニーズ　Bee's Knee	**136**
ビート・ジュース（リンゴにインフュージョンする）　beet juice in apples	239

ピーナッツバター peanut butter	291
ピーナッツバター・アンド・ゼリー・ウィズ・ア・ベースボール・バット Peanut Butter and Jelly with a Baseball Bat	**293-94**, *295*
ピーナッツバター・アンド・ゼリー・ウォッカ Peanut Butter and Jelly Vodka	**293**
ピーナッツバター・ウォッカ Peanut Butter Vodka	*294*
ビール beer	
悪臭のする―― skunky	222
ホット・ドリンクの材料 in hot drinks	188
ビール・タップ（ピクニック・タップ） 無用の品 beer tap (picnic tap), worthless	322
ビールの醸造 beer brewing	43, 222, 312
ひき肉 ground meat	243
ひき肉、ゲル清澄化の材料として ground meat, in gel clarification	243
ピクリング、真空インフュージョン vs. -pickling, vacuum infusion vs.	228-29
微視的状態（化学用語） microstates (in chemistry)	79
ビジュー Bijou	**131**
ピスコ・サワー Pisco Sour	**138**
ビスフェノール bisphenol A	317
ビターオレンジ（サワーオレンジ） bitter orange (sour orange)	
フラット・リーフの材料 in Flat Leaf	180
ホット・ドリンクの材料 in hot drink	188
ビターズ bitters →アンゴスチュラ・ビターズ Angostura bittersの項も参照	86, 115, 204, 356
急速インフュージョンした―― rapid infused	*110, 193, 194, 196, 200, 204, 207, 215*, 216-19
チョコレート―― chocolate	214, 215, **219**
デーツ・ユスティーノの材料 in Dates Justino	267
ホット・ドリンクの―― in hot drink	188
レッドホット・エールの材料 in Red-Hot Ale	193
レッドホット・サイダーの材料 in Red-Hot Cider	194
――の成分比率 ingredient percentages in	141
――の定義 defined	216
ビターズの瓶（ボトル） bitters bottle	30, *49*
ビタミンC vitamin c →アスコルビン酸 ascorbic acidの項を参照	
ビッグマック・マッキャン・カーボネーター Big Mac McCann carbonator	322
ビトウィン・ザ・シーツ Between the Sheets	**135**
人肌 body temperature	253, 256, 261, *265*
比熱 specific heat	79
響（ジャパニーズ・ウイスキー） Hibiki Japanese whiskey	111
冷やしすぎ overchilling	41, 158, 165, *166*, 307, 328, 379
ビュー・カレ Vieux Carre	**133**
ピューレ purees	
イチゴの―― strawberries	249, *256*, 257, 357
カムカムの―― camucamu	385
――の清澄化 clarification of	242, 249, 256
標準温度と標準圧力（STP） standard temperature and pressure (STP)	305
氷点 freezing point	
飲料の―― of beverages	307
水の―― of water	69, 168
――以下の温度 temperatures below	76-81

ビルド・ドリンク	built drinks	85, 103, 109-15, 125
——の構造分析	structural analysis of	126, 132
——のルール	rules for	114
瓶（ボトル）	bottles	
空き瓶の再利用	reusing	30
ガラス瓶	glass	48, 317, 370
プラスチック製（ソーダ）ボトル	plastic bottle	159, *159*, 169, 310, *311*, 312, 313, 317, 370
——のリサイクル	recycling of	317
瓶（ボトル）に詰める	bottling	160, *161*, 162, 354
瓶入りカラメル・アップルティーニ	Bottled Caramel Appletini	**354-57**
ピンク・レディー	Pink Lady	**138**

ふ

ブーズ・ウォッシング	booze washing	
→キトサン／ジェラン・ウォッシング、エッグ・ウォッシング、ミルク・ウォッシングの項も参照		211, 271-90
フードセーバー	FoodSaver	225
ファット・ウォッシング	fat washing	272, 290, 291-93
フィッツジェラルド、ライアン	Fitzgerald, Ryan	34
フィルターを使う清澄化	filter clarification	243
風味のいいオイル（インフュージョンに使う）	flavored oil, infusion with	239
フェルネ・ブランカ	Fernet Branca	188
フォスリン、フィル	Forsline, Phil	358
フスティーノ	Justinos	264-66, *265*, 356-57
ブッカー・アンド・ダックス（バー）	Booker and Dax (bar)	18, 22, 23, 24, 28, 38, 41, 179, 276, 279
沸騰	boiling	
液体窒素の——	of LN	164, 174, 175
蒸留のための——	for distillation	45
低圧による——	in low pressure	229-30, 229
ブドウ糖	glucose	50
ブラウン・シュガー・シロップ	brown sugar syrup	**52**
ブラウン・ダービー	Brown Derby	**137**
ブラックソーン	Blackthorn	**134**
ブラッド・アンド・サンド	Blood and Sand	**137**
ブラッド・オレンジ	blood orange	254
フラット・リーフ	Flat Leaf, The	**180**
フラッフィング（炭酸化）	fluffing (carbonation)	313, 317, 328, *329*
プラム（清澄化）	plums, clarification	254, 261
フランクリン、ベンジャミン、——のミルク・パンチのレシピ	Franklin, Benjamin, milk punch recipe of	**275**
フランス料理学校、ニューヨーク	French Culinary Institute, NewYork	225
ブランデー	brandy	188, 269
パイナップル・フスティーノの材料	in Pineapples Justino	269
フランクリンのミルク・パンチの材料	in Franklin's milk punch	275
ブランデー・アレキサンダー	brandy Alexander	**94**
ブランデー・クラスタ	Brandy Crusta	**134**
フリーポアリング	free-pour technique	18-29
フリーマン、エバン	Freeman, Eben	75, 291
ブリックス	Brix measurement	31-32, 58, 113, 351-52, 354, 355

フリップ	flips	182
プリマス・ジン	Plymouth gin	354
ターメリック・ジンの材料	in Turmeric gin	206
レッド・キャベツ・フスティーノの材料	in Red Cabbage Justino	368
ブリンカー	Blinker	**134**
フルーツ・サラダ、アルコール入り	fruit salad, Alcoholic	238, 239
フルーツ・ジュース	fruit juices	32
甘味料としての——	as sweeteners	50
凍らせた——	frozen	348
——の糖度	sugar content of	58
——のろ過	straining of	36
——を作る（絞る）テクニック	techniques for making	33-36, *33*
フルーツのピール（皮）	fruit peels	
飾りとして使うテクニック	garnishing technique	111, 112
急速オレンジ・ビターズの材料	in Rapid Orange Bitters	*216, 217*
——のアルベドを酵素で取り除く	removing pith with enzymes	254
——を入れた場合と入れない場合	to drop or not to drop in drink	112
フルート・シャンパン	champagne flutes	166, 305, 330, 370, 371
ブルーベリー	blueberries	261
ブルショットとゼラチン清澄化	bullshot and gelatin clarification	246
ブルックリン	Brooklyn	**133**
ブルメンソール、ヘストン	Blumenthal, Heston	243
フレーバー	flavor	
急速亜酸化窒素インフュージョンによる——の引き出し方	control through rapid nitrous infusion	199-203
清澄化と——	clarification and	248, 338
多孔質の固体に——をインフュージョンする	infused into porous solids	228
リンゴの——	of apples	342-43, 349-50
レッドホット・ポーカーの——	in res-hot poker drinks	182, 188
——の味	perception of	47
——の濃度	concentration of	125
——を加えるためのファット・ウォッシング	fat washing for adding	291, 291-94
——を選択的に取り除く	selective stripping of →ウォッシング washing の項を参照	
フレッシュ・ライム・ギムレット	Fresh Lime Gimlet	**136**
プレミックス・ソーダ（バッグインボックスと競合するシステムとして）	premix soda (as opposed to bag in box)	312
ブレンダー	blenders	35-36, 48, *49*
——スティック	stick	57
——でスラッシーを作る	in making slushies	147-50
——に凍らせたフルーツそのものをかける	whole frozen fruit in	152, *152*
——によるピューレの加熱	heating purees with	253
——による冷却	in chilling	85, 116
——の出力	power of	117
ブレンダー・ウイスキー・サワー	Blender Whiskey Sour	**139**
ブレンダー・ダイキリ、氷入り——	Blender Daiquiri: with ice	**122**, **139**
ブレンダーマドリング	blender-muddling	171-81
ニトロマドリング vs. ——	nitro-muddling vs.	173, *175*
——に関するアドバイス	tips for	173
ブレンダー・マルガリータ	Blender Margarita	**120**, **139**

ブレンド・ドリンク	blended drink	84, 116-22, 125, *148*
フローズン——	frozen	147-49, *148*, 152, *152*
——の構造分析	structural analysis of	126, **139**
——を遠心分離器で清澄化する	of centrifuge clarification	263-65
ブレンドテック（ブレンダー）	Blendtec blender	36
ブレンハイム・アプリコット、アプリコット・フスティーノの材料として	Blenheim apricots, in Apricots Justino	268
フローズン・ダイキリ	Frozen Daiquiri	**148**, 148
フローズン・ドリンク	frozen drink	147-56, 348
フロール・デ・カーニャ・ホワイト・ラム	Flor de Cana white rum	
フローズン・ダイキリの材料	in Frozen Daiquiri	148
ブレンダー・ダイキリの材料	in Blender Daiquiri	122
TBDの材料	in TBD	178
分液漏斗	separatory funnel (sep funnel)	255, 291, *292*

へ

ベーコンの脂	bacon fat	291
米環境保護庁	Environmental Protection Agency (EPA)	317
ペカン	pecans	56
ペカン・バーボン・サワー	pecan bourbon sour	57
ペグ・クラブ（ドリンク）	Pegu Club	**134**
ペグ・クラブ（バー）	Pegu Club	280
ペクチネックス・ウルトラSP-L (SP-L)		
Pectinex Ultra SP-L		217, *218*, 248, 249-54, *249*, *250*, *252*, 255, *256*, 261-62, 264, *265*
——で前処理する	pretreating with	256
——とアップル・ジュース	and apple juice	*345*, *346*, 347
——に対する抵抗性	resistance to	252
——の清澄化以外の使い方	nonclarification cocktail uses for	254
ペクチン	pectin	94, 152, 217, 249-54
ヘッドスペース	headspace	320, 354
炭酸化と——	in carbonation	297, 308, 316, 323
ペッパー（コショウ）	peppers	199, 213, 221
——を薄切りにする、——の種と筋を取る	slicing, seeding, and deveining of	*213*, *220*
ペッパーコーン	peppercorns	221, *221*
ペピン、ジャック	Pepin, Jacques	158
ヘミセルロース	hemicellulose	249-50
ヘミングウェイ・ダイキリ	Hemingway Daiquiri	**101**, *102*, 137
ヘルビング・キュンメル・リキュール、シェイク・ドレークの材料として	Helbing Kummel liqueur, in Shaken Drake	155
ヘルファイア・ビターズ、ブレンダー・マルガリータの材料として	Hellfire bitters, in Blender Marg	120
ベルモット	vermouth	50, 58, 86, 225, *231*
炭酸入りネグローニの材料	in Carbonated Negroni	333
ネグローニの材料	in Negroni	104, 106
フローズン・ドリンクの材料	in frozen drinks	149
マンハッタンの材料	in Manhattans	106
——の成分比率	ingredient percentages in	141
ベルモット・カクテル（の炭酸化）	vermouth cocktail, carbonating of	*314-15*
ペレット（遠心分離機の）	Pellets (in centrifuge)	*248*, *252*
ヘンドリックス・ジン、バナナ・フスティーノの材料として	Hendrick's gin, in Banana Justino	267

| ヘンリーの法則　Henry's law | 297 |

ほ

ホーソーン・ストレーナー　hawthorn strainers	27, *27*, 48, *96*, 173, 177
ボールロック・コネクタ　ball-rock connectors	49, *311*, 312, *314*
ホイップ・クリーム（をエスプーマで作る）　whipped cream, in iSi whipper	197, 319, 320
ホイペット　whippets	42
法的問題　legalities	
アルコールの蒸留に関する――　in alcohol distillation	47, 286, 352
キニーネの――　of quinine	372, 375
ホエー　whey	
――でテクスチャーを加える　as texturizer	94
――の発泡性　foaming properties of	308
ボストン・シェーカー（ツーピース）　Boston shake (two-piece)	25, 26
ホット・ドリンク　hot drinks	182-94
伝統的な――　traditional	182, 184
――に関する安全上の問題　safety hazards from	184-85, 187
発火させて作る――　ignited	185-87
――のための新技術の開発　innovation in	185-87
――のフレーバー・プロフィール　flavor profiles for	188
――を提供する　serving of	187-88
ホット・ロック　hot rocks	184, *184*
ホットハウス・キューカンバー　hothouse cucumbers	234
ホップ　hops	188
急速ホップ・チンキの材料　in Rapid Hops Tincture	222-23
高温と低温のインフュージョンによる――　hot and cold infused	222-223
ホップに含まれるフムロン（アルファ酸）　humulones (alpha acids) in hops	222
ホップのアルファ酸（フムロン）　alpha acids in hops (humulones)	222
ホップの苦味（煮詰めることによる化学作用）　boiling: and bitterness in hops	222
ボトル　bottle　→瓶（ボトル）bottlesの項も参照	
ボトルキャッパー　bottle cappers	30
ボトルとキャップとボンベの炭酸化用器具　bottle, cap, and tank carbonation rig	310-313, *311*
――を使う炭酸化テクニック　carbonating technique for	310-15
ボビー・バーンズ　Bobby Burns	**133**
ホビング（炭酸化用語）　fobbing (carbonation term)	305
ポリエチレン・テレフタレート、PETボトルの素材　poluethylene terephthalate (PET;PETE), bottles made of	317
ポリジメチルシロキサン　polydimethylsiloxane	308
ポリビニール・アルコール（PVA）、ボトルの素材　polyvinyl alcohol (PVA), bottles made of	317
ポリフェノール、ウォッシングの対象として　polyphenols, as targets of washing	272, 273-74, 279, 280, 286
ポリフェノール・オキシダーゼ（マドリングにおける作用）――　polyphenol oxidases (PPO), in muddling	171, *171*, 273
ポワール・ウイリアムズを洋ナシにインフュージョンする　Poire Williams infused pears	239
ホワイト・ドッグ　white dog	286
ホワイトビネガー　white vinegar	239
ホワイト・ラム　white rum	
ハニークリスプ・ラム・シェイクの材料　in Honeycrisp Rum Shake	348
フローズン・ダイキリの材料　in Frozen Daiquiri	148
ブレンダー・ダイキリの材料　in Blender Daiquiri	122

TBDの材料 in TBD		178
――の炭酸化 for carbonation		330

ボンベ gas tank
- ――の安全上の問題 safety hazard of ... 311
- ――のサイズ sizing of ... 311
- CO_2 ―― for CO_2 ... 43, 48, 311, *311*
- N_2O ―― for N_2O ... 302

ボンベイ・ロンドン・ドライジン Bombay London dry gin ... 378

ま

マイクロピペット micropipettes ... 22, 22, 49, 261
マギー、ハロルド McGee, Harold ... 342, 358
マジュール・デーツ Medjool dates ... 266
 デーツ・フスティーノの材料 in Dates Justino ... 267
マシュマロ、真空包装機の実演実験 marshmallows, in vacuum machine ... 232, *232*
マスカット・ワイン（紅茶のアロマ） muscatel (tea aroma) ... 276
マスタード・シード mustard seeds ... 239
マティーニ・カクテル Martini cocktail
- 氷を入れずに出す―― served up ... 105
- ――に入れた氷のはたらき ice function in ... 76, 80-81, 84
- ――をステアで作ってみる practice in stirring ... 77, 86

マドラー muddlers ... 29, 48, 171, *171*, 174-75, *174*, 251
マドリング（ブレンダーを使う） muddling, in blender →ブレンダーマドリング blender-muddlingの項を参照
マドリングでフレーバーを引き出す flavor extraction in muddling ... 171
魔法瓶 thermos ... 42, 166
マラバル・ブラック・ペッパーコーン、急速ブラック・ペッパー・チンキの材料として
 Malabar black peppercorns, in Rapid Black pepper Tincture ... 221, *221*
マラリア、キニーネと―― malaria, quinine and ... 372
マルガリータ Margarita ... **135**
- シェイクの―― shaken ... 116, **117**
- ブレンダー―― blender ... 116, **120**
- ――の炭酸化 carbonating ... 331, **332**

マルティネス Martinez ... 133
マロラクティック発酵 malolactic fermentation ... 62
マンハッタン Manhattan ... 86
- 炭酸化するとまずくなる―― horrible carbonated ... 331
- ネグローニ vs. ―― Negroni vs. ... 103-07
- リッテンハウスのライ・ウイスキーを入れるレシピ Rittenhouse rye in ... 106
- ――のボトル詰め bottling of ... *160*, 161
- ――をステアで作るテクニック stirring techniques for ... 86-87

マンハッタン・ウィズ・バーボン Manhattan with Bourbon ... 133
マンハッタン・ウィズ・ライ Manhattan with Rye ... 132
マンハッタン・スペシャル（ソーダ） Manhattan Special (soda) ... 364
マンハッタン・バイ・ザ・ピッチャー Manhattan by the Pitcher ... 158, *159*, **159**

み

ミキシング・カップ mixing cups ... 23-24

水　water
　　炭酸水　carbonated ... 296-97, 316, 319, 320
　　湯の使い方　use of hot ... 71, *72*, 75
　　――が氷になるときの膨張　expansion in ice formation of ... 68-69
　　――と酒の比率　to alcohol ratio ... 331
　　――の味　taste ... 320, 325
　　――に含まれる不純物　impurities in ... 70-71, 75
　　――のろ過　of filtration ... 75
湖の氷　lake ice ... 67-68
水出しコーヒーの濃縮液　cold-brew coffee concentrate ... 360
水の異常膨張　anomalous expansion of water ... 68-69
密度による分離　separation by density　→重力清澄化 gravitational clarificationの項を参照
ミルク（牛乳）　milk
　　アルコール入りシェケラートの材料　in Boozy Shakerato ... *362*
　　アルコール入りシェケラート2の材料　in Boozy Shakerato 2 ... 363, *363*
　　泡を立てる材料としての――　as foaming agent ... 361
　　コーヒー・サカパの材料　in Coffee Zacapa ... 211, 367
　　ティー・ウォッカの材料　in tea vodka ... 276
　　テクスチャーを加える材料としての――　as texturizer ... 94, 320, 361, 366
　　――入りシェケラートの材料　in Shakerato with ... 361
ミルク・ウォッシング　milk washing ... 211, *212*, 271, 274, 275-79, *278*, 280-81, 366
ミルク・パンチ（伝統的レシピ）　milk punch, traditional ... **275**
ミルク入りシェケラート　Shakerato with Milk ... **361**
ミント　mint ... 172, 173

む

ムリッド派（セネガルのムスリム同胞団）　Mourides (Senagalese Muslim brotherhood) ... 210

め

メーカーズ・マーク・バーボン、ケンタッキー・カーネルの材料として　Makers Mark bourbon, in Kentucky Kernel ... 353
メース、急速チョコレート・ビターズの材料として　mace, in Rapid Chocolate Bitters ... 219, *219*
メートル法の重量単位　metric weight ... 20
メープル・シロップ　maple syrup ... 53
　　シェイク・ドレークの材料　in Shake Drake ... 155
メイソン、サム　Mason, Sam ... 291
酩酊、炭酸入りドリンクによる　intoxication, from carbonated drink ... 295
メジャー・カップ　→ジガー jiggerの項を参照
メスカル　mezcal ... 120, 179, 219
メスシリンダー　graduated cylinders ... 21-22, *21*, 48, 98, 324
メトロケイン社のクランク式の砕氷機　Metrokane crank-style ice crusher ... 44
メロン、真空インフュージョンの材料として　melons, for vacuum infusion ... 238

も

モヒート　mojitos ... 224
モモ、清澄化　peaches, clarification ... 261
モル（化学用語）　mole (chemistry) ... 305

や

「やりきるシェイク」（ジュース・シェイクのテクニック）　"shaking to completion" (juice shake technique) ... 151

ゆ

融解熱　heat of fusion ... 79
柚子のジュース　yuzu juice ... 224

よ

容器　container　→瓶（ボトル）bottlesの項目も参照
 亜酸化窒素インフュージョンの——　for rapid nitrous infusion ... 198
 液体窒素のロック・アンド・ロールの——　for LN rock and roll ... 165
 ファット・ウォッシングの——　for fat washing ... 291
 ラッキングの——　for racking ... 247-48
ヨモギ　wormwood ... 216

ら

ラ・ピュリティータ・メスカル　La Puritita mezcal
 スパニッシュ・クリスの材料　in Spanish Chris ... 179
 ブレンダー・マルガリータの材料　in Blended Marg ... 120
ライ・ウイスキー　rye whiskey ... 86, 279
 ウイスキー・サワーの材料　in whiskey sours ... 96
ライガーベルエア、ジェラール　Liger-Belair, Gerard ... 304
ライデンフロスト効果　Leidenfrost effect ... *39*, 40, *183*, 184
ライム　limes
 キューカンバー・マティーニの材料　in Cucumber Martini ... 234, 236
 ジン・トニックの材料　in Gin and Tonic ... 369, *371*
 ジン・ライム　gin and ... 377-78
 バナナ・フスティーノの材料　in Bananas Justino ... 267
ライム酸　lime acid ... **61**, 326, 378
 2通りのトニック・ウォーターの材料　in Tonic Water Two Ways ... 381
 オールパーパス・スイートアンドサワーの材料　in All-purpose Sweet-and-Sour ... 238
 シンプル・ライムソーダの材料　in Simple Lime Soda ... 326
ライム酸オレンジ　lime acid orange ... **61**
ライム・ジュース　lime juice ... 34, 59, 351, 377, 378
 アイボリーの材料　in Ivory ... 150
 オールパーパス・スイートアンドサワーの材料　in All-Purpose Sweet-and-Sour ... 238
 コールド・バタード・ラムの材料　in Cold Buttered Rum ... 56
 シェイクのマルガリータの材料　in Shaken Margarita ... 117
 ジェネリック・ブレンダー・サワーの材料　in Generic Blender Sour ... 121
 シャルトルースの材料　in Chartruth ... 336
 ジン・トニックの材料　in Gin and Tonic ... 335, 371, 381
 シンプル・ライムソーダの材料　in Simple Lime Soda ... 326
 ストロベリー・バンディットの材料　in Strawberry　Bandito ... 153
 スパニッシュ・クリスの材料　in Spanish Chris ... 179
 ダイキリの材料　in daiquiris ... 101, 102, 279
 炭酸入りマルガリータの材料　in Carbonated Margarita ... 332
 テクスチャーを加えるための材料　as texturizer ... 94, *94*

トニック・ウォーターの2通りの作り方で使う――	in Tonic Water Two Ways	381
ハニークリスプ・ラム・シェイクの材料	in Honeycrisp Rum Shake	348
ピーナッツバター・アンド・ゼリー・ウィズ・ア・ベースボール・バットの材料	in Peanut Butter and Jelly with a Baseball Bat	294
フラット・リーフの材料	in Flat Leaf	180
フローズン・ダイキリの材料	in Frozen Daiquiri	148
ブレンダー・ダイキリの材料	in Blender daiquiri	122
ブレンダー・マルガリータの材料	in Blender Marg	120
ホット・ドリンクの材料	in hot drinks	188
TBDの材料	in TBD	178
――の酸・酸性度	acidity of	59-60, 115, 171, 329
――の清澄化	clarification of	242, 246, 247, 249, 252, 253, 256, 257, 286, 330, 331, 371, 380
ラスティー・ネイル	Rusty Nail	**132**
ラスト・ワード	Last Word	**136**
ラズベリー、清澄化	raspberries, clarification	256, 257
ラッキング	racking	
分液漏斗を使う逆ラッキング	reverse with separatory funnel	255
――による清澄	clarification through	248, 255, 256
ラフト	rafts	*245*, 259
寒天の――	agar	245
ゼラチンの――	gelatin	244, 245
ラベージ	lovage	173
フラット・リーフの材料	in Flat Leaf	180
ラム	rum	183, 211, 213, 230-31, *240*
アルコール入りシェケラートの材料	in Boozy Shakerato	362
アルコール入りシェケラート2の材料	in Boozy Shakerato 2	363
コーヒー・サカパの材料	in Coffee Zacapa	367
スパイスド・――	spiced	56
ダイキリの材料	in daiquiris	101
パイナップル・フスティーノの材料	in Pineapple Justino	269
バタード・――	buttered	56
バナナ・フスティーノの材料	in Banana Justino	267
ミルク・ウォッシュした	milk washed	211, *212*, 213
ランダルFX冷蔵／冷凍庫	Randall FX fridge/freezer	45, 161, 312, 354, 380
ランチリオ・エスプレッソ・マシン	Rancilio espresso machine	359
卵白	egg white	272, 274, 280
エッグ・ウォッシングに使う――	in egg washing	280-81, *282*
ゲル清澄化の――	in gel clarification	243
コニャック・アンド・カベルネの材料	in Cognac and Cabernet	283
卵白のカクテルとしてのウイスキー・サワー	Egg White Whiskey Sour	138
卵白のドリンク	egg white drink	124
――としてのウイスキー・サワー	whiskey sour as	96, *96-97*, 280
――の泡立ち	foaming in	95
――の構造分析	structural analysis of	127

り

リー、ドン	Lee, Don	34, 59, 291

リキッド・ブレッド社	Liquid Bread company	43, 49
リキュール	liqueurs	50, 51, 188
炭酸化のための――	for carbonation	330
ホット・ドリンクに適した――	for hot drinks	188
――の成分比率	ingredient percentages in	141
離漿	syneresis	243
リッチ・シンプル・シロップ	rich simple syrup	51
リッテンハウス・ブレンダー・サワー	Rittenhouse Blender Sour	**122**
リッテンハウス・ライ・ウイスキー	Rittenhouse rye	86
マンハッタン・バイ・ザ・ピッチャーの材料	in Manhattan by the Pitcher	159
マンハッタンの材料	in Manhattan	88, 90, 161
リッテンハウス・ブレンダー・サワーの材料	in Rittenhouse Blender Sour	122
リニア・アクアビット、カルボンの材料として	Linie aquavit, in Carvone	181
流体ゲル	fluid gels	263, *263*
リレ・ブラン	Lillet Blanc	*240*
リンゴ	apple	35, 59, 228, 232, 239, 273, 342-58, 350
過熟の――	overripe	351
市販の――	commercial	347-48
著者のこれからの目標としての――	for author's future exploration	357-58
未熟な――	underripe	349, 350
――の色づき方	coloration of	350
――の食感	texture of	349, 350
――の芯と種	cores and seeds	346
――の品種	varieties of	342-43, *345*, 349, 351
――を選んで味見する	choosing and tasting	349-51
――をジュースにする	juicing of	344-47, *344*
リンゴの赤み	Blush on apples	350-51, *350*
リン酸	phosphoric acid	22, 60

る

ル・シャトリエの原理	Le Chatelier's principle	298
ルクサルド・マラスキーノ	Luxardo Maraschino	
スパニッシュ・クリスの材料	in Spanish Chris	179
ヘミングウェイ・ダイキリの材料	in Hemingway Daiquiri	101
ルムイヤージュ	remouillage, remmi	268

れ

レアードのボトル・イン・ボンド、レッドホット・サイダーの材料として Laird's Bottled in Bond apple brandy, in Red-Hot Cider		194
冷却	chilling	
新しい冷やし方	alternative techniques for	146-69
液体窒素による――	LN in	39-42, *46*, 163-67, *164*, *165*
オン・ザ・ロックで冷やす	on the rock in	105
寒剤を使って冷やす	with cryogens	163-69
氷より冷たい温度まで冷やす	to temperatures colder than ice	76-81
サーベリングのために冷やす	for sabering	300
シェイクと――	shaking and	75, 82, 86, 93-99, 102

ステアと——	stirring and	75, 82, 89, 103-4, 158
ソーダを冷やす方法	for sodas	325
大量のドリンクの——	for large batches of drinks	165, 168
炭酸化のために冷やす	in carbonation	307, 312, 320, 322, 380
ぬるくなる問題	warming problem in	103
ボトルに詰めて冷やす	for bottling	161
——と希釈	and dilution	82-85, 85, 93, 98, 99, 103, 104, 124
——と表面積	surface area in	82-84
——における平衡点	equilibrium point in	80, 84, 93
——に関する理解の深まり	evolving thought on	93
——の外見的判断基準	visual clues to	166
冷蔵庫	refrigeration	44-45
冷凍庫	freezer	
——で氷を作る（製氷）	ice making in	67, 70-71, 69, 75
——でジュース・シェイクを作る	in making juice shakes	151-56
——でステア・ドリンクを作り置きする	in making stirred drinks en masse	158-62
——でスラッシーを作る	in making slushies	147-49
——を使う新しい冷やし方	alternative chilling techniques using	146-57
——を使うファット・ウォッシング	in fat washing	291
レギュラー・シンプル・シロップ	regular simple syrup	51-52
レギュレータ	regulator, gas	311
レシピ（の重要性）	recipes, importance of	19-20
レシピ・リスト	recipe list	386-99
レタス	lettuce	174
レッド・キャベツ・フスティーノ	Red Cabbage Justino	**268**, 320
レッドホット・エール、ポーカーとソテーパンで作るレシピ	Red-Hot Ale, poker and pan style	**193**
レッドホット・ポーカー	red-hot pokers	45, 49, 182-94, **185**, 186
伝統的——	traditional	182, 184
——の開発	innovation in	185-87
——の代替案	alternative options to	190, 190-91
——のテクニック	technique for	187
レモネード	lemonade	271
レモン	lemons	275, 346, 377
レモン・ジュース	lemon juice	33-34, 280, 351
ウイスキー・サワーの材料	in whiskey sours	96, 290
エボニーの材料	in Ebony	149, 150
オールパーパス・スイートアンドサワーの材料	in All-Purpose Sweet-and-Sour	238
コーヒー・サカパの材料	in Coffee Zacapa	367
コニャック・アンド・カベルネの材料	in Cognac and Cabernet	283
ショコツィトローネの材料	in Schokozitrone	215
スコッチ・アンド・ココナッツの材料	in Scotch and Coconut	156
炭酸入りウイスキー・サワーの材料	in Carbonated Whiskey Sour	290
ティー・ウォッカの材料	in tea vodka	276
ティー・タイムの材料	in Tea Time	277
テクスチャーを加えるための材料	as texturizer	94
ホット・ドリンクの材料	in hot drinks	188
リッテンハウス・ブレンダー・サワーの材料	in Rittenhouse Blender Sour	122

レッドホット・エールの材料	in Red-Hot Ale	193
レッドホット・サイダーの材料	in Red-Hot cider	194
レモン・ペッパー・フィズの材料	in Lemon Pepper Fizz	209
──の酸性度	acidity of	53, 59-60, 115, 171
──の清澄化	clarification of	256, 290, 330
レモン・ハート（ラム）	Lemon Hart rum	121
レモン・ペッパー・フィズ	Lemon Pepper Fizz	**209**, 221
レモングラス	lemongrass	200
刻んだ──	chopped	*202*
──ウォッカの材料	in Lemongrass Vodka	209
レモングラス・ウォッカ、レモン・ペッパー・フィズの材料	Lemongrass Vodka, in Lemon Pepper Fizz	**208**

ろ

ローター（遠心分離機）	rotors (centrifuge)	37-38
ロータリー・エバポレータ（ロタバップ）	rotary evaporators (rotavaps)	45-47, *46*, *47*, 49, 286, 339
ろ過	filtration	75, 322
ロック・アンド・ロールのテクニック	rock and roll technique	*164*, 165
ロック・グラス	rocks glasses	167
ロディ（リンゴ）	Lodi apples	357
ロブ・ロイ	Rob Roy	**133**
ロン・サカパ23年ソレラ（ラム）	Ron Zacapa 23 Solera rum	211
コーヒー・サカパの材料	in Coffee Zacapa	211, 367

わ

ワイン（炭酸入り）	wines, carbonated	328
ワイン清澄	wine-fining	242
2段階の──	steps in	253
ブーズ・ウォッシングと──	booze washing vs	273
──剤	agents	252-53, *252*, 254, 286

英字・記号

CMベッカー社製プレミックス・ソーダ・タップ	CMBecker premix soda tap	322
CO_2量（計量の単位）	volume of CO_2 (units of measurement)	303, 306
CPケルコ社	CP Kelco corporation	287
MBT（3メチルブタン2エン1チオール 悪臭のするビールに含まれる化合物） MBT (2-methylbut-2-ene-1-thiol skunky compound in beer)		222
N_2Oエスプレッソ	N_2O Espresso	365
pH、	pH levels	250, 252, 279
pH計	pH meters	32, 351
SP-L	→ペクチネックス・ウルトラSP-L Pectinex Ultra SP-Lの項を参照	
TICガムズ社	TIC Gums company	54
USP（アメリカ薬局型）等級	USP (United States Pharmacopeia) grade	373
Y字ピーラー	Y-peeler	*29*, 48
○○○のソーダ割り	"-and-soda" drinks	331

［著者紹介］
デイヴ・アーノルド Dave Arnold
ニューヨークのイースト・ビレッジにあるハイテク・カクテルバー、ブッカー・アンド・ダックス（モモフク・レストラン・グループの系列店）を経営するバーテンダー。食品科学分野の作家、教育者でもある。エール大学（哲学専攻）とコロンビア大学（パフォーマンス専攻）を卒業。テレビ、ラジオ出演多数。2011年には、著名シェフのフェラン・アドリアらとともに、ハーバード大学連続講義「科学と料理」で講師を務めた。ミュージアム・オブ・フード・アンド・ドリンク（MOFAD）の創設者（2004年設立）。ニューヨークに妻と2人の息子とともに住んでいる。

［日本語版監修者紹介］
岸 久（きし・ひさし）
一般社団法人日本バーテンダー協会会長。「スタア・バー・ギンザ」オーナー。銀座の会員制老舗バーで修行。その間に、各種カクテル・コンペティション全日本大会で5回優勝。1996年、カクテル界で最も権威がある「IBA世界カクテルコンクール」のロングドリンク部門で日本人初の世界チャンピオンになる。2008年、卓越技術者として「現代の名工」をバーテンダーとして初めて受賞。2014年秋、黄綬褒章を受章。

［訳者紹介］
二階堂行彦（にかいどう・ゆきひこ）
翻訳家。おもな訳書に、キティ・ファーガソン『光の牢獄――ブラックホール』（ニュートン・プレス）、『最新ロボット工学概論』『Webアプリケーション開発教本PHP and MySQL編』（以上センゲージ・ラーニング）、『スーパー・ヒューマン――人体に潜む驚異のパワー』、ダイアン・アッカーマン『いのちの電話――絶望の淵で見た希望の光』、『バッド・ブラッド――出自という受難』（以上、清流出版）、リチャード・ムラー『サイエンス入門(I・II)』、同『エネルギー問題入門――カリフォルニア大学バークレー校特別講義』（以上、楽工社）などがある。

装幀　　水戸部 功
DTP　　株式会社ユニオンワークス
編集協力　小栗素子

LIQUID INTELLIGENCE
The Art and Science of the Perfect Cocktail
by Dave Arnold
Copyright ©2014 by Dave Arnold
Photographs copyright ©2014 by Travis Huggett
First published 2016 in Japan by Rakkousha, Inc.
Japanese translation rights arranged with W.W.Norton & Company, Inc.
through Japan UNI Agency, Inc., Tokyo

パーフェクト・カクテル
ニューヨーク最先端バーのスーパーテクニック

2016年6月11日　第1刷
2019年5月31日　第4刷

著者　デイヴ・アーノルド
写真　トラビス・ヒューゲット
日本語版監修者　岸 久
訳者　二階堂行彦
発行所　株式会社 楽工社
　　　　〒190-0011
　　　　東京都立川市高松町3-13-22 春城ビル2F
　　　　電話 042-521-6803
　　　　www.rakkousha.co.jp
印刷・製本　大日本印刷株式会社

ISBN978-4-903063-74-4
本書の一部あるいは全部を無断で複写複製することは、
法律で認められた場合を除き、著作権の侵害となります。

好評既刊

風味の事典

ニキ・セグニット著
定価（本体7200円＋税）

豚肉とリンゴ、サーモンとディル、チョコレートと唐辛子――。
おいしい「風味」を作りだす「食材の組合せ」を、
料理の実例と共に紹介する唯一の事典。980項目の組合せを収録。
「こんな風味があったのか！」「こんな組合せがあったのか！」
伝統料理から有名シェフの料理まで、意外な実例多数掲載。
ミシュラン三つ星シェフ、ヘストン・ブルーメンソール氏 推薦。
「ひらめきを得られる、独創的な本」

はじめに／ロースト風味／肉の風味／チーズ風味／土の風味／ピリッとした刺激の風味／硫黄のような風味／海の風味／オイル漬／塩漬の風味／草の風味／スパイシー風味／森の風味／さわやかなフルーツ風味／クリーミーなフルーツ風味／柑橘系の風味／低木と多年草の風味／花の香り系のフルーツ風味／人物紹介／参考文献／索引

西洋料理の黄金比

マイケル・ルールマン著
定価（本体2500円＋税）

「料理界のハーバード大」と呼ばれる、
米国最高峰の料理大学で伝授されてきた、
門外不出の黄金比を初公開！
パン＝小麦粉5：水3、ソーセージ＝肉3：油脂1など、
33種の黄金比を収録・解説。
プロには必須、家庭料理にもすぐ取り入れられる、
「基本配合比率」の総合解説書。

黄金比一覧表／黄金比とは何か なぜ比率が重要なのか／容積ではなく〈重さ〉を基本に／1章 小麦粉の生地／2章 ストック（出汁）――スープ、ルーなどもあわせて／3章 肉と魚介――ソーセージ、ベーコン、コンビーフなど／4章 油脂ベースのソース／5章 カスタード――プリン、アイスクリーム、バニラソース他／黄金比の意義と役割／索引

好評既刊

料理の科学①②
素朴な疑問に答えます

ピッツバーグ大学名誉化学教授　ロバート・ウォルク著
定価(本体各1600円＋税)

「パスタをゆでるとき、塩はいつ入れるのが正解？」
「赤い肉と紫の肉、どちらが新鮮？」
――料理に関する素朴な疑問に科学者が楽しく回答。
「高校生でもわかる」「類書の中で一番わかりやすい」と評判の、
「料理のサイエンス」定番入門書。

[1巻] 1章 甘いものの話／2章 塩――生命を支える結晶／3章 脂肪――この厄介にして美味なるもの／4章 キッチンの化学／5章 肉と魚介

[2巻] 6章 熱いもの、冷たいもの――火と氷／7章 液体――コーヒー・茶、炭酸、アルコール／8章 電子レンジの謎／9章 キッチンを彩る道具とテクノロジー

続・料理の科学①②
素朴な疑問に再び答えます

ピッツバーグ大学名誉化学教授　ロバート・ウォルク著
定価(本体①巻2000円＋税、②巻1800円＋税)

大好評ロングセラー、待望の続編！
「スープストックを作るとき、お湯でなく水から煮るのはなぜ？」
「玉ねぎを泣かずに切る究極の方法は？」
一般読者もプロの料理人も、ノーベル賞受賞者も賞賛する
「料理のサイエンス」定番入門書の第2弾！

[1巻]1章 何か飲み物はいかがですか？／2章 乳製品と卵／3章 野菜――色鮮やかな大地の恵み／4章 果実／5章 穀物――最古の農作物

[2巻]6章 魚介――海の恵み／7章 肉――鳥肉、赤身肉、スープストック／8章 スパイスとハーブ／9章 キッチン家電と台所道具／10章 探究心のためのおまけの章

好評既刊

ビール大全

ランディ・モーシャー著／[日本語版監修] 日本ビアジャーナリスト協会
定価（本体5800円＋税）

世界的に著名なビア・ライターによる本格入門書、待望の邦訳！
歴史、ビアスタイル、醸造法から、化学、食物との組合せ方まで。
多様なビールの世界をまるごと網羅。
米国ではビア・ソムリエ資格の副読本として広く活用されている、
業界人御用達の定番書。カラー図表170点収録。

ビールの世界へようこそ／1章 ビールの物語／2章 五感による吟味／3章 ビールの醸造法と、その風味を表わす語彙／4章 ビールの品質／5章 テイスティング、品評、査定／6章 ビールのプレゼンテーション／7章 ビールと食べ物／8章 スタイルの分析／9章 英国のエール／10章 ラガーのグループ／11章 大陸部のエール、ヴァイスビール、エールとラガーのハイブリッド／12章 ベルギーのビール／13章 アメリカほかのクラフト・ビール／14章 もう一杯／用語集／補足解説／索引・訳註

スペシャルティコーヒー物語
最高品質コーヒーを世界に広めた人々

マイケル・ワイスマン著／[日本語版監修・解説]旦部幸博
定価（本体2200円＋税）

1杯のコーヒーには、無数の人間ドラマが詰まっている！
世界各地のスペシャルティコーヒーの現場を探訪し、
業界のレジェンドたちに密着取材。
彼らの発言・行動・苦悩・歓喜を通して、
コーヒー業界の実像を描く傑作ルポ。
日本語版監修者・旦部幸博氏による詳細な解説、
「現代コーヒー史の理解に必須の書」を巻末に収録。

プロローグ／1章 スペシャルティコーヒー業界の人々／2章 カップの中の神／3章 ニカラグア・グラナダ／4章 ルワンダ、ブルンジ、そしてエチオピアへ／5章 パナマ／6章 オレゴン州ポートランド／7章 ロサンゼルス／8章 ノースカロライナ州ダーラム／エピローグ／解説／索引

好評既刊

歴史を変えた
6つの飲物

ビール、ワイン、蒸留酒、コーヒー、茶、コーラが語るもうひとつの世界史

トム・スタンデージ著
定価（本体2700円＋税）

17カ国語で翻訳版が刊行されている世界的ベストセラー！
古代から現代まで、歴史に残る文化・大事件の影には、
つねに"飲物"の存在があった！
6つの飲料を主人公として描かれる、人と飲物の1万年史。
「こんなにも面白くて、しかも古代から現代まで、
人類史を短時間で集中的に説得力をもって教えてくれる本は、
そうそうない」──ロサンゼルス・タイムズ紙

プロローグ 生命の液体／第1部 メソポタミアとエジプトのビール／第2部 ギリシアとローマのワイン／第3部 植民地時代の蒸留酒／第4部 理性の時代のコーヒー／第5部 茶と大英帝国／第6部 コカ・コーラとアメリカの台頭／エピローグ 原点回帰／註／索引

1日5分かけるだけで
本格パンが焼ける！

①ベーシックブレッド編／②バラエティブレッド編

ジェフ・ハーツバーグ＋ゾーイ・フランソワ著
定価（本体各1980円＋税）

全米でシリーズ累計50万部突破！
お店で出せるレベルの本格パンが、1日5分の作業で焼ける、
まったく新しいパンの作り方！
飲食店やホテルで自家製パンを出したい方にも、
個人で本格パンを楽しみたい方にも、お薦めの本。
各巻にレシピ50種超を収録。

［1巻］1日5分でパンを焼く「秘密」──冷蔵庫で保存可能な生地を作っておいて（2週間保存可能）都合の良い時に焼く／1章 イントロダクション／2章 材料／3章 道具／4章 ヒントとテクニック／5章 基本のレシピ／6章 田舎パン

［2巻］7章 ピザと平焼きパン／8章 リッチなパンとペイストリー

好評既刊

カクテル パーフェクト・ガイド

デイル・デグロフ著／[日本語版監修]上野秀嗣
定価（本体2900円＋税）

カクテル界の頂点に立つバーテンダーが、
さまざまなカクテルの由来、歴史をふまえた正しい作り方、
必須テクニック、500のレシピを伝授。
「デイル・デグロフはほぼ間違いなく、
世界一高名な現役バーテンダーだ」
──diffordsguide.com（カクテル専門WEBメディア）

1章 カクテルという芸術──歴史、材料、道具、技術／2章 レシピ──楽しい逸話・豆知識とともに／3章 資料・情報源──ベーシック・レシピ、用語集等／索引

デス・アンド・コー
モダンクラシック・カクテル

カプラン、フォーチャルド、デイ著／[日本語版監修]岸 久
定価（本体12000円＋税）

"カクテル王"デイル・デグロフ氏 推薦！
「本書は、次世代のバーテンダーたちの
奮起をうながす啓蒙書になるだろう。
デス・アンド・コーの試みは広く影響を及ぼしているが、
本書によって、彼らがもたらす影響はさらに大きくなるだろう」
数々の賞を受賞したバー"Death & Co"が、そのノウハウを公開。
岸久氏 賞賛！「最良書。日本のバー関係者にとっても、
とても参考になる」

1章デス・アンド・コーのある夜の営業／2章 バーをつくる／3章 ドリンクをつくる／4章 ニュークラシックを創作する／5章 スペック（レシピ）